상호중심 독서지도

국립중앙도서관 출판시도서목록(CIP)

상호중심 독서지도 / 김자연 지음. — 서울 : 청동거울, 2008
　　p. ;　　cm. — (교양인의 책읽기와 글쓰기 004)

ISBN 978-89-5749-102-7 03370 : ₩19000
029.8-KDC4　028.5-DDC21　　CIP2008000743

교양인의 책읽기와 글쓰기 **004**

상호중심 독서지도

2008년 3월 13일 1판 1쇄 발행 / 2009년 7월 20일 1판 2쇄 발행

지은이 김자연 / 펴낸이 임은주 / 펴낸곳 도서출판 청동거울 /
출판등록 1998년 5월 14일 제13-532호
주소 (137-070) 서울 서초구 서초동 1359-4 동영빌딩 /
전화 02)584-9886~7 / 팩스 02)584-9882 /
전자우편 cheong21@freechal.com

주간 조태림 / 편집 김상훈 최설주 / 디자인 임명진 / 마케팅 김상석

값 19,000원

교양인의 책읽기와 글쓰기 **004**

Integrated Reading & Writing

상호중심 독서지도

김자연 지음

청동거울

　이 책은 1997년부터 2005년 동안 대학과 사회단체에서 독서지도 과목을 강의하면서 현장에서 그들과 주고받았던 내용을 정리한 결과물이다. 그 때 우리가 고민했던 문제는 독서지도란 무엇인가? 디지털 시대에 독서지도는 꼭 필요한가? 미래 사회를 준비하는데 독서는 낡은 방법인가? 현대사회와 독서의 관계는? 바람직한 독서지도 방법은? 독서지도가 보다 큰 성과를 가지기 위해서는 어떤 노력이 필요할까? 등이었다. 물론 여기에 그런 문제에 대한 답을 다 담고 있다는 말은 아니다. 그러나 한 가지 분명한 것은 사회가 초고속 디지털화될수록 독서지도는 더욱 절실하고, 학교와 사회단체가 서로 유기적으로 협력해 독서지도를 적극적이면서도 꾸준하게 강화해 나가야 한다는 것이다.

　책을 구하기 어려운 시절에는 독서지도 방법이 따로 있는 게 아니었다. 그저 한 권이라도 더 많이 읽는 것이 최고의 독서 방법이었다. 독서는 누가 강요하지 않더라도 자기 스스로 찾아 읽는 것이라고 배우고 또 그렇게 믿기도 했다. 그런데 독서지도라니? 독서를 지도할 수 있어? 그냥 책을 읽으면 됐지 무슨 지도가 필요한가? 한 때 독서지도에 대해 부정적인 반응을 나타낸 이들도 있었다. 그러나 세상이 변했다. 마음만 먹는다면 책은 어디서든 쉽게 구할 수 있다. 너무 많은 정보 역시 학생들의 독서 의욕을 떨어뜨린다. 인쇄물의 기능을 손가락으로 클릭만 하면 웬만한 것을 다 얻을 수 있는 환경도 문제다. 그만큼 생각할 필요가 없어진 것이다. 그러다 보니 적극적으로 독서를 하기보다는 주어진 것을 그대로 사용하려고 한다. 요즈음 학생들은 무엇을 어떻게 읽어야 할 지 잘 모른다. 그들은 대부분의 시간을 모니터나 스크린에 빠져 책 읽는 것을 싫어한다. 현장에서 독서지도를 담당해본 선생님이라면 아이들에게 '독서'라는 말이 얼마나 낯선 것인가를 무섭게 깨닫는다. 채팅하면서, 음악을 듣고 게임을 하는 멀티세대의 아이들, 다양한 영상과 속도에 익숙한 버턴세대의 아이들에게 독서는 더 이상 즐거움의 대상이 아니다. 이를 극복하기 위해서는 학습자의 반응을 중시해 재미있게 대화 나누고 함께 즐기는 독서지도가 선행되어야 한다. "학생이란 죄로/ 학교라는 교도소에서/ 교실이라는 감옥에 갇혀/ 출석부라는 죄수 명단에 올라/

교복이라는 죄수복을 입고/ 공부라는 벌을 받고/ 졸업식이라는 석방을 기다린다.”(이중현, 2007) 충격적이지만 외면할 수 없는 우리 교육 현실이다. 앞으로 이런 아이들이 책을 덮고도 창의적인 인간으로 성장할 수 있을까. 이 책은 이러한 고민으로부터 출발하였다.

21세기 지식정보화 사회에서 교육의 주요 패러다임은 기존 지식을 있는 그대로 받아들이는 것에서 벗어나 학생 스스로 창의적으로 탐구하고 배우는 능력과 태도를 키우는 방향으로 전환되고 있다. 즉 학생들 스스로 자신의 삶을 개척해 나갈 수 있는 자질을 갖추고 정보의 홍수 속에서 필요한 정보를 선별하여 자기 주도적으로 학습할 수 있는 능력을 키워나가야만 하는 것이다. 이러한 시대적 요청에 능동적으로 대처하고 자기 주도적 학습능력을 신장하기 위해서는 독서지도가 매우 중요하다. 독서는 인간이 자기 발전을 위해 사용할 수 있는 가장 적절한 생활 도구이다. 따라서 독서의 질과 양은 곧 자기 발전의 정도를 가늠해 주는 척도라고 생각할 수 있다. 고도의 지식 시회에서 생각의 힘을 기르고 비판력을 기르기 위해서는 전문적인 책을 많이 읽어야 한다. 독서지도의 필요성을 절감하지 못하는 것은 쉽게 읽히는 책과 그렇지 않은 책을 구분하지 않았기 때문이다. 쏟아지는 정보 속에서 참과 거짓을 구분하지 못한다면 개인의 삶의 질은 그만큼 떨어질 수밖에 없다. 독서는 모든 교과 교육의 기초이면서 다양한 정보와 풍부한 어휘력, 체계적 지식을 얻는 통로이다. 폭넓은 사고력과 창의력, 그리고 올바른 인격 형성과 정서 순화에도 중요한 역할을 한다.

독서지도는 수동적인 독서 태도를 적극적 독서로 형태로 바꾸어주는 일이다. 여기에는 독서기술이 필요하다. 독서기술은 거창한 것이 아니다. 책을 읽으면서 자기 스스로 묻고 대답하는 데 익숙한 능력을 키워주는 것이다. 좀 더 효과적으로 책을 이해하기 위한 방법을 어릴 때부터 터득하도록 돕는 것이다. 효과적인 독서를 위해서는 기초에 충실한 단계별 독서지도가 필요하다.

이 책의 내용은 세 가지 목표(1. 자기 주도적 독서—자기 스스로 이해력을 점검하고 해석하는 독서지도, 2. 수준별 독서-발달단계에 맞는 단계적 독서지도, 3. 상호중심 통합 독서—듣기, 말하기, 읽기, 생각하기, 쓰기를 통합하고 독자와 필자의 반응을 모두 수용하는 통합 독서지도) 아래 다섯 장의 큰 방으로 이루어졌다.

제 1장 독서지도의 본질에서는 독서지도자가 알아야할 기초 이론과 독서 개념 및 독서 범주와 유형, 독서지도 방법을 상호중심 독서지도 측면에서 설명하였다. 제 2장 독서지도 자료에서는 독서지도가 효과적으로 이루어지기 위해서는 독서지도자-책-독자(대상)에 대한 이해가 선행되어야 한다는 측면에서 독서지도자의 자세, 현명한 독자의 자세, 독서 대상을 위한 읽기, 듣기, 쓰기, 말하기에 관한 학습 목표 세우는 방법을 살펴보았다. 아동도서와 청소년 도서 이해 부분은 2002년 이전 상황을 설명한 것으로 이후 달라진 아동 청소년 도서 현황을 보충해야 한다.

제 3장 발달단계별 독서지도에서는 발달단계별 독서지도의 필요성, 인지발달, 심리 사회 발달, 독서 흥미발달, 독서능력 발달로 나누어 각 부분의 특성을 정리하였다. 아무리 좋은 책이라도 그것이 학습자의 발달 단계와 맞지 않는다면 책에 대해 별다른 흥미를 가지지 못한다. 발달단계에 맞는다는 것은 책 내용이 읽는 사람의 지적, 정서적 발달 수준과 맞아 책을 쉽게 이해하고 즐길 수 있다는 것으로, 여기서는 처음부터 과도한 독서로 부담을 주기보다는 단계별로 스스로 문제를 발견하고 답해가도록 지도하는 방법을 다루었다.

제 4장 독서지도 실제 부분에서는 독서지도를 위한 독서지도안 계획안 짜기, 효과적인 발문법을 제시하였다. 독서수업형태로는 독해 중심 독서지도와 과정중심 독서지도에 주목하였다. 과정 중심 독서지도에서 배경지식을 활성화시키는 이유, 어떤 대상이나 화제에 대한 배경지식이 한정된 학생들에게 읽기, 쓰기, 말하기, 그리기 등 통합된 활동이 주는 의미를 설명하였다. 제 5장 활용 독서지도 실제에서는 독서지도의 다양성과 창의성 측면에서 활동중심 독서지도 내용을 8절로 나누어 살펴보았다. 창작 동화 활용, 스토리텔링과 북토크, 신문 활용, 글쓰기 활용, 토론과 토의, 독서 프로그램 등 작품에 실제 적용하는 방법을 구체적인 예를 들어 설명하였다.

지금 교육 현장에서는 독서지도 중요성을 공감하고 필독 도서나 권장 도서뿐만 아니라 다양한 도서를 선정하여 읽게 하고 있다. 독서 토론이나 독서 감상화 그리기 등 다양한 독서 활동도 시도하고 있다. 그러나 그러한 노력에도 불구하고 독서지도 성과는 그리 크게 나타나지 않고 있다. 이는 학생들의 흥미나 동기 부여 등 다양한 요구 수준을 고려한 좀 더 계획적이고 체계적인 독서지도가 이루어지지 못한 것도 한 원인이다.

세 권 분량의 자료를 선별하여 막상 한권의 책으로 묶고 보니 부족하고 아쉬운 마음이 든다. 이 책은 한 개인의 노력으로 이루어진 것이 아니다. 많은 선행 독서지도 연구서, 간행물, 현장에서 독서지도를 담당하는 독서지도사 선생님들의 사례와 정보, 강의를 받는 학생들의 비판적인 질문이 없었다면 이루어질 수 없었을 것이다. 그 고마움으로 참고했던 부분을 꼼꼼하게 출처를 밝힌다고 노력했는데도 혹여 누락된 부분이 있다면 널리 이해해 주기 바라며, 아울러 이 책의 출간을 흔쾌히 수락해 주신 청동거울 조태봉 사장님과 편집을 담당한 선생님에게두 고마운 마음을 전하고 싶다. 이 책이 현장에서 독서지도를 하는 분들에게 작은 디딤돌이 되었으면 좋겠다.

2008년 태양이 힘차게 떠오르는 아침, 연구실에서
김자연

제3장 발달 단계별 독서지도

제4장 독서지도 실제

제5장 활용 독서지도 실제

제1장
독서지도의 본질

1절 독서의 정의

1. 독서 개념의 변화

독서를 한다는 것은 새로운 경험 세계로 자신을 이끄는 것이다. 반복된 독서 습관 속에서 좋은 인격을 형성하고, 새로운 지식과 사고로 삶의 방향을 올바르게 찾기도 한다. 훌륭한 위인들의 삶을 살펴보면 그들이 하나같이 독서를 좋아하고 책을 많이 읽었다는 점을 발견한다.

영국의 수상 처칠은 잠시도 책에서 손을 떼지 않았다고 한다. 너무 바쁜 일정으로 책을 읽지 못할 경우에는 그냥 책이라도 만졌다고 한다. 모택동 역시 눈병이 생길 정도로 책을 좋아했고 병으로 책을 읽지 못했을 때는 비서를 시켜 책을 읽게 하였다. 나폴레옹은 5만 권의 책을 싣고 전쟁에 출정했다. 안중근 의사는 '하루라도 책을 읽지 않으면 입 안에 가시가 돋는다'는 유명한 말을 남길 만큼 독서를 생활화했다.

이덕무는 풍열로 눈병에 걸려 눈을 뜰 수 없는 상황에도 어렵사리 실눈을 뜨고 책을 읽었던 책벌레였다고 한다. 그는 열 손가락이 동상에 걸려 손가락 끝이 밤톨 만하게 부어올라 피가 터질 지경에도 책을 빌려 달라는 편지를 써 보냈다. 이황은 일상생활에서 책을 제일 중요한 동반자로 삼았으며, 끼니마저 거르면서 책을 읽는 경우가 많았다고 한다. 책을 다 읽으면 그것을 즐겨 암송하고 내용을 완전히 자기 것으로 체득하는 습관을 지녔다고 한다.

독서를 향한 위인들의 이러한 열정은 단지 책을 좋아하는 것에서만 나온 것이 아니다. 그들은 독서를 통해 얻은 지식을 마음에 새겨 평생 삶의 지표로 삼았다. 독서를 통해 지식을 배우고 익혀 삶에 대한 이해와 판단을 정확히 하고 사고력을 확장시켜 자기에게 닥친 문제를 슬기롭게 해결해 나갔다.

1890년 우리나라 근대적 독서가 시작된[1] 이후 오늘에 이르기까지 독서개념은 시대적 변화에 따라 그 의미가 조금씩 달라졌다.

독서란 글자 그대로 책이나 글을 읽는 것이다. 즉, 독서란 독자가 가진 배경 지식의 능동적인 활동으로 독서 자료를 이해하는 과정이다. 이때 독자는 자기가 가지고 있는 언어에 관한 지식, 독서 자료 내용, 자료에 관한 정보를 총동원하여 의미를 구조화한다. 자료 속에 있는 정보를 모아 적절한 의미의 언어로 표현하고 상징적인 정보를 해석하는 것이다.

우리가 사용하고 있는 독서(讀書)라는 말 중 읽는다는 의미의 독(讀)은 원래 부르다(呼), 외우다(誦), 읊다(詠), 보다(察), 풀이하다(解), 헤아리다(數) 등으로 다양하게 사용해 왔다. 이것이 문자 출현과 인쇄술 발달로 독(讀)은 '문자를 읽는다'는 말로 대체되면서 '문자를 인지하여 단어나 글을 눈으로 받아들여 그 의미를 이해한다'는 의미로 바뀌었다. 독서 개념이 지식과 정보 수용의 행위로 바꾸어진 것이다.

인지발달 심리학 측면에서 독서 개념은 독서행위 주체자인 독자를 중시하고 여기에 사고 과정이란 의미가 더해진다. 독서는 단순히 문자의 의미를 해독하고 전달하는 과정에 그치는 것이 아니라, 녹자가 자신의 경험을 토대로 글을 분석, 종합, 추론, 판단하는 주체적인 사고 과정이다. 이 경우 독자가 같은 글을 가지고 어떻게 활용했느냐에 따라 각기 다른 해석이 가능하다.

화용론(話用論) 측면에서 독서는 커뮤니케이션 형태로 이해한다. 책이라는 매체를 통해 송신자(필자)와 수신자(독자) 사이에 의사소통이 이루어진다. 독서 행위는 무언의 표현인 어조나 몸짓의 도움을 받을 수 없어 송신자와 수신자 간의 상호작용을 통한 피드백(feedback)이 어렵다. 반면 글 내용을 계속 다시 확인함으로써 주관적 오해를 어느 정도 극복하고 객관성을 확보한다.

의미 이해 과정(독해이론) 측면에서 독서는 독자의 기억 속에 저장되어 있는 지식 구조를 강조(독자에 대한 이론)한다. Text 분석이론가들은 특히 문자기호의 번역 및 표상화에 관심(글에 대한 이론)을 가진다. 분석의 최대 단위인 텍스트(각 문장 사이의 관계와 글 전체 구조를 찾아낼 수 있음)의 의미 파악 과정은 읽기라는 한 과정에 연결한

---

1) 김종철, 「근대초기의 독서론」, 『독서연구』, 제10호, 2003.

글의 종류와 독자에 따라 순서 변경→글자 판독→단어 합성→문장 이해→상상 →추리→비판→판단→창의→분석→종합→자기논리화→문제해결 과정을 거 친다.

이와 같이 독서의 개념은 글을 읽는다는 단순한 것에서부터 저자의 사상과 감정을 파 악해 의미를 구성하는 것으로 발전하였다. 전통적 의미에서 독서는 전대(前代)의 문화를 이어받는 특정인들이 누리는 고급문화 행위였다. 또한 사회를 유지, 발전시키기 위한 사 회적 통합의 필수 수단으로서 정보 수행 행위로 이해하기도 했다. 현대에 들어 독서 개 념은 독자 나름대로 글을 의미화하는 고도의 지적 행위이며, 일정한 상황에서 전개되는 필자와 독자 사이의 의도된 대화 행위라고 본다. 최근에는 매체 환경의 발달로 '읽는 행 위'를 글이나 책에만 한정하지 않고 다양한 매체언어(영화, 비디오, 인터넷 등)를 수용한다. 따라서 오늘날 확장된 독서 개념은 책에만 한정하여 사용하지 않는다.

■ 독서 개념의 변화

인지심리학의 발달과 더불어 독서행 위의 주체적인 독자의 측면을 중시, 독자의 능동적인 사고 과정 "다양한 의미의 해석을 통해 창의적 이고 독자적인 해석으로 변천"

독서 목적에 따라 독서를 정의하기도 한다. 캘리포니아 대학 전정재 교수(Growing-up Reading Clinic)는 독서를 생각하는 능력을 기르는 훈련과정으로 본다. 손정표(신독 서지도방법론)는 독서를 읽을 자료, 독자의 지식, 생리적·지적 활동인 독서력의 상호 작용에 의해 독자가 마음속 깊이 의미를 재구성하는 과정이라고 정의한다. 독서를 언 어기호의 의미가 글자 자체에 있는 것이 아니고 독자의 뇌리에 자극을 줌으로써, 독 서 과정에서 나타나는 분석, 추론, 비판, 의미의 재구성을 통하여 체계적으로 종합하 는 독자의 능동적이고 전략적인 사고 과정으로 이해한다.

이들의 공통점은 독서가 사고 능력을 통해 주어진 의미를 종합하는 과정이라는 것 이다. 즉, 독서는 글을 읽고 이해하는 과정이다. 독서의 유형은 보통 세 가지를 꼽을 수 있다. 첫째, 발달적 독서이다. 이것은 독서 기능 계발과 독서 방법을 학습하기 위 해 독서를 하는 것이다. 둘째, 기능적 독서다. 이것은 정보를 얻고 학습을 하기 위한 독서다. 셋째, 휴양적 독서다. 이것은 독서를 통해 휴식을 취하고 즐거움을 얻으며 감 상을 하기 위해서다. 독서가 효과적으로 이루어지기 위해서는 듣고 읽는 독서를 준비하는 기초단계에서 생각한 것을 자기 것으로 내면화하고 이를 올바르게 표현하는 독서활동단계로 연결하는 것이 중요하다. 효과적인 독서를 위한 실천적 활동이 바로 독서지도이다. 독서지도는 방법에 따라 발달적 독서지도, 교정적 독서지도, 치료적 독서지도 등이 있고, 목적에 따라 독해 중심 지도, 독서 활용 중심 지도, 도서 자료 선택 방법 지도, 교과 중심 독서지도가 있다.

■ 동서양의 독서관

동양의 독서관	· 인격의 함양과 이치 탐구 · 유희적 관점—"한 자만 더 알게 되어도 마음이 흐뭇하다네—이규보"
서양의 독서관	· 정신수양과 인간교육 · 기능주의 관점(실용주의) · 문화중심적 관점

2. 독서의 효과

우리는 왜 독서를 하는가? 그 이유는 다양하다. 인간은 독서를 통해 영혼이 감동하고, 즐거움을 느끼기도 하며 생각과 태도를 변화시킨다. 독서는 독자로 하여금 책 속 인물에 대한 친근감과 동질감을 갖게 하며, 책 속 상황과 현실 문제가 유사하게 전개되는 것을 관찰할 수 있다. 독서의 목적은 일반적으로 다음과 같이 요약할 수 있다.

① 새로운 정보와 지식을 얻는다.
② 연구(학습의 바탕)에 도움을 준다.
③ 자신의 인격 수양과 교양을 높여 준다.
④ 여가생활을 위해서(읽는 즐거움)이다.
⑤ 사고능력을 향상시켜 준다.
⑥ 시민으로서 자유로운 사회생활을 하도록 만든다.
⑦ 정신적인 치료 효과가 있다.

■ 현대사회에서 독서의 의미

> 실용성(정보 제공의 기능) / 교양, 즐거움 / 가치 창출의 효과

■ 일반적인 독서의 의미

> 교양을 위하여 / 다양한 충족을 위하여

독서로 다져진 정보 활용 능력은 발달적 학습력, 생산적 정보력, 창조적 사고력, 잠재적 인간성을 기르는데 그 힘을 발휘한다. 그것은 독서가 가지고 있는 특징 때문이다.

노명완(독서지도이론과 실제)은 독서의 성격을 다음 4단계로 설명하기도 한다.

첫째, 독서는 지식이나 정보를 생산하는 창조적 사고 활동을 한다. 독서의 주된 언어활동(말하기, 듣기, 읽기, 쓰기)은 고등 수준의 지적 작용이고, 이런 작용의 결과는 지식이나 정보의 창조이다. 독서교육을 포함하여 국어교육의 궁극적 목표는 지식 창조(이를 다른 말로 말하면 '의미의 구성')의 사고력을 신장한다.

둘째, 독서는 교과 학습의 도구이다. 모든 교과 활동은 언어활동이다. 학교 수업은 말하기, 듣기, 읽기, 쓰기의 언어활동으로 이루어지며, 이를 통해 지식을 전달하기도 하고, 수용하기도 하고, 창조하기도 한다. 교과 교육의 성취도는 바로 언어활동에 의해 결정된다.

셋째, 독서는 사회생활의 도구이다. 사회생활은 언어생활이다. 사회에서 하는 업무도 모두 언어활동을 통해 이루어진다. 언어는 사회생활의 성공을 결정짓는 가장 강력한 요인이다. 지도력(리더쉽)의 개념은 '사람을 부리는 능력'이고, 그 수단이 바로 언어이다.

넷째, 독서는 가장 정교한 감성의 이해 수단이다. 인지 교육도 필요하지만, 정의 교육·인간 교육도 필요하다. 예술 교과가 있기는 하나, 그 교육이 '인간 사랑'으로 나타나지는 않는 것 같다. 인간 사랑은 인간(개인)의 만남에서 일어나는 동일시, 감정이입, 측은지심에서 나온다. 문학 독서가 바로 그 핵심이 된다.

이와 같은 특성으로 독서는 독자의 인격과 책 사이의 역동적 상호작용을 통해 인격적 문제를 해결하고, 삶에 필요한 지혜를 계발하며, 건전한 자아상을 확립한다.

■ 독서의 효과

(성인)		(학생)	
새로운 지식/정보 습득	29.9%	새로운 지식/정보 습득	31.8%
교양 함양/인격 형성	16.8%	독서가 즐겁고 습관화 됨	20.5%
마음의 위로/편안을 얻기 위해서	11.8%	시간을 보내기 위해서	14.4%
시간을 보내기 위해서	7.8%	마음의 위로/편안을 얻기 위해서	11.2%
독서가 즐겁고 습관화 됨	6.8%	학과 공부에 도움이 되므로	8.8%
대화를 잘하기 위해서	3.2%	교양 함양/인격 형성	4.6%
직무상 필요	1.8%	대화를 잘하기 위해서	1.9%
기타	0.6%	기타	6.7%
무응답/독서를 전혀 안 함	21.4%		

(출처: 2003 국민독서실태 조사 자료)

■ 독서를 통해 얻는 것

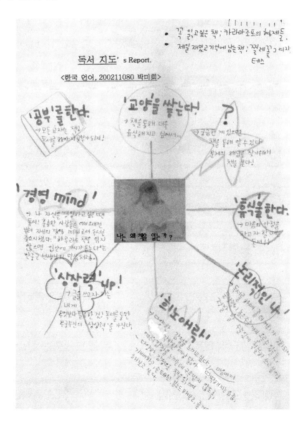

■ 참고

※ 미국도서관협회(ALA) 독서 목적: Information, Inspiration, Recreation

　적합한 책을 적합한 사람에게 적합하게 전달하는 것이다.

※ 독서과정론: 사람이 책을 읽을 때 자신도 모르는 사이에 사고력이 개발된다는 이론. 사고력은

　읽은 책의 양과 비례한다.

※ 스키마(Schema)론: 독서는 우리 기억 속에 저장되어 있는 모든 경험의 총체이다.

　학교 시험에서 점수 차이는 사람의 기억 속에 저장되어 있는 정보량에 따라 달라진다. 독서란

　작가가 써 놓은 글을 수동적으로 읽는 행위가 아니라, 독자가 가지고 있는 스키마로 글을 해석

　하는 능동적인 행위이다.

※ 감성지능(Emotional Intelligence)론 : 인생에서 실패하는 중요한 원인은 감정 조정에 실패하

　기 때문이다. 인생 초기에 기본적인 감정 조정을 학습할 수 있다.

　자제와 공감 : 그림책 읽어 주기

※ 카타르시스 : 인간의 감정을 정화시켜 나쁜 감정을 없애 준다.

※ 올바른 가치관 형성을 위해서 : 읽은 책의 종류와 내용에 따라 가치관이 달라짐

　자연과 사회와 인간을 깊이 있게 이해하고 자아를 인식 : 넉넉한 인간성을 형성한다.

■ 효율적인 독서 계획 세우기

독서계획 세우기	교두보를 확보한다
책을 가까이 한다	책을 험하게 다룬다
지적 호기심에 노출시킨다	자신의 관점 부분에 초점을 맞춘다
언제 어디서나 조금씩 읽는다―자투리 독서	다양하고 폭넓게 읽는다
내 생활의 일부라고 생각한다	책을 보관하는 장소를 마련한다
처음부터 끝까지 읽겠다는 고정관념을 버린다	읽고 기록한다

3. 독서의 범주와 유형

독서는 크게 글자 읽기와 내용 이해 과정(노명완)으로 나누어진다.

하나는 독서의 대상이 되는 글 또는 글자를 지각하여 확인하고 음성화하고 그 의미를 이해하는 단계의 독서이다. 이 단계의 독서를 우리는 단어 재인(word recognition), 초기 독서(beginning reading) 또는 독서학습(learning to read) 등으로 부른다.

두 번째는 단어 재인이나 문장 읽기 수준을 넘어 글 전체 내용을 이해하고 학습하고 기억하는 일에 초점을 두는 독서이다. 이 단계 독서를 학습독서(reading to learn) 또는 독해(reading comprehension)라고 부른다.

〔표〕

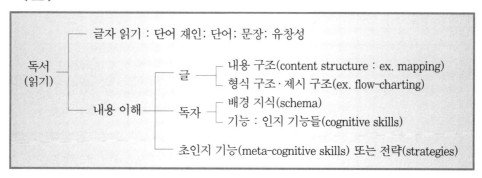

위 표에서 글 중심 이해에 대한 분야는 텍스트 구조 분석(analysis of text structure) 이론으로 발전하였고, 독자 중심 이해에 대한 분야('독자', '초인지')는 스키마 이론(schema theory)과 초인지 이론(meta-cognitive theory)으로 발전하였다.

학자들은 독서 의미구성 과정에 기초하여 몇 가지의 독서 모형을 제안하고 있다. 하나는 의미구성이 글의 내용을 중심으로 이루어진다고 보는 모형이다. 이를 상향식(bottom-up) 모형, 자료 중심(data-based) 모형이라고 부른다.

다른 하나는 의미의 구성이 주로 독자의 배경 지식을 중심으로 이루어진다고 보는 모형이다. 이 모형은 하향식(top-down) 모형, 개념 중심(concept-based) 모형으로 불린다. 그리고 세 번째는 이 두 가지를 모두 인정하면서 그 둘 사이의 상호작용으로 의미가 구성된다고 보는 상호작용 모형이다. 이 세 가지 독서 과정 설명 모형 중에서 가장 실제에 가까운 것은 상호작용 모형이다.

상향식 모형 정보처리 관점의 읽기 모형	하향식 모형 구성주의 관점의 읽기 모형	상호작용 모형

독서의 상향식 모형은 인간의 지적 배경보다는 입력되는 자료를 중시하는 행동주의 심리학의 접근과 맥을 같이 한다. 그리고 하향식 모형은 입력되는 자료보다는 이 자료들을 통합적·총체적으로 처리하는 직관과 통찰을 중요시하는 형태심리학의 접근과 같다. 그리고 상호작용 모형은 이해의 과정에서 이해자의 배경 지식의 작용을 중요시하는 인지심리학에서 비롯되었다. 독서 과정에 대한 상호작용 모형은 스키마 (schema; 독자의 배경 지식) 이론으로 불리기도 한다. 스키마 이론에서는 독서의 의미 구성을 독자의 배경 지식의 작용으로 설명하고 있다. 아래의 예를 통하여 독서 과정에 대한 상호작용 모형의 한 모습을 살펴보자.

> 절차는 매우 간단하다. 먼저 항목들을 몇 종류로 분류한다. 물론 해야 할 양이 얼마나 되느냐에 따라서 때로는 한 번으로도 충분할 수가 있다. 시설이 모자라 다른 곳으로 옮겨야 한다면 그렇게 한다. 그렇지 않다면 이제 준비는 다 된 셈이다. 중요한 것은 한 번에 너무 많은 양을 하지 말아야 한다는 점이다. 아예 한 번에 조금씩 하는 것이 너무 많은 양을 하는 것보다 차라리 낫다. 이 점은 얼핏 보기에는 별로 중요한 것 같지 않으나, 일이 복잡하게 되면 곧 그 이유를 알게 된다. 한 번의 실수는 그 대가가 비쌀 수도 있기 때문이다. 이 모든 절차는 처음에는 꽤 복잡하게 보일지 모르나, 곧 이 일이 생의 또 다른 한 면임을 알게 된다. 가까운 장래에 이 일을 하지 않아도 되리라고 생각되지는 않는다. 그러나 아무도 알 수 없다. 일단 이 일이 다 끝난 다음에는 항목들을 다시 분류한다. 그리고 적당한 장소에 넣어 둔다. 이 항목들은 나중에 다시 사용될 것이다. 그 다음부터는 지금까지의 모든 절차가 다시 반복될 것이다. 결국 이것은 생의 한 부분이다.
>
> Bransford, 1972년 실험 자료

위 실험은 제목을 미리 알고 글을 읽는 것과 제목을 주지 않고 글을 읽는 것의 차이를 살피기 위한 것이다. 그 결과 글 제목('세탁기')을 미리 받고 글을 읽은 독자는 글 내용을 쉽게 이해하였고 또 기억도 많이 하였다. 그러나 글 제목을 받지 못하고 읽은 독자는 글 내용의 이해도 그리고 기억도 제대로 하지 못하였다. 실험자는 흥미로운 설계를 한 가지 더 하였다. 그것은 두 번째 집단에게 제목을 알려 주고 글 내용을 다시 회상해 보라고 한 것이다(글을 다시 읽은 것은 아님). 그 결과 나중에 준 제목이 글 내용의 회상에 의미 있는 영향을 주지 못하였다. 이 실험으로 연구자는 독자의 배경 지식이 독서 과정에 얼마나 강력하게 작용하는가를 확인할 수 있었다(노명완, 재인용).

■ 정리

가. 상향식 독서 모형(bottom-up model)

읽기에서의 의미형성이 작은 단위의 문자로부터 점차 큰 단위의 문자로 부분들이 모아지면서 점차 의미를 파악하는 직선적인 과정으로 본다.

> 단어의 뜻 이해 → 문장의 뜻 이해

글을 구조적으로 분석하여 받아들이는 수동적 읽기 방식이다.

나. 하향식 독서 모형(top-down model)

읽기에서의 의미 형성은 글 자체보다는 글에 대한 독자의 적극적인 가정이나 추측에서 비롯된다고 보는 모형. 독자 중심의 읽기이다.

다. 상호작용 독서 모형(Interactive compensatory model)

읽기 과정에서 글의 영향과 독자의 영향, 모두를 설명하려는 모형이다.
읽기는 글과 독자가 만나는 과정이며 그 속에서 그 둘의 영향이 함께 작용한다고 본다. 글과 독자, 문자 해독과 스키마의 상호작용을 중시한다.

2절 독서지도 원리

1. 상호중심 독서지도

상호중심 독서지도는 독자와 필자의 반응을 모두 수용하는 통합 독서지도를 말한다. 효과적인 독서지도가 이루어지기 위해선 무엇보다도 독서지도자의 폭넓은 지식과 교수법을 바탕으로 학습자의 발달을 고려한 능동적이고 자발적인 참여를 이끌어내야 한다. 그러기 위해서는 독서에 대한 동기와 흥미를 이끌어내고 유용한 독서 자료가 제공되어야 한다. 상호 중심 독서지도는 유용한 독서 자료 제공을 바탕으로 필자 중심의 텍스트 읽기와, 독자의 배경 지식과 반응을 중심으로 삼는 과정중심독서법을 통합적으로 활용하는 독서지도 방법이다.

■ 독서의 상호작용 원리

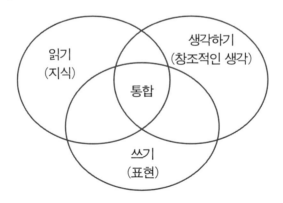

■ 상호작용 독서 과정

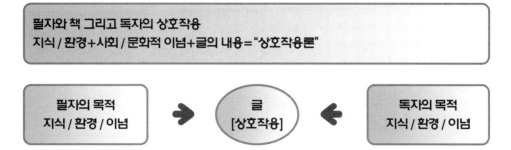

넓은 의미에서 독서지도는 독서를 통한 인간교육이다. 좁은 의미의 독서지도는 성숙한 독자를 위해 독서 태도, 독서 능력, 독서 흥미, 독서 기술, 독서 습관 등 독서교육의 효과적인 실천 활동을 말한다.

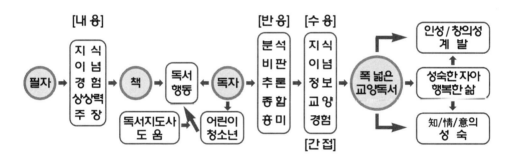

때에 따라 독서지도와 독서교육을 구분하여 사용하기도 하는데, 이를 미시적으로 접근해 보면 독서지도는 독서교육의 구체적 실천 방법을 강조한 것이다. 독서 행동이 보다 효과적으로 이루어지기 위한 방법이나 기술을 가르치는 것이다. 반면에 독서교육은 포괄적 개념으로 독서 행동을 하도록 가르치는 것이다. 이런 관점에서 본다면 독서지도는 독서교육보다 구체적이며 전문적이다. 그러나 독서교육과 독서지도는 인간교육의 실현이라는 측면에서는 맥락을 같이 한다.

독서지도 접근 방식에는 교육적 접근과 생활적 접근을 들 수 있다. 교육적 접근 방식은 각 개인이 자기 인식을 바탕으로 도서 자료를 통해 자기 생활을 충실히 하고, 사회적 적응과 인격 형성을 계획적으로 원조하는 것이다. 생활적 접근 방식은 자기 인생을 독서로 충실히 다져 현대 사회생활에 적응할 독서력과 독서에 의한 인간 형성을 구체적, 계획적으로 조성하는 지도이다. 한편 독서 태도 측면에서의 독서지도 방향을 구분하기도 한다.

① 독서자료 선택지도 : 스스로 자기에게 필요한 독서 자료를 고르는 태도형성 지도이다.

② 조화성 독서지도 : 독서의 범위, 분야, 영역 등에 대해서 편향성을 지양하고 각 분야의 독서 자료로 조화롭게 읽는 태도형성 지도이다.

③ 비판적 지도 : 무조건적으로 독서 자료를 수용하기보다 자신의 의지로 시시비비를 가리고 판단하며 읽는 비판력 지도이다

④ 기능적 지도 : 인쇄 활자 매체를 통한 독서 활동과 시청각적인 전달 방법을 통로로 하는 독서 활동을 유기적, 기능적으로 활용할 수 있도록 육성지도이다.

⑤ 효과적 독서 방법 지도 : 개인별 독서 계획을 작성하여 책을 읽도록 지도하고, 평가에 따라 독서 방법을 개선하도록 하는 지도이다.

⑥ 교과와 관련 도서안내 지도 : 모든 교과와 관련도서를 선정 안내하는 지도이다.

⑦ 첨단적, 세계적, 탐구적 태도 지도 : 발전적이며 미래 지향적이고 세계적인 안목을 키우고, 첨단적 탐구심을 일깨울 수 있는 지도이다.

■ 독서지도 원리

① 문자언어를 통한 발신자와 수신자의 의사소통 과정
② 정보의 획득 및 처리를 위한 사고과정 / 문자 자극에 의해 읽기 주제의 정서 및 가치관 변화
③ 특정언어 공동체를 통합하는 기제로서, 사회 구성원의 정보 수용 행위의 수단
④ 인간 문화 현상에서 매우 중요한 부분을 담당하고 있는 하나의 실체적 형상

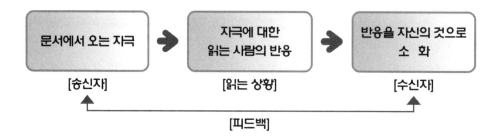

현대에서 독서지도는 일반적으로 행해지는 단순한 책 읽기 차원을 넘어 다양하고 입체적인 독서 활동 기회를 제공하고 지도하는 것이다. 이것은 독서에 대한 흥미 유발, 유연하면서도 폭넓은 이해, 지식 활용도 높이기, 사고력 계발, 좋은 책 선택 능력 기르기 등에 기여한다. 효과적인 독서지도가 이루어지기 위해서는 독자, 읽을거리, 상호작용이 필요하다.

독서지도는 각 개인이 가지고 있는 독서 능력, 독서 흥미, 인격 형성 수준을 바탕으로 독서 자료를 통해 자기 생활에 충실하고 사회생활에 잘 적응하도록 도와주는 역할을 한다. 따라서 독서지도는 단순히 책 읽기 차원에만 머물지 않는다. 현대적 의미의 독서지도는 올바른 정보를 제공(정보 제공 기능)하고 지적 능력을 계발하여 제대로 듣고 읽는 기술, 바람직한 정서와 가치관 형성을 돕는다. 바람직한 독서지도는 사회적 유대감과 결속력을 강화시키고 독자와 필자를 중시하는 상호 중심 통합적 방향으로 발전시켜 나가야 한다.

2. 독서지도의 필요성

책은 그냥 읽으면 됐지 무슨 지도가 필요한가? 한때 이런 생각으로 독서지도에 대해 부정적인 반응을 보인 이들이 있었다. 여기에는 독서가 '또 하나의 공부'로 전락되는 것을 염려하는 의미가 깔려 있었다고 본다. 그러나 독서지도의 필요성을 절감하지 못한 것은 쉽게 읽히는 책과 그렇지 않은 책을 구분하지 않았기 때문이다. 요즈음 학생들은 무엇을 어떻게 읽어야 할지 잘 모른다.

고도의 지식 사회에서 생각의 힘을 기르고 비판력을 기르기 위해서는 전문적인 책을 많이 읽어야 한다. 매일 쏟아지는 수많은 정보 속에서 참과 거짓을 구분하지 못한다면 개인의 삶의 질은 그만큼 떨어질 수밖에 없다. 또한 너무 많은 정보들은 학생들의 독서 의욕을 떨어뜨린다. 손가락으로 클릭 하면 웬만한 정보를 쉽게 다 얻을 수 있는 환경도 문제다. 그만큼 생각할 필요가 없어진 것이다. 그러다 보니 적극적으로 독서를 하기보다는 주어진 것을 그대로 받아들이고 사용하려고 한다.

독서지도는 수동적인 독서 태도를 적극적 독서 형태로 바꾸어 주는 일이다. 여기에는 독서 기술이 필요하다. 독서 기술은 거창한 것이 아니다. 책을 읽으면서 자기 스스로 묻고 대답하는 데 익숙한 능력을 키워 주는 것이다. 좀더 효과적으로 책을 이해하기 위한 방법을 터득하도록 안내하는 것이다.

효과적인 독서를 위해서는 기초에 충실한 단계별 독서지도가 필요하다. 독서는 독자의 눈과 뇌가 글의 표면 구조를 바탕으로 내면 구조를 이해하게 만드는 전략적이며 능동적인 행위이다. 성장기 아동, 청소년에게 독서가 중요한 이유는 ① 모든 교과서가 문자로 이루어져서 그 내용을 이해하는 것이 학습의 중심이기 때문이다. 독서 능력은 바로 학습 활동의 필수적이고도 기본적인 능력이기 때문이다. ② 인류가 오늘날과 같은 고도의 문화를 이룩할 수 있는 기본 요인 중 하나가 문자에 대한 지식 및 전달이라는 점이다. ③ 독서활동은 인간화의 기본 방법으로써 새로운 지식과 정보를 제공해 주는 것 외에 인생의 경험을 확장시켜 폭 넓은 인생을 형성시키기 때문이다. 뿐만 아니라 상상력을 비롯한 논리적 사고력, 추리력, 판단력, 구조화 능력, 문제 해결력 등 고등 정신 능력을 신장시키기도 한다. 특히 문학 독서는 아름다운 정서를 함양하여 건전한 가치관을 형성하게 한다.

그러나 현대 산업 사회의 고도성장은 이러한 독서활동을 방해하고 있다. 정보량이 폭발적으로 늘어나 이를 따라잡기 위해 개개인이 서로 치열한 경쟁을 하다 보니 정서가 메마르고 자기 실리만을 추구하는 이기주의가 만연하고 있다. 무한 경쟁만을 부추기는 시대에 성장하는 아동, 청소년들에게 정서를 순화하고 인격을 도야시킬 수 있는 최선의 길은 독서이다. 그러나 스스로 알아서 책을 가까이 하고 독서를 생활하는 아이들은 드물다. 아동, 청소년 주변에는 컴퓨터 게임, 오락 등 독서보다 재미있는 것들이 널려 있다. 생각하기를 싫어하고 보는 것에 익숙한 아동, 청소년의 평생교육 측면에서 올바른 인격 형성과 창의력 계발을 위해서도 체계적인 독서지도는 매우 중요한 의미를 갖는다.

우리나라 청소년들이 책을 많이 읽지 않는다는 것은 이미 잘 알려진 사실이다. 국민독서실태보고서에 의하면 지금 우리 청소년들의 독서 현실은 우려를 낳게 할 만큼 위험 수위에 도달해 있다. 책을 통해 새로운 세계를 만나고 자신만의 세계를 가꾸는 일에 기쁨을 느끼지도 않는다. 점점 그런 경험을 해볼 기회조차 원천적으로 차단되어 가고 있는 안타까운 현실이다. 친구들과 만나는 장소를 PC방으로 정하고 의사소통을 인터넷으로 하는 요즘 청소년들에게는 독서 기회가 더욱 줄어들 수밖에 없다.

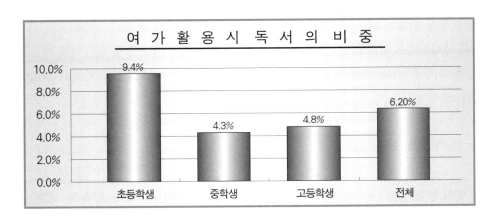

위의 그래프에서도 알 수 있듯이 한국출판연구소가 내놓은 "국민독서실태(1999년)"에 따르면 「여가 활용시 독서의 비중」은 초등학생 9.4%, 중학생 4.3%, 고등학생 4.8% 등 전체적으로 6.2%에 불과하다. 반면 여가시간을 컴퓨터(PC통신 및 인터넷, 컴퓨터 게임)와 함께 보내는 중·고생이 53.5%로 나타났다.

이들은 왜 책을 읽지 않을까? 가장 큰 이유는 입시에 쫓겨 책을 읽을 시간이 없다는 것이다. 2006년 교육청 조사를 토대로 청소년들이 책을 읽지 않는 이유를 정리하면 다음과 같다.

첫째, 학교 도서관에는 오래되고 재미 없는 책만 진열되어 있어 읽을 만한 책이 없다. 도서실은 독서의 장소가 아니라 입시 공부의 장소로 여겨지고 있다.

둘째, 수준에 맞게 읽을 책이 없다. 특히 중학생 수준에 맞는 책은 드물다. 초등학생은 동화책, 고등학생은 성인 문학을 읽을 수도 있지만, 대부분의 중학생들은 자신들의 수준에 맞는 재미있는 책이 없다고 한다.

셋째, 일반적으로 독서지도 경향이 문학 작품 중심으로 이루어지는 데 문제점이 있다. 문학 서적 위주의 독서지도는 자기 자신의 성격, 취미 등 각자의 취향에 맞는 다양한 독서를 방해 함으로써 독서가 즐겁고 유익하다는 것을 깨닫지 못하게 한다.

넷째, 일반적인 독서지도의 방법으로 행하는 독서 감상문은 독서가 힘들고 재미 없는 것으로 느끼게 한다. 독서지도로서 책을 읽고 독서 감상문을 쓰게 하는 것이 교육적 의미가 있음에도 불구하고 독서에 대한 흥미를 잃게 하고 부담을 느끼게 한다.

다섯째, 독서에 대한 충분한 정보가 부족하다. 고전, 필독서, 신간 서적 등 독서 욕구를 충동시킬 만한 목록집을 주제별로 작성하여 제시함으로써 독서 계획의 수립에 도움을 주도록 해야 한다.

독서지도의 일차적 목표는 주요 지도 대상인 아동, 청소년들에게 좋은 독서 자료를 통해 독서 흥미(Reading Interests)와 동기를 유발시켜 독서 방법을 익히고 독서력 (Reading Power)을 신장시키는 것이다.

■ 독서력 발달 과정

듣기, 말하기, 쓰기, 생각하기 등의 활동이 연계적으로 종합하여 이루어지는것 ➜ 독서활동

영 / 유아기의 독서력 발달방법	초등학교 이상
그림책과 도구를 이용하여 내용 이해하기 자신의 생각 및 쉬운 어휘 익히기	읽기, 쓰기, 느낌 쓰기, 독서 토의, 토론 등 종합활동이 조화롭게 이루어져야 함

다음으로 아동 청소년에게 다양한 독서로 생활 경험을 확장하고 정서를 순화시켜 바람직한 인격을 쌓게 하는 것이다. 바람직한 인격 형성은 산업화와 물질문명의 팽창으로 점점 상실되어 가는 인간성을 회복하게 하고, 새로운 가치관과 윤리의식을 고취 시킬 수 있게 한다. 따라서 독서지도 목표는 ① 학생의 독서 능력과 흥미의 발달을 도모하는 방향으로 세운다. ② 학생의 당면 문제를 독서에 의해 해결하도록 한다. ③ 독서를 통해 학생의 교양을 높이도록 한다. ④ 독서를 건전한 레크레이션으로 이끈다. ⑤ 자주적 독서 태도를 육성하도록 세운다. ⑥ 단계별로 탐색도서, 분석독서, 평가독서가 이루어지도록 한다. 이를 종합해 독서지도의 필요성을 정리하면 다음과 같다.

① 책을 읽지 않는 습관을 방지하고 능동적인 독서습관을 기르게 한다.
② 올바른 독서자료 선택과 독서 흥미의 편향성을 막는다.
③ 독해력과 감상력을 높여 독서 효과를 배가시킨다.
④ 독서 내용을 실생활에 응용하도록 돕는다.
⑤ 독서곤란아를 예방하고 치료한다.
＊Bibliotheraphy: 동일화의 원리, 카타르시스의 원리, 통찰의 원리

손정표(2004)는 샤카모토(판본일랑, 독서&심리의 지도, 1960)를 참고로 하여 독서문제

유형을 독서능력과 행동에 따라 독서곤란아와 독서이상아로 나누었다.

```
┌─────────┐   ┌ 독서지체아 : 독서능력이 정신 연령에 비해 낮다.
│ 독서곤란아 │──┤
└─────────┘   └ 독서부진아 : 독서능력이 연령별 지능 수준보다 덜 발달하였다.


┌─────────┐   ┌ 독서무관심아 : 독서에 대한 관심이 없다.
│ 독서이상아 │──┤
└─────────┘   └ 독서태도이상아 ┬ 독서불안정아 : 책을 체계적으로 읽지 않고 닥치
                              │                 는 대로 읽는다.
                              ├ 독서편향아 : 한쪽에 치우쳐 책을 읽는다.
                              ├ 독서조숙아 : 독서력은 높지만 현실 생활에 부
                              │              적응하며, 내용을 이해하지 못하
                              │              면서 높은 수준의 책을 읽는다.
                              ├ 독서과다아: 자신의 일상 생활을 깨트릴 정도로
                              │             책을 읽는다.
                              └ 독서분열아: 책에 지나친 흥미를 가지고 자기를
                                            잊고, 자신이 등장인물이 되어 본
                                            성을 잊는나.
```

■ 효율적 독서지도 원리

들기, 말하기, 읽기, 쓰기 + 사고력

> 독서 동기의 원리　독서 목적의 원리　독서 선택의 원리　독서 흥미와 능력의 원리
> 독서 통합의 원리　독서 개성화의 원리　독서 사회화의 원리
> 독서 환경의 원리　독서 평가와 치료의 원리

■ 독서 방해 요소

| 디지털 시대, 속도와 성장 일변도의 시대 |
| 책 읽는 분위기와 사회적 시스템 미비 |
| 책을 안 읽어도 큰일날 것 없다는 무기력증 |
| 필요한 정보를 책 대신 다른 매체로 얻을 수 있다는 생각 |
| 생각만큼 책이 재미없고 손에 잡히지 않는다 |
| 지식에 대한 강요 |
| 바쁘다는 핑계 |

■ 독서지도 방향

1) 일반적 방향

> · 스스로 도서를 선택할 수 있는 방향을 제시한다.
> · 스스로 묻고 답하는 비판적 독서 태도를 배양한다.
> · 독서를 매개로 대인적, 사회적 활동을 이끌어 나가도록 유도한다.

2) 구체적 지도 방향

글 중심의 독서지도 방향 ➡ '필자 읽기' 지도의 방향 ➡ 능동적 / 창의적 독서지도의 방향

3) 독해원리에 의한 방향

① 사실적 독해   ② 추론적 독해   ③ 비판적 독해   ④ 창의적 독해

■ 내가 생각히는 독서지도의 필요성

• 독서지도가 필요한 이유는?
1.
2.
3.
4.
5.
6.
7.
8.
9.
10.

3. 독서지도 방법

무엇을 어떻게 지도할 것인가? 이것은 독서지도자가 항상 묻고 연구해야 하는 물음이다. 제7차 교육과정에서는 독서지도를 강조하고 있다. 여기에서는 독서의 준비, 단어와 문장의 이해, 문단의 이해, 글 전체의 이해, 비판적 이해, 감상적 이해 등으로 구성되어 있다. 이를 참고해도 좋을 것이다. 독서지도를 잘하기 위해서는 독서에 대한 일정한 계획과 목표가 있어야 한다. 학생들에게도 왜 책을 읽는지 뚜렷한 목표와 독서 방법을 택하도록 한다. 배경지식을 활용하고 얻어진 정보를 요약하여 문장과 문장, 문단의 중요도를 파악하게 한다. 지도자 입장에서는 목표에 따라 어떠한 방법으로 독서지도를 해야 할지 정하는 것이 중요하다. 독서지도 방법을 제시하면 다음과 같다.

1) 현시적 교수법

최근 독서교육의 변화는 교수자 중심에서 학습자 중심으로 옮겨 가고 있다. 교육 활동을 이끌어 가는 교사의 역할이 가르치는 사람에서 학습을 안내하는 안내자, 혹은 조력자로 인식하게 된 것이다. 이 점에서 최근 읽기 교육 연구는 읽기 방법론이 중점적인 대상으로 부각하고 있다.

그동안 읽기지도 방법은 두 가지 관점에서 이론적인 체계화가 이루어져 왔다. 첫째는 교육이 이루어지는 상황에서 누구를 중심으로 할 것인가와 둘째는 교육 내용을 어떻게 볼 것인가이다. 전자는 '효과적인 지도 방법은 어떻게 모색되어야 하는가'라는 문제로 귀결되고 후자는 교육 내용이 '기능, 전략, 원리, 지식, 과정' 가운데 어떠한 것이 중시되는가라는 문제로 귀결된다. 여기서 현시적 교수법은 전자의 논의에서 나왔다.

현시적 교수법은 직접 교수법의 발전된 형태로 직접 교수법에 비해 비교적 유연하다. 학생들의 선택과 능동적인 참여를 유도하기 때문에 직접 교수법에 비해 학생 중심적이라고 할 수 있다. 직접 교수법은 기능을 엄격히 위계적으로 나누고 세부 기능에 초점을 두지만, 현시적 교수법은 전체를 중요시하여 전략적인 접근을 강조한다. 또한 직접 교수법에서는 한 가지 문제에는 한 가지 답밖에 없다고 생각하지만, 기본적으로 현시적 교수법은 한 가지 물음에는 여러 가지 답이 있다.

현시적 교수법은 직접 교수법에 비해 배운 것을 실제 상황에 활용할 것을 강조한다. 그래서 직접 교수법에서는 볼 수 없는 '적용'을 마지막 단계에 별도로 넣고 있다.

독서 지도방법은 교수 내용과 성격에 따라 달라진다. 읽기 수업 모형에서도 이러한 원칙은 달라질 것이 없다. 일반적으로 직접 교수법이나 현시적 교수법은 가르치는 사람의 입장이 강조되는 학습법이다.

이러한 전략적 지도의 구체적인 방법으로 박수자(1993)는 직접 지도, 현시적 교수법, 상보적 교수법으로 나눈 바 있다. 이들 모두 교사의 명확하고 구체적인 시범과 설명, 책임 이양이 강조된 모형이라는 점에서 공통점이 있다.

(가) 현시적 교수법 단계

과정 (단계)	핵심 요소	주요 교수 학습 활동
1 단계	안내	• 동기 유발 • 학습 목표 확인 • 기능이나 전략의 소개 • 교사의 시범 보이기
2 단계	교사 유도 활동	• 기능이나 전략의 적용 방법 탐색 및 연습 • 교사의 피드백
3 단계	강화	• 기능이나 전략에 대한 자세한 설명 (기능/전략의 특성 및 적용 방법) • 학생의 이해 여부 확인
4 단계	학생 독립 활동	• 학습지나 학습 자료를 통한 문제 해결(연습) • 교사의 피드백과 이해 여부 확인 • 미이해 학생들을 위한 재강화
5 단계	적용	• 국어 교과서 이외의 실제적인 글에 적용 (능력별, 흥미별 학습 활동 강조)

(나) 적용사례

단원	14. 콩 심은 데 콩 나고	차시	3/6	주제	인과관계 파악하기

학습목표	이야기를 읽고 사건의 원인과 결과를 알 수 있다.				

과정	지도 요소	교수—학습 활동	자료 및 유의점
안내	인과관계 파악 전략 소개 및 시범	· 이번 시간에 공부할 목표를 확인시킨다. · 인과관계로 된 글을 읽었던 경험을 말해 보게 한다. · 인과관계를 파악하는 방법을 안내해 준다.(사고 구술법) · (예문 제시)교사가 직접 예문을 읽어가면서 인과 관계를 찾는 과정을 설명해 준다.	인과관계 파악의 중요성을 일깨우면서 동기를 유발함.

교사 유도 활동	활동하기 (연습)	· 해당 단원에 나오는 글이나 아니면 다른 단원, 다른 교과서, 신문 등에 나온 글 중에서 짧은 글을 택해 직접 인과관계를 찾도록 한다. 이때에도 어느 정도 교사가 개입하여 그 방법을 안내해 준다.	가능한 소집단 활동을 하게 하 는 것이 좋음.
강화	강화 및 확인하기	· 인과관계 파악의 중요성을 다시 한 번 일깨운다. · 간단한 평가 문항을 만들어 제시하거나 몇몇 학생 들에게 질문을 하여 인과관계를 파악하는 '방법'을 알았는지 확인해 본다. · 확인한 결과, 아직 제대로 이해하지 못했을 경우에 는 앞 단계로 넘어가 다시 학습을 하고, 거의 대부 분이 이해했을 경우에는 다음 단계로 넘어간다.	이해하지 못한 학생들을 위해 서는 이 단계와 다음 단계에서 개별 지도함.
학생 독립 활동	활동하기 (연습)	· 교과서의 긴 글을 가지고 인과관계를 파악하게 한 다. 전체 인과관계가 있고 부분 인과관계로 된 글이 있을 수 있는데, 원인에 해당하는 부분과 결과에 해 당하는 부분을 각자 적당한 표시를 해보게 한다.	교실을 돌아다 니며 학생들의 질문을 받거나 개별로 도와줌.
적용	일상 상황에 연결	· 가능한 해당 단원 이외의 글, 예를 들어 다른 단원 이나 다른 과목의 교과서, 신문, 학급 도서 등에서 인과관계로 된 부분을 몇 개 찾아보게 한다. 시간이 부족할 때에는 과제로 제시	시간이 부족할 때에는 과제로 제시

2) 상보적 교수법

상보적 교수법(reciprocal teaching method)은 원래 Palincsar과 Brown(1984)이 제안한 것이다. 학생들 간이나 학생과 교사 간의 상보적인 도움을 통해 독해 전략을 익히는 수업 방식이다. 상보적(相補的, reciprocal)이란 말은 라틴어 reciprocus에 어원을 두고 있는데, '서로가 같은 것을 주거나 교류하는 것'을 의미한다.

처음에는 교사와 학생이 학습 과제를 함께 해결하다가 점차적으로 학생이 독자적으로 과제를 해결할 수 있도록 교사가 학생에게 도움을 주는 방법이다. 이 독서지도법은 교사의 직접적인 설명보다는 글의 의미를 구성하기 위해 교사와 학생 사이에 이루어지는 상호 협의 과정에 더 초점을 둔다. 이 방법은 처음에 주로 설명문 읽기 지도를 위해 계발되었고 대체로 학습 능력이 부족한 학생들을 위해 계발된 것이다. 물론 능숙한 학생들을 위해서도 적용할 수 있는 방법이다.

상보적 교수법은 사회적 상호작용을 강조하는 비고스키의 사회 구성주의적 사고 발달 이론에 근거를 두고 있다. 비고스키의 근접 발달 이론은 자기보다 나은 동료나 어른(교사, 부모, 선배 등)이 적절한 발판(scaffolding)을 제공하는 것을 중시한다. 상보적 교수법은 어떤 의미에서 인지적 도제(cognitive apprenticeship), 즉 자기보다 나은 사람(교사)이 특정한 기능을 전수하는 과정을 강조한다. 이와 같은 관점에서 처음에는 모방을 통해 특정한 전략을 익히고 그 다음에는 교사의 도움을 받으며 배운 전략을 적용해 본다. 그 다음 이들 문제에 대해 집단 토론을 하고 마침내 자기 스스로 전략을 자유롭게 활용할 수 있는 단계까지 이르는 것을 강조한다. 그러므로 상보적 교수법은 전문가의 scaffolder의 역할, 협동 학습, 안내된 학습, 근접 발달의 개념을 수용하고 있다고 할 수 있다.

사회 구성주의에 근거를 둔 상보적 교수법은 교사의 직접적인 교수 활동을 최소화하고 학생과의 상호작용, 즉 대화를 사고 발달에 근본적이고 중요한 요소로 여긴다. 이 관점에 의하면 교사와 학생뿐만 아니라 학생과 학생 사이에서도 학습이 발생한다고 본다. 상보적 교수법의 목적은 사회적인 상호작용을 통해 학습자들이 전략적으로 읽기를 수행하게 하도록 하는 것이다. 전략적 읽기에 나타난 상보적 교수의 목적은 크게 인지적 측면과 동기적 측면에서 살펴볼 수 있다. 인지적 측면에서 상보적 교수의 목적은 학생들로 하여금 전략과 초인지에 관한 지식을 습득하게 하는 것이다. 학습자에게 효과적인 읽기 전략의 정의, 읽기 전략을 사용하는 이유, 읽기 전략을 적용하는 방법, 읽기 전략을 적용하는 상황에 대한 정보를 제공하고 학습자에게 필요한 지지를 제공함으로써 학습자들이 다양한 읽기 전략과 적합한 전략 사용에 관한 초인지 기술을 습득할 수 있게 한다. 이를 통해 읽기 이해를 증진시키고 읽기 이해 점검을 강화시킨다.

동기적 측면에서는 학생들로 하여금 읽기 활동에 자발적으로 전략을 사용할 수 있도록 하고, 더불어 학생 자신에 대한 가치감과 만족감을 느끼도록 하는 것이다. 즉 학생들이 더 자주 읽고, 읽는 것을 즐기며, 독자로서의 자신에 대해 긍정적인 태도를 가짐으로써 적극적 읽기에 참여하도록 만드는 것이다.

상보적 교수법의 주요 특징은 다음과 같다

첫째, 소집단 협동 학습의 한 형태로서 전체 과정에서 동료나 다른 사람과의 상호 협동 또는 협력을 강조한다. 교사와 학생이 함께 번갈아 가면서 여러 가지 전략을 적용하여 과제를 해결하되 대화를 통한 학습을 강조하는데, 참여자들끼리 서로 도움을 주고받는 활동을 통해 일련의 학습을 진행해 나간다.

둘째, 교사는 과제 해결을 위한 전략적 요소가 어떤 것인지, 언제, 어떻게 적용하는지를 최대한 드러내서 학생들이 그것을 이해하고 학습할 수 있도록 한다. 상보적 교수법에서는 다른 사람과의 상호작용을 중요시하지만 이 과정에서 학생들이 자신의 이해 과정을 점검하고 통제하는 활동을 강조한다.

셋째, 학습의 초기에는 교사가 과제 해결 활동의 주도적인 역할을 하지만 점차 그 주도권이 학생에게로 이양된다. 책임이 교사와 학생의 공동 책임에서 점진적으로 학생에게 이양되는 과정을 강조하는 것은, 의미의 구성은 동료나 자기보다 우수한 사람들과의 상호작용을 통해 형성될 수 있다는 사회 구성주의자들의 관점에 입각한 것이다.

넷째, 학생과 교사가 서로 역할을 바꾸어 가며 수업을 진행할 수 있다. 교사는 학생의 입장이 되어 학생들이 알아야 할 것을 질문의 형태로 바꾸어 교사의 역할을 맡은 학생에게 설명을 요구하기도 하고, 그와는 반대로 교사의 역할을 맡은 학생의 질문에 대답을 하기도 한다. 이 과정에서 학생은 중요한 내용이 무엇인지 스스로 생각할 수 있는 능력을 기르게 되고, 글의 내용을 자신의 것으로 받아들이게 된다.

다섯째, 상보적 교수법은 학생들의 능력 수준에 별다른 차이 없이 효과를 볼 수 있다. 학생들의 자기 조정 능력을 강조하기 때문에, 능력이 부족한 학생들도 질문을 제기하는 데 대해 두려움을 덜 갖게 된다. 또 능력이 뛰어난 학생들이 글을 읽으면서 전략을 이해하고 적용하고 또 질문을 제기하는 것을 관찰하면서 그것을 모델로 삼아 학습할 수 있다는 장점이 있다.

가)상보적 교수법 단계

상보적 교수법은 보통 다음과 같은 4단계의 교수 절차에 따라 진행된다(이성은, 2005).

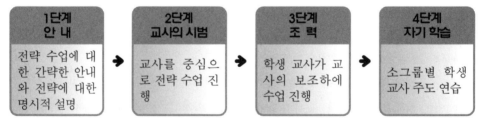

1단계 : 안내

교사는 수업의 목적에 대해 설명한 후 학생들에게 읽을 글을 나누어 주고 조용히 눈으로 제시한다.

2단계 : 설명과 시범

교사는 글을 읽고 이해할 때 요약, 질문 생성, 예측, 명료화의 네 가지 읽기 전략을 사용한 읽기 수업을 진행하고 전략의 구체적 활용 방법에 대한 시범을 보여준다.

3단계 : 조력

교사는 교사 역할을 담당할 학생을 지명한다. 교사 역할을 담당할 학생은 앞 단계에서 교사가 시범을 보였던 네 가지 전략을 능동적으로 적용하면서 다른 학생들과 함께 수업을 진행한다.

학생들이 글을 읽으면서 독립적으로 읽기 전략을 적용한 것에 대해 "참 좋은 질문이에요", "매우 명료한 대답이군요", "글의 내용에 있는 더 중요한 정보를 말해 보세요" 등과 같은 충분한 칭찬, 피드백, 정교화, 단서화 등의 교수적 지원 활동을 제공해 준다.

4단계 : 자기 학습

학생들이 독립적으로 네 가지 읽기 전략을 적용하면서 스스로 글을 읽고 이해하며 교사는 더 이상 학생들에게 도움을 주지 않음으로써 학습에 대한 책임은 학생이 전적으로 진다.

상보적 교수법은 독해 전문가로서의 교사가 독해 전략에 대한 시범을 보여주고 단계적으로 도움을 제공해 주지만 점차적으로 학습자에게 책임감을 이양시켜 나가는 사회적 상호작용에 강조를 둔 수업이다. 또한, 학습자 스스로가 독해에 대한 점검 및 평가를 하는 자기 규제적 목표를 갖는 수업이라고 하겠다(이성은, 2005).

나) 상보적 교수법 적용

상보적 교수법 적용에 대해서는 다소 의견 차이가 있다. 여기에서 제안하는 네 가지는 전략으로 활용할 수도 있으며, 교수법의 절차로 적용할 수도 있다. 다시 말하면 여기에 제시하는 예측하기, 질문 만들기, 명료화하기, 요약하기는 순차적으로 진행할 수도 있으며 선택적으로 적용할 수도 있다는 의미이다. 경우에 따라서는 절차상의 순서를 바꿀 수도 있다.

중요한 점은 상보적 교수법을 적용할 때에, 교사가 우선 이들 단계를 어떻게 활용하는지 시범을 보여준다. 그런 다음 교사의 도움을 받으면서 학생들이 이들 단계를 적용해 보게 한다. 결국에는 학생들 스스로 이들 전략을 적용하면서 글을 읽도록 한다. 상보적 교수법은 학생들이 이들 단계를 내면화함으로써 혼자서 글을 읽는 상황에서도 이들 행위를 스스로 하도록 하는 데 있다. 각 단계별 중요 학습 활동을 정리하면 다음과 같다.

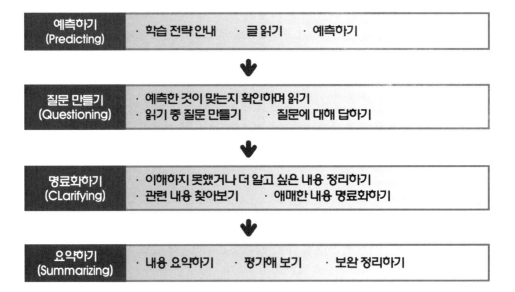

예측하기(Predicting)

학습자는 작가가 텍스트에서 말하고자(토의하고자) 했던 것에 대해서 예측한다. 예측 전략은 학생들이 텍스트의 실마리나 배경 지식, 텍스트의 제목 또는 부제, 주제와 관련한 학습자의 선행 지식 또는 정보, 비슷한 종류의 정보에 대한 경험, 그림 단서, 텍스트로부터 의미를 이해할 수 있는 구조를 이용함으로써 자신의 이해를 모니터할 수 있도록 돕는다(Palincsar & Brown, 1989. 재인용).

질문만들기(Questioning)

예측하기에 이어, 학습자는 글을 읽거나 듣는다. 읽는 중에도, 학습자는 어떤 제재가 계속 나올 것이며, 그 내용 중 어떤 부분이 읽혀져 왔는지를 예측하며 점검한다. 그후 제재에 대하여 서로서로 질문을 하고, 비판적인 생각이 포함된 종류의 질문을 한다. 학습자는 그 질문에 반응하여 진실로 해답을 숙고하도록 만들고 텍스트에 대하여 토의, 토론으로 이끌 수 있는 더 높은 수준의 생각을 하도록 한다. 예를 들면 작가가 의도한 바, 그 이야기의 교훈, 그 이야기의 목적 등을 발문할 필요가 있다. 실제 적용시, 교사는 한 학생을 선정하여 글의 각 부분에 대한 토론을 주도하도록 한다. 토론 주도자는 내용에 대해 발문한다. 나머지 학생들은 발문에 응답하면서, 추가 질문을 한다.

명료화하기(Clarifying)

글을 읽는 동안, 학생은 텍스트 중에서 그들이 이해하지 못한 단어나 구절, 개념을 적어 둔다. 왜 그 텍스트는 이해하기 어려운지에 대한 이유에 대해서 주의를 집중한다(명확하지 못한 단어, 친숙하지 못한 단어, 개념들). 실제로, 글의 요점이 명료하지 않으면 그것이 명료해질 때까지 토론이 이루어진다. 학생들은 더 많은 예측을 하거나 해당 부분이 더욱 명료해질 때까지 다시 읽을 수 있다(Palincsar & Brown, 1989. 재인용).

요약하기(Summarizing)

학생들은 그들이 읽은 제재를 요약한다. 텍스트에서 중요한 정보들을 확인하고 바꾸어 말하고, 통합한다. 각각의 이 전략들은 학생들이 텍스트의 의미를 구성하고, 그들이 읽은 것(사실상 자신이 읽은 것을 이해한 것들)을 확실히 하기 위해서 모니터링하는 것을 돕는다. 상보적 교수법에 사용되는 네 가지 전략을 학습한 후, 학생은 그들이 읽은 것을 가지고 무엇을, 언제, 왜, 어떻게 사용할 수 있는지에 대해 알 수 있다고 기대한다. 토론 주도자는 여러 가지 요약 중 가장 적절한 것을 뽑아 요약을 하고, 교사는 다른 학생들이 그 요약에 대하여 의견을 말하거나, 정교화할 수 있도록 권유한다(Palincsar & Brown, 1989. 재인용).

위에서 제시한 네 단계를 달리 적용할 수도 있고 질문하기, 요약하기, 명료화하기, 예측하기 순서로 할 수도 있다. 우선 글의 일부분을 함께 읽고 자기보다 나은 동료나 교사가 질문을 하고 다른 학생들이 대답한다. 물론 다른 학생들이 의문을 제기할 수 있다. 그런 다음 글 내용에 대해 함께 요약하고 동의하지 않는 부분이 있으면 토론한다. 그런 다음 각자 글의 다음 부분을 읽어 나가면서 의문 나는 점을 찾아낸 다음 여기에 대해 충분하게 대화를 하면서 독해를 명료화한다. 끝으로 잎으로 이어질 내용에 대해 예측을 하게 하고 예측한 것이 맞는지 확인하면서 계속 글을 읽어 나간다.

　상보적 교수법을 적용한 예를 간단히 소개하기로 한다. 여기에서 제시한 예는 교사가 일련의 질문을 통해 학생들의 사고 활동을 유도해 나가는 과정을 보여주고 있다. 즉 학생 간, 그리고 교사와 학생 간의 상보적 질문을 통해 해당 학습의 깊이를 더하는 것이다. 미국의 걸스카우트 창립자인 데이지 로우에 관한 글을 대상으로 상보적 교수법을 적용한 예를 간단하게 제시하면 다음과 같다(Gunning. 2003 : 307~308쪽. 재인용).

■ 질문으로 인도하기

카르멘(학생 토론 리더)　나의 질문은 어떻게 데이지 로우가 사람들과 동물들을 도왔는가 하는 점이야.

폴　라　그녀는 길 잃은 고양이와 개들을 길렀어.

프랭크　그녀는 가난한 아이들에게 옷을 주었지.

■ 명료화 요구

찰　스　나는 명료화할 필요가 있다고 생각해.

앤　　나는 가난한 아이들은 옷이나 음식 같은 것이 필요하다고 생각해.

교　사　'가난한(needy)'과 같은 의미의 또 다른 낱말은 없니?

제임스　부족한(poor). 나는 '부족하다'가 '가난하다'와 같은 의미라고 생각해요.

교　사　좋은 대답이군. '부족하다'와 '가난하다'는 같은 의미라고 할 수 있겠지. 또 다른 질문을 해보마. 왜 데이지는 소에게 담요를 덮어 주었지?

폴　라　그녀는 소가 감기에 걸리지 않도록 하고 싶었어요.

제임스　나는 그것을 명료화해야 한다고 생각해. 소도 감기에 걸리니?

교　사　누구 아는 사람? 혹시 농장에 사는 사람? 우리가 어떻게 그것을 알아낼 수 있을까?

폴　라　백과사전에서 찾아볼 수 있을 거예요.

존　　저희 할아버지께서 소를 기르셨어요. 할아버지께서 우리 집에 방문하셨어요. 할아버지께 부탁을 드려 볼게요.

교　사　좋은 생각이구나. 할아버지께 부탁을 드리고 우리에게 보고를 해주렴. 너희 할아버지께서 교실에 오셔서 농장에 관해서 이야기해 주신다면 좋겠구나.

그런데, 카르멘. 너의 질문에 대답이 되었다고 생각하니?

카르멘 저는 그 이야기가 데이지 로우가 사람들을 돕기 위해서 했던 더 많은 일들에 관한 것이라고 생각해요. 누가 거기에 관해서 말해 줄 사람이 있니?

앤 응, 그녀는 '돕는 손'이라고 불리는 아이들의 모임을 시작했어.

프랭크 그리고 첫 번째 문장은 그녀가 미국의 걸스카우트 창립자라는 것을 이야기하고 있어.

교 사 좋은 대답들이다. 이야기의 이 부분을 요약할 수 있겠니, 카르멘?

■ 요약하기

카르멘 그 문단은 데이지 로우에 관해 이야기하고 있습니다.

교 사 맞다, 카르멘. 그 문단은 데이지 로우에 관해 이야기하고 있어. 요약한 글에서 너는 중심 생각과 주요한 항목들을 구성하고 있어. 그 문단은 데이지 로우에 관해서 우리에게 무엇을 이야기하니?

카르멘 그녀는 곤경에 처한 동물들과 아이들을 도왔어요.

■ 예측하기

교 사 아주 훌륭하다, 카르멘. 다음에 무슨 내용이 이어질지 예측할 수 있겠니?

카르멘 저는 어떻게 데이지 로우가 걸스카우트를 시작했는가를 말할 거라고 생각해요.

교 사 누구 다르게 예측한 사람 있니? 좋아. 어떻게 우리의 예측이 들어맞는지 다음 장을 읽어 보자. 누가 이 장의 활동 리더가 되겠니?

■ 상보적 교수법 적용시 유의점

첫째, 상보적 교수법은 주로 읽기 교육에 적용하는 것이 좋다. 단순히 글을 읽고 그 의미를 단순하게 해독하는 수준보다는 추론이나 비판적 읽기 능력 등, 고차원적인 읽기 활동을 지도하는 데 적용하는 것이 좋다. 특히 효과적인 독해 전략을 가르칠 때 많이 활용할 수 있다.

둘째, 처음에는 글의 일부분을 가지고 그 글을 읽고 토론을 하면서 학습 방법을 익히게 하고 점차적으로 긴 글을 대상으로 하는 것이 좋다. 글의 내용 수준이나 주제에 있어서도 다소 쉽거나 단순한 것에서부터 어렵거나 복잡한 순으로 수업을 진행함으로써 점차적으로 학생들 스스로 학습을 하도록 배려한다.

셋째, 처음에는 자기보다 나은 친구나 교사가 주도하여 질문을 하고 나머지 학생들이 대답을 하는 형식으로 진행한다. 이때 그 질문에 대해 다른 학생들이 의문을 제기할 수도 있다. 물론 점차적으로 다른 학생들도 질문을 제기하도록 하고, 결국에는 자기 스스로 질문하도록 하는 것이 중요하다.

넷째, 교사나 우수한 동료가 시범을 보여주기도 하고 적극적으로 도와주는 등의 활동으로 다른 학생들이 충분히 이해하게 하는 것이 중요하다. 그냥 지시만 하는 것은 바람직하지 않다. 특히 처음에는 교사의 시범이 중요하다.

다섯째, 상보적 교수법에서 강조하고 있는 전략을 제대로 사용하기 위해서는 충분한 사전 준비와 연습이 필요하다. 특별한 준비와 시간도 없이 이들 활동을 한 차시에 진행하는 것은 곤란하다. 우선 각 전략을 제대로 사용하도록 충분히 연습하고 익히는 시간이 필요하다.

4. 독서지도 형태

1) 자유 독서 : 자유로이 선택하여 자발적이고 폭넓게 읽도록 장려한다.

2) 과제 독서 : 정해 놓은 도서를 읽도록 한다.

3) 독서 안내 : 각종 도서 목록을 제시하여 독서 재료 선택을 도와준다.

4) 독서 상담 : 학생들에게 독서에 관한 각종 상담에 응하도록 지도한다.

5) 독서회 : 동호인끼리 동아리를 조직하여 함께 독서하도록 한다.

6) 독서 발표회 : 독서 후 감상을 상호간에 발표하도록 한다.

7) 독서 좌담회 : 독서에 관한 의견을 교환하고 명사를 초청하여 강연을 듣는다.

8) 콩쿠르 : 독서에 관한 작품을 모집하여 경쟁시킨다.

9) 독서 일기 : 독서에 관한 일기를 쓰도록 한다.

10) 독서 감상문 : 독후감이나 서평을 쓰도록 한다.

11) 견학 : 독서에 관한 시설, 전시장, 서점 등을 견학한다.

12) 시청각 보조 : 영화, 음반, 방송 등을 이용하여 독서 생활을 지도한다.

■ 통합적 독서지도 기초 훈련

듣기 훈련	어린시절부터 이야기 듣기, 음악듣기를 시킴

읽기 훈련	3세부터 그림책 읽기 시작하여 글자 읽기로 확대

말하기 훈련	어린시절부터 자신의 욕구나 의사표현 표출을 지도

쓰기 훈련	생활경험 쓰기, 느낌 쓰기, 독서 감상문 쓰기

생각하기 훈련	읽으며 생각하기, 자기주장 발표하기, 토의 토론하기

■ 읽기 준비

1) 문화적 준비 : 독서에 대한 사회적 분위기를 조성한다. 독서의 가치를 우선시하고 독서 활동을 강화한다.
2) 심리적 준비 : 독서에 대한 흥미와 동기 유발을 강화한다.
3) 환경적 준비 : 주변 환경을 독서에 적합하도록 조성한다.
　　　　　　　　　(소음, 조명, 책과의 적정거리 유지, 시간 조정)
4) 신체상 준비 : 시력, 정서불안 교정, 영양섭취.

■ 독서의 좋은 점-생각그물 엮기

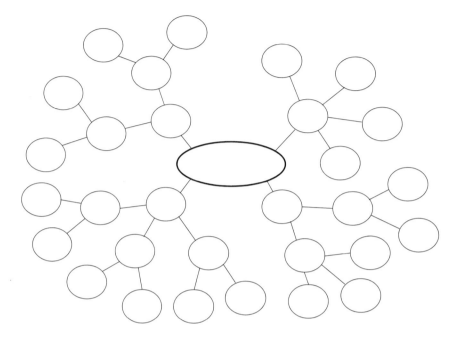

■ 독서를 어렵게 하는 것-생각그물 엮기

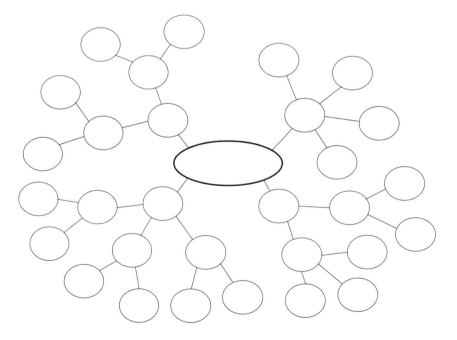

내가 좋아하는 노래에 독서지도 가사를 만들어 본다.

단원별 생각하기

학 부	
학 번	
이 름	
제출일 20 . . .	

지금까지 읽은 책 중 가장 기억에 남는 것을 적고 그 이유를 써보자.

제2장

독서지도 자료

1절 독서지도자와 독자

1. 독서지도자의 자세

1) 독서지도자는 학생들로 하여금 독서에 대한 개인적 가치관, 목적, 자아 개념 등을 스스로 수립하고 독서에 대한 긍정적 태도를 갖도록 도와준다.

2) 독서지도자는 학생들로 하여금 다양한 내용, 장르별로 읽을 만한 가치가 있다는 사실을 바르게 인식하도록 설득한다.

3) 독서지도자는 학생들이 좋아할 수 있는 독서 의도와 가치관, 그리고 이를 뒷받침할 수 있는 물리적 환경과 기준을 학생들에게 제공해 준다.

4) 독서지도자는 독서 행위를 정당화할 수 있는 최소한의 유인 체제를 학생들에게 제공한다.

5) 학교와 가정, 그리고 사회에서 학생들로 하여금 만족감과 지적 호기심을 자극할 수 있는 독서 자료를 읽도록 용기를 준다.

6) 독서지도자는 학생들로 하여금 독서에 대한 준비 태세를 항시 제대로 갖추도록 도와준다.

7) 독서지도자는 학생들로 하여금 자신의 수준에 적합한 독서 자료를 선택하여 읽을 수 있도록 한다.

8) 독서지도자는 성공적인 독서의 바탕이 되는 독서 기능을 학생들에게 제대로 길러 주어야 한다.

① 인간적인 조화를 갖춘 자　　② 비전과 꿈을 제시하는 자

③ 세상에 대한 넓은 안목과 폭 넓은 지식과 이해력의 소유자

④ 탐구심과 분석 능력을 갖고 현실적 감각으로 해결할 수 있는 자

⑤ 정보 입수, 커뮤니케이션(의사소통)의 기술을 갖춘 자

⑥ 함께 배우는 사람(Co-Leaner)—성장하기를 멈추지 않는 자

① 독서하는 방법을 알고 책을 즐기는 자

② 독서 교육에 대한 철학과 이론을 숙지한 자

③ 언어발달, 인지, 학습에 대한 지식을 이해한 자

④ 독서 과정에 대한 이해가 있는 자

⑤ 현대사회에서의 독서의 가치와 필요성을 이해하는 자

■ 능동적인 독자

1) 능동적인 독자는 목적을 가지고 책을 읽는다.

2) 능동적인 독자는 독서 과정에서 끊임없이 질문을 던지며 읽는다.

3) 능동적인 독자는 행간에 기록을 남기며 읽는다.

4) 능동적인 독자는 텍스트 이미를 구성하기 위해 배경 지식을 활용한다.

5) 능동적인 독자는 독서의 전 과정을 통하여 자신의 독해 작용을 조정한다.

6) 능동적인 독자는 독해가 잘못된 방향으로 이루어지고 있음을 인식하게 되면 자신의 독해 과정을 수정한다.

7) 능동적인 독자는 자신이 읽고 있는 텍스트에서 무엇이 중요한지 결정한다.

8) 능동적인 독자는 독서 과정에서 정보를 체계적으로 종합한다.

9) 능동적인 독자는 독서 과정에서는 물론 독서 후에도 끊임없이 추론을 생성한다.

10) 능동적인 독자는 독서 활용 방안을 찾고 적용한다.

2. 독서지도자의 역할

아동 및 청소년들이 현대사회가 바라는 건강한 인간, 자주적, 창조적, 도덕적 인간으로 성장하도록 돕는 역할

① 독서 교육 지도사─아동 초기 · 중등 교사, 성인 담당 교사
② 독서 교육 임상 전문가─임상 독서 교육 전문가, 언어 및 독서 교육 전문가
③ 독서 교육 지원 전문가─지원 서비스 제공자, 학교 행정가

1) 학습자에 대한 이해

| 과정적 존재 | ……… | 의사 소통의 존재 | ……… | 욕구의 존재 |

2) 학습자 환경에 대한 이해

1) 만나기 전 수업 목표를 세운다.

2) 피교육자 정보를 분석 / 수집

3) 첫 수업에서 부모와 아이의 특징을 파악
　─부모의 가치관 및 아이의 성격 / 수준 관찰

4) 독서 전 지도가 중요
　─자기 소개하기, 책과 친해지기, 책 목록 만들기 등

2절 아동 도서 이해

어린이가 태어나고 성장해 가는 과정에서 가장 많은 영향을 받는 것이 부모의 양육 태도와 사회 문화적 유산이다. 이때 사회 문화적 유산을 어린이에게 전달하는 주요 수단 중 하나가 바로 아동도서이다.

한 나라의 아동도서의 양과 질은 그 나라 문화수준의 척도가 된다고 해도 과언이 아니다. 아동도서는 출판되기까지 문예뿐만 아니라 책의 크기, 모양, 제본, 색상, 그림, 글과 그림의 조화, 인쇄, 책의 쪽수에 이르기까지 모든 편집과정이 종합되는 과정을 거쳐야만 한다. 그것을 위하여 과학과 기술, 예술적 감각이 총동원된다. 그러므로 아동도서는 단순히 어린 아이들이 읽고 배우는 책이라기보다는 그 사회 구성원의 혼과 문화 의식, 예술성, 교육 의도를 그대로 반영한 종합예술지이다.

1. 어린이 책의 역사

1) 어린이는 어떤 개체였는가?
- 서양 중세기 : 성인으로 살아가기 위해서 혹독한 훈련을 받아야 하는 성인의 축소판으로 존재 했다. 굶주림과 질병, 육체노동으로 학대받으며 수많은 어린이가 희생되었다.
- 1910년대 한국 : 신문화가 개화되기 시작했지만 어린이의 존재를 하찮게 여겼다. 일제 강점의 암울한 시대의 억압과 굶주림, 돌림병, 학대와 무관심의 존재였다.

2) 어린이에 대한 인식 전환
- 어린이는 내일의 희망, 미래의 꿈나무이다.
- 어린이에 대한 인식의 전환—어른의 축소판이 아니라 독자적인 인격체로 인정해야 한다.
- 아동문화운동 → 아동문학운동으로 전환하였다.
- 민족운동으로서 아동을 해방(문학을 통한 아동문화운동)시키고자 했다.

2. 어린이 문학(책)의 시작

1) 라틴어 시대
- 종교나 예의를 가르치기 위한 도서
  7세기경부터 부유한 집안의 아이들을 위해 교육용으로 쓴 책이다.
  알드헬름(640~709)이 문답형식과 시 형태로 쓴 라틴어 교과서이다.
  11c경 : 안셀름(1033~1109)이 풍습, 예절, 아이들의 의무, 도덕, 종교적인 교훈 및 자연과학에 관한 백과사전을 편찬했다.

- 중세 : 예절과 도덕, 종교 및 교육에 관한 것

  혼북(hornbook) : 1440년대에 나온 초급 입문서이다.

  캑스턴(1422~1491) : 영국 최초의 인쇄업자

  『예의교본』(1477), 『어머니는 어떻게 딸을 교육 시켰는가』(1480) 등과 같은 가정 교육서를 출간하였다.

  1481년 『여우 레나드』에 이어 『이솝우화집』, 『아더왕 이야기』 등 우화, 민간 설화, 전설 등 출간한다.

- 1479년 필사본 『지혜서』 출간─운문체 교훈 설교집으로 교훈만 줄 뿐 재미는 없다.

  아이야, 열매나 새나 공 때문에 집이나 담에 올라가면 안 된다.

  아이야, 집에다 돌을 던져서도 유리창에 돌을 던져서도 안 된다.

  소리 지르거나 농담하거나 장난을 쳐도 안 된다.

  아이야, 너의 책이나 모자나 장갑, 그리고 네게 필요한 물건을 챙기렴.

  안 그러면 혼쭐이 나고 알몸으로 흠뻑 얻어맞을 테니.

  ─『모든 어린이를 위한 사이먼의 지혜서』 중에서

- 16~17세기경 : '민중의 책은 곧 성서' 종교서적 이외의 책은 허용되지 않았나.

  신앙심을 고취시키기 위한 종교적인 설교나 교훈주의가 아동도서의 중심 테마가 되고 신앙 설화, 교훈, 설교서 외에는 주어지지 않았다.

  제인에어 : 〈아이들에 대한 가르침 : 일곱 아이들의 고상하고 모범적인 생애와 아름다운 죽음〉, 헉스의 〈순교자〉

- 어린이를 위한 양서(좋은 책)의 주장

  홉 로즈(1544년 '양육서') : 어린이를 위한 양서 발간을 주장하였다.

  "어린이들에게 해롭고 허무맹랑한 이야기를 읽혀서는 안 된다. 지옥의 불길에서 어린 영혼을 구해내자."

  청교도 정신에 의한 도덕과 예절, 성스럽고 모범적인 생활을 중시하였다. 어린이 책의 상업적인 행위를 비판하였다. 본보기 책으로 『어린이를 위한 거울』, 『어린이들에게 보내는 선물』, 『소년 소녀를 위한 책』, 『성스러운 상징』 등이 있다.

• 챕북(chapbook)시대 : 17세기 행상인들이 책을 팔고 다녔다. 민화·신화·소설 등 성인들의 읽을거리였지만 아이들이 읽고 재미를 느껴 아이들용으로도 만들었다.

1668년『천로역정』(존 번연. 1628~1688)

1719년『로빈슨 크루소』(다니엘 데포. 1661~1731)

1745년『걸리버 여행기』(조나단 스위프트. 1667~1745)

2) 아동도서의 선구자 '존 뉴베리(1713~1767)'의 등장

• 1744년 존 뉴베리(영국의 출판인쇄업자)에 의한『작고 예쁜 포켓북』(chapbook) 출간. 짧은 이야기 모음집으로 "어린이에게 재미있는 읽을거리를 주자"는 명분과 상업성을 띤 본격적인 출판물이다.

• 인쇄+출판+서점+책광고 등 뉴베리는 오늘날 출판업의 전형이라 할 수 있는 일들을 상업적으로 성공시킨 최초의 출판인이었다. 어린이 문학(출판)에 끼친 그의 공헌은 세계적으로 매우 크다. 현재 미국 도서관협회가 매년 그 해에 가장 우수한 아동문학 작품에 수여하는 〈뉴베리상〉을 제정하여 운영하고 있다.

3) 우리나라―신문학 운동시대 : 최남선·이광수

우리나라의 신문학운동은 육당 최남선(1886~1957)과 춘원 이광수(1892~?)로부터 시작하였다. 이광수는 1906년『少年韓半島』라는 아동교육지와, 1908년『少年』을 창간하여 아동문학지의 효시가 되었으며, 신문학의 기원을 이룩하였다.

> "우리 대한으로 하여금 少年의 나라로 하라. 그러면 능히 이 責任을 감당하도록 소년을 敎道하여라."

―창간 취지문

1913년에는『검둥이의 설움』(엉클 톰스 캐빈)을 번역 출간하였으며 동화「별나라」를 발표하였다. 그리고 1917년에는「어린 벗에게」,「소년의 애수」를 발표 하였다.(우리나라 최초의 현대 단편소설)

4) 방정환의 어린이 사랑—어린이 문학

• 1922년 소파 방정환이 아동문학과 아동운동을 위한 〈색동회〉(방정환, 마해송, 윤극영, 손진태, 조재호 등)를 결성하여 소년운동을 주창하며, 기관지 『어린이』지를 창간하고, 〈어린이날〉 제정을 주창하였다.

'어른에게 드리는 글'과 '어린이의 날의 약속' 등의 글을 발표하여 어린이날 행사를 주관하였으며, 1922년 최초로 세계명작동화집 『사랑의 선물』을 번안하여 출간하였다.

※ **어른에게 드리는 글** (1923. 5. 1, 1964. 5. 5)

• 어린이를 내려다보지 마시고 치어다보아 주시오.
• 어린이를 가까이 하시어 자주 이야기하여 주시오.
• 어린이에게 경어를 쓰시되 보드랍게 하여 주시오.
• 이발이나 목욕, 의복 같은 것을 때맞춰하도록 하여 주시오.
• 잠자는 것과 운동하는 것을 충분히 하게 하여 주시오.
• 산보나 원족같은 것을 가끔가끔 시켜 주시오.
• 어린이를 책망하실 때에는 쉽게 성만 내지 마시고 자세히 타일러 주시오.
• 어린이들이 서로 모여 즐겁게 놀만한 놀이터와 기관 같은 것을 시어 주시오.
• 대우주의 뇌신경의 末梢는 늙은이에게 있지 아니하고 젊은이에게도 있지 아니하고 오직 어린이들에게만 있는 것을 늘 생각하여 주시오.

※ **어린이날의 약속—어린동무들에게**

• 돋는 해와 지는 해를 반드시 보기로 합시다.
• 어른에게는 물론이고 당신들끼리도 서로 존대하기로 합시다.
• 뒷간이나 담 벽에 글씨를 쓰거나 그림 같은 것을 그리지 말기로 합시다.
• 꽃이나 풀을 꺾지 말고 동물을 사랑하기로 합시다.
• 전차나 기차에서는 어른에게 자리를 양보하기로 합시다.
• 입을 꼭 다물고 몸을 바르게 가지기로 합시다.

※ **새천년 어린이선언문**(방정환 탄신 100주년 기념사업위원회, 1999. 5. 5)

◎ 어른들께

- 어린이를 어른 마음대로 다스리려고 하지 마세요.
- 어린이를 어리거나 다르다고 차별하지 마세요.
- 어린이들이 친구들과 함께 놀 수 있는 시간을 주세요.
- 어린들이 생명을 존중하고, 자연 속에서 살 수 있게 하세요.
- 어린이들을 때리거나 괴롭히지 마세요.
- 어린이들이 풍부한 문화를 경험하게 해주세요.
- 불편한 어린이도 다니기 쉽게 해주세요.
- 남과 북의 어린이들이 모두 건강하게 자랄 수 있도록 도와주세요.
- 하루 빨리 통일을 이루어 남북 어린이들이 친구가 되게 해주세요.

◎ 어린 동무들에게
- 많이 웃고 많이 뛰어 놉시다.
- 모든 생명을 소중하게 여기고 자연을 가까이 합시다.
- 아끼고 살며, 여유 있는 마음으로 어려운 친구와 나눕시다.
- 다른 사람을 놀리거나 따돌리지 맙시다.
- 좋은 책을 읽고 아름답고 희망찬 꿈을 가집시다.
- 북녘 어린이를 친구로 여기고 사랑을 나눕시다.

5) 우리나라 어린이 책의 역사
- 1906년 『소년한반도』—아동교육지, 1908년 『소년』(4년간 총 23권 발행)
- 1908년 최초의 아동용 도서 안국선 『금수회의록』
- 1921년 오천석 역편 『금방울』, 고경상, 한석원 동화집 발간
- 1922년 방정환 번역 『사랑의 선물』, 『거인국표류기』, 『어른과 아이』, 『이솝이야기』

- 1932년 『윤석중 동요집』, 1933년 동시집 『잃어버린 댕기』 출간
- 1945년 주요섭 장편동화 『웅철이의 모험』
- 1950년 전란 중 대구에서 국내 최초로 계몽사 刊 『세계아동문학전집』(전10권)이 출간됨.
- 1962년 을유문화사 刊 『아동문학독본』(전10권), 민중서관 刊 『한국아동문학전집』(전12권) 발간됨.
- 1970년대 중반까지 해외명작의 번역판과(계몽사, 금성출판사), 전집 출판이 주종을 이룸.

3. 아동도서 내용 변천

1) 옳고 그름의 교육서
청교도 정신에 의한 신앙·도덕·훈계 설교집

2) 사실과 상상
구전 민담과 우화 퇴조—어처구니없고 터무니없는 이야기 구조 비판
어린이 생활(사실)에 바탕을 둔 작품—설화를 탈피한 새로운 상상의 세계

※ 안데르센(1805~1875)의 동화
1833년 『인어공주』 등 동화집 발간. 창작동화 시작.
서정적인 정서와 아름다운 환상의 세계, 따스한 휴머니즘이 깃들어 있는 인류의 보배 같은 작품, 「인어공주」, 「벌거숭이 임금님」, 「미운 오리새끼」, 「바보 한스」, 「성냥팔이 소녀」 등158편의 동화 발표.

※ 그림형제(야곱, 빌헬름, 1785~1863) 동화
1812년 근대 아동문학의 모태인 『어린이와 가정의 동화집』을 발간. 진래동화를 채록하고 보충, 가필하여 재구성함. 재미와 함께 소박한 아름다움과 도덕성이 담겨 있음.
「백설공주」, 「헨젤과 그레텔」, 「브레멘의 음악대」, 「개구리 왕자」, 「늑대와 일곱 마리 새끼양」, 「빨간 모자」, 「잠자는 숲 속의 공주」 등.

3) 모험과 탐험
영웅주위, 정복사상, 개척정신의 모험소설. 『로빈슨 크루소』(1719), 『솔로몬의 보물동굴』(1885), 『15소년표류기』(1888), 『산호섬』(1857), 『보물섬』(1883) 등.

4) 가정드라마
행동하는 세상(남자)을 동경하면서도 운명적으로 '여자답게' 행동해야 했던 시대—가정을 소재로 한 소설. 대중적이며 도덕적으로 건전하며 여성을 주인공으로 한 것이 많음.
『작은 아씨들』(1853), 『빨간머리 앤』, 『알프스 소녀 하이디』(1881), 『톰 아저씨의 오두막』(1852), 『소공자』(1886), 『소공녀』(1902) 등.

5) 다시 상상의 세계로(현대적 판타지)

'요정이야기'의 상상을 뛰어넘는 현대적 양상의 팬터지(환상) 동화—리얼리티가 높고 교훈성보다는 문학적 가치 높음. 『이상한 나라의 앨리스』(1863), 『겨울나라 앨리스』(1872), 『물의 아이들』(1855), 『프리지오 왕자』(1893), 『피터와 웬디』(1911), 『오즈의 마법사』(1907) 등.

6) 학교이야기

기숙사를 무대로 펼쳐지는 학교생활의 공동체 의식, 에피소드, 학창 시절의 꿈과 낭만, 우정과 반목, 희망과 좌절을 그림. 『톰 브라운의 학창시절』(1857), 『악동이야기』(1870) 등.

7) 말하는 동물들

- 인간화된 동물이야기 : 동물에게 옷을 입히고 말하게 하는 의인 우화.
  「울새이야기」(1786), 「이솝 우화」, 우리나라 고전 등.
- 동물 그대로의 이야기 : 동물 본래의 모습을 묘사
  「명견크루소」(1863), 「검정말 뷰티」(1877), 「시튼동물기」, 「정글북」(1895) 등.

8) 운문(동시)

구전동요—교육적인 잡시로 취급. 외우기 쉽도록 운율을 맞춘 짧은 이야기(훈교)를 최초의 어린이 전문 시인인 아이작 왓츠가 『성가』(1715)로 출간.

가장 유명한 『마더 구스의 노래』는 50편의 동요와 동화가 수록되었으며 존 뉴베리가 출판함.

9) 그림책

- 그림책 : 그림이 주가 됨. 일러스트레이터의 창작물.
- 삽화 : 글이 주가 되며, 삽화는 글의 내용을 재현.
- 컷 : 글의 주제를 상징적으로 표현하는 단컷 그림.
- 1823년 『그림 요정 이야기』가 본격적인 그림 동화집이다.
- 근대의 그림책 전성기 : 미국·영국은 물론 전 세계적으로 어린이 책 생산의 절반을 차지. 1945년 이후 옵셋 인쇄 등장으로 그림책 전성기를 맞이함.

크레인, 그린어웨이, 칼데콧 : 현대 그림책의 원형을 만들어 냄.

4. 아동도서 출판 현황

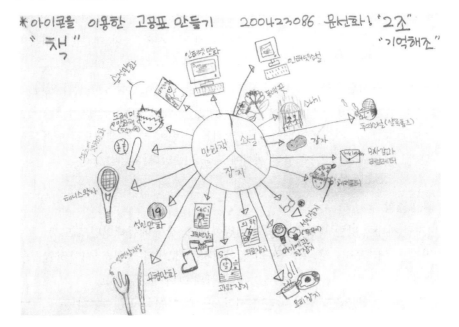

1) 출판 경향

1970년대 중반 : 해외 명작의 번역판이 주종(계몽사, 금성출판사 등에서 전집류 위주 출판)

1977년 창작과비평사에서 창작동화 발행. 『창비아동문고』를 창작동화, 전래동화, 세계동화, 위인전기, 과학동화 등으로 나누어 낱권 판매를 하면서 국내 창작물이 활기를 띄기 시작하였다.

1980년대 중반부터 『어린이 탈무드』, 『노마의 일기』, 『어린이 명심보감』 등 전 주제에 걸쳐 아동용 도서를 계발하였다.

현암사는《청개구리 문고》, 민음사는《어린이책》, 범우사는《오뚜기문고》를 발간하였다.

사회과학 전문 출판사에서도 아동 도서 분야 참여가 이루어 졌다. '사계절', '풀빛', '산하' 등.

1990년대부터 아동도서 전문 출판사와 서점이 등장한다.

- 그림책 전문 : 보림, 마루벌, 비룡소, 길벗어린이, 보리, 현암사, 시공사, 재미마

주, 중앙M&B, 파랑새, 동쪽나라, 산하출판사, 계림출판, 새남, 문
공사, 꿈이있는집, 한국어린이교육연구원
- 전집(창작 및 위인전 등) : 계몽사, 금성출판, 삼성당, 웅진출판, 국민서관, 한국프뢰벨
- 학습 및 만화 : 민서출판, 글수레, 교학사, 능인, 바른교육사
- 어린이 문예 잡지 : 아동문예, 소년, 새벗, 어린이 세계, 어린이 새농민, 아동문학
평론(계간), 아침햇살(계간), 시와 동화(계간), 동화문학(계
간, 부산), 창비어린이, 어린이와 문학, 동화 읽는 가족
- 어린이 전문 서점 등장 : 1990년 신촌 '초방'을 시작으로 현 80여개가 있다.
- 아동도서 전문 유통사 : 1993년 '서당'(《좋은 그림책 모음》《어린이책 목록》《종
합도서목록》 발간), '어린이 책'이 생김으로 아동도서 전
문서점 개설에 도움을 주었다.

■ 최근 경향
- 디지털 시대에 맞는 새로운 개념의 어린이 책 등장—에듀테인먼트 도서
『쥬만지』, 『해리포터』 시리즈, 『우리 할아버지』, 『모네의 정원』, 『꼬마정원』, 『신기
한 스쿨버스』, 『창의력을 기르는 놀이과학』, 『왜 그런지 궁금해요』
- '재미'와 '문학성'을 내세워 어린이 시장 공략하는 문학전문 출판사 등장.
"문예물 잘 만드는 출판사가 어린이 책도 잘 만든다"
문학과 지성사 : 『문지 아이들』, 『까보 까보슈』, 『내가 대장 하던 날』 등.
문학동네 : 『문학동네어린이』—미취학 아동과 초등 저학년 대상 : 그림책 분야 설정
『난 황금알을 낳을 거야』 등 30여종—번역물 위주
국내 창작물 40여종 기획 완료—국내 필자의 기근
현상이 가장 큰 걸림돌
문학동네 어린이 문학상, "서울 동화일러스트레이션"
창작과비평사 : "좋은 어린이책 공모"
창비아동문고—〈환타지 동화〉에 관심
문학세계사 : 1983년 『어린이를 위한 한국명작문고』 복간, 『오즈의 마법사』 시리즈
출간
실천문학사 : 『어린이 세상』, 『탄광마을 아이들』, 『콩, 너는 죽었다』 등 동시집 발간

2) 역대 아동도서 베스트셀러

『5학년 3반 청개구리』(명랑소설) : 현암사, 최승환

『명심보감』(고전) : 바른사

『귀신이야기』(기획물) : 대교출판, 편집부

『노마의 발견』(철학동화) : 오늘, 서울교대어린이철학연구회

『월리를 찾아라』(외국 그림책) : 대교출판, 마틴 핸드포드

『만화일기』(만화) : 대교출판, 뚱딴지(김우영 외)

『반갑다 논리야』(학습교양) : 사계절, 위기철

『짱구는 못말려』(일본만화) : 서울문화사

『학년별 학년동화』 : 꿈이 있는집, 이상배 외

『몽실언니』(창작동화) : 창작과비평사, 권정생

『마당을 나온 암탉』(창작동화) : 사계절, 황선미

『문제아』(창작 동화) : 창작과비평사, 박기범

3) 아동도서 스테디셀러

고전(삼국지, 서유기, 수호지)

세계명작(빨강머리 앤, 톰 소여의 모험, 소공녀 등)

위인전(세종대왕, 신사임당, 유관순)

『이솝이야기』, 『안데르센동화』, 『그림동화집』, 『한국전래동화』, 『파브르곤충기』,
『먼 나라 이웃나라』, 『강아지똥』, 『이원수동화집』, 『마해송동화집』, 『학년 동화집』,
『탈무드』, 『아낌없이 주는 나무』

5. 아동도서 문제점

1) 양은 풍부하나 질은 빈약하다.

단발성, 한탕주의 심리에서 벗어나야 한다.

전문성 결여—전문 필자 발굴이 시급하다.

아동문학은 계단문학이 아니다.

상입싱 치중 : 문학종류—50% 이상을 차지힌다.

기초과학 분야 부족—제작비, 전문필자 발굴문제, 제작기간 등.

2) 따라 하기와 중복 출판

팔리는 책에 편승한 상업출판 행위 : '공포특급', '귀신이야기' 등과 성공, 명랑 동화류

기본도서(위인전, 전래동화 등)의 중복 출판(회색도서 양산)

저작권법에 의해 중복출판 많이 감소─아동도서는 여전히 성행.

* 중복 출판이 가장 많은 도서

위인전(이순신·유관순·신사임당·세종대왕), 세계명작, 전래동화, 고전(탈무드·이솝우화·신화), 안데르센, 그림동화 등.

3) 시류성에 편승한 성인도서 흉내

성인도서 잘 팔리면 '어린이' 자만 붙여 출판 : '어린이 동의보감', '어린이 조선왕조실록'

판매 전략에만 초점 : 비현실적인 공상이야기, 귀신이야기, 말장난 류의 명랑동화, 성교육 동화를 가장한 책 등.

4) 중장기적인 양서 기획 부재

국내 기획물 부족, 자금력 있는 출판사 부족

→ 무분별한 외국 베스트셀러 수입, 오랜 시간 준비하고 기획한 기획물이 없음.

5) 자본 영세와 우수 전문 인력 양성 부족

국내 작가 양성 기반 마련해야 : 번역서 위주 출판 → 국내 작가 고사

창작그림책 부족 : 창작 동화는 꾸준히 증가

6. 어떤 책이 좋은 책인가?

1) 영원하고 보편적인 가치관(고전, 명작)
2) 성장이야기(몸과 마음의 성장)─보통의 어린이가 훌륭한 인물이 되는 과정을 그린 것
    (위인전 : 분리─시련─입공─귀향)

3) 탐색스토리 : 어디에 무엇이 있는지? 어떻게 해야 찾을 수 있는지?

4) 궁금증과 의문을 풀어 새로운 지혜를 터득할 수 있는 내용

5) 상승모티브 : 좌절과 희망 끝에 찾아오는 구원과 희망의 요소를 담고 있는 것

6) 교훈성 : 설교가 아닌 감동을 통한 교훈을 전달하는 책

7) 마음의 병을 치료해 주는 내용 : 모든 책이 모든 어린이에게 유익한 것은 아님.

8) 다양한 시각에서 접근한 진실한 책

   (2000년 작성)

7. 어린이 책을 고르는 기준

1) 소재가 어린이와 친숙한 것인가?

2) 어린이를 중심으로 삼고 있는가?

3) 지루하지 않고 알기 쉬운 친절한 문장인가?

4) 어린이 도서를 전문적으로 출판하는 출판사인가?

5) 어린이 발달에 알맞은 활자 크기인가?

6) 그림이 내용과 조화를 이루고 있는가?

7) 종교적 · 인종적 편견이 없는가?

■ 세계의 명작동화 목록 50

순번	책 이름	지은이	순번	책 이름	지은이
1	오딧세이	호메로스	26	피노키오	크리스티네 뇌슬링거
2	이솝 이야기	이솝	27	알프스 소녀 하이디	요한나 슈피거
3	아라비안나이트	리처드 버턴	28	보물섬	로버트 루이스 스티븐슨
4	니벨룽겐의 노래	작자 미상	29	큰 숲속의 작은집	로라 잉걸스 와이이더
5	서유기	미어몽키	30	바보 이반	톨스토이
6	돈키호테	세르반테스	31	소공자	호즈슨 버넷
7	신데렐라	앤 배리 율라노프	32	쿠오레(사랑의 학교)	데 아미치스
8	로빈슨 크루소	다니엘 데포	33	셜록 홈즈의 모험	아르센 뤼팽
9	걸리버 여행기	조나단 스위프트	34	15소년 표류기	쥘 베른
10	마더 구스의 노래	실비아롱	35	한넬레의 승천	
11	톰소여의 모험	마크 트웨인	36	시튼 동물기	어니스트 톰슨 시튼
12	셰익스피어 이야기	셰익스피어	37	정글북	키플링
13	그림 동화집	그림 형제	38	꼬마 깜둥이 샴보	
14	캐러밴	테오도르 모노	39	빨강머리 앤	몽고메리
15	안데르센 동화집	안데르센	40	닐스의 모험	셀마 라게를뢰프
16	몽테크리스토백작	앙리 뒤마	41	파랑새	모리스 마테를링크
17	크리스마스 캐럴	찰스 디킨스	42	피터팬과 웬디	제임스 매튜 베리
18	엉클 톰스 캐빈	스토우	43	꿀벌 마야의 모험	발데마르 본젤스
19	레미제라블	빅토르 위고	44	키다리 아저씨	진 웹스터
20	이상한 나라의 엘리스	루이스 캐롤	45	은하철도의 밤	미야자와 겐지
21	작은 아씨들	루이자 메이 올콧	46	행복한 왕자	오스카 와이들
22	플란더즈의 개	위더 하이럼 반즈	47	에밀과 탐정들	에히리 캐스트너
23	마지막 수업	알퐁스 도테	48	어린 왕자	생떽쥐베리
24	검은 말 뷰티	안나 세웰	49	침대 밑의 난쟁이들	
25	집없는 아이	엑토르 말로	50	명탐점 가츠레군	

3절 청소년 도서 이해

청소년 도서란 청소년을 대상으로 한 도서 자료를 말한다. 즉, 청소년의 인지 발달과 정의적 발달 특성에 알맞은 독서 행위의 자료다. 현재 우리나라 청소년 독서 자료의 체계적인 선정 기준은 마련되어 있지 않다.

청소년 도서들은 학습과 관련된 학습서와 교양서가 주종을 이루고 있다.

그리고 시대에 뒤떨어진 고전 명작, 하이틴 로맨스, 반드시 읽혀야 된다는 당위감만 주는 고전과 고전 해설서가 많다.

1. 청소년용 잡지 창간

『포브틴』: 중학생을 위한 월간지
『문예교실』: 청소년 대상 문학잡지(계간)
『트임』: 고교생 대상 신문
『밥(BOP)』: 고교생 대상 월간지

2. 고전 작품을 '1318' 형으로 탈바꿈(청소년 감각으로 재구성)

원색 삽화 사용, 단순하면서 깔끔한 편집, 디자인, 150~200p의 부피, 문고판에서 벗어난 변형 판형의 과감한 도입, 5천~6천 원대의 가격
한빛문고(다림): 『우리들의 일그러진 영웅』(이문열), 『소나기』(황순원), 『봄봄』(김유정) 등
영상세대 감수성 배려한 디자인과 편집: 〈다시 읽는 한국문학〉—『소나기』(황순원), 『배따라기』(김동인), 『메밀꽃 필 무렵』(이효석) 등. 〈청소년들에게 권하는 세계문학선〉—『청소년을 위한 고흐』, 『청소년을 위한 신화』 등.

3. 고전작가 작품 새롭게 소개

국내 미발표된 작품 발굴, 청소년에게 새로운 문학 체험
〈새롭게 읽는 세계명작〉: 악어, 착한 영혼(도스토예프스키)
『인연』(톨스토이, 오늘의 책)
『해가 지기 전에 네 마음을 열어라』(톨스토이, 청동거울)
『아홉 통의 편지로 된 소설』(도스토예프스키, 백성)
『너였던 나와의 이별』(도스토예프스키, 떡갈나무)
『헌신적인 친구』(오스카 와일드, 누림)
『행복을 찾아 떠나는 이야기』(오스카 와일드, 예문)
『사랑이 가기 전에』(헤르만 헤세, 문지사)

4.기존 작품 복간

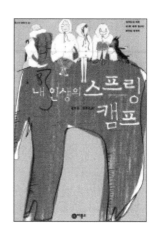

『모모』(미하엘 엔데, 비룡소)

『톰 소여의 모험』(마크 트웨인, 창비)

『셰익스피어 이야기』(찰스 램, 현대지성사)

『지하 생활자의 수기』(도스토예프스키, 문예출판사)

『위대한 개츠비』(피츠 제럴드, 문예출판사)

5.책을 읽지 않는 이유

• 시간이 없다—시간이 없어서 책을 읽을 수 없다고 하는 사람은 설령 시간이 있더
라도 책을 읽을 사람이 아니다(회남자).

• TV보다 재미없다.

• 뭘 읽어야 할지 모르겠다. / 왜 읽는지 모르겠다. / 남이 안 읽으니까 안 읽는다.

• "독서의 적"—에밀 파게 『독서술』

—독서의 석은 인생 그 자체다. 인생은 독서에 석합하지 않다.

인생은 靜的이라기보다는 야심, 사랑, 인색, 증오, 질투, 적대, 투쟁한다.

이런 인생을 소란스럽게 하는 것들이 책읽기를 방해한다.

6.책을 읽어야 하는 이유

읽는 즐거움(자발적 사용 원리) → 평생 독서습관을 기른다.

경험의 깊이를 쌓는다. → 시야를 넓힌다.

자연과 사회와 인간에 대해 깊이 인식한다.

자아를 새롭게 인식한다.

정서를 풍부히 한다. → 넉넉한 인간성 형성

학습의 바탕을 이룬다.

	단원별 생각하기	학 부	
		학 번	
		이 름	
		제출일 20 . . .	

- 내가 추천하는 도서목록을 적어 보자.
- 나는 이 책을 추천한다.(책광고)

4절 학년별 통합 독서지도 학습 내용

1. 말하기 독서지도 내용

1학년

■ 말하기의 본질
- 생각이나 느낌을 말, 표정, 몸짓으로 표현해 보고, 말이 가장 중요한 의사 전달의 수단임을 안다.

■ 말하기의 원리와 실제
- 겪은 일을 일의 차례에 맞게 이야기한다.
- 한 일의 내용을 바른 문장으로 말한다.
- 대상과 상황에 맞게 인사말을 한다.
- 동화나 동시를 듣고, 느낌을 생생하게 전달할 수 있는 낱말을 사용하여 말한다.
- 똑똑한 목소리로 말을 주고받는다.
- 여러 사람 앞에서 자연스러운 자세로 말하는 태도를 가진다.

2학년

■ 말하기의 본질
- 말 전하기 놀이를 통해 정확하게 말하기의 중요성을 안다.

■ 말하기의 원리와 실제
- 겪은 일을 일의 차례에 맞게 이야기한다.

- 그림을 보고, 그 내용을 바른 문장으로 말한다.
- 묻는 말에 똑똑한 목소리로 대답한다.
- 동화나 동시를 읽거나 듣고, 내용과 느낌을 생생하게 전달할 수 있는 낱말을 사용하여 말한다.
- 말할 차례를 지키며, 여러 사람이 함께 이야기를 나눈다.
- 여러 사람 앞에서 자기의 생각을 분명하게 말하는 태도를 가진다.

3학년
■ 말하기의 본질
- 말이 없을 때 생길 수 있는 일들을 말해보고, 말이 인간 생활에서 중요함을 안다.

■ 말하기의 원리의 실제
- 화제에 적합한 내용을 선정하여 말한다.
- 겪은 일을 시간이나 장소의 바뀜에 유의하여 말한다.
- 이어진 그림을 보고, 원인과 결과가 드러나게 내용을 조직하여 말한다.
- 전하는 말을 정확하게 전달하여 말한다.
- 여러 가지 말놀이를 하면서 정확하게 묻고 대답한다.
- 동화나 동시를 읽거나 듣고, 느낌을 생생하게 전달할 수 있는 낱말을 사용하여 말한다.
- 듣는 이의 관심과 흥미를 끌면서 바르게 말하는 태도를 가진다.

4학년
■ 말하기의 본질
- 하나의 사건에 대한 여러 사람의 보고 내용을 들어 보고, 정확하게 말하기의 필요성을 안다.

■ 말하기의 원리와 실제
- 주제에 적합한 내용을 선정하여 자세하게 말한다.
- 겪은 일을 시간의 바뀜을 나타내는 말을 사용하여 일의 차례에 맞게 말한다.
- 일이나 사건의 원인과 결과가 드러나게 내용을 조직하여 말한다.
- 듣는 이가 지시대로 따를 수 있도록 말을 알맞은 길이나 속도로 말한다.
- 대상과 상황에 맞게 소개, 안내, 초청하는 말을 한다.

- 이야기를 듣고, 그 내용을 요약하여 말한다.
- 사물의 모양이나 상태를 적절한 낱말을 사용해서 묘사하여 말한다.
- 듣는 이의 의견을 존중하면서 예절바르게 말하는 태도를 가진다.

5학년

■ 말하기의 본질
- 하나의 화제에 대하여 즉흥적으로 말하기와 미리 생각해서 말하기를 통해 그 차이를 알고, 말하기에는 일련의 과정이 있음을 안다.

■ 말하기의 원리와 실제
- 어린이신문, 잡지 등에서 말할 내용을 선정하여, 듣는 이에 맞게 말한다.
- 하나의 사건이나 사물, 인물에 대하여 묘사하거나 설명한다.
- 둘 이상의 사물이나 사건을 비교하여 보고, 공통점이나 차이점이 드러나게 내용을 조직하여 말한다.
- 여러 사람의 의견을 비교하여 듣고, 의견을 종합하여 말한다.
- 이야기에 나오는 인물에 어울리는 표정이나 몸짓, 어조로 말한다.
- 속담이나 격언의 의미를 바로 알고, 말하기의 상황 속에서 적절하게 활용하여 말한디.
- 말의 요지나 의도가 분명히 드러나게 말한다.
- 듣는 이의 반응을 보면서 말하는 태도를 가진다.

6학년

■ 말하기의 본질
- 하나의 화제에 대하여 목적을 달리하여 말해보고, 말하기가 이루어지는 상황에 대하여 안다.

■ 말하기의 원리와 실제
- 내용, 목적, 상황에 따라 속도, 어조, 성량을 조절하여 말한다.
- 주어진 시간, 듣는 이의 배경과 지식, 요구에 맞게 여러 가지 자료에서 말할 내용을 선정하여 말한다.
- 비교나 대조의 방법으로 사물이나 사건의 내용을 말한다.
- 속담이나 격언, 다른 사람의 말을 적절히 인용하면서 효과적으로 말한다.

- 여러 사람의 의견을 종합하여 듣고, 최선의 결론에 이르도록 자기의 의견을 말한다.
- 말하는 내용과 상황에 어울리게 표정, 몸짓을 지어 가며 말한다.
- 토의나 토론에서 주장의 요지와 근거를 분명히 드러내어 말한다.
- 회의나 토의가 원만히 진행되도록 규칙을 지키며, 건설적 의견을 말하는 태도를 가진다.

2. 듣기 독서지도 내용

1학년
■ 듣기의 본질
- 지시하는 말대로 따라 해 보고, 정확하게 듣기의 중요성을 안다.

■ 듣기의 원리와 실제
- 들려주는 낱말을 듣고, 낱말에 대응되는 그림이나 사물을 찾는다.
- 자음이나 모음이 바뀜으로서 뜻이 달라지는 말을 찾는다.
- 동시의 낭독을 들으며 재미있는 말을 찾고, 그 말이 주는 느낌을 말한다.
- 다른 사람의 말을 듣고, 그 내용을 다시 말한다.
- 묻는 말에 대답하거나 지시대로 따라 한다.
- 말하는 이를 바라보면서 바른 자세로 듣는 습관을 가진다.

2학년
■ 듣기의 본질
- 말 듣고 전하기를 하여 보고, 정확하게 듣기의 중요성을 안다.

■ 듣기의 원리와 실제
- 자음이나 모음이 바뀜으로써, 뜻은 같으나 느낌이 달라지는 말을 찾는다.
- 다른 사람의 말을 듣고, 그 내용에 대한 질문에 대답한다.
- 이야기를 듣고, 그 내용을 차례에 맞게 다시 말한다.
- 여러 가지 사물의 이름을 듣고, 이를 관련되는 것끼리 묶는다.
- 동화나 동시의 낭독을 듣고, 떠오르는 장면을 말한다.

· 말하는 이를 바라보면서 말을 끝까지 듣는 태도를 가진다.

3학년

■ 듣기의 본질

· 말하는 이의 표정, 몸짓을 살피면서 듣고, 그것이 말하는 내용의 이해에 도움이
  됨을 안다.

■ 듣기의 원리와 실제

· 여러 가지 사물의 이름을 듣고, 그 사물의 동작이나 상태를 나타내는 낱말을 말
  한다.

· 여러 가지 말놀이를 하면서 정확하게 묻고 대답한다.

· 이야기를 듣고, 시간이나 장소가 어떻게 바뀌었는지를 말한다.

· 이야기의 앞부분만 듣고, 뒷부분을 예측하거나 상상하여 말한다.

· 그림, 사물, 사건, 인물에 대한 설명이나 묘사를 듣고, 그 대상을 알아맞힌다.

· 다른 사람의 말이나 방송 등을 듣고, 필요한 정보를 찾는다.

· 말하는 이에게 적절히 반응하면서 듣는 태도를 가진다.

4학년

■ 듣기의 본질

· 다른 사람의 말을 잘못 이해하여 실수한 경험을 말해보고, 정확하게 듣기의 필
  요성을 안다.

■ 듣기의 원리와 실제

· 중요한 내용을 메모하며 듣고, 메모를 보며 들은 내용을 되살려 말한다.

· 내용의 흐름에 유의하여 듣고, 화제의 바뀜을 나타내는 말을 찾는다.

· 문장과 문장 사이의 연결 관계에 유의하며 듣고, 내용의 흐름을 파악한다.

· 일부분의 내용만 듣고, 다른 부분을 예측하거나 상상하여 말한다.

· 그림, 사물, 사건, 이름에 대한 설명이나 묘사를 듣고, 그 적절성에 대하여 말한다.

· 이야기를 듣고, 인물이 한 일에 대한 자기의 생각이나 듣는 태도를 기른다.

5학년

■ **듣기의 본질**

· 다른 사람이 말하는 내용을 이해하기 위한 효과적인 듣기의 방법을 안다.

■ **듣기의 원리와 실제**

· 둘 이상의 사물이나 사건에 대한 설명이나 묘사를 듣고, 공통점과 차이점을 이야기한다.

· 중요한 내용을 메모하며 듣고, 그 전체의 내용을 요약하여 말한다.

· 순서가 뒤바뀐 이야기를 듣고, 그 순서를 바로잡아 말한다.

· 이야기를 듣고, 그 이야기의 화제가 주제에 적합한지를 판단하여 말한다.

· 다른 사람이 말하는 내용을 듣고, 사실과 의견을 구분한다.

· 화제, 주제, 결론 등을 파악하며 듣는다.

· 다른 사람의 말을 듣고, 공감하는 점에 대하여 말한다.

· 말하는 이와 입장을 존중하면서 듣는 태도를 가진다.

6학년

■ **듣기의 본질**

· 말을 들을 때와 글을 읽을 때의 차이점을 말해보고, 듣기의 특성을 안다.

■ **듣기의 원리와 실제**

· 다른 사람의 말을 듣고, 어조, 속도, 쉼 등이 말하는 상황, 목적에 적절한지 판단한다.

· 이야기를 들으며 가장 중요한 부분을 찾아보고, 그 이유를 밝힌다.

· 한 가지 주제에 대한 여러 사람의 말을 듣고, 공통점이나 차이점, 그리고 적절성을 말한다.

· 중요한 내용을 메모하며 듣고, 전체의 내용을 요약하여 말한다.

· 다른 사람이 하는 말을 듣고, 말하는 이의 언어 사용에 대하여 이야기 한다.

· 주장하는 말을 듣고, 다른 사람의 의견을 자기의 의견과 비교하여 말한다.

· 다른 사람의 말을 듣고, 말하는 이의 의도나 목적을 파악한다.

· 말하는 이의 처지나 입장을 생각하여, 말한 내용을 판단하며 듣는 태도를 가진다.

3. 읽기 독서지도 내용

1학년

■ 읽기의 본질
· 실물과 낱말, 그림과 낱말을 대응시켜 보고, 낱말에는 뜻이 있음을 안다.

■ 읽기의 원리와 실제
· 글자의 짜임을 알고, 글자를 바르게 소리 내어 읽는다.
· 낱말, 구절, 문장을 정확하게 받아 적고, 바르게 소리 내어 읽는다.
· 글에는 글자 이외에 문장 부호가 있음을 알고, 글을 알맞게 끊어 읽는다.
· 글에 나오는 낱말의 뜻을 알고, 글의 내용을 이해한다.
· 글을 읽고, 대강의 내용을 이야기한다.
· 읽은 글의 내용을 자기의 경험과 관련지어 이야기한다.
· 바른 자세로 책을 읽고, 책을 소중히 다루는 습관을 가진다.

2학년

■ 읽기의 본질
· 글을 읽은 경험을 말하여 보고, 글에는 전달하고자 하는 뜻이 담겨있음을 안다.

■ 읽기의 원리와 실제
· 낱말, 구절, 문장을 정확하게 받아 적고, 글자와 발음이 다른 경우를 찾는다.
· 문장부호의 기능을 알고, 문장부호에 맞게 쉼과 억양을 달리하며 읽는다.
· 글을 구나 절 또는 문장 단위로 알맞게 끊어 자연스럽게 읽는다.
· 글에 나오는 낱말의 뜻을 알고, 여러 가지 뜻이 있는 낱말이 있음을 안다.
· 글에 나오는 가리키는 말을 찾아보고, 그것이 가리키는 내용을 파악한다.
· 글을 읽고, 대강의 내용을 말한다.
· 글에 나오는 사건의 전개 순서를 파악하고, 이어질 내용을 상상하며 말한다.
· 읽은 글의 내용을 자기의 경험과 관련지어 이야기한다.

3학년

■ 읽기의 본질
· 글을 읽고 알게 된 것에 대하여 이야기해 보고, 읽기가 새로운 것을 알게 해 준

다는 것을 안다.

- **읽기의 원리와 실제**
- 나오는 낱말을 다른 낱말로 바꾸어 보고, 뜻이 비슷하거나 반대 되는 낱말을 찾는다.
- 국어사전을 활용하는 방법을 알고, 국어사전에서 낱말의 뜻을 찾는다.
- 글에 나오는 가리키는 말을 찾아보고, 그 말이 가리키는 내용을 파악한다.
- 문장과 문장 사이의 연결 관계를 파악하고, 글의 주요 내용을 간추린다.
- 글의 장면을 상상하면서 분위기에 맞게 낭독한다.
- 글을 읽고, 사실을 표현한 부분이나 의견이나 느낌을 표현한 부분을 가린다.
- 글에 나오는 사건의 전개 순서, 사건 사이의 인과 관계를 파악하고, 이어질 내용을 상상하며 말한다.
- 글을 읽고, 내용이나 인물이 한 일에 대하여 자기의 생각을 말한다.

4학년

- **읽기의 본질**
- 글을 읽고 얻게 되는 것에 대해 말해보고, 읽기가 인간의 성장에 중요함을 안다.
- **읽기의 원리와 실제**
- 낱말의 뜻을 국어사전에서 찾고, 그 낱말이 글에서 어떤 뜻으로 씌어졌는지를 파악한다.
- 문장과 문장 사이의 연결 관계에 유의하며 읽고, 문단의 중심 내용을 파악한다.
- 문단의 내용을 대표할 수 있는 중요한 낱말이나 구절을 글에서 찾는다.
- 각 문단의 중심 내용을 찾고, 문단과 문단 사이의 연결 관계를 파악한다.
- 글의 내용을 읽고, 글의 성격이나 장면, 분위기 등에 어울리는 어조로 낭독한다.
- 글에서 인물, 사건, 장면, 사물 등을 설명하거나 묘사한 부분을 찾아서 발표한다.
- 사건의 전개 순서, 인과 관계를 파악하여, 앞으로 일어날 일을 예측하거나 상상하여 보고, 실제의 내용과 비교한다.
- 한 편의 글에서 감동적인 부분을 찾아보고, 느낀 점을 말한다.
- 여러 가지 읽을 거리를 찾아 즐겨 읽는 태도를 가진다.

5학년

■ 읽기의 본질

· 글의 내용을 이해하기 위하여 한 일을 말하여 보고, 읽기의 방법을 안다.

■ 읽기의 원리와 실제

· 글에 나온 새로운 낱말의 뜻을 문맥을 통하여 파악한다.

· 글을 읽고, 문단의 중심 내용과 이를 뒷받침 하는 세부 내용을 파악한다.

· 문단과 문단 사이의 연결 관계를 이해하고, 글 전체의 구조를 파악한다.

· 글을 내용에 따라 크게 몇 부분으로 나누어 보고, 글의 전개 방식을 파악한다.

· 내용이나 사건의 전개 순서에 유의하며 읽고, 주요 내용을 간추린다.

· 글에서 인물 사건, 장면, 사물 등을 설명하거나 묘사한 부분을 찾고, 그 적절성
  에 대하여 말한다.

· 글의 글감, 주제, 결론 등에 근거하여 그 글에 알맞은 제목을 붙인다.

· 한 편의 글에서 감동적인 부분을 찾아보고 느낀 점을 말한다.

· 읽을거리를 널리 찾아 읽는 바람직한 독서 습관을 가진다.

6학년

■ 읽기의 본질

· 여러 가지 글을 정독과 속독으로 읽어보고, 글의 특성과 읽는 목적에 따라 글을
  읽는 방법이 달라야 함을 안다.

■ 읽기의 원리와 실제

· 글에 나온 낱말들을 여러 가지 기준으로 짝지어 보고, 낱말들 사이의 의미 관계
  나 낱말의 짜임을 안다.

· 글에서 비유적으로 쓰인 낱말을 찾아보고, 비유적인 표현의 효과에 대해 이야기
  한다.

· 지식, 경험, 문맥을 활용하여 글에서 생략된 세부 내용을 추론하고, 글의 내용을
  이해한다.

· 문단과 문단 사이의 연결 관계를 이해하고, 글 전체의 구조를 파악한다.

· 내용과 관련지어 글의 장면이나 분위기를 파악하고, 효과적으로 표현한 부분을
  찾는다.

· 같은 글감이나 주제로 된 여러 사람의 글을 읽어보고, 글쓴이의 의도를 비교한다.

- 글을 읽고, 전체의 내용을 한두 문장으로 요약한다.
- 글의 글감, 주제, 결론 등에 근거하여 제목의 적절성을 판단한다.
- 한 편의 글에서 감동적인 부분을 찾아보고, 그 이유를 말한다.
- 목적을 가지고, 도서관 등을 이용하여 여러 가지 읽을거리를 능동적으로 찾아 읽는 태도를 가진다.

4. 쓰기 독서지도 내용

1학년
■ 쓰기의 본질
- 말을 글자로 옮겨 보고, 글자의 기능을 안다.

■ 쓰기의 원리와 실제
- 필기도구를 바르게 잡고, 바른 자세로 글씨를 쓴다.
- 낱자와 글자를 바른 순서와 바른 모양으로 쓴다.
- 마침표의 쓰임을 알고, 바르게 사용한다.
- 그림을 보고, 그 내용을 바른 문장으로 쓴다.
- 주어진 낱말을 활용하여 짧은 글을 짓는다.
- 자기가 쓴 문장에서 틀린 글자를 찾아 바르게 고쳐 쓴다.
- 다른 사람이 알아보기 쉽게 바른 순서와 모양으로 글씨를 쓰려는 태도를 가진다.

2학년
■ 쓰기의 본질
- 말을 글자로 옮겨 보고, 말이 글이 됨을 안다.

■ 쓰기의 원리와 실제
- 글자를 바른 순서와 바른 모양으로 쓴다.
- 문장 부호의 종류와 쓰임을 알고, 바르게 사용한다.
- 그림을 보고, 그 내용을 바른 문장으로 쓴다.
- 읽거나 들은 내용을 간단하게 쓴다.

· 주어진 낱말을 활용하여 짧은 글을 짓는다.

· 자기가 쓴 글에서 틀린 글자를 찾아 바르게 고쳐 쓴다.

· 겪은 일을 글로 쓰려는 태도를 가진다.

3학년

■ 쓰기의 본질

· 지난 일을 생각나는 대로 말하여 보고, 쓰기의 필요성을 안다.

■ 쓰기의 원리와 실제

· 겪은 일 중에서 주제를 나타내기에 알맞은 글감을 찾아 글을 쓴다.

· 글을 읽고, 주요 내용을 간추려 쓴다.

· 일의 차례가 드러나게 내용을 조직하여 글을 쓴다.

· 사물의 특징을 잘 드러낼 수 있는 낱말을 찾아보고, 그 낱말을 사용하여 글을 쓴다.

· 자기가 쓴 글에서 잘못 쓰인 낱말을 찾아 바르게 고쳐 쓴다.

· 겪은 일을 잊지 않도록 간단하게 기록하는 습관을 가진다.

4학년

■ 쓰기의 본질

· 자신의 생각을 말과 글로 다른 사람에게 전하여 보고, 말과 글의 차이점을 안다.

■ 쓰기의 원리와 실제

· 겪은 일 중에서 주제를 나타내기에 알맞은 글감을 찾고, 제목을 정하여 글을 쓴다.

· 긴 이야기를 듣거나 읽고, 중요한 내용을 가려 뽑아 간단히 쓴다.

· 이어진 그림을 보고, 시간과 공간의 바뀜이 잘 드러나게 내용을 조직하여 글을 쓴다.

· 둘 이상의 대상을 비교하여 보고, 차이점과 공통점이 드러나게 내용을 조직하여 글을 쓴다.

· 자기 자신을 잘 드러낼 수 있는 낱말을 찾아 소개하는 글을 쓴다.

· 자기의 글이나 친구의 글에서, 문장의 연결이나 낱말의 사용이 적절하지 못한 곳을 찾아 바르게 고쳐 쓴다.

· 자기가 쓴 글을 읽고, 고쳐 쓰려는 태도를 가진다.

5학년

- **■ 쓰기의 본질**
- · 한 편의 글을 쓰기 위해 한 일을 말해보고, 글쓰기에는 일련의 과정이 있음을 안다.
- **■ 쓰기의 원리와 실제**
- · 주장을 뒷받침하기에 알맞은 이유나 근거를 들어, 주장하는 글을 쓴다.
- · 조사하거나 관찰한 내용 중에서 읽는 이에게 알맞은 내용을 선정하여, 보고하거나 설명하는 글을 쓴다.
- · 하나의 문제에 대한 찬성과 반대의 의견을 듣고, 의견의 차이가 잘 드러나게 내용을 조직하여 글을 쓴다.
- · 이어진 그림이나 만화를 보고, 짧은 이야기를 꾸며 쓴다.
- · 이야기를 듣거나 읽고, 인물의 성격을 잘 드러낼 수 있는 낱말을 사용하여, 그 인물에 대한 자기의 생각이나 느낌을 글로 쓴다.
- · 하나의 사물이나 사건을 다른 것에 비유하여 효과적으로 표현한다.
- · 원고지에 쓴 글을 읽고, 틀린 곳이나 표현이 적절하지 못한 부분을 찾아내 더 나은 글로 고친다.
- · 자기가 쓴 글을 모으는 습관을 가진다.

6학년

- **■ 쓰기의 본질**
- · 하나의 주제에 대하여 선생님과 친구를 대상으로 쓴 글을 비교하여 읽어보고, 예상 독자에 따라 글의 내용과 표현이 달라야 함을 안다.
- **■ 쓰기의 원리와 실제**
- · 글을 읽고, 받은 감동을 생생하게 전달하는 글을 쓴다.
- · 조사하거나 관찰한 내용 중에서, 읽는 이에게 알맞은 내용을 선정하여 설득하는 글을 쓴다.
- · 하나의 사건이나 사물을 이루는 요소들이 잘 드러나게 내용을 조직하여 글을 쓴다.
- · 이어진 그림이나 만화를 보고, 완결된 이야기로 꾸며 쓴다.
- · 속담이나 격언, 다른 사람의 말을 인용하여 자기의 주장을 효과적으로 표현한다.

- 자기의 생각이나 느낌을 다른 것에 비유하여 효과적으로 표현한다.
- 자기가 쓴 글을 다시 읽고, 문장들의 순서를 바로잡아 더 짜임새 있는 글로 고쳐 쓴다.
- 다른 사람의 글을 많이 읽고, 자신의 글쓰기에 참고하는 태도를 가진다.

5. 국어사용 독서지도 내용

1학년
■ **언어의 본질**
- 한글 낱자의 모양과 이름을 안다.

■ **국어의 이해와 사용의 실제**
- 낱자가 모여서 이루어진 글자의 짜임을 알고 바르게 읽는다.
- 글자가 모여 낱말이 됨을 알고, 글자 수가 같은 낱말들을 찾아서 말한다.
- 문장에 꾸미는 말을 덧붙여 자세한 문장을 만든다.
- 우리말을 기록하는 우리 글자가 있음을 인식하고, 우리 글자를 소중히 여긴다.

2학년
■ **언어의 본질**
- 낱말을 소리 내어 읽어 보고, 글자와 발음이 다른 경우를 찾는다.

■ **국어의 이해와 사용의 실제**
- 소리나 모양을 흉내 내는 말을 찾아보고, 그 말을 활용하여 생각이나 느낌을 재미있게 표현한다.
- 문장은 크게 두 부분으로 이루어짐을 알고, 두 부분을 바르게 연결하여 문장을 만든다.
- 문장에 꾸미는 말들을 넣어 보고, 각 문장의 뜻과 차이를 말한다.
- 다른 사람의 마음을 상하게 하는 말의 예를 들어 보고, 고운 말을 쓰려는 태도를 가진다.

3학년

■ 언어의 본질

· 글자와 발음이 다른 경우를 찾아보고, 정확하게 발음한다.

■ 국어의 이해와 사용의 실제

· 높임을 나타내는 말을 찾아 예사말과 짝지어 보고, 그 말을 사용하여 예절바르게 말한다.

· 한 문장에 쓰인 낱말의 순서를 바꾸어 보고, 낱말이 일정한 순서로 모여야 바른 문장이 됨을 안다.

· 문장에는 풀이하는 문장, 묻는 문장, 감탄을 나타내는 문장이 있음을 알고, 이를 표시하는 문장 부호도 안다.

· 다른 나라에서 들어와 쓰이는 말들을 찾아보고, 우리말을 아끼고 널리 쓰는 태도를 가진다.

4학년

■ 언어의 본질

· 모양이 바뀌지 않는 낱말과 모양이 바뀌는 낱말을 구별하고, 모양이 바뀌는 낱말의 으뜸이 되는 말을 사전에서 찾는다.

■ 국어의 이해와 사용의 실제

· 낱말과 낱말이 합해져서 새로운 낱말이 만들어짐을 알고, 그러한 낱말을 찾는다.

· 문장을 몇 부분으로 나누어 보고, 각 부분에 다른 말을 대치하여 새로운 문장을 만든다.

· 풀이하는 문장, 묻는 문장, 감탄을 나타내는 문장, 시키는 문장, 권유하는 문장을 구분하고, 그 차이를 비교한다.

· 높임이나 낮춤의 호응 관계를 알고, 말이나 글에서 바르게 사용한다.

· 표준어와 방언을 비교하며 들어 보고, 필요한 경우에 표준어로 말하려는 태도를 가진다.

5학년

■ 언어의 본질

· 어법에 맞지 않는 말을 찾아보고, 국어에는 일정한 규칙이 있음을 안다.

■ 국어의 이해와 사용의 실제
· 낱말을 몇 개의 요소로 나누어 보고, 그러한 요소들이 들어 있는 낱말을 찾는다.
· 문장을 몇 부분으로 나누어 보고, 각 부분에 다른 말을 대치하여 새로운 문장을 만든다.
· 이어 주는 말의 기능을 알고, 두 문장을 한 문장으로, 또는 한 문장을 두 문장으로 만든다.
· 문장에서 시간 표현과 관계된 부분을 찾아보고, 말이나 글에서 바르게 사용한다.
· 상황에 어울리지 않게 쓰인 말의 예를 들어 보고, 효과적으로 말하려는 태도를 가진다.

6학년

■ 언어의 본질
· 주어진 상황에서 같은 목적으로 여러 사람이 하는 말을 비교하며 들어보고, 언어가 창조적으로 쓰임을 안다.

■ 국어의 이해와 사용의 실제
· 낱말을 몇 개의 요소로 나누어 보고, 어느 한 요소를 바꾸어 새로운 낱말을 만든다.
· 두 문장을 한 문장으로, 또는 한 문장을 두 문장으로 바꾸어 문장을 여러 가지로 만든다.
· 각 문장에서 전달하고자 하는 내용을 말하여 보고, 문장 사이의 연결 관계를 살핀다.
· 뜻이 바르게 전달되지 않는 문장을 찾아 그 이유를 말해보고, 바른 문장으로 고친다.
· 품위를 떨어뜨리는 말의 예를 들어 보고, 국어를 품위 있게 사용하려는 태도를 가진다.

6. 말하기 문학작품 독서지도 내용

1학년
■ 문학의 본질
· 이야기를 듣거나 읽고 인물의 행동에서 느낀 점을 발표한다.
■ 문학 작품의 이해와 감상의 실제
· 이야기를 듣거나 읽고, 이야기 속의 인물이 되어 상상하여 본다.
· 동시를 듣거나 읽고, 말의 재미를 느낀다.
· 동화나 동시에 흥미를 느낀다.

2학년
■ 문학의 본질
· 이야기 줄거리의 흐름을 알고, 이어질 이야기를 감상한다.
■ 문학 작품의 이해와 감상의 실제
· 이야기에 나오는 인물이 되어 보고, 그 인물에 어울리는 말투로 낭독을 한다.
· 동시에서 규칙적으로 반복되는 언어적 요소를 찾는다.
· 동시를 즐겨 암송한다.
· 동화나 동시에 흥미를 느끼고, 즐겨 읽는 습관을 가진다.

3학년
■ 문학의 본질
· 이야기 속의 인물, 사건, 배경에 대하여 말해보고, 이야기의 줄거리를 간추린다.
■ 문학 작품의 이해와 감상의 실제
· 이야기의 결말을 확인하고, 그 결말의 원인이 되는 행위나 사건을 찾는다.
· 시에서 행과 연을 구분하여 보고, 시의 글감과 주제를 파악한다.
· 시에서 반복적으로 나타나는 언어적 요소를 찾아보고, 시의 운율을 살려 낭송한다.
· 극본에 나오는 등장인물의 말과 행동에 대하여 생각해 보고, 등장인물에 어울리는 어조나 말투로 말한다.
· 문학 작품에서 얻은 교훈이나 감동을 즐겨 이야기하려는 태도를 가진다.

4학년

■ 문학의 본질

· 이야기에서 일어난 사건의 전개 순서를 말해보고, 이야기는 처음, 가운데, 끝으로 짜여짐을 안다.

■ 문학 작품의 이해와 감상의 실제

· 이야기에서 결말의 원인이 되는 행위와 사건을 찾아보고, 그것이 이야기의 결말에 어떻게 영향을 주는지 말한다.

· 시의 글감과 주제를 알아보고, 그 표현이 잘 된 부분을 찾는다.

· 시에서 반복적으로 나타나는 언어적 요소를 찾아보고, 시의 운율을 살려 낭송한다.

· 극본에 나오는 등장인물의 말과 행동에 대하여 생각해 보고, 등장인물이 처한 상황에 어울리는 어조나 말투로 말한다.

· 문학 작품에서 얻은 교훈이나 감동을 글로 쓰는 습관을 가진다.

5학년

■ 문학의 본질

· 작품의 내용과 자기의 경험을 관련지어 이야기해 보고, 작품의 세계에는 일상의 세계가 반영되어 있음을 안다.

■ 문학 작품의 이해와 감상의 실제

· 이야기 속의 인물, 사건, 배경에 대하여 말해보고, 이야기의 주제를 파악한다.

· 이야기에서 사건의 발단과 결말을 확인하고, 그것이 인물의 성격이나 행동, 배경과 어떻게 연관되는지 말한다.

· 시의 글감과 주제를 알아보고, 그 시의 분위기를 살려 낭송한다.

· 좋아하는 시를 암송하고, 그 시를 좋아하는 이유와 시에서 받은 감동을 말한다.

· 극본에 나타난 갈등을 찾아보고, 갈등이 해소되는 과정에 대하여 서로 말한다.

· 작품 속에 나타난 삶의 다양한 모습을 창조적으로 수용하려는 태도를 가진다.

6학년

■ 문학의 본질

· 가장 기억에 남는 작품의 주제에 대하여 말해보고, 작품에 나오는 인물, 사건,

배경 등은 주제와 긴밀하게 관련되어야 함을 안다.

■ **문학 작품의 이해와 감상의 실제**

· 이야기에서 사건의 발단과 결말을 확인하고, 그것이 인물의 성격이나 행동, 배경과 어떻게 연관되는지 말한다.

· 이야기에서 인물의 행동 등에 대하여 묘사한 부분을 찾아보고, 인물의 성격이나 심리적 상태를 추리한다.

· 여러 가지 감각적 표현이 주는 느낌을 음미해 보고, 시의 분위기를 살려 낭송한다.

· 좋아하는 시를 암송하고, 그 시를 좋아하는 이유와 시에서 받은 감동을 말한다.

· 극본에 나타난 갈등을 찾아보고, 중심이 되는 갈등과 그 해결 과정에 대하여 이야기한다.

· 문학 작품을 즐겨 읽고, 독서 목록을 작성하는 태도를 가진다.

단원별 생각하기	학 부
	학 번
	이 름
	제출일 20 . . .

박완서의 「자전거 도둑」을 '문학작품의 이해와 감상의 실제'에 적용하여 읽어보자.

7. 독서 관련 학습 내용

초등 단계의 독서 지도 내용을 알아보기 위해 〈초등학교 국어과 교육 과정〉에 명시된 독서 관련 학습 내용을 살펴본다.

학년	독서 관련 학습 내용
1	• 바른 자세로 책을 읽고, 책을 소중히 다루는 습관을 가진다. • 이야기(동화)를 듣거나 읽고, 인물의 행동에서 느낀 점을 발표하고, 내가 주인공이라면 어떻게 할까를 말한다. • 동화나 동시에 흥미를 느낀다.
2	• 글을 읽고 대강의 내용을 간추린다. • 이야기(동화)에 나오는 사건의 전개 순서를 파악하고, 이야기 결말을 예측한다. • 동화나 동시에 흥미를 느끼고 즐겨 읽는 습관을 갖는다.
3	• 글을 읽고 알게 된 것에 대해 이야기해 보고, 읽기가 새로운 것을 알게 해 준다는 것을 안다. • 책읽기에 흥미를 가지고 여러 가지 읽을거리를 찾아 읽는 습관을 가진다. • 이야기(동화)속의 인물이 한 일에 대한 자신의 생각과 사건, 배경에 대하여 말해보고, 이야기의 줄거리를 간추린다. • 문학 작품에서 얻은 교훈이나 감동을 즐겨 이야기하는 태도를 가진다.
4	• 글을 읽고 얻게 되는 것에 대해 말해보고, 읽기가 인간 성장의 중요함을 안다. • 여러 가지 읽을거리를 찾아 즐겨 읽는 태도를 가진다. • 이야기(동화)에서 결말의 원인이 되는 행위와 사건을 찾아보고, 그것이 이야기의 결말에 어떤 영향을 주는지 말한다. • 문학작품에서 얻은 교훈이나 감동을 글로 쓰는 습관을 가진다.
5	• 읽을거리를 널리 찾아 읽는 바람직한 독서 습관을 가진다. • 문학 작품의 내용과 자기의 경험을 관련지어 이야기해 보고, 작품세계에는 일상 세계가 간접적으로 반영되어 있음을 안다. • 문학 작품 속에 나타난 삶의 다양한 모습을 창조적으로 수용하는 태도를 가진다.
6	• 여러 가지 글을 정독과 속독으로 읽어 보고, 글의 특성에 따라 글을 읽는 목적과 방법이 달라져야 함을 안다. • 목적을 가지고 여러 가지 읽을거리를 능동적으로 찾아 읽는 태도를 가진다. • 가장 기억에 남는 작품의 주제에 대하여 말해보고, 작품에 나오는 인물, 사건, 배경 등은 주제와 긴밀하게 관련되어야 함을 안다. • 문학 작품을 즐겨 읽고, 독서 목록을 작성하는 태도를 가진다.

■ 초등학교에서 지도되어야 할 독서 지도의 내용

① 어휘력 지도
② 독서 방법에 관한 지도
③ 도서관 이용 지도
④ 독서 활동 중의 지도

■ 독서 방법에 관한 지도 내용

영역	지 도 내 용
독서 활동 전 지도	• 도서 자료의 내용과 도서 선정 방법 • 자신의 능력과 목적에 맞는 도서 고르는 기술 • 독서의 영역을 고르게 넓혀 가는 태도
독서 기술 지도	• 자기 독서 계획 수립 및 실천 방법 • 독서 목적과 관련된 독서 방법 및 요령 • 독서한 내용의 정리, 보관, 활용 방법
교과 관련 도서 활용 방법	• 교과 관련 도서이 종류와 특징 • 교과 관련 도서의 활용 방법(목차, 일러두기 등) • 신문·잡지의 주요 기사 수집 및 스크랩 방법
독서 위생 지도	• 독서 활동에서 지켜야할 보건 위생 • 독서 위생의 중요성 • 독서에 알맞은 환경 조건
독서 후 처리 방법 지도	• 독서 토론 및 독서 발표회의 의의와 진행 요령 • 독서한 내용의 정리 및 기록 방법 • 독서 목록 작성 및 활용 방법

5절 책에 대한 이해

1. 책에 대한 정의

- 1964년 유네스코(UNESCO : 국제연합교육과학문화기구) 권고 기준.

책 : 표지를 제외하고 적어도 면의 수가 최소한 49쪽이 되는 정기간행물이 아닌 인쇄물

팸플릿 : 표지를 제외하고 48쪽이 넘지 않으며 적어도 5쪽 이상인 비정기 간행 인쇄물

책의 제외 항목 : 광고목적 / 일시적 목적 / 글이 주목적이 아닌 것

- 1968년 국제출판협회―도서헌장

  "책은 단순히 종이와 잉크로 만든 상품이 아니다. 책은 인간정신의 표현이며 생각의 매개체요, 모든 진보와 발전의 바탕이다."

- 동아 새국어사전

"어떤 생각이나 사실을 글이나 그림으로 표현한 종이를 꿰맨 물건을 통틀어 이르는 말"

2. 책의 어원

1) 책(冊) : 죽간(竹竿), 목간(목독)
2) 도서(圖書) : 하도낙서(河圖洛書)의 준말.

도서는 문자나 그림으로 기록되어 지식과 정보를 전달한다.

3) 서적(書籍) : 서(書 : 문자를 쓴다) + 적(籍 : 문서)

4) 본(本) : 교본, 독본. 본은 초목(草木)의 근본으로 뿌리를 뜻함.

5) Book, Biblioth, bibiliomania, bibliography

• 종이 발명

일원설 : A.D. 105년 후한 말 '채륜'에 의해 종이 제조 방법 개량

이원설 : 서방기원설—Paper의 어원인 Papyrus를 종이의 기원으로 봄

3. 책의 구성

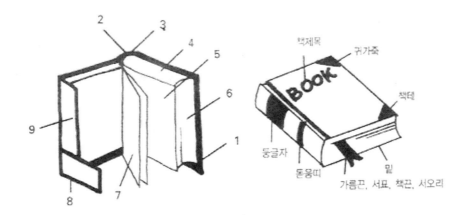

1. 표지 2. 책등 3. 머리띠 4. 머리
5. 속표지 6. 배 7. 면지 8. 띠지 9. 덮개

4. 책의 특징

1) 반영구적이다.
2) 문화의 보존성과 전달성이 있다.
3) 새로운 문화로 재창작되는 창조성을 지닌다.
4) 번역이나 재판 등의 확장성이 있다.
5) 도서관과 책 대여점을 통한 광포성(廣布性)을 가진다.
6) 디지털 매체의 발달로 독서시간이 감소한다.
7) 신속성과 현장성이 부족하다

5. 책의 크기(판형)

• A전지(통칭 국전지)와 B전지(통칭 사륙전지)가 일반적으로 생산되며, 판형은 전지의 절수에 따라 결정
  A3 4절 318×469
  B3 4절 394×545 브랭키트판
  A4 8절 234×318 국배판
  B4 8절 272×394 타브로이드판
  A5 16절 159×234 국배판
  B5 16절 197×272 사륙배판
  A6 32절 117×159 문고판
  B6 32절 136×197 사륙판
• 신국판(225×148, B25절, A16절), 다이아몬드판(253×253), 크라운판(176×248, B18절)
• 스키라판(170×150)—규격외 판은 종이 손실 발생

6.책의 분류

한국 십진 분류표(KDC-Korean Decimal Classification)

000 총류	100 철학	200 종교	300 사회과학	400 순수과학
010 도서학, 서지학 020 문헌정보학 030 백과사전 040 강연집, 수필집, 　　연설문 050 일반연속간행물 060 일반, 학회, 단체, 　　협회 070 신문, 언론, 저널 　　리즘 080 일반 전집, 총서 090 향토자료	110 형이상학 120 형이상학적 　　이론 130 철학의 체계 140 경학 150 아시아철학, 　　사상 160 서양철학 170 논리학 180 심리학 190 윤리학, 　　도덕철학	210 비교종교 220 불교 230 기독교 240 도교 250 천도교 260 신도 270 바라문, 　　인도교 280 회교 290 기타 제종 　　교	310 통계학 320 경제학 330 사회학, 　　사회문제 340 정치학 350 행정학 360 법학 370 교육학 380 풍속, 　　민속학 390 국방, 　　군사학	410 수학 420 물리학 430 화학 440 천문학 450 지학 460 광물학 470 생명과학 480 식물학 490 동물학
500 기술과학	**600 예술**	**700 언어**	**800 문학**	**900 역사**
510 의학 520 농업, 농학 530 공학, 공업일반 540 건축공학 550 기계공학 560 전기공학, 　　전자공학 570 화학공학 580 제조업 590 가정학 및 가정 　　생활	610 건축술 620 조각 630 공예, 　　장식미술 640 서예 650 채화, 도화 660 사진술 670 음악 680 연극 690 오락, 운동	710 한국어 720 중국어 730 일본어 740 영어 750 독일어 760 프랑스어 770 스페인어 780 이탈리아 　　어 790 기타 제어	808 문학선집 810 한국문학 820 중국문학 830 일본문학 840 영미문학 850 독일문학 860 프랑스문학 870 스페인문학 880 이탈리아문 　　학 890 기타 제문학	909 세계사 910 아시아 920 유럽 930 아프리카 940 북아메리카 950 남아메리카 960 오세아니아 970 양극지방 980 지리 990 전기

■ 어린이책 내용분류

1) 세계명작

인간과 동물의 사랑―『플란더스의 개』, 『정글북』 등

인간의 사랑―『레미제라블』, 『빨강머리 앤』, 『소공자』, 『소공녀』, 『집 없는 아이』

모험, 무협―『어린이 걸리버 여행기』, 『톰소여의 모험』, 『명탐정 홈즈』, 『해저 이만
리』, 『15소년 표류기』

환상―『안델센 동화』, 『피터팬』, 『이상한 나라의 앨리스』, 『피노키오』

2) 위인전

학년별 교과서의 위인들을 먼저 읽힌다.

3) 창작동화(소설)

동화의 현실화 과정(재미, 현실성)

4) 학습도서

과학, 예체능(옛 반공도서)

5. 책 읽기 환경

- 조명 : 좌측 상방 최적 / 1미터―30와트, 2미터―60와트
- 책 다루기 : 책과 친해지는 단계 / 책을 아끼는 단계 / 책을 존경하는 단계
- 독서삼도 : 眼到, 口到, 心到(주희의 "훈학제규")
- 독서삼다 : 多讀, 多思, 多作(구양수)
- 효율적인 독서습관을 기른다.
  1)가능한 한 한꺼번에 읽는다.
  2)적절한 독서법을 선택한다.
  3)읽다가 말아야 할 책도 있다.
  4)집 안 여러 곳에 책을 둔다.
  5)때로는 난해한 책에 도전한다.―자신을 괴롭히는 독서가가 발전한다.

6) 어렸을 때 독서 습관을 잘 기른다.

· 클리프톤 파디만(미국의 독서학자) : 독서 습관은 7세~17세에 결정된다.

6. 베스트셀러(Best seller)

• 1885년 《Bookman》 편집장 Harry Thurston Peck이 처음 사용했다.
• 일정한 기간을 통하여 가장 많이 팔린 신간을 말한다.
• 베스트셀러의 장점과 단점
  장점 : 독자들이 좋은 도서를 선택하는 데 유용한 정보가 될 수 있다.
        좋은 도서 생산에 자극제가 될 수 있다.
        사회 전반에 건전한 가치관을 확립시킬 수 있다.
  단점 : 출판 유통 구조의 왜곡을 초래할 수 있다.
        한쪽으로 치우친 독서 습관을 부축일 수 있다.
        출판계의 무분별한 상업화를 가져올 수 있다.
• 스테디 셀러(Steady seller) : 꾸준히 읽히는 책.
• 고전(Classic   class) : 오랫동안 두고두고 읽혀지는 책.

7. 좋은 책의 조건

1) 내용적인 면
어린이에게 공감을 주는가.
생명을 귀하게 여기는가.
우리의 역사적, 문화적 뿌리(정서)에 맞는가.
꿈을 심어주고 있는가.
이웃과 자연을 사랑하고, 더불어 사는 삶을 귀하게 여기는가.
어린이의 궁금증을 채워주고, 정확한 지식을 전달하고 있는가.
쉽고 재미있는가.
아름다운 우리말을 배울 수 있는가.

2) 책 모양 및 편집

틀린 글자, 잘못된 그림이 없는 책

튼튼하고 아름답게 꾸미되 겉이 화려하지 않는 책

편집, 인쇄, 제본이 잘된 책

정가, 페이지, 판형 등이 학년이나 나이에 맞는 책

베스트셀러라고 좋은 책은 아니다(특히 아동도서인 경우).

각 단체의 추천도서라고 반드시 좋은 책은 아니다.

유명 출판사 책이라고 꼭 좋은 것은 아니다.

3) 도서 선정의 기준

• 선정기준의 세 가지 측면

─책 자체(내용)의 측면

─수용자(독자)의 측면

─저자 및 출판물로서의 측면

(1) 책 자체의 측면

가. 표현 기술상의 효율성

─교훈이 노골적이 아닐 것

─독자의 사고를 발전시키는 감동을 줄 것

─내용이 논리적이고 개연성을 지킬 것

─언어사용이 바르고 정확하며 효과적일 것

─문장이 쉬울 것

나. 내용의 효율성

■ 교훈성을 지닌 책

─바람직한 삶의 방향을 제시하는 것

─더불어 사는 사람의 자세를 다룬 것

─문화적 가치가 높은 내용일 것

─기본 교양을 향상 시킬 수 있는 것

─인간의 평등의식을 다룬 것

―전쟁의 참상을 깨닫게 하고 평화를 추구하는 것

―자연의 아름다움을 다룬 것

―노동의 신성함과 절약의 소중함을 나타낸 것

―물질문명 속에서 인간 소외의 극복을 제시한 것

―도덕성, 가치관 함양, 좋은 습관 형성에 도움이 되는 것

―창조력, 문제해결력을 향상시킬 수 있는 것

―과학적 탐구심을 기를 수 있는 것

―모든 이데올로기, 철학, 종교, 정치적 관점에 편견이 없는 것

―원만하고 다양한 사회의 상호 의존성을 반영한 것

■ 교육과정과 관련성이 있는 책

―교과 학습과 관련이 있는 것

―교육 목적 및 목표에 상응할 것

―자료의 목적과 목표가 분명히 진술되어 있으며, 그것들이 그 지방의 교육 목적
  및 목표에 상응할 것

■ 시대와 사회를 반영한 책

―민족문화에 바탕을 두고 우리 현실을 진실하게 그린 책

―구체적 삶이 드러난 책

―역사와 가치관, 전통을 바르게 인식할 수 있는 것

―그 시대 사회와의 상관성을 지닌 것

―새로운 사회의 이상에 합치한 내용일 것

―분단의 비극에 대한 인식과 통일 지향적 의지가 담긴 것

(2) 독자의 측면(독자의 일반적 요구)

―재미

―건전한 흥미와 요구에 응한 내용

―생활경험에 적절할 것

―유익한 유머를 담고 있는 내용

―독자의 관심사와 지식을 넓혀주는 내용

(3) 저자 및 출판물로서의 측면

―저자가 분명, 저명할 것

―그 방면의 전문가일 것

―잘 알려진 출판사일 것

―양심적인 출판사일 것

―저작권과 발행일이 명확할 것

―삽화, 사진이 선명, 적절할 것

―맞춤법이 맞을 것

―제본이 튼튼하고 보관, 휴대에 편할 것

―값이 알맞을 것

―낱권 판매가 가능할 것

―내용과 분량이 알맞을 것

―활자 크기가 알맞을 것

―가로쓰기가 되어 있어야 할 것

―시간적, 지역적, 내용적 균형을 이룰 것

제3장

발달단계별 독서지도

1절 발달단계별 독서지도 의의

독서지도의 일차적 목적은 무엇인가? 학생들이 책에 흥미를 가지고 효과적인 독서 습관을 형성하도록 돕는 것이다. 특히 성장기 아동의 독서 경험은 지적 사고력과 인성을 키워나가는데 매우 중요한 의미를 가진다. 그러나 전자문화시대에 살고 있는 오늘의 아이들은 점점 더 독서를 멀리하고 있다. 그들의 대부분은 책보다 모니터와 스크린 앞에서 더 많은 시간을 보내기 때문이다. 책보다 모니터와 스크린 앞에 앉아 있는 아이들의 효율적인 독서를 위해서는 발달에 기초한 독서지도가 필요하다.

아무리 좋은 책이라도 그들의 발달 단계와 맞지 않는다면 아동은 책에 대해 별다른 흥미를 가지지 못한다. 발달단계에 맞는다는 것은 책 내용이 아동의 지적, 정서적 발달 수준에 맞아 책을 쉽게 이해하고 즐길 수 있다는 것을 뜻한다. 처음부터 과도한 독서로 부담을 주기보다는 단계별로 스스로 문제를 발견하고 해결해가도록 지도해 가야 한다. 이를 위해 아동의 발달단계와 특징을 아는 것은 독서지도자가 갖추어야할 가장 기본적이면서도 핵심적인 요건이다.

발달(development)이란 인간이 태어나서 사망하기까지 전 생애 동안 체계적인 과정에 따라 이루어지는 일련의 변화로, 생명체가 신체적 정신적으로 끊임없이 변화해 가는 것을 의미한다. 발달과 관련된 개념으로는 성장, 성숙, 학습이라는 개념이 있다. 성장(growth)은 신체의 크기나 능력이 증가하는 것으로 주로 양적인 변화를 의미한다. 이에 비해 성숙(maturation)은 유전적 요인에 의한 발달적 변화들이 통제되는 생물학적 과정을 말한다. 학습(leaming)은 직접 또는 간접 경험의 산물로서 훈련에 의존하는 것이다.

피아제(Piaget : 1896~1980)는 인간의 발달을 다음과 같은 특징이 있다고 보았다.

1) 발달은 일정한 단계를 가진다.
2) 발달은 계속적인 과정이지만 발달의 속도는 일정하지 않다.
3) 발달은 환경의 상호작용 결과로 이루어진다.
4) 발달에는 개인차가 있다.
5) 발달에는 결정적인 시기가 있다.
6) 발달은 분화와 통합 과정을 거친다.

인간발달은 생물학적, 인지적, 정서적 영향을 받는다[2]. 피아제에 의하면 인생의 긴 과정 속에서 일어나는 발달은 계획된 순서대로 체계적으로 일어나므로 인간의 미래를 예측할 수도 있다[3]. 독서지도에서 발달단계를 고려하는 것은 이러한 이유 때문이다.

물론 아동들에게는 개인차가 있다. 독서지도를 할 때 몇 세에 무슨 책을 읽어야 한다는 발달단계상의 원칙만을 내세운다면 개인의 지적 호기심과 취향이 무시된다. 그러면 오히려 아이들은 독서를 더 멀리 할 수도 있다. 또 아동의 발달은 어느 단계에서 대단히 빠른 발전을 보이다가 어느 단계에서는 몹시 느리게 나타나기도 한다. 엄밀히 말하면 발달단계에 어떤 선을 긋는 것 자체가 무리일지 모른다. 그러나 아동의 발달단계는 아동의 지적수준과 흥미를 알게 하는 것으로 이를 기준으로 삼아 보다 나은 독서지도를 기대할 수 있다.

발달 단계는 학자들의 관점에 따라 조금씩 다르지만 최근에는 연령에 따라 8단계로 구분한다. 1단계는 태내기(임신부터 출생), 2단계는 영아기(생후 2세까지), 3단계는 유아기(2세부터 6세까지), 4단계는 아동기(7, 8세부터 12, 13세경까지)이다. 5단계는 청소년기, 또는 청년기(12,13세 이후 22, 23세까지)이고, 6단계는 성인전기(22, 23세 이후 40세경까지), 7단계는 성인중기(40세 이후 65세경까지), 8단계는 성인후기 또는 노년기(65세 이후 사망까지)이다.

이 글은 주로 4단계인 아동기(7, 8세부터 12, 13세경까지)와 5단계인 청소년기, 또는 청년기(12, 13세 이후 22, 23세까지)의 발달단계별 독서지도에 주목하고자 한다. 특히 그들의 인지발달과 독서흥미 및 독서능력발달을 중심으로 통합적 발달 특징에 기초한

---

2) 정옥분, 『아동발달의 이해』, 학지사, 2005, 15쪽.
3) 김경희, 『발달심리학』, 학문사, 1999, 18~19쪽.

독서지도의 길을 찾아보려고 한다. 인지발달 측면에서는 피아제, 사회구성적 발달에는 에릭슨(Erikson : 1906~1994), 독서흥미발달 측면에서는 테만(Teman)과 리마(Lima)의 이론을 기초로 하되, 독서지도 현장에서 경험한 내용을 보충하는 방법으로이 글을 전개시켜 나가고자 한다.

2절 인지 발달단계와 독서지도

  인지발달은 주위 환경 자극에 대해 반응하는 능력이다. 즉 자기 이외의 바깥 대상을 어떻게 받아들이고 생각하는가를 지각하는 것을 말한다. 지각한 환경에 대한 인간의 적응과정은 정신적 능력과 기능적 측면에서 변화한다. 인지 발달 능력은 지각, 기억, 사고, 심사숙고, 통찰로 이루어진다. 지각은 내부적인 환경과 외부 세계에서 들어오는 정보를 찾아내어 조직하고 해석하는 것이다. 기억은 지각된 정보를 저장하거나 인출한다. 사고는 추론하고 결론을 내리기 위해 주어진 정보를 다른 것과 연관시킨다. 심사숙고는 아이디어나 해결책의 질을 평가한다. 통찰은 둘 이상의 지식 덩어리가 갖는 새로운 관계를 인식한다.

  스위스의 심리학자인 피아제는 아동의 학습 과정을 관찰하고 지적 발달이 단계적으로 이루어지는 것을 밝혔다. 피아제의 인지발달은 후생학(後生學)을 기반으로 하고 있다. 후생학이란 발생의 전건(前件)이 발생의 후건(後件)에 인과적(因果的)으로 작용하는 연속적인 발생과정에 따라 개체의 발생이 진행된다고 보는 견해이다. 따라서 피아제는 인간의 지적인 발달은 일정한 과정과 단계를 거치며 선행(先行) 발달이 후행(後行) 발달에 영향을 미친다고 제시한다. 그에 의하면 아동의 인지발달은 도식(schema), 적응(adaptation), 동화(assimilattion), 수용(accomodation), 균형(equilibration)의 과정을 거쳐 이루어진다고 하였다.

■ 피아제 인지발달 단계 표

단계	연령	중심적인 특징
감각 운동기	0-2세	모방, 기억, 사고를 시작한다. 대상영속성을 인식한다. 단순반사행동에서 목적을 가진 행동으로 발전한다.
전조작기	2-7세	언어가 점차적으로 발달하고 상징적인 형태로 사고한다. 일방적인 관점에서 사고할 수 있다. 사고와 언어가 자기중심적이다.
구체적 조작기	7-11세	논리적으로 구체적인 문제를 해결한다. 보존 개념을 이해하고 유목화하고 서열화한다. 가역성을 습득한다.
형식적 조작기	11세 이후	논리적으로 추상적인 문제를 해결한다(가설적 상황을 다룰 수 있으므로 내용과 형식을 분리시킴). 사고가 점차 과학적으로 발전한다. 복잡한 언어과제나 가설적인 문제를 해결한다.

1) 감각운동기(sensorimotor period, 0~2세)

이 시기 유아는 촉각, 청각, 미각 등 주로 감각기관과 몸의 운동을 통해 세상을 알아 간다. 감각기관과 몸의 움직임은 이 시기 유아의 지적 발달의 기초가 된다. 이 시기 유아의 가장 큰 성취는 환경 속에 있는 대상을 지각하는 것이다. 예를 들면, 빨기나 잡기를 통해 만족을 느끼고 대상을 구체화한다. 이는 대상영속성(object performance)이라는 기본적 이해로 나타나고 사라지는 대상과 사람과의 많은 활동과 관찰로부터 생긴다. 따라서 감각운동기 유아는 그가 직접 만지거나 느끼지 못하는 사물은 존재하지 않는 것으로 여긴다. 즉 장난감을 가지고 놀다가 장남감이 보이지 않는 곳으로 사라지면 그 장난감을 찾으려 하지 않고 다른 장난감에 관심을 보인다. 장난감이 눈앞에서 사라져 보이지 않으면 그 대상 자체가 존재하지 않는 것처럼 여긴다. 이때는 모든 것을 자기중심적으로 생각하고 세계 역시 자기 심리 세계에서만 존재한다.

감각운동기 유아의 발달은 6개의 하위단계로 나타난다.

1단계(0~1개월)는 타고난 반사행동의 활성화시기이다. 반사활동은 지능발달의 시초가 된다.

2단계(0~4개월)는 1차 순환반응기이다. 어떤 행동의 결과가 또다시 그 행동을 일으키는 것으로 반복된다. 예를 들면 영아의 손 빨기→감각→손 빨기와 같이 신체가 중심이 되어 행동을 반복한다. 신체가 중심이 되므로 1차라고 하였다.

3단계(4~8개월)는 2차 순환 반응기이다. 신체가 아닌 환경에 대한 반복적인 반응을 나타낸다. 예를 들면 유모차를 발로 차기→인형움직임→유모차 발로 차기 등이다.

4단계(8~12개월)는 2차 순환반응기의 협응기이다. 이때는 바라는 어떤 목적을 성취하기 위해 행동을 협응하는 능력과 일어날 사건과 그 원인이 되는 신호간의 관계를 알 수 있는 능력이 생긴다. 예를 들면 잠을 잔다는 것은 목욕하고 잠옷 입고 기도하는 관례적인 행위와 관련된 것을 안다.

5단계(12~18개월)는 제3차 순환반응기이다. 지금까지는 어떤 수단을 쓰지 않고 행동의 반복이 일어났다. 그러나 이 단계에서는 어떤 목적을 달성하기 위하여 수단을 사용한다. 반응의 효과 때문에 순환반응을 하지만 이 반복을 탐색하기 위한 반복인 것이다. 예를 들면 멀리 있는 장난감을 끌어당기기 위해 줄을 사용하거나 융판 위에 있는 장난감은 융판을 끌어야 된다는 것을 안다.

6단계(18~24개월)는 표상 단계이다. 이제는 운동이 아닌 정신적으로 문제를 해결한다. 아이는 활동을 실제로 수행하기 전에 활동에 대한 결과를 예상할 수 있는 능력이 생긴다. 예를 들면, 성냥갑 열기에서 고리가 들어있는 조금 열린 성냥갑을 즉가 열지 않고 생각한 후 성냥갑을 열고 고리를 끄집어낸다. 이 시기에 갑자기 언어능력이 발달하고 환경을 개념화할 수 있는 능력이 생긴다. 환경의 개념화는 모방행동을 촉진시킨다고 한다.

감각운동기에서 중요한 성취는 반사적 행위로부터 목표 지향적 행위로 나아는 것이다. 즉 감각운동기의 마지막에 이르기까지는 사고나 언어가 불가능하고 직접적인 경험의 자료에만 제한을 둔다. 마지막에 이르러 실존하지 않는 물체를 가리키기 위해서 심상과 언어를 사용한다. 유아는 이전에 단순하고 조잡하게 사용했던 도식만이 아니라 그 동안의 경험을 조직화하여 특유한 상황을 다루기 위한 새로운 방식을 시도한다. 대상에 대한 고착개념이 생기는 것이다. 이것은 대상에 대한 일정한 규칙성이 생긴다는 것으로 인지발달 측면에서 중요한 의미를 가진다.

대상이 한 곳에서 사라지더라도 독립적인 실체로서 여전히 존재한다는 사실에 대한 대상연속성은 사물과 세계에 대한 균형화에 필수 요소이다. 이처럼 이 시기 유아의 행위는 비교적 외현적, 감각운동으로 발달한다. 지적 행위 역시 점진적으로 내재화된다. 내재화가 진행됨에 따라 인지적 행위는 더 추상적 범위가 넓어지고 가역적, 구조적으로 논리체계로 조직된다.

감각운동기 유아에게 중요한 것은 오감의 경험을 충분히 하는 것이다. 그러지 못할 경우 성장 후에도 대상에 대해 잘 느끼지 못하며 정서적으로 안정감을 가질 수 없다. 또한 자기중심적 사고를 지나치게 억제하면 자신감이 없고, 너무 방치하면 자신만 아는 아이가 될 가능성이 크다.

■ 발달단계별 독서지도

이 시기에는 감각기관과 몸의 움직임에 자극을 줄 수 있는 것이 좋다. 따라서 책을 만지거나 넘기도록 시도한다. 손가락으로 누르면 소리가 나는(반응하는) 입체적인 책을 통해 감각을 자극한다. 사물의 이름이 사실적이고 그림이 선명한 책을 보여준다. 이때는 지적 발달만을 생각해 지식을 주입하려 말고 부모나 교사가 아동과 같이 즐겁게 시간을 보냄으로써 자유로운 분위기에서 책을 보거나 만지면서 이야기를 나누는 것이 좋다.

2) 전조작기(preoperational period, 2세~7세)

행동지향적인 이 시기 아동의 특징은 현저한 지적 발달이 이루어진다. 사물에 대한 사고능력이 발전하고 환경의 여러 가지 측면을 표상하기 위해 상징(symbol)을 사용하여 표상적 사고(representational thought) 능력이 생긴다. 자아중심성이 강하여 타인의 생각, 감정, 지각, 관점이 자신과 동일하다고 생각하지만, 다른 사람의 관점은 이해하지 못한다. 전조작기가 끝날 무렵부터 다른 사람의 시각에서 보는 조망을 추론해 낼 수 있는 조망수용 능력을 습득한다.

전조작기 단계는 전개념기와 직관적 사고기로 나누어진다. 첫째, 2세에서 4세까지 초기는 전개념기로서 흔히 미숙한 개념을 가지고 있는 경우가 많다. 대부분의 시간을 놀이로 보내고 놀이를 통해 대상과 세계에 대한 시각을 넓혀나간다. 감각운동기 말기 아동은 많은 행위 스키마를 사용할 수 있다. 행위로부터 분리된 사고의 첫 번째 유형은 이런 스키마를 상징적으로 이루는 것을 포함한다. 상징을 형성하고 사용하는 능력, 즉 언어, 심상, 기호 등은 전조작기의 중요한 성취이다.

특히 유아들의 상징의 초기 사용은 일반적으로 가장하거나 모방하는 행위이다. 사고와 언어에 있어서 자기중심성이 강하기 때문에 다른 사람의 관점에서 사물을 이해하기 어렵다. 자기중심성은 피아제가 의도한대로 이기주의를 의미하지는 않는다. 여기서 자기중심적이라는 것은 자신이 보는 관점과 다른 사람이 보는 관점을 구별하지 못한다는 뜻이다.

4세에서 7세까지 직관적 사고기에는 모든 사물을 지각을 통해 판단한다. 반성적 사고 과정을 거치지 않기 때문에 판단이 잘못된 경우가 많다. 이 시기에도 인지적, 사회적으로 자기중심성이 계속되며 사물의 분류, 수 개념, 보존의 이해 등이 상당히 미숙하다. 이 시기 특징은 비가역성을 발달시키지 못한다. 수, 길이, 면적 부피, 무게 등을 그 순서나 형태를 바꾸어 여러 가지 방식으로 제시한다고 해도 그것은 그냥 남아있고 변하지 않는다는 보존성 개념은 없다.

정신적인 인지 조작이 불가능하여 관계의 인지를 잘 하지 못한다. 이처럼 이 시기 유아는 다양한 관점에서 사물을 보지 못하고 한 가지 관점만을 고려하여 판단한다. 따라서 좌우, 상하의 관계 등을 잘 알지 못해 상대적으로 사물을 이해하지 못하고 절대적으로만 판단하는 경향이 있다. 타율적 도덕 판단과 현실의 혼동 그리고 물활론(物活論, animism)적인 사고 등도 이 시기에 발생한다.

■ 발달단계별 독서지도

2~4세까지 전개념기는 아동이 주변 환경을 발견하는데 분주한 시기이다. 주로 한 가지 자극에 반응한다. 이 시기는 간단한 개념을 알려주는 책으로 색깔이나 동물 이름, 모양, 대(大), 소(小), 양, 깊이에 대한 개념이 소개된 것이나 환상적인 요소가 가미된 의인화한 동물이야기가 좋다. 7~8세 직관기에는 자기중심성이 가장 큰 특징이다. 아동의 자기중심적인 사고는 물활론적인 것과 인공론(artificialism)적인 것, 실재론(realism)적인 사고가 특징이다. 물활론적 사고는 생물과 무생물이 구별되지 않는 것으로, 무생물도 인간과 똑같은 감정과 언어와 의식이 있다고 본다. 인공론적 사고는 인간이 자연현상을 만들었다고 믿는다. 실재론은 눈에 보이지 않는 모든 것이 존재한다고 믿는 것으로 꿈이 실재 침대나 베게 속에 존재한다고 보는 것이다. 따라서 이 시기에는 신화, 전설, 민담, 환상동화, 동시 등을 다양하게 접할 수 있게 한다.

3) 구체적 조작기(concrete operational period, 7~11세)

이 시기 아동의 두드러진 특징은 탈중심적 사고이다. 탈중심적 사고는 자기중심성이 약해지고 다른 사람의 생각과 경험을 존중하고 배려하는 것이다. 따라서 언어사용도 사회성을 띠게 된다. 이 시기는 전조작기보다 성숙한 인지구조가 형성된다. 그러나 이 단계의 논리적 사고는 다음 단계인 형식적 조작기에서 만큼 추상적이거나 복잡한 수준에 도달하지는 못한다. 그렇지만 구체적 대상에 대한 논리적 사고가 어느 정도 가능해진다. 이러한 논리적 조작은 내면화된 행위로 정의되고 환경과의 상호작용을 통해서 생성되며, 동화와 조절의 적응과정의 결과로 나타난다. 이러한 구체적 조작기의 특징은 논리적 조작이 가능한 가역성, 분류성, 보존성 및 서열성의 개념에서 찾을 수 있다(정환금·조강모, 1997).

구체적 조작기에 나타나는 특징을 정리하면 다음과 같다.

가) 가역성

피아제의 인지이론에서 조작적 사고에 대한 중요 기준은 가역적 사고이다. 다시 말하면, 모든 논리적, 수학적 조작은 반대적 조작에 의해 상쇄될 수 있다는 것을 안다. 예컨데, 8 + 2 = 10이고, 10-8 = 2가 그 예이다. 이처럼 가역성은 머릿속에서 본래의 상태로 거꾸로 전환시키는 것이다. 조작기에는 어떤 사상의 가역을 상상할 수 있으며 다시 머릿속은 본래의 상태로 변화시킨다.

나) 분류성

이 시기에 이르러서야 분류에서 전체와 부분과의 관계, 상위유목과 하위유목과의 관계를 이해한다. 그리고 유목을 첨가하고 더하거나 분류과정을 가역적으로 수행한다.

다) 보존성

이 시기 아동은 눈에 보이는 지각적 특성에 의해서가 아니라 논리에 근거하여 머릿속으로 보존 문제를 쉽게 이해한다. 피아제에 의하면, 보존의 문제를 해결하는 아동의 능력은 추론의 세 가지 기본적인 측면인 동일성, 보상, 가역성을 이해하는데 달려 있다고 한다. 즉 모양이 변하더라도 질량이 변하지 않는다거나(동일성), 높이나 넓이로 인해 잃은 것을 다른 차원에서 보상할 수 있다는 것(보상), 그리고 머릿속에서 조작을 거꾸로 수행할 수 있어 양에 변화가 없다(가역성)는 것을 인식한다.

라) 서열성

직관기의 어린이들은 나무막대기를 길이가 짧은 것부터 차례로 배열하는 서열화는 전혀 할 수 없다. 그러나 구체적 조작기의 아동은 논리적 조작인 사물을 증가 또는 감소하는 순서로 배열하는 서열화의 능력을 획득한다. 이와 같이 연역적 합성에 의한 서열을 구성할 수 있는 능력은 이 단계에 이르러 달성된다. 서열화의 방향은 길이와 관련된 서열화가 가장 빨리 나타나 7~8세경에, 무게에 관련된 서열화는 9세경에 그리고 부피에 관련된 서열화는 11~12세경에 나타난다.

마) 탈중심화

전조작기에 뚜렷했던 자기중심성은 사회적 경험이 증가함에 따라 점점 감소한다. 구체적 조작기에 여러 견해가 있다는 것을 인식하게 되며 다른 사람에 대한 역할 수행 능력이 증가한다. 따라서 이 시기에는 다른 중요한 요소들은 무시한 채 한 요소에만 주의를 집중하는 경향이 감소한다. 즉 한 자극의 중요한 특성들을 모두 인지함으로써 아동은 보존 개념을 이해할 수 있게 되어 탈중심화가 나타나고, 자극의 여러 특성에 주의를 기울일 수 있다. 새로운 지식을 협응시켜 지각적 오류를 감소한다.

■ 발달단계별 독서지도

이 시기 아동은 그들과 관련 있는 다른 사람들을 더 잘 이해하며 보존개념이 확실히 형성되고 가역적 사고가 가능하다. 시간관념, 주관과 객관 구별, 사회 구성원으로 참여하고 도덕성이나 양심의 내면화, 집단 활동을 규제하는 규칙에도 흥미를 나타낸다. 그들은 놀이와 언어를 통해 사회적, 물리적 세계를 더 잘 이해하게 되고 시간 개념도 확실하게 획득한다. 또 이 시기에는 가치를 내면화하며 생활을 지배하는 규칙을 점검하는데 흥미를 가져 놀이에서도 규칙을 잘 준수한다. 이러한 발달 특성을 고려할 때 이 시기는 사실적 동화와 역사 이야기를 다룬 역사 동화, 공상과학 동화도 이해할 수 있고 즐길 수 있다.

4) 형식적 조작기(Formal operational period, 11세 이후)

눈에 보이지 않는 것을 추상화할 수 있으며, 삶의 물리적 · 사회적 양상에 대하여 이론과 가설을 만든다. 현실 세계나 자신의 신념 체계에서 벗어나 추리하고 사고한다. 이념이나 사상의 세계, 명제적 · 조합적사고가 발달한다. 다른 사람의 입장을 고려하는 능력이 발달하므로, 문학적인 상황과 등장인물에 대해 상호작용 하는 것을 격려하는 것이 매우 중요하다. 이 시기는 전체와 부분간의 관계를 연결시키는 능력도 발달하며, 질서와 규칙에 대한 감각도 더 잘 이해하고 인정하게 된다.

형식적 조작기는 구체적 조작에서 벗어나 언어적 명제에 의해서 추론한다. 즉 가장 성숙한 인지적 조작능력을 갖는다. 인지발달의 마지막 단계인 형식적 조작기의 사고는 다음과 같은 특정한 인지구조들이 보다 심화되고 발달한다(정옥련 외 역, 1997).

■ 가설―연역적 추론

연역적 추론은 경험하지 않은 일에 대한 일상 경험의 한계를 넘어서 진행하는 것으로, 지각과 기억을 초월하여 인간이 직접적으로 알지 못했던 일, 즉 가설적인 일을 다루는 추론이다. 연역적 추론은 전제로부터 결론에 이르는 혹은 일반적인 것에서부터 특수한 것에 이르는 추론이다. 연역적 추론에 기초한 추리 혹은 결론은 단지 진실로부터 이끌어낸 전제여야만 진실이 된다. 그러나 추론은 잘못된 전제들을 가진 논쟁에 적용될 수 있고 여기서 논리적인 결론이 파생한다.

가설―연역적 추론은 '주제가 실제로 증명된 사실에서 나왔다기보다는 가설의 전제로부터 나온 연역적인 결론을 포함하는' 추론이다. 이런 식으로 가능성(가설)은 추론이 효과적으로 사용될 수 있는 활동무대가 된다.

형식적 조작을 하는 아동은 전반적으로 상징적인 가설적 문제에 관해 추론하고 논리적 결론을 연역한다. 이처럼 이들에게 'A가 B보다 작고, B가 C보다 작다. A가 C보다 작은가?'인 형태로 된 문제를 제시했을 때, 이들은 전제들(A⟨B이고 B⟨C)로부터 적절하게 추론하고 A는 C보다 작다(A⟨C)는 것을 연역한다. 따라서 형식적 조작이 가능한 아동은 가설 혹은 전제로부터 정확한 연역을 한다. 가설적 상황에 관한 연역적인 추론능력이 부족한 구체적 조작기 아동은 이러한 형태의 문제를 해결하지 못한다.

만일 논리적인 논쟁에서 '석탄이 흰색이라고 가정하자'라는 진술이 전제된다면, 이 문제를 해결하도록 요구받은 구체적 조작기 아동은 석탄은 검은 색이며 따라서 그 질문은 대답할 수 없다고 주장할 것이다. 형식조작기 아동은 기꺼이 석탄은 흰색이라는 가정을 받아들이고, 문제의 논리에 관해 추리한다. 더 나이든 아동은 그 내용이 진실이든 아니든 상관없이 문제의 구조를 논리적으로 분석한다.

■ 과학―귀납적 추론

귀납적 추론은 특수한 사실에서 일반적인 결론에 이르는 추론이다. 이것은 일반화

혹은 과학적 법규들(laws)을 찾기 위해 과학자들이 사용하는 추론과정이다. 형식적 조작기 아동은 문제에 직면했을 때 과학자와 매우 유사한 추론을 한다. 즉 이 시기의 아동은 가설과 실험을 하고, 변인을 통제하고, 결과를 기록하고 그리고 그 결과로부터 체계적인 방식으로 결론을 이끌어낸다.

과학적 추론의 특징 중 하나는 동시에 서로 다른 많은 변인을 생각하는 능력이다. 형식적 추론이 가능한 아동은 협응할 수 있고, 변인 중 하나 혹은 전부 또는 몇몇의 조합으로 결론에 도달한다. 피아제는 이것을 '조합적 추론'이라고 명명했다. 조합적 추론, 즉 한번에 많은 변인에 관해 추론하는 것은 구체적 조작기 아동이 할 수 있는 것은 아니다. 구체적 조작기 아동은 단일변인이 있을 때만 혹은 원인이 관찰로부터 직접적으로 결정될 수 있을 때만 성공적으로 추론한다. 형식적 추론은 관찰을 넘어서서 진행된다. 변인간의 관계는 추론을 통해 구성되고, 체계적 실험을 통해 증명되어야만 한다.

■ 반성적 추상

반성적 추상은 인지적 구성이 야기하는 기제 중의 하나이다. 지식에 대한 토의에서, 물리적 지식과 논리-수학적 지식은 구별된다. 물리적 지식은 사물을 조작함으로써 얻어지는 사물의 물리적 속성에 관한 지식이다. 반면에 논리-수학적 지식은 사물을 물리적 혹은 정신적 작용으로 조직하는 지식이다. 논리-수학적 지식을 획득하는 기제를 반성적 추상이라 한다.

반성적 추상은 관찰을 넘어선 것이고 정신적인 재조직을 일으킨다. 반성적 추상은 항상 낮은 수준으로부터 높은 수준으로 작용한다.

반성적 추상은 사용할 수 있는 지식을 기초로 한 내적 사고이거나 반영이다. 형식적 조작수준에서 내적 반성은 새로운 지식—새로운 구성으로 결과를 이끈다. 구체적 조작기 아동은 내적 반성만으로는 새로운 지식을 구성하지 못한다.

형식적 조작은 과학적 추론과 가설 세우기와 검증에 의해 특징 지워진다. 그리고 이것은 고도로 발달된 인과관계의 이해를 반영한다. 처음으로 아동은 문제의 내용과 관계없이 논리적으로 문제를 해결한다. 아동은 논리적으로 이끌어낸 결론이 실제적 진실과 관계없이 타당성을 갖는다는 것을 인식한다. 형식적인 인지적 사고와 추론은 새로운 사고의 수준을 통합하고 이전의 사고를 수정하는 방식으로 구체적 조작으로

부터 발달한다. 형식적 사고에는 가설(연역적), 과학(귀납적) 그리고 내성(추상적)의 구
조적 속성이 있다.

3절 심리사회 발달단계와 독서지도

프로이트(Freud)의 영향을 받은 미국의 정신분석학자 에릭슨은 인간의 발달을 심리사회적 측면에서 접근하였다. 그는 인간은 어릴 때부터 해결해야 될 정서적·감정적 갈등을 가지고 있는데, 이러한 것들을 해결하는 것이 중요하다고 보았다. 특히 자기 자신에 대한 정체감 형성은 청소년기의 가장 중요한 발달과제로 생각했다. 에릭슨의 발달 단계를 정옥분(2002)과 김제한(1997)의 자료를 참고해 본다.

1) 1단계 : 기본적 신뢰 대 불신감(Trust vs Mistrust)(출생~1세)

제1단계는 프로이트의 구강기에 해당되는 시기로서 출생에서 약 1세까지이다. 이 시기의 주된 발달 위기는 영아가 신뢰할 수 있느냐 없느냐 여부에 관한 것이다. 어머니의 관여가 이 시기 신뢰의 초점이다. 신뢰감은 다른 사람에 대한 믿음과 자신에 대한 믿음을 포함한다. 이 시기에 아기를 돌보아 주는 사람(주로 어머니)이 영아의 신체적, 심리적 욕구를 잘 충족시켜 주면 아기는 신뢰감을 형성하고, 만약 아기의 욕구가 잘 충족되지 않으면 아기는 불신감을 갖는다. 이 때 아기는 자신의 기본적인 욕구가 일관되게 충족되는 예측 가능한 안전한 세계에서 사는 것이 이상적이다.

그러나 에릭슨은 완전한 신뢰감만이 바람직한 것은 아니라고 했다. 왜냐하면 사람이 살다보면 때로는 불신도 필요하기 때문이다. 지나친 신뢰는 아동을 너무 순진하고 어수룩하게 만든다. 따라서 건강한 자아발달과 성장을 위해서는 불신감도 경험해야 한다. 건강한 발달을 위해 중요한 것은 신뢰와 불신 사이의 적당한 비율이다. 물론 불신감보다는 신뢰감이 더 큰 비중을 차지해야 한다.

■ 기관의 양식

영아는 입으로 사물을 빨아들인다. 이 시기 영아는 입을 통하여 살아가고 입에 의해 사랑을 배운다. 그리고 모친의 젖을 통하여 사랑을 배운다. 영아에 있어서 구강에 의한 모친과의 접촉은 빨기 도식을 중심으로 행해진다. 프로이트가 유방과 구강 부위와의 욕구적 관계로서 이해한 것을 에릭슨은 보다 일반적인 관계인 구강 특질로서 취급하였다. 결국 눈에 보이는 사물은 눈으로 받아들이고, 잡히는 사물은 손으로 만지게 되고 들리는 것은 귀로 받아들이려고 한다. 이것이 구강 제1기의 받아들이는 양식이며, 그것은 구강호흡 감각적 단계라고 부른다. 다시 이 단계에서 턱과 잇몸을 이용하여 심하게 조르는 제2의 능동적인 함입의 양식으로 발달하게 된다. 또한 제3의 구강기관인 배출양식, 제4의 구강단계인 억제의 형태, 제5의 단계인 젖꼭지를 꼭 쥐고 빨며 유방 속으로 머리를 파묻는 양식의 과정을 나타낸다. 그러나 첫 단계인 받아들임이 기본적인 양식이며, 다른 양식은 이 양식에 종속되어 있다.

■ 심리·사회적 형태

영아의 심리·사회적 형태는 얻는 것, 주어지는 것을 받아들이는 것과 다시 되돌려주는 것으로 나타난다. 영아는 모친이 하는 방법에 따라 그와 같은 방법으로 배운다.

이와 같은 형태는 다른 사람과의 우호적인 경험으로서 중요한 것이다. 이와 같이 주어지는 것을 받아들이고, 자신이 하고 싶었던 것을 함으로써 영아는 되돌려주는 사람이 된다. 즉 모친과의 동일화에 대한 기초를 발전시킨다.

이러한 상호 조정에 실패하게 되면 영아는 일방적이고 강제적으로 지배하려고 시도한다. 즉 아기는 수유에 의해 우호관계를 받아들이지 못하게 되면 손가락 빨기에 열중한다. 어머니 또한 수유시간을 변경하거나 수유하는 방법을 변화시켜 영아를 지배하려고 한다. 이와 같은 상황이 되풀이되면 영아는 세계에 대한 관계나 사랑하는 사람들과의 관계에 결정적 장애를 가진다.

■ 구강기적 성격

수유가 부족하면 유아에게 모친에 대한 상실감을 준다. 이 시기에 의존하고 있는 모친의 애정을 상실하면 만성적 비애에 빠지고, 이 경험은 유아의 그 이후 인생 전반에 걸쳐 우울한 성격을 형성할 위험성이 있다.

정신의학에서는 구강기에 나타나는 성격을 두 가지로 구분한다. 하나는 이 단계에 갈등이 미해결 상태인 경우에 일어나는 성격적 비관이다. 이것은 충분히 젖을 빨지 않았다는 공허감의 결과로 탐욕적인 성격을 수반한다. 이것은 구강 새디즘이라고 불리며 타인을 해치는 방법으로 사물을 얻으려는 잔혹한 요구로 나타나기도 한다. 다른 하나는 낙관적인 구강 성격도 있다. 이는 사물을 부여하거나 받아들이는 사실을 인생에 있어서 중요한 것이라고 생각하는 성격이다.

2) 2단계 : 자율성 대 수치와 회의감(Autonomy vs Shame and Doubt)(1~3세)

2단계는 프로이트의 항문기에 해당하는 시기로 약1세에서 3세까지이다. 이 단계의 쟁점은 '자율적'이고 창의적인 사람이 되느냐, 아니면 의존적이고 '자기 회의'로 가득 찬 '부끄러운 인간'이 되느냐 하는 것이다. 이 시기에 유아는 여전히 다른 사람들에게 의존하고 있지만 자유로운 선택의 자율성도 경험하기 시작한다. 새롭게 얻은 자율감은 사회적 갈등을 일으킬 정도로 지나치게 과장될 수 있다. 자율성을 향한 투쟁은 완강한 거부나 떼쓰기 등으로 나타나기도 한다.

이 단계에서 중요한 과업은 자기 통제이다. 그 중에서도 특히 배변훈련과 관련된 배설 기능의 통제가 중요하다. 이 단계에 대응하는 프로이트 이론의 단계는 항문기로 항문부위의 특정 근육의 통제를 강조하는 단계이다. 프로이트의 항문기 발달과업은 특정 근육의 통제 능력을 획득하는 것이다. 그러나 이 단계에 대한 에릭슨의 입장은 특정 항문부위를 넘어 신체전반의 근육조직에 관한 통제능력으로까지 일반화시킨 것이다. 즉, 아동은 배설 관련 근육의 통제력뿐만 아니라 일반적인 충동 또한 어느 정도 통제할 수 있을 것으로 기대한다. 이러한 변화는 통제력 부족으로 '수치심'에 반대되는 성공적인 '자율감'에 이르게 한다.

이 단계에서는 아동이 자신의 행동을 통제하는 것을 스스로 발견하는 과업이 요구된다. 만약 아동에게 새로운 것들을 탐색할 기회가 주어지고 독립심을 조장하면 건전한 자율감이 발달한다. 반면, 아동에게 자신의 한계를 시험해 볼 기회가 주어지지 않고 아동이 지나친 사랑을 받고 과잉보호 받게 되면, 세상사에 효과적으로 대처할 자신의 능력에 회의를 느끼고 수치심을 갖는다.

■ 기관의 양식

이 시기는 프로이트의 리비도 발달단계의 항문기에 해당한다. 이 단계의 기관 양식은 억제-배출 양식이다. 이 항문기는 완고한 고집이나 갈등을 나타내는 충동을 표현하는데 적용되고 있다. 또한 이 시기는 자율성을 획득하기 위해 싸우는 시기이다. 유아는 자신의 다리로서 훌륭히 서게 됨에 따라서 자신의 세계를 깨닫게 되어 '나에게'라든지 '나의 것'이라는 말을 사용한다.

■ 심리·사회적 형태

이 단계의 심리·사회적 형태는 근육계의 성숙과 그 결과로 얻어지는 억제와 방만의 갈등이다. 엄격한 상호 갈등의 행동 패턴을 어떻게 협응시키는가가 유아에게 문제이다. 억제해 두는 것은 파괴적으로 잔인한 구속이 될 수 있으며, 또한 손에 넣어 소중히 하며 시중을 드는 패턴도 될 수 있다. 방만하는 것도 파괴적인 힘을 지닌 적의에 찬 방출을 하는 경우가 있다. 유유히 행동하여 나타내거나 자연 그대로 일으키는 일도 있다.

■ 강박적 성격

강박적 성격 또는 항문기적 성격에서는 예의범절이 엄격하고 빈틈이 없거나 시간을 엄수하거나 결벽성 등으로 나타난다. 이러한 성격을 지닌 유아는 사물을 보다 쉽게 취급하여 지배자의 위치를 유지하기도 하지만 지배되어 버리기도 한다. 엄격한 규칙은 때로는 그것을 만들어 낸 정신을 말살해 버리는 일이 일어나기 때문이다.

3) 3단계 : 주도성 대 죄의식(Initiative vs Guilt)(3~6세)

3단계는 프로이트의 남근기에 해당하는 시기로서 3세에서 6세까지이다. 이 단계에서 경험하는 심리사회적 갈등은 '주도성 대 죄의식'의 발달이다. 이제는 활동, 호기심, 탐색의 방법으로 세상을 향해 돌진하는 것과 두려움이나 죄책감으로 주저하는 것 사이에 갈등이 발생한다. 3세에서 6세 사이의 아동은 보통 생기와 활력, 호기심이 많고 활동수준이 높으며 에너지가 넘친다. 아동은 놀이 활동을 통해 보다 자유롭고 공격적으로 움직이며 활동반경을 점점 더 넓혀간다. 주도성을 발달시키는 과정에서 목표를 설정하고 목적에 따라 활동하는 경향이 늘어난다.

이 단계는 언어발달이 급격히 이루어지는 시기이기도 하다. 이 단계 초기에 아이들은 끊임없이 질문을 한다. 새로운 단어나 개념, 기본적인 이해가 질문을 통해 습득되기 때문이다. 이러한 질문들은 학습의 기본적 수단이 된다. 게다가 사물, 특히 장난감을 적극적으로 조작하기 시작한다. 아이들은 그 안에 무엇이 들어 있는지 보기 위해 물건을 뜯어보기도 한다. 이것은 반드시 파괴적인 성향 때문만이 아니며 호기심 때문이기도 하다. 그러나 이러한 호기심을 파괴성으로 해석하여 아동을 처벌하고, 그로 인해 아동이 죄의식을 느끼게 된다면 주도성은 소멸한다. 또한 아동은 자신의 몸뿐만 아니라 친구의 몸도 탐색하는데, 이러한 탐색적 행동에는 성기에 대한 호기심도 포함되어 있다. 성적 탐색과 관련된 사회적 비난과 처벌은 죄의식의 발달을 조장한다. 장난감을 해체하거나 자신과 타인의 몸을 탐색하는 것을 놓고 죄책감을 느끼게 하는 것처럼, 새롭게 발달되고 있는 주도성을 부모가 억제하고 반대하여 처벌한다면, 즉 아동의 탐색과 주도성이 가혹한 질책과 직면하게 된다면 그 결과는 죄의식으로 나타난다.

■ 기관의 양식

이 단계에서의 기관양식은 신체적 공격을 통해 타인의 신체 속에 침입해 들어가는 것, 공격적인 이야기에 상대의 귀나 마음에 침입하는 것, 정력적인 운동으로 공간 속에 침입하는 것, 불타는 호기심으로 미지의 사물에 침입하는 것 등을 포함한다. 또한 여성은 여성적인 포용력과 모성애가 발달한다.

유아가 활발하게 행동을 하게 되면 사물의 차이에 눈을 돌리고, 특히 성차에 대한 강한 호기심을 발달시킨다. 남자는 자신의 성기뿐 아니고 양친의 성기에도 관심을 가진다. 그는 운동기능이 발달하고 부모와 똑같이 성장하고 싶은 자부심을 지닌다. 그리고 어머니에게 애착을 느끼고 아버지에게는 경쟁심과 적의를 느끼지만 자신이 열세에 놓여 있다는 사실에 직면하면 좌절감을 맛보게 된다.

■ 심리·사회적 형태

이 단계에서 심리·사회적 형태는 생각대로 하는 것, 또는 흉내를 내는 것이다. 여기서 생각대로 한다는 말은 경쟁의 즐거움이나 목표에 고집하는 것이나 정복의 즐거움을 의미한다. 남자의 경우 정면공격에 의해 상대를 대한다는 점이 강조된다. 여자의 경우 자신을 매력적이고 사랑스럽게 함으로써 상대를 대하는 것으로 변한다. 이러한 과정으로 아동은 남성적인 적극성과 여성적인 적극성을 획득해 간다.

■ 성격특성

남자는 어머니와 결혼하고 싶다는 생각을 하고, 여자는 아버지와 결혼하고 싶다고 생각하는 환상을 만들어 내고 죄책감을 일으킨다. 그것은 실제로는 할 수 없을 뿐만 아니라 생물학적으로 불가능한 죄나 행위를 자신이 범한 것처럼 느끼고 있기 때문이다. 또한 양친의 애정을 획득하려고 형제간에 적극적으로 질투하고 경쟁하는 경우도 있다. 이 시도가 실패할 때에도 죄책감이나 불안감을 불러일으킨다.

이 단계에서는 아동은 발견되었을 때 부끄러움뿐만 아니라 발견되지 않을까 하는 공포감을 품는다. 또한 아동은 누구도 감시하고 있지 않은 단순한 생각이나 행위에 대해서조차 스스로 죄책감을 느끼기 시작한다. 이것은 도덕성의 기초가 된다. 원래 양심은 적극성을 잘 통제하는 것이지만 부모의 강제적인 힘이 지나치게 강할 때는 아동의 양심은 원시적으로 잔혹하게 비타협적인 것이 될 가능성이 있다. 이 경우에는 아동은 퇴행을 일으키거나 양친에 대하여 원한이나 증오심을 품는다. 그러한 아동의 초자아는 양자택일적인 태도를 취하게 되고 도덕은 복수심과 같이 되며, 아동 자신에 대해서나 주위의 사람들에 대해서도 위험한 것이 될 수 있다.

4) 4단계 : 근면성 대 열등감(Industry vs Inferiority)(6~12세)

이 단계는 6세부터 12세까지이며 프로이트 이론의 잠복기에 해당한다. 프로이트는 이 단계를 비활동적인 시기로 본 반면, 에릭슨은 이 단계를 역동적이고 활동적인 시기로 보았다. 에릭슨은 이 시기가 아동의 근면성에 결정적이라고 믿는다. 근면성은 아동이 속한 사회에서 성공적으로 기능하고 경쟁하는데 필요한 기술을 습득하는 능력이다. 이 시기는 학교 교육이 시작되는 시기로 읽기, 쓰기, 셈하기 등 중요한 인지적 기술과 사회적 기술을 습득해야 한다. 만약 이러한 기술을 개발하지 못하면 아동은 열등감을 느낀다. 열등감은 아동이 그가 속한 세계에 대처함에 있어서 자신의 무능력이나 자신이 중요하지 않음을 지각하면서 생겨난다.

만일 아동이 성공에 대한 느낌이나 일을 잘 처리해서 인정을 받고자 하는 것에 실패한다면 근면성이 결여되고 무력감이 나타난다. 그런 아동들은 즐거움을 느끼지 못하고 잘한 일에 대한 자부심을 발달시키지 못할 수도 있다. 또한 그들은 열등감에 시달릴지도 모르고 결코 대단한 사람이 못될 것이라는 좌절에 빠질 수 있다.

■ 심리·사회적 형태

이 단계의 심리·사회적 형태는 '스스로 사물을 만드는 것'과 '함께 사물을 만드는 것'이 나타난다. 즉 생산성에는 다른 사람과 함께 사물을 만든다는 것을 포함하고 있다. 이 시기에 분업의 감각이나 기회균등의 감각이 발달한다. 아동은 부모와 함께 일을 함으로써 부모와 평등하다고 느끼게 되고 부모를 동일화한다. 자신이 하는 일이 부모가 하는 일의 양에 비해 동등하지 않지만, 일을 하고 있다는 면에서는 동등하다고 느낀다(김제한, 1998).

5) 5단계 : 정체감 대 역할 훈련(Identity vs Identity confusion)(12~20세)

이 단계는 12세에서 20세까지이며 프로이트이론의 생식기에 해당한다. 에릭슨은 청년기의 가장 중요한 발달과업이 자아정체감의 확립이라고 보았다. 청년기에 많은 청년들은 가장 근본적이고도 어려운 문제로 고민하게 되는데 "나는 누구인가?"라는 물음이 바로 그것이다. 에릭슨은 특히 청년기에 제기되는 일련의 질문들, 즉 나는 누구인가? 무엇을 할 것인가? 미래의 나는 어떻게 될 것인가? 어제의 나와 오늘의 나는 같은 인물인가? 등의 자문이 자아정체감을 형성하기 위한 과정이라고 보았다.

정체감은 일생을 통해서 이룩해야 할 중요한 문제이기도 하지만, 특히 청년기가 정체감 형성에 있어 결정적인 시기라고 할 수 있다. 청년기에는 정체감의 위기를 경험하게 된다고 에릭슨은 주장한다. 왜냐하면 이 시기는 아동기에서 성인기로 옮겨가는 과도기이며, 이 시기에 급격한 신체적 변화와 성적 성숙이 이루어지고, 진학문제, 전공 선택의 문제, 이성문제 등 수많은 선택과 결정을 해야 하는 때가 바로 이 시기이기 때문이다.

정체감은 사회로부터 개인에게 저절로 주어지는 것도 아니고, 때가 되면 나타나는 2차 성징과 같은 성숙의 현상도 아니다. 정체감은 지속적인 노력을 통해서 획득된다. 정체감 탐색에 실패한 청년은 정체감 혼미를 경험한다. 그런 사람은 다른 사람의 견해에 병적으로 열중하거나, 아니면 또 다른 극단에 치우쳐 다른 사람의 생각은 더 이상 아랑곳하지 않는다. 정체감 혼미에 따른 불안을 떨치기 위해 약물이나 알코올 남용에 빠질 수 있다. 정체감 혼미상태가 영구적이면 만성적 비행이나 병리적 성격장애를 가져온다.

에릭슨의 이론에서 청년기 정체성의 위기는 다음의 세 가지 목표가 달성될 때 극복된다(송명자, 1995).

첫째는 자신에 대한 인식의 연속성(continuity)과 동질성(sameness)의 확립이다. 정체성 탐색과정에서 청년들은 과거 자신의 경험을 반추하고 그 결과를 현재의 자신을 이해하는데 연결지음으로써 과거의 자신과 현재의 자신간의 연속성을 바탕으로 미래의 가능한 자신의 모습을 탐색한다. 이처럼 자아 탐색의 시간조망이 과거와 미래로 확장되고 그 속에서 일관성과 연속성 있는 자기상이 확립되면서 자아정체성을 확립한다. '나는 마땅히 되어야 한다고 생각하는 나는 아니고, 내가 되고 싶어 하는 나도 아니고, 과거의 나도 아니다.'라는 표현은 시간적 연속성상의 정체성 탐색과정을 잘 보여주는 것이다.

정체성 확립의 두 번째 목표는 상이한 관점과 시각에서 서로 달리 판단될 수 있는 자아의 여러 국면을 일관성 있는 하나의 자아체계로 통합(integration)하는 것이다. 이러한 통합은 다양한 역할과 입장들이 서로 얽혀있는 사회적 맥락 속에서 생활해나가야 할 성인기 삶의 준비를 위해 필수적인 과정이다. 청년들은 자신의 자아에 대한 자신과 타인의 견해, 자신이 중요하다고 생각하는 타인의 견해, 직업, 성, 종교, 정치 등 각 영역에서의 자아에 대한 다양한 견해들 간의 공통점과 차이점을 통합하여 일관성 있는 하나의 정체성을 형성한다. 이처럼 여러 영역의 자아들 간의 상호관련성이 형성되면서 자아정체성이 확립된다.

정체성 형성의 마지막 목표로서 자신의 독특성(uniqueness) 또는 특수성(distinctiveness)의 확립을 들 수 있다. 청년기 부모로부터의 독립은 청년들에게 자신의 독특성을 탐색하게 하는 계기이다. 그러나 한편 성인기를 준비하면서 타인들로부터 인정과 지지를 받기 위한 동조의 필요성에 대한 인식 또한 청년기 동안에 강화된다. 청년들은 독립과 동조라는 두 필요성을 통합해가면서 자신의 독특성을 탐색 하므로써 정체성을 확립한다. 이 경우 독특성의 확립에 실패하면 또래집단에 지나치게 동일시하거나 사회적 고정 관념에 맹종하는 부정적 정체성을 초래한다.

청년기 동안 정체성 탐색의 목표들이 획득되면 긍정적 정체성을 확립하고, 실패할 경우에는 부정적 정체성에 빠져든다.

■ 심리·성적 및 사회적 유예기간

사춘기에 선행하는 잠복기는 인간 발달에 있어서 심리·성적 유예기간이다. 즉, 아동을 학교에 보내고, 노동기술의 기초를 사회적으로 습득시키기 위한 시기이다. 유예기간이란 경제 용어로 지불유예기간을 의미한다. 즉 전쟁, 폭동, 천재지변 등의 비상사태에서 국가가 채권, 채무의 결제를 일정기간 연기하고 유예하는 것이며, 이것에 의해 금융 공황에 따르는 신용기구의 붕괴를 방지한다.

그렇지만 청년기에 있어서 제2의 유예기간은 리비도 이론의 테두리를 초월하고 있다. 사회는 각 개인의 요구에 따라 어떠한 형태로서 공인된 아동기와 성인의 매개 문제, 즉 제도화된 심리적·사회적 유예기간을 제공하고 있다. 그리고 이 기간 중에 내적 동일성의 영속적인 패턴을 준비시키는 것이다. 청년기에는 성적으로 성숙한 인간이라고 하더라도 그 친밀성의 심리·성적인 능력이나 부모가 되는 것에 대한 심리·사회적인 준비는 어느 정도 지체된다. 즉 이 시기는 인간의 자유로운 역할 실험을 통해서 그 사회의 어느 부분에 자기를 발견하는 심리·사회적 유예기간이라고 생각할 수 있다. 이 능력의 발견을 통하여 자기의 존재와 중개 역할을 하여 자기 자신에 대한 인지와 자신에 대해 인정한다. 이렇게 해서 청년은 심리·사회적 유예기간을 경험하는 것을 통하여 자아동일성을 확립한다.

■ 동일성 확산

청년기에 자아동일성의 확립에 대한 장애로서 동일성 확산 증후군이 일어나게 되며 구체적으로 다음과 같은 것을 들 수 있다.

가) 동일성 의식의 과잉

동일성 확산상태에 빠지면 동일성 의식의 과잉 또는 자아의식의 과잉이 일어난다. 자기 동일성을 더욱 강하게 의식하고 이것을 획득하려고 하는 시기이다.

나) 선택의 회피와 마비

동일성 확산에 빠져있는 청년은 사회가 부여하고 있는 유예기간을 이용할 수 없다. 즉 사회적 놀이에 의한 가역적인 역할 실험이나 동일성 선택에 있어서 건강한 자아가 약화된다. 따라서 어떠한 선택이나 결단도 갈등적 동일화를 불러일으키기 때문에 청년은 육체적 친밀성이나 결정적인 직업선택, 심리·사회적 자기 정의를 회피하는 마비상태에 빠져든다.

다) 대인적 거리의 실조

청년이 우정, 경쟁, 성적인 놀이나 애정 등을 통한 잠정적인 형태의 유희적 친밀성이나 일시적·가역적인 관계가 동일성의 상실을 불러일으켜 버리는 것은 아닌가 하고 긴장하는 일이 있다. 이것은 기본적 신뢰와 자아의 놀이가 상실되어 있기 때문에 대인적 침체감에 빠져버리는 것이다.

라) 시간적 전망의 확산

청년기가 극단적으로 지연되거나 연장되면 큰 위험이 닥쳐오고 있다는 절박감과 시간의식의 상실이 일어난다. 그 결과 생활 전체의 완만화, 절망감, 죽고 싶은 욕망이 일어난다.

마) 근면성의 확산

동일성의 회피는 주의집중의 곤란이나 독서 과잉과 같은 자기 파괴를 일으켜 일, 학습, 사회성 등의 능력을 획득하기 이전의 오이디푸스적 갈등 단계의 퇴행이 일어난다.

바) 부정적 동일성의 선택

가족이나 친근한 공동체가 적절하고 바람직한 것으로 제공하고 있는 역할이나 동일성에 대한 경멸이나 증오감, 혐오가 일어나거나 부정적인 것에 대한 과대평가가 일어난다. 이 부정적 동일성의 형태는 자신의 점진적인 노력으로는 달성 불가능한 긍정적 역할로부터 현실감을 획득하려고 노력하기보다는 보다 손쉽고 비약적으로 동일성 성립을 일으킬 수 있는 역할이나 동일성의 전체적 동일화에 의해 일어난다. 어떤 청년은 안정보다 불안정이 좋다고 하거나, 어떤 젊은 여성은 적어도 나는 빈민가에서는 천재인 사람이라고 말하고 있다. 이러한 부정적 동일성을 선택하는 청년은 동성연애자, 마약 상습자, 사회에 대해 반항하는 사람 따위의 도당이나 갱 집단 속에서 발견된다(김제한, 1998).

6) 6단계 : 친밀성 대 고립(Intimacy vs Isolation)(20~40세; 성인기 초기)

제6단계는 성인기가 시작되는 단계로서 이 시기에는 타인과의 관계에서 친밀감을 형성하는 일이 중요한 발달과업이다. 에릭슨은 친밀감을 자신의 정체감과 다른 사람의 정체감을 융합시키는 능력이라고 표현한다. 에릭슨에 의하면 성인기에는 친밀감이 필요하며 이를 원한다고 한다. 성인들은 다른 사람에 대해 개인적으로 깊이 관여하기를 바란다. 친밀한 관계란 타인을 이해하고 깊이 공감을 나누는 수용력에서 발달한다.

만약 이 같은 친밀감을 형성할 수 없거나 친밀감을 형성하는 것이 두렵다면 그들은 고립되고 자기몰두에 빠진다. 희생과 양보가 요구되는 친밀한 관계를 이룰 수 있는 능력은 청년기에 획득하는 정체감에 의해 좌우된다. 즉 정체감을 확립한 후에야 다른 사람과 진정한 친밀감을 형성할 수 있다. 친밀감은 자신의 정체감과 다른 사람의 정체감을 융합시킬 수 있는 능력이나 다른 사람을 사랑할 수 있는 능력에서 나온다. 친밀한 관계는 상호신뢰와 애정을 바탕으로 해서 '우리'라는 상호의존성을 발달시킨다. 정체감을 확립하지 못한 사람은 대인관계에서 위축되는 경향이 있는데 이것이 고립감을 낳는다.

자신을 남에게 주는 것은 진정한 친밀감의 표현이다. 남에게 줄 자아를 갖고 있지 않다면 친밀감의 표현은 불가능한 것이다. 부부 중 한쪽 또는 양쪽 모두가 자신의 정체감을 확립하기 전에 결혼생활을 시작한다면 행복한 결혼이 지속될 가능성이 적다.

■ 심리·사회적 형태

이 단계의 심리·사회적 형태는 다른 사람 속에서 자신을 발견하는 것과 자신을 잃는 것이다. 만약 청년이 친밀한 관계를 타인과 만들어 낼 수 없는 경우에는 성인기 전기가 되어 자기 자신을 고립시키고 규격화된 형식적인 인간관계만을 나타난다. 젊은 사람들은 결혼을 통해 서로를 발견함으로써 자기 자신을 발견하려고 한다. 그러나 배우자로서 또는 부모로서 이렇게 해야만 한다는 의무감을 통해 자기 자신을 발견하는 것은 어렵다. 그렇다고 배우자를 바꿔도 그 해결에는 이르지 못한다. 오히려 참다운 배우자가 되도록 노력하는 과정에서 더 나은 자신을 발전시켜 나가게 된다.

■ 성에 대하여

이 시기에서 에릭슨은 정상적인 인간으로서 어떤 좋은 일을 하지 않으면 안 되는 것은 무엇인가라고 질문을 하고, 사랑하는 것과 활동하는 것이라고 답을 하였다. 이 경우의 사랑이라고 하는 것은 관대함과 성적 사랑을 의미한다. 이 말은 인간은 성적인 존재이며 사랑하는 존재이기 때문에 권리나 능력을 잃지 않는 정도로 사랑하는 것을 의미한다.

정신분석의 접근에서는 성적 표현을 건강한 성격의 주요한 징후의 하나로 강조하여 왔다. 성이란 이성에 대한 사랑의 관계 속에서 오르가즘을 발달시키는 잠재능력이다. 여기서 말하는 오르가즘이란 배출구라는 의미가 아니라 충분한 성의 감수성이나 긴장외 완전한 이완을 수반하는 이성애적인 상호성을 의미한다.

7) 7단계 : 생산성 대 침체성(Generativity vs Stagnation)(40~65세; 성인기 중기)

에릭슨에 의하면 중년기에 생산성 대 침체성이라는 일곱 번째 위기를 경험한다고 한다. 생산성이란 성숙된 성인이 다음 세대를 구축하고 이끄는데 관심을 기울이는 것이다. 자신들의 인생이 저물어가고 있는 것을 바라보고 다음 세대를 통해 자신의 불멸을 성취하고자 한다. 그리고 이 욕구가 충족되지 않으면 침체성에 빠지게 된다고 에릭슨은 말한다. 침체성은 다음 세대를 위해서 자신이 할 일이 아무것도 없다는 것을 깨닫는 것이다. 인생을 지루하고 따분하다고 생각하는 사람, 불평불만을 일삼는 사람, 매사에 비판적인 사람들이 침체성의 전형이다.

생산성은 몇 가지 다른 방법으로 표출한다(kotre, 1984). 생물학적 생산성은 자녀를 낳아 기르는 것이고, 직업적 생산성은 문화의 어떤 측면을 창조하고 혁신하고 그리고 보존하는 것이다. 이 경우에 생산성의 대상(목표)은 문화 그 자체이다.

생산성을 통해서 중년기 성인들은 다음 세대를 인도한다. 즉 자녀를 낳아 기르고, 젊은 세대를 가르치고, 지도하고, 지역사회에 도움이 되는 일들을 함으로써 인생의 중요한 측면을 통하여 다음 세대를 인도한다. 생산적인 중년들은 다음 세대와의 연결을 통해 사회의 존속과 유지를 위해 헌신한다.

8) 8단계 : 자아통합 대 절망(Integrity vs Despair)(노년기)

마지막 단계는 8단계인 노년기이다. 이 단계의 발달과업은 자아통합감과 절망감의 위기를 극복하는 것이다. 노인들은 자신의 죽음에 직면해 자신이 살아온 삶을 되돌아본다. 이 때 자신의 삶을 의미 있고 만족스러운 것으로 인식하고, 지금까지 살아온 인생을 별다른 후회 없이 그대로 받아들이며, 인생의 피할 수 없는 종말인 죽음을 받아들이게 되면 통합감이라는 정점에 이르게 된다. 반면, 자신의 삶이 무의미한 것이었다고 후회하면 이제는 시간이 다 흘러가 버려서 다른 삶을 다시 살아볼 기회가 없다는 느낌에 직면하여 절망감에 빠진다.

이 위기를 성공적으로 해결하기 위해서는 통합감이 절망감보다 바람직하지만 어떤 절망감은 불가피한 것이기도 한다. 에릭슨에 의하면 자기 자신의 인생에서 불행이나 잃어버린 기회, 인간존재의 나약함과 무상함에 대한 비탄감은 피할 수 없는 것이라고 한다.

■ 에릭슨의 발달 단계

단 계	심리성적 발달단계	심리 사회적 위기		주된 관계 대상 범위
		성 공	실 패	
1. 출생 ~1세	구강기	신뢰감: 애정욕구 충족으로 형성	불신감: 학대, 애정의 박탈, 빠는 이유로 형성	어머니
2. 1~3세	항문기	자율성: 부모로부터 독립한 자신, 자율적개체로서의 인식에서 형성	수치감, 의심: 방해나 제지되는 상태에서 형성	어머니, 아버지
3. 3~6세	남근기	주도성: 현실도전의 경험, 상상, 양친 행동의 모방을 통하여 형성	죄의식: 너무 엄격한 훈육, 윤리적 태도의 강요에서 형성	가족
4. 6~12세	잠복기	근면성: 공상과 놀이에서 벗어나 현실적 과업을 수행하고 무엇이든 해보려는 데서 형성	열등감: 지나친 경쟁, 개인적 결함, 실패의 경험에서 형성	이웃, 학교
5. 12~20세	초기생식기 (청소년기)	정체성: 어른과의 동일시감, 자기 자치감, 자기 역할의 인식에서 형성	역할 훈련: 자신의 역할, 사회적 규준제시의 불분명에서 형성	교우집단 지도자의 모범
6. 20~40세	생식기	친밀감: 동성, 이성간에 인간관계의 친밀감, 연대의식, 공동의식 등의 따뜻한 인간관계에서 형성	고립감: 과도한 또는 형식적인 인간관계에서 형성	우정적 동료
7. 40~65세	생식기	생산성: 부모의 성역할 인식에서 자기나 자신을 위한 창조성, 생산성 형성	침체성: 방해 당하면 자기중심적인 성격이 형성	직장, 가정
8. 노년기	생식기	통합성: 사회문화의 지배적 이상을 받아들이고 생의 의미에 대한 긍정감을 형성	절망감: 무진통, 무가치 등의 현상은 성취의욕을 좌절시키고 인생의 의미를 상실케 함	인류, 동포

4절 독서흥미 발달단계와 독서지도

아동이 어떤 책에 흥미를 가지는가를 아는 것은 독서 교육에서 가장 먼저 이루어져야 할 중요한 문제이다. Purves와 Beach(1972)는 독서 흥미를 흥미, 흥미를 결정하는 개인적 요인, 흥미를 결정하는 환경적 요인으로 나누어 살폈다. 먼저 흥미는 책 내용에서의 흥미, 책 형식에 대한 흥미, 독서량과 책의 이해 정도에 대한 흥미, 책의 질적 흥미를 들었고, 흥미를 결정하는 개인적 요인으로는 나이, 성별, 지능, 읽기 능력, 태도, 심리적 요구 등을 포함한다. 흥미를 결정하는 환경적인 요인으로는 책을 이용할 수 있는 정도, 사회경제적, 인종적 요인, 또래·부모·교사의 영향, TV·영화가 영향을 줄 수 있다고 보았다.

그는 독서 흥미를 일으키는 요인을 내면적 요인과 외면적 요인으로 나누어 살폈다. 내면적 요인으로는 독서 자료에 대한 직접적인 충족, 욕구에 대한 간접적 충족, 욕구 불만에 대한 보상, 현실도피, 모방심리를 들었다. 외면적인 요인으로는 책의 삽화, 양, 부피 등 도서체재, 독서 자료를 쉽게 구할 수 있는 입수 조건, 주변 사람의 영향, 미디어의 영향, 대중 매체를 통한 선전과 광고 등을 꼽았다.

1) 아기 이야기기(0~4세)

자기를 중심으로 주위 사람과 사물의 명칭, 성질, 관계 등을 이야기로써 재확인하며 배우는 단계로 주어진 환경을 그대로 모방하는 시기이다. 바깥 세상에 대한 강한 호기심으로 언어 능력이 급속히 성장하기도 한다. 이 시기는 긍정적인 가치관을 형성하는 때이기도 하다. 이야기를 반복해서 듣기 좋아하며 리듬감이 있는 전래동요나 의성어와 의태어가 들어 있는 이야기가 적합하다. 책과 가까이 할 수 있는 습관을 길러 주는 것이 좋다.

2) 옛날 이야기기(4~6세)

모든 행동과 표현을 자기중심적으로 이끌어 가는 시기이다. 자기 주변 생활을 소재로 상상하여 재구성한 이야기에 흥미를 가진다. 시작과 끝이 명확하게 전개되는 이야기가 적합하다.

자신을 주인공과 동일시하는 경향이 강하므로, 모방적인 이야기나 단순한 전래동화를 읽어 준다. 상상의 세계를 즐기는 성향이 강하므로 환상적 이야기를 들려준다. 그림책을 함께 읽고, 이야기를 그림으로 나타내어 본다. 여러 책을 골고루 읽어 준다.

3) 우화기(6~8세)

새로운 생활 모습에 관심을 가지는 단계이다. 글을 읽기 시작하지만 그림의 보조가 필요하다.

4) 동화기(8~10세)

자기중심적 심성에서 탈피하여 현실의 재구성을 즐기는 단계이다. 타인의 경험을 통해 새로운 현실을 배우려는 단계이기도 하다. 좋지 않은 것을 판단하고 그 판단에 따라 자기 경험을 축적해 가는 시기이다. Purves와 Beach(1972)는 이 시기 아동은 동물, 자연, 아동이 주인공으로 나오는 내용을 좋아한다고 밝혔다.

환상 동화, 구성이 복잡하지 않은 동화를 읽히는 것이 좋다. 책 내용을 다른 사람에게 전달하며, 혼자 읽는 것을 즐긴다. 스스로 등장인물의 행동을 평가한다.

5) 소설기, 역사 이야기기(10~12세)

논리적 사고력이 발달하여 새로운 행동 영역을 적극적으로 개발해 가는 단계이다. 어른에게 의존하기보다는 친구에게 의존하는 경향이 강하고, 우정이나 사회적 책임을 중시하는 시기이다. 모험과 탐험을 즐기고 시야를 넓혀 인간관계에 대한 의미를 추구하는 시기이다. Purves와 Beach(1972)는 3·4학년 아동은 모험, 일상적이고 아동에게 익숙한 경험, 자연, 동물 이야기 순서로 흥미를 가지며, 환상적 이야기에 대한 흥미는 점점 감소한다고 밝혔다.

현실성 있는 이야기를 즐긴다. 영웅담이나 모험의 세계를 동경한다. 스스로 책을 선정하려 하고 여러 책을 많이 읽으려 한다.

6) 전기기(12~15세)

생활 속에서 현실에 당면하는 여러 가지 저항에 대하여 반발하며, 그것을 타개하는 방법을 모색하는 단계이다. Purves와 Beach(1972)는 이 시기 아동은 독서 흥미가 고정된다고 주장하였다. 특히 모험을 다룬 이야기, 아동의 영웅 숭배심을 만족시켜 주는 주인공이 등장하는 이야기를 더 좋아한다고 하였다. 예를 들면, 남자 아이들은 전쟁, 추리, 위기감 넘치는 이야기에 대한 관심이 증가하며, 여자 아이들은 동물이야기, 요정이 나오는 이야기에 대한 흥미가 감소하고 사랑을 다룬 낭만적인 이야기에 흥미를 갖게 되어 남녀의 독서에 대한 차이는 더욱 뚜렷해진다고 하였다. 이 시기 아동은 사춘기적인 생리 변화로 수치심과 혐오감을 가지고 내적인 심리를 추구하는 경향이 강하다. 자아 폐쇄적인 태도에서 벗어나 사실과 진실을 구별하고 이성에 대한 올바른 이해를 갖도록 유도한다.

지적호기심을 충족시킬 수 있는 책, 공상 과학 소설이나 사회 예술 분야의 책도 권장할 만하다. 우정과 사랑, 자연을 노래한 시나 인간의 역사를 그린 역사 소설도 흥미를 불러일으킨다. 논리적 전개가 기쁨을 제공할 수 있는 탐정, 추리 소설이 좋다. 아동은 주제 면에서 책 내용의 사실성 여부보다 사랑하고 사랑받고 싶은 욕구가 강하게 나타난 책을 선호한다.

◎ 아동과 어른의 독서 흥미 주제 만족도

성 별	독서 흥미 주제 만족 욕구 순서
어 른	사실성에 대한 욕구—사랑에 대한 욕구—위안과 행복감에 대한 욕구
아 동	사랑하고 사랑받고 싶은 욕구—위안과 안심의 욕구—행복하고자하는 욕구

5절 독서능력 발달단계와 독서지도

　독서능력(reading ability)이란 '쓰여지거나 인쇄된 기호에 대한 신속 정확한 해석능력'을 말하는 것으로 독서력과 연관 지어 생각할 수 있다. 독서능력은 글의 인지(독자력, 어휘력), 글의 이해(문법력, 문장이해력), 읽기 반응, 독서전후의 사고융합(비판력 감상력)이 작용[4]하게 된다. 독서력 단계에서는 초기 독서능력 단계, 중간 수준 독서능력 단계, 성숙한 독서능력 단계로 구분할 수 있다. 손정표는 독서능력의 수준 결정 요인으로 ① 일반적 인지적 능력 ② 정서적 공감 능력 ③ 경험의 폭과 양 ④ 텍스트 비판 능력 ⑤ 텍스트의 창조적 해석 능력을 꼽았다.

1) 유아기(7세 이전) : 놀이 · 준비 단계

　이 시기 아동의 독서 능력은 매우 불투명하며 유동적이다. 아이들 스스로 읽을 수 있을 때까지 안정적이지 못하다. 아이들은 이야기 내용보다 그림이나 삽화에 더 관심이 많으며, 반복하는 것을 좋아한다. 아동은 이미 누군가에게 듣거나 알고 있는 친숙한 이야기를 반복해서 듣고 싶어 한다. 아이들이 꾸민 이야기, 동물이 나오는 것, 동요 및 짧고 간단한 옛날이야기, 의인화 된 이야기를 좋아한다. 이 시기는 독서에 대한 개념보다 독서 준비단계에 영향을 주는 문화적, 환경적, 신체적 독서능력 기반을 마련해 주는 것이 좋다. 사회성과 도덕성 발달을 돕는 책을 제공한다. 창의적인 해석을 하게 하는 책, 화가 나도 참을 줄 아는 내용, 인내심을 보이고 행동에 책임을 다하는

---

4) 손정표, 『신독서지도방법론』, 태일사, 2000, 14쪽.

이야기를 들려준다. 매일 지속적으로 책 읽는 시간을 마련하여 책 읽는 습관을 가지게 한다. 말로 서로 이야기를 주고받으며 언어에 대한 이해를 돕는다. 수 개념과 색, 모양, 크기, 용도에 따라 사물의 기능을 분류할 줄 아는 능력을 키운다. 큰 것, 작은 것, 이야기가 일어난 순서 등을 알게 한다. 간단한 이야기를 듣고 말하기, 맞는 그림 찾기 등도 시도할 수 있다.

■ **독서능력 발달**
독서가 주는 즐거움이 어떤 것인지 알고 있다.
주변의 문자에 주목하기 시작한다.
책을 바로 세워드는 것과 같은 독서행동을 보인다.

2) 저학년(1~2학년)

공교육인 학교생활이 시작되는 때이다. 정상적으로는 1학년 과정에서 글을 배워야 하나 이미 가정이나 유치원에서 선행 학습을 통해 글을 깨쳤기 때문에 대부분의 아이들은 글을 자유롭게 읽을 수 있는 능력을 갖추고 있다. 다소 복잡한 이야기도 이해하며, 선악을 구분한다. 책 내용은 학교 공부와 관련되는 언어, 산수, 자연, 사회 등의 여러 분야 책을 골고루 접하도록 해주는 것이 좋으며, 정상적인 학교생활을 위해 올바른 생활습관과 가치관을 형성하는 데 도움을 주는 책이 좋다.

1학년 아이들은 책 읽어주는 것을 자연스럽게 잘 받아들인다. 이미 유치원에서 선생님이 읽어주었기 때문에 그들에게 책을 읽어주는 것은 결코 새로운 경험은 아니다. 똑같은 경험이 쌓이면서 아동들은 눈에 보이지 않는 세계를 상상한다. 독서의 이미지는 마음 속에 그리는 이미지 속에서 나온다. 유아시절에 그림책 독서를 충분히 했다면 상상력이 풍부해서 이미지 그리기에 익숙하다. 1학년이 되어 그림보다는 글씨 위주의 그림을 곁들인 동화책이나 교과서를 보면서 스스로 이미지를 그리지 못하는 아동들은 독서를 어려워한다. 그렇지만 들으면서 읽기에 익숙한 아동들은 좀 더 길고 복잡한 다른 나라의 환상동화, 마음을 울리는 생활동화 등도 가능하다. 문학성이 있는 수준 있는 그림이나 글자를 이미 알게 되었다면 스스로 읽고 싶은 욕구 또한 높아지고 강해져서 독서를 아주 좋아하는 아동들도 생겨난다.

심리 발달 단계로 볼 때 학교생활에 익숙해지면서 자기중심적인 사고에서 벗어나 타인과의 관계에서 객관적인 현실을 이해하는 단계에 들어간다. 현실 이야기에 관심을 갖게 되면서 그림책을 유치하게 생각하기도 한다. 책도 능숙하게 읽을 수 있으므로 다양한 단어를 익혀가면서 어휘력을 신장시키고, 문장 속에서 그 의미를 파악한다.

2학년이 되면 그 단계는 더욱 발전하여 혼자 책읽기를 지속적으로 시도하고 스스로 좋은 책을 찾아보고 싶어 한다. 그렇지만 모든 아동들이 다 그렇다고 볼 수는 없다. 아동들의 개인차는 아주 커서 아직 글을 읽지 못하는 아동에서 스스로 책 읽기를 즐기는 아동까지 아주 다양하다. 이렇게 시작이 다른데 독서 능력을 글자를 알고 모르느냐에 한계를 둔다면 독서로부터 아예 멀어지는 아동이 생겨나기 마련이다. 이런 아동은 좋은 책을 골라 자주 읽어 주어 독서의 즐거움을 알게 해야 한다. 좋은 책과 만나는 경험을 꾸준히 갖도록 해야 한다. 그러다 보면 아이도 책과 친해지면서 글자도 자연스럽게 받아들인다. 아동들이 글자를 안다고 해서 문장에 담긴 뜻을 모두 이해하는 것은 아니다. 아직은 듣고 즐기면서 상상의 세계에 젖어 감성을 자극하고 상상력을 한층 풍부하게 펼쳐나가도록 도와주어야 한다. 이때의 아동은 눈에 보이지 않는 것들을 상상하는 힘이 강하다.

이 시기 아동의 두드러진 특징은 대부분 환상적 세계를 좋아한다. 5, 6세부터 발달하기 시작한 인간의 상상력은 7세가 되면 최고조에 달한다. 초등학교 1학년 무렵의 아동들은 이 세상 모든 일을 자기만의 상상의 세계로 끌어들이는 맑고 순수한 감성을 가지고 있다. 실제로 일어나는 일보다 침대 밑에 괴물이 있다든지, 학교 가는 길에 악어를 만난다든지 하는 환상적인 세계가 나오는 책이라면 아동은 푹 빠져서 좋아한다. 아름다운 글과 그림이 조화된 책이라면 아동은 더욱 상상력을 키워가며 읽는다.

초등학생에게 글만 있는 책을 읽게 하면 아동은 글자 해독하는 데만 정성을 기울이기 때문에 상상력이 결여되기 쉽다. 상상력을 키우도록 하기 위해서는 다양한 그림책도 많이 보도록 해야 한다. 요즘에는 저학년이 읽기에 알맞은 옛이야기, 지적 호기심을 채워주는 과학 책, 또래의 경험을 배우는 생활동화까지도 그림책으로 많이 나오고 있다. 그림책은 유아기에만 본다는 생각을 버려야 한다. 그림이 풍부한 책은 모든 아동이 책을 쉽게 접하고 부담 없이 읽도록 도와준다.

■ 독서능력 발달
초기 독서력 단계

부호가 말소리를 나타낸다는 것을 안다.

단어를 소리 내어 말한다.

많이 사용하는 단어를 보면 바로 안다.

간단하고 친숙한 구절을 유의미한 단위로 인식한다.

새로운 단어를 해독하는 능력을 획득한다.

입술이나 혀를 움직이지 않고 글을 통해 바로 의미가 들어온다.

3) 중학년(3~4학년) : 초기 중간 수준 단계

이 시기는 청각 중심의 기억에서 시각 중심의 기억이 우세해져 가는 때이다. 책을 읽는 방법도 그림 중심에서 글자 중심으로 넘어간다. 비교적 읽기에 편한 내용이나 수준에 알맞은 책을 많이 읽어 글 중심의 독서습관을 형성한다. 중학년 아이들은 지식에 관한 책과 긴 이야기를 좋아한다.

읽기가 본격적으로 시작되므로 이 때 기초를 튼튼히 해주지 않으면 계속 독서력이 뒤떨어진다. 다른 아이에 비해 독서력이 뒤쳐지면 나중에는 따라잡기가 힘들다.

초등 4학년이 되면 책을 많이 읽어 글 중심의 독서습관이 붙는다. 어휘력을 신장시켜가면서 문맥을 통해 단어의 의미를 파악하고, 그 내용을 깊이 있게 이해하는 능력을 길러야 한다. 다양한 분야의 책을 접하여 배경지식을 넓히고 읽는 기술을 향상시켜야 한다. 이 시기에는 개인별 독서능력 차이가 가장 크게 벌어진다. 따라서 책을 본격적으로 읽기 시작해야 하며, 생각의 정리·정돈과 그 연결 능력 등이 극도로 발달하는 때다. 이 시기에 학생들의 읽기는 흥미로 읽는 독서, 공부를 위한 독서, 정보를 알아내기 위한 독서 등으로 나누어진다.

자기중심적 심성에서 벗어나는 시기로 더 넓은 세상에 대한 호기심이 생긴다. 나와 가족 중심의 세계에서 벗어나 역사에 대한 이해가 시작되는 시기이기도 하다. 또한 주인공의 행동을 비판하거나 공감하는 등 자주적 판단으로 사회생활을 시작하는 시기이다. 옳고 바른 것을 판단하고 그 판단에 따라 자기 태도를 결정한다.

이전의 독서습관과 읽은 책의 종류에 따라 개인적인 취향도 생긴다. 책을 아주 좋아하는 아이도 생겨나고 책과 이미 멀어진 아동도 생긴다. 책을 좋아하는 아이가 될 것인지 아닌지는 초등학교 3, 4학년에 결정된다고 해도 과언이 아니다. 이 시기 아동들은 대체적으로 스트레스가 없고 행복한 생활 속에 있다. 문자를 깨우쳐 책을 마음대로 읽을 수 있고, 공부에 대한 부담감도 없고, 나름대로 친구가 생겨 우정도 원활하다. 실제로 이 시기 아동들은 책을 많이 읽는다. 어떤 아동은 하루에 한 권을 읽기도 한다. 이 때 나타나는 문제점은 엄청난 독서량에 비해 책이 부족하여 읽을 책이 없는 아동들은 허드레 책을 읽기 시작한다. 만화에 빠지거나, 오락물에 빠지는 경우도 많다. 부모와 교사가 할 일은 좋은 책을 많이 준비해 주는 것이다. 자기 전용 책꽂이에 읽을 책이 많으면 아동은 성취감을 맛보기 위해 하나하나씩 읽어 간다.

환상문학에 즐거움을 느끼던 아동은 아홉 살이 되면 환상만으로는 만족하지 못한다. 아동은 환상적 이야기보다 정말로 있었던 현실에 가치를 둔다. 그러나 환상성을 몰아내고 현실을 받아들일 준비가 완전히 이루어진 상태는 아니다. 이런 아동에게 기쁨을 주는 읽을거리는 환상과 현실이 결합된 이야기이다. 그것이 신화와 전설이다. 신화를 읽는다는 것은 세계의 신비를 맛보는 일이다. 신화와 전설은 3학년 아동에게 경이감을 준다. 이제까지 양탄자, 마법, 공주, 왕자의 이야기에 젖어 있던 아동은 천지 창조, 나라의 시조, 마을의 전설 등 사람들의 이야기를 알게 됨으로써 그들의 상상력의 폭을 확대시켜 나간다.

환상의 시기를 떠나 합리적 사고기에 들어선 3, 4학년 아동은 허무맹랑한 이야기보다 현실성이 있는 이야기를 좋아한다. 이런 아동에게 기쁨을 주는 문학이 역사 속에 실재했던 인물들의 이야기이다. 아동은 역사와 전기적 인물의 입장에 자기를 동일시하기를 좋아한다. 인간이 가지고 있는 기쁨과 슬픔, 충성과 배신, 강함과 약함, 비겁과 용기에 대해서 스스로 생각해 보기도 한다. 영웅전을 읽으면 아동은 웅대한 마음을 키우고 상상력이 확대된다. 영웅의 훌륭한 행동과 어려운 여건 속에도 좌절하지 않는 용기는 존경의 대상이다. 이와 같이 자신의 일상생활을 초월한 이야기를 읽으면 아동은 정신적으로 격조 높은 즐거움을 얻는다.

초등학교 3, 4학년 아동에게 중요한 관심거리 중 하나는 친구이다. 가정이나 동네에 한정되어 있던 그들의 삶이 학교라는 공동체로 이동된 후 1~2년이 지났으며 그동안 다양한 친구들을 만났기 때문이다. 이런 아동에게 필요한 읽을거리는 우정을 이야기한 책들이다. 우정을 이야기한 책은 아동에게 친구에 대한 갖가지 정보를 주고 친구 사귀는데 도움을 준다.

이 시기 또 다른 특징으로는 이상한 것, 신기한 것을 찾아 모험을 떠나고 싶어 하는 것이다. 모험을 동경한 나머지 집 안의 은밀한 장소를 찾아 벽장이나 창고 속에 저만의 은밀한 장소를 정해 두기도 한다. 이 시기 아동의 이러한 특징은 어른에게 예속된 생활을 떠나 독립하고 싶어 하는 마음의 표현이다. 이러한 욕망을 만족시켜 주는 이야기가 바로 모험 이야기이다. 그림이 많고 글씨가 큰 책보다는 거의 글로만 된 책에 익숙해지고 문장이 길고 줄거리가 복잡한 책들도 즐겨 읽는다. 그림동화, 단편동화, 장편동화를 함께 볼 수 있도록 하고 다양한 독서경험을 쌓도록 한다.

다양한 주제의 책을 읽도록 도와주는 것도 필요하다. 가족을 비롯한 생활주변의 이야기, 사회 모습을 다룬 이야기, 자연과 생명을 사랑하는 이야기들은 세상을 바르게 바라보는 시각을 키우는데 도움을 준다. 특히 아동이 흥미 있어 하는 여러 분야의 인물 이야기를 읽게 한다. 그러면 넓어진 욕구도 충족시켜주고, 세상에 대한 다양한 관심 속에서 자기만의 생각을 키워나갈 수 있다.

아동의 관심이 다양해지면서 대부분의 아동은 만화를 좋아하는 시기를 거친다. 만화를 무조건 거부하기보다 만화의 내용을 따져서 좋은 만화를 읽도록 하고, 폭력이나 비도덕적인 내용을 다룬 것은 비판하면서 읽도록 지도한다. 만화 읽기를 그대로 방치하면 자칫 독서의 수준이 만화독서에서 벗어나지 못하고 그 자리에 머문다. 만화의 내용과 관련 있는 책을 함께 읽도록 해서 만화에만 빠지지 않도록 한다.

■ 독서능력 발달

단어 인식이 거의 자동적으로 이루어진다.

읽어야할 것들이 더 복잡해진다.

장은 길어지고 문장구조는 더욱 복잡해진다.

활용할 수 있는 어휘력이 증가되고 개념과 아이디어가 넓어져 간다.

복잡한 형식으로 생각을 표시할 수 있다.

여러 목적과 필요를 충족시키기 위해 다양한 읽을 거리를 찾는다.

즐기기 위한 독서와 공부하기 위한 독서를 구별한다.

줄거리 위주의 관심에서 벗어나 유머나 성격 설정, 묘사의 정확성과 생생함, 예술적인 표현의 아름다움 등으로 관심이 이동한다.

4) 고학년(5~6학년) : 전이기 단계

읽기 능력이 성숙 단계에 도달해야 할 때이다. 신체적으로도 급성장하며, 행동에도 적극적인 성향을 보인다. 다양한 분야에 대한 지적 호기심과 함께 이해에 대한 욕구가 강하게 나타난다. 책을 읽을 때에는 내용을 깊이 있게 이해하면서 같은 주제에 대한 여러 사람의 견해를 비교하여 비판할 수 있다. 이 시기에는 생각이 깊어지고, 감정도 성숙해진다. 소년, 소녀를 주인공으로 어려움을 헤쳐 가며 문제를 해결해가는 모험담이나 생활 속의 문제를 어린이 시각에서 다룬 내용의 책과 논리 책들이 적합하다.

초등 6학년 때는 읽기 기틀이 완전히 잡히는 시기이다. 1분에 180개 단어를 읽을 수 있는 독서 속도를 갖고 있어야 한다. 이 단계는 중학교에 들어가기 위한 준비 시기다. 중학교는 초등학교와 달리 교재의 수준이나 수업방식 등이 급격하게 변하고, 질적으로나 양적으로 갑자기 많은 학습량을 요구하기 때문에 이에 대한 준비가 필요하다.

지적 수준이 높은 학생들의 욕구를 충족시키면서 중학교 과정에 대비한 독서 능력을 향상시키는 것이 좋다. 다양한 지식과 정보를 바탕으로 사고를 심화시키고 확장시켜 가면서 현실에 대한 관심과 우리 역사와 사회, 문화에까지 사고력을 확대해야 한다. 이를 위해 배경지식을 바탕으로 한 깊이 있는 이해와 논리적 사고가 필요하다.

5, 6학년이 되면 지적 호기심이 한층 증대된다. 자기를 둘러싼 세계에 대해 끊임 없이 질문을 던지며 알고 싶어 한다. 또 합리성이 발달하여 비현실적인 논리에 비판을 가하기도 한다. 독립적인 인격체로서 자격을 갖추기 시작하며 자신의 주장이 강해지고 가치관의 변화를 경험하기도 한다. 방송, 신문 등 매스미디어에 대한 관심도 높아지고 현실적인 사회 문제에도 흥미를 가신나. 너 큰 집단성을 지니기도 히어 하나의 사회인으로서 위치를 잡아가는 시기이다.

호기심의 분야도 각각 다르다. 과학에 관심이 있는 아동, 사회에 관심이 있는 아동, 예술에 관심이 있는 아동. 이렇게 각각의 관심 분야가 생긴다. 개별적 관심에 따른 독서지도가 필요한 시기다.

고학년이 되면 아동은 바쁜 일정으로 하루를 보낸다. 특히 요즘같이 학교 수업 외에 배우는 것이 많은 아동은 교과서나 학원 교재 외에 다른 책을 들춰 볼 시간이 별로 없다. 그러나 엄청난 독서량을 가진 아동을 보면 독서할 시간이 없다는 것을 다시 생각하게 한다. 책을 좋아하는 아동은 일찍부터 책을 많이 읽어서 책 읽는 속도가 빠르다. 속독에 익숙한 아동의 경우 학교에서 쉬는 시간에 책 한 권을 모두 읽어버리는 일도 있다. 물론 정독을 한 경우보다는 독해력이 뒤떨어질 수도 있겠지만 책을 안 읽는 것에 비한다면 나은 경우다. 이 시기 아동의 독서량은 저학년에서 습관을 키운 아동과 그렇지 않은 아동과의 차이가 엄청나게 벌어진다. 독서를 안 하는 아이를 둔 학부모들은 책을 많이 읽는 아이가 공부를 잘 하는 아이보다 더 부럽다고 종종 이야기한다. 물론 독서를 많이 하는 아이의 교과 성적이 높은 것이 사실이다. 독서량과 성적이 비례한다는 말이 있을 정도로 독서량이 많은 아동의 이해력과 사고력은 그렇지 않은 아이보다 높다. 이 때문에 저학년의 독서지도는 매우 중요하다.

■ 독서능력

자립 성숙 단계이다.

독자 이전 경험과 연결한다.

저자가 제시한 사실과 주장을 다른 사람의 것과 비교한다.

논리적인 추론에서 오류가 있는지 주의한다.

사실과 의견을 구별한다.

객관적인 추론과 소망을 구별한다.

5) 중학생 : 자립 단계

이 시기의 아동은 자아에 대한 긍정과 외부의 압력에 대한 부정을 나타내려 한다. 하지만 성인층이 그것을 허용하지 않으므로 비판적, 반항적인 태도를 가지는 시기이다. 특히 이 시기에는 그러한 반항을 합리화하여 자아를 인식하게 하는 사례를 찾게 된다. 그 뿐 아니라 자신의 울적한 마음을 달랠 수 있는 자극을 찾기 때문에 방치해 두면 말초적, 관능적인 자극에 만족하는 경향이 크다. 따라서 독서에 있어서도 스릴이나 액션이 많은 작품보다는 내면생활의 저항을 그린 것에 흥미를 갖는다.

이 시기는 자아의 발견에 의한 정신적 독립기이다. 이 시기 학생들의 성격적 특징은 누구의 지시나 간섭을 싫어한다. 그래서 사사건건 부모의 말에 토를 달고, 교사의 말에도 거역하는 태도를 보인다. 이러한 저항적 태도는 독서에서도 나타난다. 초등학교 때까지는 부모나 교사가 권하는 책을 잘 읽던 학생들이 중학생이 되면 권해 주는 책은 오히려 읽지 않는 경향이 있다. 이런 경우에는 좋은 책을 사다가 부모가 읽어보고 거실 탁자나 식탁 위에 놓아두면 자연스러운 호기심으로 읽는다. 또한 친한 친구끼리 독서 동아리를 만들어 활동하도록 가정이나 학교에서 배려해 주면 좋다.

제2차 성적 특징이 나타나는 시기이므로 말초적인 자극을 주는 책과 관능적 장면이 나오는 책을 몰래 숨겨 놓고 읽는 경우가 많다. 이런 학생을 치료하는 책은 아름답고 슬픈 연애 소설이다. 저속한 연애 장면이 아닌 정신적인 연애를 다룬 소설을 읽게 하여 사랑의 본질을 알려 주는 것이 좋다. 예를 들면 저속한 성 문학을 즐기는 학생들에게 '좁은 문'을 읽게 하면 정신적인 사랑의 아름다움을 알게 한다. 이때 무조건 연애소설을 금하고 딱딱한 지식책을 강요하면, 그 학생은 영원히 책과 멀어질 수도 있기 때문에 신중하게 지도하여야 한다.

감정이 가장 섬세하므로 감명을 가장 많이 받는다. 정서적인 즐거움을 통해 행동의 에너지를 주어야 한다. 인간성을 형성하는 삶의 자양 역할을 하는 정서적인 독서를 한국문학을 통해 얻도록 한다. 고등학교 시절에 주로 읽을 세계문학을 탐독하기에 앞서, 한국 문학의 탐독을 통해 순수한 정서, 생활의 여유, 삶의 기쁨을 맛보게 한다. 그것을 바탕으로 세계문학을 탐독하여야만 우리의 정서에 맞는 다른 사람을 이해하고, 아름다운 것을 맛보고, 삶과 나 자신을 되돌아 볼 수 있다.

■ 독서능력 발달
적절한 독서 전략을 자신 있게 효율적으로 통제하고 사용한다.

여러 가지 해석과 관점을 제시하며, 텍스트에 비판적으로 반응한다.

텍스트를 분석하여 기저에 있는 관점을 밝힐 수 있다.

동일한 텍스트라도 각각 다르게 이해할 수 있다는 것을 안다.

6) 청소년기 : 자아정체감 확립과 독립단계

청소년기를 거치면서는 아동기의 의존성에서 점점 탈피한다. 가족의 영향권에서 벗어나 또래들과 더 가까이 접하는 경향은 특히 청년기의 사회적·인성적 발달 특징이다. 청년들은 여러 가지 방법으로 자신의 독립을 과시한다. 독립을 하는 첫 단계는 또래집단을 통해 탐색되는데, 주로 집에서 멀리 떨어져 친구들과 함께 집단 활동에 많이 참가하는 것은 성인의 감시로부터 탈출하려는 이유 때문이다. 때때로 독립에 대한 욕구가 너무 강한데 이를 부모가 너무 지나치게 통제하려고 하는 결과이기도 하다.

청소년기에 술, 담배, 마약 등 약물을 사용하는 것을 그들은 성인의 통제로부터 벗어나고 독립을 과시하는 의미 있는 경험으로 여긴다. 처음엔 호기심으로 시작하기도 하고 또래로부터 인정 받고 관심을 끌고자 하는 마음에서 사용한다. 또래에게 명성을 얻기 위해 혹은, 부모에 대한 적대감이나 분노를 표현하기 위한 수단으로 성행위를 하기도 한다. 연구에 의하면, 부모와의 심한 갈등이 십대 가출의 주원인이라고 한다. 가출하는 가장 큰 갈등은 옷 입는 방식, 머리 길이, 친구의 선택 등과 관련된 개인문제들이다. 최근 가출을 통해 부모에게 그들의 불만과 독립을 나타내려는 십대의 수가 계속 늘어나고 있는 실정이다. 이러한 행동 외에도 조혼, 동거, 심지어는 자살 등도 있다. 자살을 시도하는 청년에게는 자살이 삶이 과연 살만한 것이냐의 질문에 대한 궁극적 대답이라고 볼 수 있다.

이 시기에 독립으로 행하는 행동은 또래집단을 통해서 탐색한다. 또래집단은 이 시기에 행동, 가치, 태도 면에서 가족들보다 훨씬 더 많은 영향을 준다. 음악적 취향, 옷 입는 방식, 은어 사용, 행동 유형 등에서 그 영향을 찾아 볼 수 있다. 십대가 또래의 인정을 받는 문제를 가장 두려워하는 것은 같이 어울리지 못하거나 여러 가지로 남과 다르게 보이는 것이다.

피아제는 청년기를 인지발달 중 형식적 조작기라고 하였다. 이 단계의 사고특성은 자신의 지각과 경험보다는 논리적 원리에 의해 지배되기 때문에 보다 추상적 사고가 가능하며 사고의 융통성이 증가한다. 청년 후기에는 청년 초기의 자아 중심성이 점차 줄어들게 되어 여러 측면에서 문제 해결방안을 모색한다. 사고 융통성이 증가하는 것이 청년기에 발달하는 인지 기술의 특징이다.

에릭슨은 청년기의 가장 주된 사회 심리적 위기는 정체감의 확립이라고 하였다. 청년기동안 십대는 "나는 누구이며 무엇이 될 수 있는가?"라는 질문을 끊임없이 되풀이 한다. 생에 있어 이 시기까지의 경험으로 "나는 이러이러한 면을 갖고 있으며 많은 일을 할 수 있다"라고 대답할 것이다. 정체감 확립의 위기는 아동기의 경험으로부터 미래의 자신에 대한 어떤 연속성을 경험할 필요를 느끼는 것으로 설명하고 있다. 역할 혼동은 정체감의 대안이다.

에릭슨은 십대가 자아개념을 설정하기가 너무 힘들어서 자신의 복합적 자아에 대한 명료한 개념을 만들기를 거부할 때, 자아에 대한 중심개념이 발달하지 못한다고 하였다. 따라서 안정된 정체감을 형성하기 위해서는 신체적, 성적 성숙과 지적 발달, 그리고 정서적 안정성이 우선시 되어야 한다. 동시에 부모나 또래집단의 영향으로부터 어느 정도 자유로울 수 있어야 한다.

청소년기의 특징인 끓어오르는 본능적 충동은 정체감 문제와 관련된다. 스스로의 의지로 자기를 조절할 수 없어 더 이상 자신이 바로 자기라는 일체감을 느낄 수 없을 정도이다. 급격한 신체적 성장은 짧은 시간에 너무나 큰 변화를 가져오기 때문에 자기 자신도 제대로 알아보지 못할 정도이다. 많은 시간을 거울 앞에서 소비하고, 자신의 외모가 마음에 들지 않아 신경을 곤두세우며, 자기와 관련된 모든 것을 불만스러위 한다. 이 시기에는 새로운 사회적 압력과 요구에 부딪치게 된다. 어린이도 아니고 어른도 아닌 어중간한 위치에서, 어른의 흉내를 내느라고 음주라도 할라치면, 어린 녀석이 술을 마신다고 야단법석이다. 옛날처럼 응석을 부리거나 떼를 쓰면 다 큰 녀석이 어린애 같은 짓을 한다고 다그친다. 도대체 나의 위치는 무엇이란 말인가? 이 시기의 청소년들은 이러한 새로운 상황에 어떻게 대응해야 할 지 몰라 당황한다. 그래서 이전 단계까지는 별 의심 없이 받아들였던 자기 존재에 대하여 새로운 의혹과 탐색을 시작한다.

정체감 문제는 개인적인 문제일 뿐 아니라 사회적 문제이기도 하다. 신체적인 성장과 성적 충동 뿐 아니라, 자신의 행위가 다른 사람 눈에 좋지 않게 보이거나, 다른 사람의 기대에 어긋날 지도 모른다는 생각 때문에 고통스러워한다. 또 청소년들은 도대체 자신이 누구인가에 관한 확신을 갖고 있지 못하기 때문에 어떤 집단에 소속하여 그 집단과 동일시하려고 애쓴다. 그리고 매우 당파적이고, 편협하고, 자기들과 다른 사람들에 대하여 냉혹하고 배타적이다. 조직적 비행집단에 가입하여 충성하며, 그곳에서 자아를 확인하려고 애씀으로써 사회적 물의를 일으키기도 한다. 또 이들은 동료 집단에서 동일시 대상을 찾거나 존경하는 위인이나 영웅에게서 자기와 동일시할 대상을 찾으려 애쓰기도 한다. 그리고 자신을 시험해 보기 위해 여러 클럽에 가입해 보기도 하고, 다양한 활동에 참여하기도 한다.

청소년기 아동의 중요한 발달과업은 '나는 누구이며 무엇이냐?'라는 질문에 대한 답을 찾는 일이다. 비교적 긴 초등학교 과정 중 잠잠하던 성적 및 공격적 충동은 사춘기에 이르러 급격한 생리적 변화를 경험하면서 격동의 시기에 접어들어 아동의 자아와 그 방어기제를 압도할 정도로 위협적이다. 또 심리적으로는 새로운 사회적 요구로 새로운 갈등과 혼란을 경험하며 당황한다. '나는 누구인가?' 또 '거대한 사회 질서 속에서 나의 위치는 어디인가?' 등에 관한 답을 찾으며 자아 정체감을 확립하는 것이 이 시기의 주요 발달과제이다. 자아 정체감이란 자기 동일성에 대한 지각이며, 동시에 자기의 위치, 능력, 역할, 책임 등에 대한 분명한 인식이다. 이 시기의 청소년들은 자아정체의 의문에 대한 답을 찾으려고 애쓴다. 그러나 그 해답이 쉽게 얻어지지 않기 때문에 고민하고 방황한다. 이러한 고민과 방황이 길어지면 자기 역할에 대한 혼미에 빠지고 만다.

이 시기는 기본적 신뢰감을 형성하는 시기만큼 중요한 것으로 간주된다. 그 이유는 이 시기에 자아 정체감이 확립되면 이후 단계에서의 심리적 위기를 무난히 넘길 수 있지만, 그렇지 못하면 다음 단계에서도 자아정체에 대한 방황과 자기 역할에 대한 혼미가 계속되어, 결국 자아를 상실하는 결과를 낳기 때문이다. 자기 주체가 확인되지 않은 상태에서 자율성이나 독립심은 이루어질 수 없다. 이러한 역할의 혼미는 이전 단계의 위기를 잘 극복하지 못하여 수치심과 회의, 죄책감과 열등의식에 빠진 아동의 경우 더욱 심각하게 나타난다.

이러한 격동의 시기에 처한 청소년들의 특수한 심리적 갈등에 대하여 공감해 보려고 노력하는 부모의 태도가 무엇보다도 필요하다. 세대 차이야 있겠지만 어렴풋이 흘러간 나 자신의 사춘기를 회고해 본다면 청소년기 자녀의 특별한 갈등과 어려움을 어느 정도 같이 느낄 수 있을 것이다. 이러한 공감을 바탕으로 자녀의 행동을 이해하려고 노력하면서, 청소년들의 정서, 감정, 생각, 행동 등을 수용할 수 있는 아량이 필요하다.

이 시기 청소년들의 발달적 특징은 자아를 찾아 방황하는 것이다. 또래 집단이나 유명 인사 중에서 자신과 동일시할 대상을 찾기도 하고, 어떤 써클이나 집단에 가입하여 그들과 자신을 동일시하기도 한다. 이러한 경향을 고려하여 학교와 사회에서는 건전한 청소년 단체나 프로그램(예컨대, 아람단, 스카웃, 기타 봉사 써클 등)을 마련하여, 많은 청소년들이 가입하여 활동할 수 있도록 배려할 필요가 있다. 한편, 동일시 할 수 있는 위인과 그들의 사상을 탐구할 수 있는 독서 기회를 제공하는 것도 좋다. 청소년 개인의 장점이나 특기를 존중해 주고, 잠재력을 발굴하여 실현할 수 있도록 격려해야 한다. 운동이나 문학에 열중하게 한다든지, 그림을 그리게 한다든지, 컴퓨터 프로그래밍에 열중하게 한다든지, 특기를 살리고 잠재력을 실현할 수 있는 기회를 마련해 주는 것도 필요하다. 무엇보다 중요한 것은 청소년기 이전 단계에서 성공적인 발달과업을 성취하도록 배려하는 것이 청소년기에 겪는 정체감 혼미의 위기를 쉽게 극복할 수 있도록 돕는 최상의 방법임을 잊지 말아야 한다.

발달 단계별 독서 활동

1) 저학년(1~2학년) 독서 활동

아동은 자기가 좋아하는 분야, 독서력, 경험 등이 모두 다르다. 어떤 아이는 그림 있는 책은 시시하다고 하고, 과학에 관해서는 통 관심도 없는 아이도 있다. 자기 맘에

드는 책만 계속 읽는 아이, 읽어주는 책만 좋아하는 아이 등 독서에 관한 아동의 개인 차는 매우 크다. 아동의 독서 활동은 그런 개인차를 배려해주면서 늘 칭찬해주어야 한다. 책과 본격적으로 친해지는 중요한 시기이므로 독서 활동은 책에 대한 흥미와 관심을 갖도록 꾸준히 도와주어야 한다.

책에 대한 관심을 유도하기 위해서는 우선 많이 읽어 주어야 한다. 부모나 교사가 아이와 함께 읽어서 책과 친해질 수 있는 시간도 마련해 주고, 관심사도 찾아내어야 한다. 새로운 세계에 대한 호기심이 싹트는 시기이므로 이러한 욕구를 충족시켜주는 책도 함께 찾아보고 궁금증을 해결해 본다. 그런 과정을 경험한 아동은 독서의 필요 성과 유익함을 저절로 깨닫는다. 아이가 관심을 보이는 분야의 책을 다양하게 접하도 록 하고 깊이 있게 이해할 기회를 준다면 탐구력을 키우는 기초를 닦을 수 있다. 주변 에 독서가 가능한 여건을 준비해 주는 것도 무척 중요하다. 책을 읽는 환경이 만들어 져야 아동은 자연스럽게 책을 읽는다.

■ 1~2학년 독서 프로그램

이 시기는 책의 유익함과 즐거움을 이해하는 때이다. 저학년은 아직 책 읽는 것이 서투르다. 때문에 책에 흥미를 가질 수 있도록 정해진 시간에 책을 읽어 주거나 실감 나게 동화를 구연해주는 등 다양한 독서 방법이 필요하다. 도시관을 재미있는 곳으로 느끼도록 책과 함께 하는 놀이 중심의 활동을 한다.

1) 책을 읽어주거나 구연으로 들려준다.
2) 전래동화를 듣고 돌아가며 이야기해 보도록 한다.
3) 다른 사람 앞에서 책을 크게 읽어보도록 한다.
4) 종이 접기로 책 꾸미기를 한다.
5) 찰흙으로 책 주인공을 만들어 본다.
6) 동시를 낭송하고 그림으로 그려보게 한다.
7) 간단한 어휘력 게임을 해본다.

2) 중학년(3~4학년) 독서 활동

혼자 읽는 것을 즐기는 시기이다. 책 내용을 잘 파악하며 읽도록 한다. 책을 읽고 난 후에는 인물이나 사건의 관계도 그리기, 요약하기 등 다양한 독서 활동을 통해 내용을 정리할 수 있도록 한다.

① 책 저금통 만들기

읽은 책 제목과 저자 이름을 써서 저금통에 넣는다. 기억에 남는 좋은 글귀를 써서 저금하는 것도 좋다. 자기가 읽은 책이 모아지는 즐거움을 느낄 수 있다.

② 독서기록장 쓰기

책을 읽고 간단히 기록하게 한다. 독서 기록장은 책의 내용이나, 기억에 남는 부분이나 글귀, 느낌 등을 자유롭게 쓰도록 한다. 날마다 읽은 부분을 기록하거나, 책을 다 읽은 후에 기록할 수도 있다.

독서 기록장 1

책이름			
지은이		출판사	
읽기 시작한 날		끝까지 읽은 날	
읽게 된 동기, 대강의 줄거리, 기억에 남는 글			
느낀 점, 본받을 점			

독서 기록장 2

책이름			
지은이		출판사	
읽기 시작한 날		끝까지 읽은 날	
모르는 단어 찾아 정리하기			
글의 짜임과 내용 적기			
인물의 특징 정리하기			
느낀 점, 본받을 점			

독서 기록장 3

책이름			
지은이		출판사	
읽기 시작한 날		끝까지 읽은 날	
요약하기			
질문하기			
예측하기			
느낀 점 본받을 점			
한가지 문제에 대해 논술하기 원인과 결과 따져 보기			

③ OX 독서 퀴즈 대회

신나는 O, X 퀴즈! 퀴즈!

1. 인규는 1학년 봄소풍 때 만국기 밑에 서서 옷에 똥을 싸고 그때부터 〈똥장사〉라는 별명이 붙게 되었다.

2. 「다섯시 반에 멈춘 시계」를 쓴 작가의 이름은 김정규 선생님이다.

3. 인규는 달리기가 특기이다.

4. 경호의 손목시계는 경호의 큰 형이 회사에 취직하고 첫 월급을 타서 선물로 준 것이다.

5. 인규가 동포역 화장실에서 시계를 빠뜨린 곳은 숙녀용 맨 왼쪽 칸이다.

6. 빠뜨린 시계를 꺼내기 위해 사용한 도구는 철사였다.

7. 할머니는 인규가 경호 시계를 빠뜨린 걸 알고 인규를 크게 혼내셨다.

8. 결국 아버지는 똥지게를 짊어진 후 사흘만에 시계를 찾아 내셨다.

9. 어머니는 일기장을 보신 후 고무신짝으로 등을 때리셨다.

10. 이 책에는 똥과 할머니에 얽힌 이야기가 많이 등장한다.

* 1등한 친구에게는 작은 선물을 줍니다.
* 〈정답〉 O—5, 6, 9, 10   X—1, 2, 3, 4, 7, 8

④ 독후감 쓰기

독후감 쓰기

책 제목			
지은이		출판사	
독후감 제목			
처음	책에 대한 간단한 소개, 책을 읽게 된 동기 책을 처음 대했을 때 생각, 책을 읽고 난 후 생각 책 주인공과 연관되는 내 경험, 작품 속에서 떠오르는 장면		
중간	저학년: 줄거리와 내 느낌 고학년: 기억에 남는 2~3가지 이야기와 내 생각		
끝	중간 부분에서 쓴 내용과 관련지어 배운 점 나의 다짐(24시간 이내) 등		

⑤ 이야기 다시 쓰기

동화의 앞부분을 보여 주고 뒷이야기를 상상하여 쓰게 하거나, 동화의 앞 뒷부분을 보여 주고 가운데 이야기를 만들어 넣게 한다.

책표지 만들기 / 책 소개하기 / 책 광고하기

읽은 책의 내용과 주제를 잘 나타낼 수 있도록 만들어 본다.

⑥ 만화로 이야기 꾸미기

책 내용을 6컷 또는 8컷 만화로 그려 이야기를 완성한다.

⑦ 동화 엽서 만들기

책 삽화나 내용을 그림으로 그려 엽서를 만들고 친구에게 편지를 쓴다.

3) 고학년(5~6학년) 독서 활동

이 시기 아동은 지적 호기심을 만족시켜 주는 지식 책에 흥미를 느낀다. 글은 정확한 지식, 명확한 설명을 해야 한다. 아동의 지적 호기심이 왕성할 때 그것을 만족시켜 주는 것은 매우 중요한 일이다. 이때 지적 호기심을 만족시켜 줄 충분한 책이 필요하다. 호기심을 만족시켜 줄 책이 주위에 없으면 아동은 오락의 유혹을 이기지 못한다.

합리적 사고기의 중간에 있는 5, 6학년 아동들은 인간의 삶과 운명에 관심을 갖기 시작한다. 그래서 역사를 다룬 소설 읽기를 좋아한다. 독해 수준과 지적 수준이 발달한 아동들은 이야기로 풀어 쓴 역사책을 읽기도 한다. 역사 소설은 그 본질에 있어, 역사가 아니고 픽션이라는 사실을 아동들이 알고 있지만, 그 속에 나오는 인물들을 통해 시대의 삶과 아픔을 경험한다. 이 시기는 부모나 형제로 이루어진 가정의 세계로부터 독립하려는 정신적 이유기에 해당한다. 아동들은 가정에 불만이 없어도 부모보다는 친구와의 세계를 중요시한다. 밥만 먹으면 친구를 찾아다니고 자기들끼리 그룹을 만들기 좋아한다. 이런 아동에게 필요한 독서는 우정을 다루거나 의리를 다룬 장편 소설이다.

그밖에 탐정, 추리 소설에 흥미를 가지는 시기이기도 하다. 이 시기 아동에게 상상의 세계나 환상 세계는 더 이상 재미를 주지 못한다. 아동에게 기쁨을 주는 것은 논리의 세계이다. 아동의 논리성을 성장시켜 주는 문학 형태로는 탐정 소설과 추리 소설이 있다. 탐정 소설과 추리 소설은 우연의 세계를 배제하고 필연의 세계를 아동에게 보여 준다. 날아다니는 양탄자나 이상한 램프를 통해 보물을 얻는 주인공에 박수를 보내던 아동은 이제 숨겨진 보물을 찾기 위해 갖은 지혜를 다 동원한다. 용감하게 모험을 떠나는 주인공들에게 박수를 보낸다. 이제 아동은 동화의 세계를 떠나 현실 세계로 한 발짝 들어선 것이다. 따라서 건전한 추리 소설, 건전한 탐정 소설을 찾아 주는 것이 부모와 교사의 할 일이다.

이 시기는 생각이 깊어지고 미래에 대해서도 구체적으로 생각한다. 우리 역사와 사회, 문화에 대한 폭넓은 관심이 생긴다. 따라서 올바른 가치관을 가질 수 있도록 필요한 지식책을 골라주어야 한다. 그러면서 지식을 탐구하고 독서의 폭도 넓혀가도록 한다. 무엇보다 스스로 양서를 구분할 줄 아는 능력을 키워 주어야 한다. 10세 이상이 된 만큼 이 때부터 독서는 자기 의지력으로 해야 한다. 아이의 선택을 존중해 주면서 그 책의 가치에 대해 함께 이야기하고 풀어간다. 저학년 때부터 책을 많이 읽는 아이는 스스로 양서를 구분할 능력을 갖고 있다. 어떤 책이 불량도서이며, 인쇄와 번역이 성의 없는지, 흥미 위주로 책을 만들었는지 구분한다. 때문에 책을 많이 읽을 욕심에 생겨 이롭지 않은 책을 읽는 데에 시간을 낭비하지 않는다. 그러나 독서에 흥미를 갖지 못한 아동은 순식간에 재미를 느끼지 못하면 끝까지 읽지 못한다. 때문에 읽기 쉬운 만화책이나 유행하는 베스트셀러 등에 시간을 할애한다. 아이의 독서 수준을 늘 점검하고 가방 속이나 책상 위에 언제나 읽을 만한 책이 놓여 있도록 신경을 써야 한다.

■ 5~6학년 독서 활동

작품에 자신을 몰입하거나 작품 속에서 자신을 발견하는 시기이다. 특정 장르나 좋아하는 저자의 작품에 빠져드는 경향도 있다.

① 독서 문제 내기 - 퍼즐 게임

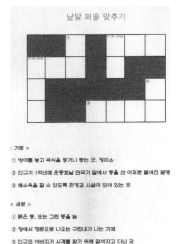

낱말 퍼즐 맞추기

< 가로 >

① 방아를 놓고 곡식을 찧거나 빻는 곳, 정미소

② 인구가 1학년때 운동회날 만국기 밑에서 똥을 싼 이후로 붙여진 별명

③ 해수욕을 할 수 있도록 환경과 시설이 되어 있는 곳

< 세로 >

① 붉은 똥, 또는 그런 똥을 눔

② 장에서 항문으로 나오는 구린내가 나는 기체

③ 인구의 아버지가 시계를 찾기 위해 짊어지고 다닌 죄

④ 학급의 (   )으로 뽑히다. 대표.

〈다섯 시 반에 멈춘 시계〉

② 독서포스터 / 도서관 광고하기

책읽기의 중요성을 알리는 포스터를 그린다.

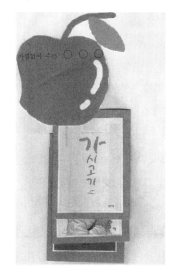

③ 독서토론 하기

정해진 책을 읽고 토론할 주제를 선정하여 그 주제와 관련된 자신의 의견이나 생각을 발표한다. 이 때 규칙을 정해놓고 진행하는 것이 유리하다.

④ 독서발표회

책을 소개하거나 책을 읽고 난 느낌(독후감)을 친구들에게 발표하게 한다. 책에 대한 정보를 공유하며 새로운 책에 흥미를 갖도록 한다.

⑤ 등장인물의 역할 바꾸기

⑥ 다른 책과 비교하기

같은 내용의 책이 출판사, 번역자, 옮긴이 등에 따라 어떤 차이가 있는지 비교해 본다. 또 같은 제목의 책이 서로 내용이 어떻게 다른지 알아본다.

예) 팥죽할멈과 호랑이와 팥죽할머니와 호랑이, 단군신화, 이순신

⑦ 책 내용을 노래 가사로 바꾸어 부르기

책 내용을 알고 있는 노래 가사로 바꾸어서 보고 노래를 부른다.

⑧ 세계 책 지도 그리기

각 국가별 동화를 찾아 읽어보고, 세계 지도에서 읽은 책에 관계된 국가를 찾아 스티커로 표시한다. 그 나라에 대한 정보(역사, 문화 등)도 조사하여 정리한다.

◎ 독서 활동 실습 사례(5~6학년)
예) 문제아—박기범

이 시기 아동의 발달적 특징은 합리적 사고와 독립성이 강하다는 점이다. 부모나 형제로 이루어진 가정의 세계로부터 독립하려는 정신적 이유기를 보인다. 책 속에 나오는 인물들을 통해 다양한 삶과 아픔을 경험한다. 가정에 불만이 없어도 부모보다는 친구와의 세계를 중시하여 밥만 먹으면 친구를 찾아다니고 자기들끼리 그룹을 만들기 좋아한다. 이런 아동기에는 친구 관계의 우정을 다루거나 의리를 다룬 장편 소설

이 좋다. 박기범의 〈문제아〉는 문제아에 대한 친구들의 시각과 사회 편견에 대해 생각해 볼 수 있고, 또래 아이가 겪는 갈등의 원인이 무엇인지 살펴볼 수 있는 책이다.

1. 학습 목표
① 책 소개를 통해 독서에 대한 동기를 유발하고 자기 주도적 감상 능력에 주안점을 둔다.
② 문제를 제기하는 발문을 통해 작품을 풍부하게 이해한다.
③ 조별 토론을 거쳐 작품과 관련된 주제를 정리한다.
④ 작품을 매개로 자기 경험과 생각을 충분히 살려 글로 표현한다.

2. 독서 진행 방법

■ 도입
작품 내용을 전체적으로 정리하고 요약하여 확인한다.
작품에 등장하는 인물을 마인드 맵핑(Mind Mapping)으로 나타낸다.
작품에 등장하는 인물이나 단어로 삼행시를 지어 본다.
작품 내용을 핵심 단어 10개로 나타낸다.

■ 전개
작품에 대한 이해를 심화시키고 사고력과 경험을 확대시키는데 중점을 둔다.
문제를 유발하는 발문으로 작품 내용을 충실하게 이해하도록 한다.
거짓말 찾기를 통해 작품 내용과 다른 것을 가려내도록 한다.
작가에 대한 정보를 입수하도록 한다.
작품에서 좋은 내용이나 문장을 내 통장에 저금하도록 한다.
자신이 직접 문제를 내본다.

■ 정리
토론 과정을 거친 후, 내용을 정리하여 글로 나타낸다.
토론이 이루어질 수 있는 문제를 정한다.

그후 주인공이 어떻게 되었는지 상상하여 글로 써 본다.

등장인물 대상을 자유롭게 하여 편지를 써 본다.

비슷한 유형의 작품을 찾아 읽어보고 그 내용을 정리한다.

4) 맺으며

지금까지 발달단계 특성과 독서지도 방법을 연결하여 살펴보았다. 발달단계를 통해 아동의 욕구와 그들의 독서에 대한 흥미를 이해하는 것은 바람직한 독서를 위해 도움이 된다. 물론 아동에게는 개인차가 있고 독서지도를 할 때 몇 세에는 무슨 책을 읽어야 한다는 발달단계상의 원칙만을 고수한다면 개인의 지적 호기심과 취향이 무시된다. 오히려 아동을 독서와 멀어지게 할 수도 있다. 또 아동의 발달은 어느 단계에서는 대단히 빠른 발전을 보이다가 어느 단계에서는 몹시 느리게 나타나기도 한다. 보다 엄밀하게 말하면 발달단계에 어떤 선을 긋는 것 자체가 무리이다.

이런 한계에도 불구하고 개개인의 인지발달과 독서능력 발달에 따라 책을 골라주고 지도하는 것은 아동에 대한 이런 기초적 이해 없이는 독서 흥미와 동기를 유발할 수 없기 때문이다. 경우에 따라서는 위, 아래 학년을 뛰어넘어 책을 골라주는 안목도 필요하다. 저학년 때 책에 대한 재미를 못 느꼈다면 책 읽기가 부담스러울 것이다. 이때는 발단 단계만을 고집하지 말고 저학년 단계부터 다시 골라 읽히면서 서서히 단계를 높여가야 한다. 그러나 무엇보다 중요한 것은 어른이 모범을 보이는 것이다. 먼저 주변에서 책 읽는 어른의 모습을 보여주어 독서 분위기를 만들고, 끊임없이 읽을거리를 제공하여 책과 친해지게 한다. 그런 과정 속에서 아동은 저절로 자주적인 독서를 하면서 책을 즐겨 읽고 평생의 독서습관을 키우게 된다. 발달적 독서지도의 가장 큰 아쉬움은 창의적 독서라고 할 수 있다. 이점을 보안시켜 발달에 맞게 좋은 책을 즐겁게 읽으며 자란 아동은 늘 풍요로운 마음으로 삶을 가꾸며 아름답게 살게 될 것이다.

단원별 생각하기

학 부	
학 번	
이 름	
제출일 20 . . .	

- 발달단계별 독서지도의 장점과 단점을 적어보자(표나 아이콘, 만화로 표현해도 좋음).
- 독서흥미를 유발시킬 수 있는 방법을 생각해 보자.

제4장
독서지도 실제

1절 독서지도 계획안 짜기

1. 독서지도 계획 방향

독서지도는 독서 활동과 체험을 통해 자발적인 인간 교육을 실천하는 과정이다. 그만큼 영역이 넓고 교육하는 내용 또한 다양하다. 따라서 그 영역과 접근 방식을 정해 놓지 않으면 독서지도 내용이 엉뚱한 방향으로 흘러 실제적인 효과를 기대하기 힘들다. 독서지도 계획은 체계적이고 효과적인 독서 수업을 이끌어가는 데 중요한 역할을 한다.

독서지도 계획표를 작성하면 첫째, 목표에 맞는 수업을 할 수 있다. 둘째, 개개인의 독서 능력에 따라 지도한다. 셋째, 학습 자료 공급을 원활(자료 축적)하게 하고 도서 정보 교환을 용이하게 한다. 넷째, 주어진 시간 안배를 적절하게 조정하고 효율적으로 사용한다. 다섯째, 주제별로 다양하게 지도 목표를 정하고 평가한다. 여섯째, 학습내용을 풍부하게 만든다.

독서지도 계획은 지도 형태가 개별지도인지 그룹지도인지, 또 수업 기간이 주별, 월별, 연간인지에 따라 조금씩 다르다. 개별지도인 경우, 개개인의 독서 흥미 정도와 독서 능력에 따라 계획을 세우고, 그룹지도일 경우엔 집단의 특성을 참고하는 것이 좋다. 예를 들면 자발적으로 구성된 흥미 중심의 독서집단인 경우 자율적 독서 지도 계획을 세우고, 독서 능력 개발을 위한 의도성이 강한 독서그룹인 경우 지도성을 살리는 자세가 필요하다. 그러나 어느 경우라 할지라도 독서지도 계획 방향은 독서 흥미를 유발시켜 좋은 독서습관을 형성하도록 하고, 독서 수준을 기초에서 점차 높은 수준으로 이끌어가야 간다. 교과 학습에 유용한 독서활동이 되도록 계획하는 것도 중요하다. 독서지도는 학습자와 독서지도사 간의 상호 교류를 통해 이루어진다. 따라서 상황에 따라 유동적인 계획이 필요하며, 지도 내용 또한 탄력성 있게 짜는 것이 바람직하다.

2. 독서지도 계획의 전제 조건

1) 아동의 올바른 독서 습관을 형성하도록 한다.

독서지도 계획을 세울 때 공통적으로 갖추어야할 기본 요소는 독서지도의 계획 방향, 독서지도 목표 및 내용 설정, 아동의 독서 실태, 아동의 발달 단계에 대한 명확한 이해가 전제되어야 한다.

독서지도 방향은 첫째, 아동에게 흥미를 부여할 수 있는 지도 방법을 모색하여 올바른 독서 습관을 가지도록 유도한다. 둘째, 아동이 자발적이고 건전한 독서를 통해 올바른 자기 자신을 형성하도록 사고력 향상에 힘을 기울인다. 셋째, 아동의 일상적인 교과 수업과 자연스럽게 연결할 수 있는 방법을 모색한다.

2) 독서 계획의 기본 요소를 바탕으로 한다.

언제 어디서 무엇을 어떻게 지도할 것인가. 이것은 독서 계획의 기본요소이다.

손정표에 따르면 여기서 '언제'는 교육과정상의 위치, '어디서'는 독서 활동의 장, '무엇을'은 지도 내용, '어떻게'는 구체적 지도 방법을 말한다.

교육과정상의 위치는 가정, 학교 도서관, 학급활동, 각 교과 지도 중 어느 곳에 둘 것인지를 밝히는 것이다. 독서 활동의 장은 조회시간, 쉬는 시간, 국어 시간 1시간, 독서 주간 등 독서시간을 언제 배정할지 정하여 활동하는 것이고, 지도 내용에서는 아동의 학습 능력을 향상시키고 건강한 성격을 형성하는 방향으로 이끌어 간다.

3) 독서 환경을 정비한다.

독서지도 계획을 단계적으로 수립하기 위해서는 독서 환경 정비 또한 중요하다. 도서는 되도록이면 10년 내에 출판된 것으로 아동의 흥미를 끌 수 있는 것이어야 한다. 학교에서의 적극적인 독서 활동을 위해서는 학급 문고를 설치하여 활용한다. 교과 학습에 도움을 줄 자료를 갖추기 위해서는 독서 지도 목표를 어디에 둘 것인지 정한 뒤 자료를 마련한다.

3. 독서지도 계획 구성과 방법

1) 주제 정하기

주제는 학년, 목표, 지도 내용, 지도 시간, 독서 자료와 연관 지어 설정한다. 주제는 명확하고 알기 쉽게 정하는 것이 좋다. 예를 들면 〈과학 동화 읽기〉, 〈위인전기 살펴보기〉, 〈좋은 문장 찾기〉, 〈인물 관계도를 그려보기〉, 〈책에서 감동을 주는 부분을 찾기〉, 〈작가의 의도를 찾아보기〉 등과 같이 목적 중심으로 단원을 설정 하는 것이 좋다. 〈옛날이야기 읽기〉, 〈역사 동화 읽기〉, 〈시 감상〉, 〈생태 동화 읽기〉, 〈모험 소설 읽기〉 등 작품 중심으로 단원을 설정한다. 학령기의 관심사에 따라 저학년은 어휘력을 강화시키고, 고학년은 쓰기와 비판력 신장에 중점을 두고 주제를 정한다. 책 종류에 따라서는 저학년은 우화, 전래동화, 생태동화, 수학동화를 고학년은 과학동화, 환경동화 역사 인물과 관련해서 주제를 정한다. 다음으로 계절별, 월별 특징에 따라 주제를 참고한다.

■ 계절 특징

봄—새 학기, 친구, 나의 꿈 씨앗 뿌리기, 1년 계획

여름—물놀이, 여름방학, 여행, 별자리

가을—추석, 소풍, 시 감상

겨울—크리스마스, 날씨의 변화

■ 월별 특징

1월—새해, 희망, 꿈, 지혜, 설날, 우리 전통, 계획표

2월—겨울이야기, 나, 졸업식, 봄방학

3월—봄, 삼일절, 입학식, 새싹, 희망, 새 학년, 친구, 생명의 소중함

4월—장애인의 날, 보건의 날, 4·19, 도서관 주간, 과학, 한식

5월—가족, 스승, 성년의 날, 석가탄신일, 소풍, 수학여행, 공동체 의미

6월—호국 보훈, 나라, 현충일, 6·25, 전쟁, 평화, 환경의 날

7월—여름, 제헌절, 여름방학, 우주, 산

8월—여행, 모험, 물놀이, 과학 탐험

9월—세시풍속, 명절, 민속놀이, 독서주간

10월—가을, 우리문화 행사, 시, 소풍, 국군의 날

11월—추수, 지혜, 경제, 발명, 학생의 날

12월—겨울, 이웃, 옛이야기, 달력, 크리스마스

2) 목표 정하기

독서 활동은 접근하는 대상이나 학습 방식에 따라 그 폭이 굉장히 넓다. 독서지도 목표는 지도 방향을 바르게 확립하게 하고 수업이 엉뚱하게 진행되는 것을 막는다. 따라서 독서지도 목표는 〈등장인물의 생각을 살핀다〉, 〈좋은 문장을 적어 본다〉, 〈옛날 생활 풍습을 읽힌다〉와 같이 세밀하고 구체적일수록 좋다.

효과적인 독서지도를 위해서는 연간 목표뿐만 아니라 학년별 발달을 기초로 월별 목표, 주별 목표, 교과별·영역별 목표, 이용할 독서 자료에 대한 목표를 세운다. 이 중 연간 계획은 장기간의 독서지도에 중점을 둔 것으로 독서량, 영역 확장, 독서치료 목직, 표현하기 목직, 어휘력 목직, 창의적 독시지도 등에 따라 목표를 징한다. 또한 독서지도 목표는 어린이의 관심사와 학년별 흥미도, 도서의 형태, 계절적 월별 특성, 유치원과 초등 교육과정, 특별 프로그램 등을 고려한다. 독서지도 목표 수립시 유의할 사항을 정리하면 다음과 같다.

대상에 대한 정확한 평가와 이해를 바탕으로 목표를 세운다.

목표량을 너무 크게 잡지 않는다.

독후 활동과 연계하여 목표를 세운다.

아동발달을 고려해 단계별 목표를 세운다.

목표는 구체적으로 세운다.

전체 흐름과 관련된 목표를 세운다.

3) 배당 시간 정하기

연간, 월간, 주간에 따라 총 지도 시간을 전하고 이용할 독서 자료의 수, 다른 교과

와 연관성을 고려하여 단원별(주제별)로 시간을 배당한다. 보통 주당 30분~1시간 정도의 독서 시간을 계획하고, 활동(NIE를 활용한 독서, 토론을 통한 독서, 역할극을 통한 독서, 등장인물 인터뷰를 통한 독서 등)에 따라 시간을 조금 늘려도 된다.

4) 내용 구성

독서지도 수업이 아동에게 흥미를 유발하기 위해서는 무엇보다도 그 내용이 지도하는 사람보다 아동을 위한 것이어야 한다. 아동의 성향과 관심사, 배우고자 하는 것이 무엇인지 미리 조사하고 자료를 기록해 두고 활용한다. 독서 수업 형태에 따라 지도 내용이 표현하기에 관한 것인지, 읽기 수업에 관한 것인지를 구체적으로 명시 한다.

일반적으로 지도 내용은 도입, 전개, 정리, 차시예고 및 참고 도서 제시 순서로 진행한다. 도입 부분은 학습에 대한 동기를 부여하는 것으로 흥미를 유발하도록 간단한 게임과 발문하기, 시사적인 이야기를 들려주는 것으로 계획한다. 전개 부분은 학습 자료에 대한 설명, 책 내용 요약하기, 역할극으로 표현하기 등 구체적 활동을 통해 책에 대한 이해를 심화하는 작업이다. 정리 부분은 학습 내용의 전달과 이해 정도를 점검하고 마무리하도록 정한다. 차시예고 및 참고문헌에서는 다음 독서 수업을 안내하고 읽어 올 책 제목과 조사해 올 사항을 적는다. 참고문헌에는 수업 내용과 연관된 자료를 제시하여 내용 이해에 도움이 되도록 한다.

학습자로 하여금 주어진 내용의 여러 측면을 실제 상황에서 활용할 수 있도록 토론이나 짧은 연극(vignette), 구체적 사례를 들어 설명하도록 내용을 구성한다. 수업 내용 및 원리를 현실적인 상황에 응용함으로써, 학습에 대한 구체적인 의미를 부여하고, 자신의 스키마를 통합시킨다. 이러한 응용이 특히 효과적인 이유는 대체로 사람들은 자신의 의견을 통해 문제를 해결하고자 하는 성향이 강하기 때문이다. 학습자는 이런 활동을 통해 더 큰 자극을 받는다. 질문과 발문을 적절하게 활용하여 내용을 전개한다. 정보를 주는 것으로 학습 활동을 시작하기보다 간단한 질문과 발문으로 수업을 시작하는 것이 동기 유발 측면에서 보다 효과적이다. 예를 들면 독서 수업에 대한 몇 가지 방법을 설명하기보다 '여러분이라면 이 인물을 어떻게 생각할 수 있을까요?'라는 방식으로 시작한다. 한 번에 하나의 질문을 던지고 그 답에 대해 생각하도록 한다. 점차 독서 내용의 기본 원리와 패턴을 조금씩 알아가게 한다. 학습자가 지도자에게 답을 기대하기보다 스스로 답을 찾을 수 있게 내용을 구성하는 것이 좋다.

5) 독서 활동 정하기

학년별, 주제별로 무엇을 어떻게 지도할 것인가를 생각하고 지도 목표에 알맞은 자료와 활동 방법을 명시한다. 이 때 중요한 것은 학년별 아동 발달 특성을 최대한 적용하는 것이다.

유치원 아동은 호기심이 많고 물활론성(세상 모든 것이 살아있다고 믿는 것)이 강하다. 때문에 동물과 식물에 관한 이야기를 들려주고 책에 대한 흥미와 관심을 끄는 놀이와 활동과 그림그리기 중심의 독서 활동을 계획 한다.

1학년은 비교적 독서 편차가 큰 학령기에 해당한다. 글을 구성하는 능력이 부족하고 독서 능력이 떨어지는(행동발달 장애) 아동이 의외로 많다. 따라서 유치원에서 2년차 수준에 해당하는 책을 선정한다. 활동으로는 편지 쓰기, 일기 쓰기, 책 읽어 주기 등에 중점을 두고 생각의 폭을 넓혀주는 창의적 독서 활동을 한다.

2학년은 독서 선택 능력이 부족하므로 대화가 많이 들어있는 책, 전래동화 등을 읽고 개념도 그리기, 인물 인터뷰하기, 주인공 이력서 쓰기와 같은 활동을 한다.

3학년은 자기 생각이 발달하고 친구관계에 대해 깊이 생각하는 제2성장기에 해당한다. 학습만화, 호기심을 줄 수 있는 모험이 담긴 책, 아이들 주변 이야기가 담긴 책을 선정하여 서로 의견을 교환하도록 한다.

4학년은 반항심이 강히여 교훈 적거나 틀에 박힌 이야기를 싫어한다. 자기 주변에서 일어나는 생활 이야기(예: 왕따, 친구와의 우정 문제, 부모 이혼, 억울한 일) 중심 책이 친근감을 불러일으킨다. 독서 영역을 넓혀나가는 활동을 계획한다.

5학년은 이야기를 좋아한다. 감동을 잘 하고 자기 욕구가 강하다. 자기 스스로 읽고 말하고 서로 의견을 교환하는 토론 수업 활동을 적용 한다. 재미와 창의적인 독서를 하게 한다. 문학적으로 감동을 주는 책을 고른다.

6학년은 아주 사실적인 이야기를 좋아한다. 이 시기 아동은 분석력이 있으므로 인물들의 갈등 구조가 들어 있는 것, 사건 전개가 빠른 것, 인물의 심리가 섬세한 것을 좋아한다. 비판력, 모험과 유머가 담긴 책을 선정하고 토론 형식의 수업을 유도한다.

6) 자료 선택

독서지도의 효과는 설정된 목표에 맞는 자료의 선택에서 좌우된다고 해도 과언이 아니다. 적절한 자료를 선택하기 위해서는 지도자가 먼저 독서 자료에 대한 풍부한 지식을 가지고 있어야 한다. 목표에 맞는 자료는 어떤 것이 좋은지, 지도 효과를 높이기 위해 자료 배열을 어떻게 할 것인지, 문학 작품은 어떤 것이 좋고 서로 연관시켜 볼 수 있는 자료는 어떤 것이 있는지 등을 찾아본다.

아동이 알고 있는 지식을 최대한 응용할 수 있는 자료를 선택하는 것도 중요하다. 배운 것을 응용하는 것은 실용적일 뿐만 아니라, 학습에 흥미를 주는 동기가 된다. 아동이 아는 이야기 자료는 아동의 흥미와 관심을 자연스럽게 불러일으킨다. 자기가 아는 이야기 자료는 학습자들로 하여금 자신에게 익숙한 영역, 새로운 정보를 접하기에 안전한 장소에 있다는 느낌을 갖게 한다. 여기에서도 대답이 가능한 질문이 효과적이다. 다음엔 시각과 청각 자료를 최대한 활용한다. 시각적인 방법을 통해 학습을 받는 사람에게는 모든 정보를 말로만 전달하는 수업처럼 재미없는 것은 없다. 수업 자료를 미리 살펴보게 한다면 아동은 수업 내용에 적극적으로 반응한다. 글로 씌어진 것은 그것을 충분히 검토하기 전에는 내용이 쉽게 전달되지 않는다. 지도 내용을 시각적 자료로 준비하지 않았다면 칠판이나, 차트, OHP를 이용한다. 시각적 자료의 효과는 모든 학습자들의 학습 활동을 향상시킨다.

미리 학습 내용을 조직화하여 자료를 제공한다. 내용을 미리 분류하고 조직화 하는 것은 학습자가 의미를 이해하는데 도움이 된다. 흥미유발(engagement)은 독서 학습에 불을 붙이는 것이며, 학습자들이 수업에 적극적으로 참여하도록 자극한다. 흥미유발이 없는 자료는 학습자들의 수업 참여를 저하시킨다.

7) 차시 예고 및 주의할 점

독서지도의 능률을 높일 수 있는 방법, 주제별로 다른 자료와의 관련성을 고려하여 지도상 유의할 점을 적어 둔다. 예를 들면 '작품의 시대적 배경을 알게 한다', '작품의 전체 줄거리를 요약하고 비교하게 한다', '이 작품과 관련된 다른 도서를 찾아보게 한다' 등을 제시한다. 다음 수업을 위해 무엇을 준비하고 읽어 올 것인지 명시한다.

독서지도 효과를 배가시키기 위해서는 수업에서 범하기 쉬운 것에 대한 주의를 명시하고 다른 자료와의 연계성, 지도상 유의점을 기록한다. 다음 수업을 위해 준비할 것과 참고문헌을 적고, 수업과 관련된 자료를 제시하여 활용한다.

4. 월별 독서지도 연간 계획표

1) 유치부 연간 계획표

월	주제	목표	활동	도서
3	나와 친구	공동체 생활을 할 수 있게 한다	생활 규칙 정하기 친구 별명 짓기	순이와 어린 동생(한림) 내 친구 커트니(비룡소)
4	봄	봄꽃을 안다 생명의 소중함을 안다	봄꽃 알아 맞추기 놀이	식물학습도감(예림당)
5	우리 가족	부모의 고마움을 안다 나의 탄생을 안다	엄마 아빠 역할놀이 부모님께 편지쓰기	내가 얼마나 아빠를 사랑하는지 아세요(프뢰벨), 엄마와 나의 소중한 보물(크레용 하우스)
6	옛이야기	재미있는 이야기나라로 여행한다 듣는 기쁨을 알게 한다	손가락 인형 놀이 이야기 바꿔보기	해와 달이 된 오누이(보림) 주먹이(웅진) 팥죽할머니와 호랑이(보림)
7	여름	여름에 대한 느낌 나누기 여름에 느낄 수 있는 색깔	여름이 좋은 이유 나쁜 이유 말하기	물총새의 색깔 나들이(여명) 물이야기(보림)
8	모험	동식물 관찰하기	갯벌 탐사 들풀 나들이	갯벌이 좋아요(보림) 개구리의 세상 구경(웅진)
9	우리의 풍습	우리 것의 소중함을 알자	떡 만들기 윷놀이 옛 풍습 알아보기	띡 잔치(보림), 솔이의 추석 이야기(길벗어린이), 싸개싸개 오줌싸개(언어세상)
10	가을	동요의 리듬감을 익힌다	동요부르기 의성어 의태어 알아보기 동요 배경 그림그리기	우리 아이 꿈을 키워주는 동시(예림당)
11	상상력의 날개	환상 그림책으로 상상력 키우기	상상화 그리기 상상 동물 이름 붙이기	해치와 괴물시계(길벗) 글자 없는 그림책(사계절) 선인장 호텔(마루벌)
12	겨울	겨우살이 나누는 즐거움	어려운 사람에게 줄 물건 신문에서 오려오기 눈싸움하기	눈오는 밤(사계절) 무지개 물고기(시공사)
1	설날	설날 풍습 알기	설날 놀이 알아보기	윷놀이 이야기(한림) 연아연아 날아라(보림)
2	졸업	졸업 친구와 헤어짐	친구에게 편지보내기 학교생활에 필요한 것 조사하기	학교에 안 갈거야(베틀 북) 외딴집의 꿩 손님(프뢰벨)

2) 저학년 연간 계획표

월	주제	목표	활동	도서
3	봄, 친구, 나	계절 변화에 대한 이해 생명의 소중함 알기	씨앗심기 봄에 관련된 아동시 쓰기 의성어 의태어 적기	봄이다 어서 나와라 신발 속의 악어 우체부가 된 세 친구 저만 알던 거인 내 이름은 나답게
4	과학, 환경	과학에 대해 쉽게 접근할 수 있다 환경의 소중함을 안다	역할극 만들기 쓰레기 분리수거 해 보기	원숭이 의사가 왕진을 가요 하늘이 왜 파란지 아세요 숲은 누가 만들었나
5	가족, 어린이날의 의미	우리 가족을 사랑 하는 법을 찾아본다	가족 칭찬하기 아빠 발 씻어드리기 가족 신문 만들기	밤티마을 영미네 집 나는 싸기 대장의 형님 내게는 소리를 듣지 못하는 여동생이 있습니다 뚱보 방정환 선생님
6	호국	나라를 지킨 인물에 대해 알 수 있다	나라를 지킨 인물에게 감사 편지 쓰기	이순신, 유관순 난 평화를 꿈꿔요
7	여름 방학	관찰 탐구력 기르기	말주머니 만들기 방학계획표 짜기 야외 체험 학습	개구리의 세상구경 애벌레의 모험 큰버섯
8	여행	우리나라 소문난 여행지역을 알아본다 물 소중함 안다	여행지 알아 맞추기 여행지도 만들어 보기	여러 나라 이야기 달콩이의 이상한 여행 이상한 나라의 앨리스 세계어린이 지도책
9	추석, 친척	추석의 의미를 안다	우리 고유의 풍속 조사하기, 가계도 만들기 예절 배우기	우리의 옛풍속 떡잔치
10	가을	한글의 이해	세종대왕 업적 조사 비속어 찾기 한글 실력 겨루기	세종대왕 관련된 자료 우리나라 한글학자 자료
11	추수	쌀 생산과정을 알아본다	낙엽 야채 찍기 씨앗 종류 알아 맞추기	짱뚱아 까치 밥은 남겨둬
12	겨울, 이웃 사랑	나에게 도움을 주는 이웃에 대해 안다	고마운 사람에게 카드 만들어 보내기	할머니 품은 벙어리장갑보다 따뜻해 눈내리는 밤에 나타난 참새 귀신
1	열 두띠	12 띠를 알아본다	12 띠 동물 이름 게임 말주머니 달기	열 두 띠 이야기 횔횔간다
2	설날, 우리의 전통	전통 놀이를 조사한다	설날과 관련된 낱말 적기 전통놀이 이름대기	신나는 열 두 명절이야기

3) 중학년 연간 계획표

월	주제	목표	활동	도서
3	새학년, 친구	줄거리 요약하기 친구와의 관계를 생각한다	말주머니 만들기 역할극 만들기	신나는 교실 내짝꿍 최영대 양파의 왕따일기
4	자연과 나 식목일	동식물의 생태를 안다 물의 순환 과정을 이해한다	내가 알고 있는 동식물의 생태 조사하기(관찰일지 발표) 물방울의 순화과정 그리기	나무는 좋다 숲을 그냥 내버려 두어 거꾸로 살아가는 동식물의 이야기
5	가족의 의미	가족의 소중함을 느낀다	가족에게 편지쓰기 내가 만일 부모가 된다면	밤티마을 큰 돌이네 집 밤티마을 영미네 집
6	과학	자연현상을 살핀다	별자리 관찰 분야별 과학용어사전 만들기	원숭이 의사가 왕진을 가요 우리 위의 하늘 밤하늘의 별 이야기
7	역사, 인물	역사적 사실에 대한 배경지식을 공부한다	인물들의 생각 정리 글쓴이의 중심생각 파악하기	김홍도 할아버지랄 떠나는 조선시대 그림여행 황희정승 박물관 이야기
8	세계 여행 탐사	다양한 세계에 대한 지식을 넓힌다	갯벌 체험 집 주변의 곤충을 찾아보고 적기	하늬와 함께 떠나는 갯벌여행 열려라 곤충나라
9	추석	성묘, 조상, 차례 등 우리 풍습을 이해한다	옛이야기 조사하기 전통놀이 알아보기	호랑이도 살고 빚쟁이도 살고 재미나는 옛날 풍습
10	우리의 전통 문화	전통 문화의 의미를 찾아 본다	천연 염색하기 옷의 변천과정 탈 만들기	쪽빛을 찾아서 옷감짜기
11	자연 보호	자연이 우리에게 미치는 영향을 살핀다	농촌을 돕는 일 찾기 주장글 토론 글 적기	나무 위의 아이들 서울로 간 허수아비
12	이웃, 겨울	더불어 사는 의미를 살핀다	카드 만들기 새해 달력 만들기	크리스마스 선물 아낌없이 주는 나무 나무야나무야 겨울나무야
1	설	명절과 관련된 자료 찾기	연 만들기 설 음식, 한복에 관한 명칭 알아보기	신나는 열 두 달 명절 이야기 연아연아 날아라
2	나	내용 요약(생각 그물)	나 광고하기 내 뿌리 알기	나도 다 컸어요 새로운 세상 깨닫기

4) 고학년 연간 계획표

월	주제	목표	활동	도서
3	봄, 생명	신비한 자연의 이치를 배운다	우리 몸 속의 뼈 이름 맞추기	숲은 누가 만들었나 신기한 스쿨버스(우리 몸의 뼈)
4	장애의 의미	우리 주변의 장애인에 대해 생각해 보기	장애 체험 내가 장애인이라면 장애를 극복한 이야기조사	오체 불만족 내게는 아직도 한쪽 다리가 있다
5	가족 공동체	집에서의 나의 역할 찾기	입장 바꿔 생각하기	괭이부리말 아이들 나비를 잡는 아버지 동무동무 씨동무
6	우리나라의 역사	위인들의 삶 6·25가 주는 교훈	위인 이름과 시대 알아맞추기 찰흙으로 거북선 만들기	돌도끼에서 우리별 3호까지 안중근
7	여행	여행의 의미 좋은 점은 무엇일까	여행 계획서 세우기 내가 가고 싶은 나라 언어 풍습 조사하기	먼나라 이웃나라 어린이문화유산 답사기 흥미로운 국보 여행
8	친구와 선생님	주변사람과 좋은 관계 맺기	친구의 장점 적기 나의 단점 적기	까마귀 소년 우정의 거미줄 아툭 창가의 토토
9	경제, 돈	경제 지식 배우기 경제 용어 알기	내 통장 만들기 돈의 흐름 살피기 용돈 관리	페르스는 돈을 좋아해 이야기로 배우는 경제 교실 부자가 된 키라
10	발명	발명 원리 이해하기	내가 만든 발명품 전시	머리가 좋아지는 발명이야기 앗, 발명 속에 이런 원리가
11	시	시 낭송법 시의 리듬	계절 시 써보기 사진보고 시로 적기	고학년을 위한 동요, 동시 나도 쓸모 있을 걸(아동시)
12	전래동화 전통놀이	할머니에게 듣는 옛이야기	불우이웃에게 내가 할 수 있는 일 적고 토론하기	옛이야기 들려주기 행복한 TV동화
1	새해 계획	짜임새 있는 생활 계획	한 해 규칙 정하기 한 해 계획세우기	옛날 사람은 어떻게 살았을까
2	사랑과 책임	더불어 사는 삶을 이해한다	다른 사람 입장에서 나에 대해 써 보기 내가 되고 싶은 것	행복한 청소부 마당을 나온 암탉

5. 학년별 독서지도 계획표

1) 유치원 독서지도 계획표

날짜	2004. 12	장소	전주대 평생교육원
주제	우리 풍습 싸개싸개 오줌싸개—그림책	지도	이지현(초등교사,어린이독서지도사)
학습목표	의성어, 의태어 쓰임을 알고, 의성어 의태어를 만들어 본다. 인물의 표정변화를 알고, 그림으로 그린다. 책 읽은 느낌을 몸으로 표현한다.		

수업 내용	도입	이불에 지도 그린 경험 말하기 이야기에 나오는 물건의 쓰임 말하기	(준비물) 이불에 지도 그린 그림
	전개	이야기에 나오는 부지깽이, 좁쌀, 시렁, 광주리, 검부러기 떡시루, 아궁이에 대해 알아본다. 의성어, 의태어 알아보기 —책에 나온 의성어 소리 내어 보기 —책에 나온 의태어 표현해 보기 —책에 나온 의성어, 의태어 바꾸어 보자 　(독서 활동지 1) 인물 표정 변화 그림으로 그려보기 —책에서 나온 헌 키의 표정변화 　(독서 활동지 2) 오줌싸개에게 왜 키를 씌웠을까 등장하는 인물 헌 키, 새 키, 광주리, 떡시루, 엄마 가면으로 만들기	(준비물) 사진이니 그림 독서 활동지 크레파스, 가위, 풀, 두꺼운 종이
	정리	밤에 이불에 지도를 그리지 않기 위한 방법을 이야기 한다. 북토크	
차시예고 및 참고문헌	『똥떡』, 이춘희, 언어세상 『숯 달고 고추 달고』, 이춘희, 언어세상 『꼴 따먹기』, 이춘희, 언어세상 『아이들과 함께 하는 동화수업』, 우리 교육		

2) 저학년 독서지도 계획표

날짜	2004. 12	장소	전주대 평생교육원
주제	숲의 소중함 숲이 살아났어요—그림책	지도	전지민(초등교사, 어린이독서지도사)

학습목표	자연(숲)의 소중함을 안다. 식물이 하는 일을 알 수 있다. 자연 보호 의지를 가질 수 있다.		
수업 내용	도입	〈작은 연못〉을 율동과 함께 해 보기 가사를 생각하며 물음에 답하기 노래와 이 시간 배울 내용 연결 시키기	작은 연못 플래시 노래자료

	전개	그림책 읽어주기
		책 내용을 확인하는 발문 던지기
		• 등장인물은 누구누구인가
		• 숲은 왜 사라졌는가?
		• 돼지가 잘못한 일은 무엇인가
		• 나라면 어떻게 했을까
		  숲을 지킬 수 있는 방법 말해 보기
		  모둠별로 해결
		  책 마지막 장 장식하기
		• 내가 동물이라면 숲을 다시 만들기 위해 어떤 것을 가져갈 것인지 선택하고 그림으로 그려보기
		• 아이들이 그린 그림을 오려 전지에 숲 만들기
			(준비물)
			전지, 크레파스,
			도화지

	정리	그림책을 통해 자연보호 의식을 심어 줄 수 있다.	
차시예고 및 참고문헌	『아이들과 함께 하는 동화수업』, 우리 교육 『창의적인 독서지도 77가지』, 해오름		

3) 중학년 독서지도 계획표

날짜	2005. 12		장소	전주대 평생교육원
책 제목 및 주제	몸의 소중함 『민수야 힘내』 아오키 미치요 글, 이영준 옮김/한림		지도	전지연(초등교사, 어린이독서지도사)
학습목표	몸의 소중함을 안다. 장애를 체험해 보고, 더불어 사는 법을 터득한다.			
수업 내용	도입	안대로 눈 가리고 점자로 된 문장 읽기 시각장애인 불편함 체험하기		
	전개	〈책 내용 정리하기〉 책 내용에 대한 질문 만들기 책 내용에 관한 발문하기 〈두 사람이 한 몸 되어 블럭 쌓기〉 두 사람이 한 조가 되어 장애인과 비장애인 역할 나누기 장애인 아동은 한 손을 묶은 상태로 블럭을 쌓고 다른 아동을 도와주기 활동 후 서로가 느낀 점 말해보기 〈말 전하기 놀이〉 민수에게 하고 싶은 말을 쪽지에 쓰기 쪽지 내용을 소리 내지 않고 입 모양으로만 전달하기		
	정리	내가 장애인이라 생각하고 불편했던 점을 찾아 이야기 나누어 보기		
차시예고 및 참고문헌	『아주 특별한 우리 형』, 고정욱, 대교 『내게는 소리를 듣지 못하는 동생이 있습니다』, 존 W 피터슨, 중앙미디어 『안내견 탄실이』, 고정욱, 대교 『어린이독서지도론』, 양재한외, 태일사			

4) 고학년 학습계획표

날짜	2005. 5		장소	전주대 평생교육원
책 제목 및 주제	『황소와 도깨비』, 이상, 다림		지도	박지인(초등교사, 어린이독서지도사)
학습목표	생명의 소중함을 알고 실천방법을 이야기 할 수 있다. 등장인물이 처한 입장에서 생각할 수 있다.			
수업 내용	도입	〈내가 도깨비가 된다면 제일 처음 하고 싶은 것 이야기하기〉 • 감투를 씌어주고 〈도깨비 나라〉 노래에 맞추어 말과 행동으로 하고 싶은 것 표현한다. 〈책 내용을 확인하는 발문던지기〉 • 이야기에 나오는 인물은 누구예요? 성격은 어떠나요? • 황소와 농부에게 무슨 일이 일어났나요? • 평소 생각하던 도깨비와 이 책을 읽고 도깨비에 대한 생각이 어떻게 달라졌나요? • 도깨비는 어떻게 황소 몸에서 빠져나올 수 있었나요?		
	전개	〈입장 바꾸어 토론해 보기〉 • 자신이 아끼는 황소의 배를 빌려 낯선 도깨비를 살려준 행동 • 부탁을 들어 준다.(찬성편) 부탁을 들어주지 않는다.(반대편) 도깨비는 뭐든 마음대로 할 수 있으니까 믿을 수 없다. 무엇이든 할 수 있는 도깨비가 왜 나한테 부탁을 하지? 가짜 도깨비인 것 같다 등 〈등장인물 흉내 내어 보기〉 • 두 달 동안 도깨비 때문에 소의 배가 자꾸 불러오는 장면을 표현해 보기. 황소 하품 시키는 방법 말하기 • 졸리면 하품을 하게 되니까 재미없는 책을 읽어준다. • 입이 딱 벌어질 만큼 예쁜 암소를 데리고 온다. 〈주요 장면 특징을 살려 역할극 해보기〉 도깨비가 입속으로 들어가는 장면, 황소 하품 시키는 장면 등 〈이야기 속 교훈 찾기〉 • 지은이가 말하려는 의도 찾기 • 생명의 소중함과 실천 방법 이야기하기		
	정리	책 주인공에게 편지 쓰기 다음 시간에 배울 책에 대한 간단한 북토크		
차시예고 및 참고문헌	『풍선 매직펜』 『아이들과 함께 하는 동화수업』, 우리교육 『우리 아이, 책날개를 달아주자』, 현암사			

2006 초·중학생 논술캠프 교육과정 편성표

무주혁신논술연구회
연수담당 성명 국윤학

월일		1교시 09:00~09:50	2교시 10:00~10:50	3교시 11:00~11:50	4교시 13:00~13:50	5교시 14:00~14:50	6교시 15:00~15:50
8. 3 목		마인드맵과 단락쓰기—이정석					
8. 4 금		개요 짜기—김진만					
8. 5 토		신문매체활용 글쓰기—김강희					
8. 7 월	초	모방글쓰기—송화영 교장님					
	중	독서·논술에 대한 생각태풍—박현주			작품 활용을 통한 생각태풍—박현주		
8. 8 화	조	장르변환쓰기—황태식					
	중	독서·논술의 이론—박정현			독서·논술의 실제—박정현		
8. 9 수	초	신문매체활용 논술쓰기—이진우					
	중	작품 비교를 통한 독서·논술 1 —박혜란			독서 토론을 통한 논술 지도—김희정		
8. 10 목	초	원고지사용과 독후논술—김난희					
	중	영화 감상을 통한 논술 지도—김희정			작품 비교를 통한 독서·논술 2 —박혜란		
8. 11 금		토론하기 박정기					

단원별 생각하기	학 부	
	학 번	
	이 름	
	제출일 20 . . .	

• 전, 중, 후 독서지도 계획표를 짜보자(초, 중, 고 중 택일).

2절 효과적인 발문하기

1. 발문이란?

발문이란 학습자의 사고 활동을 활발하게 유도하기 위해 던지는 말이다. 원래 이 말은 일본의 독서지도 책을 번역하는 과정에서 만들어진 것이다. '물어 본다'는 입장에서는 질문과 발문은 같은 입장을 취하고 있지만 교육학적 측면에서 다음과 같은 차이를 기긴다.

■ 질문과 발문 차이

질문	주로 모르는 입장에 있는 사람이 아는 입장에 있는 사람을 향해서 던지는 물음. 하나의 정답이 얻어지면 그것으로 족한 경우가 많다.
발문	교사가 학습자의 학습활동을 원활히 하기 위해 던지는 사고력 확장 질문. 하나의 답이 얻어지면 거기에서 더 나가 상대방에게 어떤 사고요인이 일어났는가를 주시하는 것. 즉 학습자들의 사고활동을 유발시켜주기 위한 문제 제기이다.

예) 아낌없이 주는 나무

■ 발문
이 책의 제목을 읽고 느낀 점은 무엇인가?
저자가 이 책을 통해 독자에게 전해주는 교훈은 무엇입니까?

소년이 요구했을 때 나무가 들어주지 않았다면 이야기는 어떻게 변했을까?

소년은 나무에게 아무 것도 주지 않았나?

나무가 소년에게 주는 사랑은 과연 진정한 사랑인가?

나무는 진정 행복했을까?

만약 나무는 소년을 만나지 않았다면 어땠을까?

소년은 나무를 사랑했습니까?

〈나의 라임 오렌지 나무〉

■ 질문

소년이 나무에게 처음 요구한 것은 무엇입니까?

나무가 마지막으로 소년에게 준 것은 무엇입니까?

아낌없이 주는 나무는 어떤 종의 나무입니까?

소년이 돈이 필요했을 때 나무가 준 것은 무엇입니까?

나무가 움직일 수 있어 소년을 기다리지 않고 찾아다녔다면 이야기는 어떻게 바뀌었을까?

2. 발문의 중요성

Bloom은 교육 목표 분류에서 인지적 영역을 지식, 이해, 적용, 분석, 종합, 평가로 나누었다. 이 분류는 인지과정이 점점 복잡해지는 과정이다. 또한 정의적 영역인 감수(수용), 반응, 가치화, 조직화, 인격화는 정의적 특성이 내면화되어 가는 과정이다. 그러므로 하위 단계의 지식이나 감수는 상위단계의 이해나 반응의 기초가 된다.

따라서 상위단계의 인지적 과정이나 정의적 과정은 전 단계의 인지적 과정이나 정의적 과정을 기초로 삼는다. 그렇다면 독서지도를 할 때 발문을 어느 한 수준에만 국한 시킬 것이 아니라 전 수준에 걸쳐 골고루 사용해야 한다. 또한 효과적인 독서지도를 위해서는 발문의 종류에 따라 어떠한 사고력이 유발되는지 알아야 한다.

학생들의 조화로운 지적 발달을 위해서는 인지적 영역의 발문이나 정의적 영역의 발문을 잘 조화시키려는 노력이 필요하다.

■ 효과적인 발문 기법

1) 수업을 진행하기 위해 치밀한 발문 계획을 세운다.

2) 명확한 발문을 한다.

3) 발문을 단순화시킨다.

4) 학생들 사고 수준에 적합한 발문을 한다.

5) 학습자의 사고를 저해하는 발문은 피한다.

　　예) · 누구나 다 아는 뻔한 발문

　　　　· 자문자답하는 발문

　　　　· 학생들 전체에게 일제히 대답하도록 하는 발문

　　　　· 창의적 사고에 도움이 되지 않는 발문

6) 학습자의 답변에 발문이 적절해야 한다.

7) 학습자의 발표에 대해 지도자는 적절히 피드백을 해준다.

　　학습자의 반응에 대해 일일이 평가하는 피드백은 좋지 않다.

　　지도자는 학습자의 의견을 수용하여 수업과 연결시키는 것이 좋다.

3. 발문 유형

1) 관점 발문

발문에서 가장 중요한 것은 학습자로 하여금 다양한 관점으로 텍스트를 읽어내도록 도와주는 것이다. 관점 발문은 행위의 주체가 사건이나 대상을 바라보는 사유방식과 행위방식을 중요하게 여긴다. 책을 왜 어떻게 읽어야 하는지 근본적인 물음이 여기에 속한다.

가) 틀거리 관점 : 일정한 틀이 정해져 있는 수렴발문의 전형

　　　　　　　　긍정/부정, 적극/소극

나) 주제별 관점 : 어떤 내용인가에 대한 다양한 관점

　　　　　　　　경제, 사회, 문학, 역사, 철학,

다) 입장별 관점 : 저자와 독자, 등장인물의 맥락에 대한 물음

2) 사고력 발문

1. 기억 재생적 발문	2. 창조적 발문
① 단편적 지식 재생을 요구하는 발문 ② 가치획득과 관련성이 없는 발문 ③ 점검 또는 확인을 위한 발문 ④ 일문일답식 좁은 발문 　수렴적 성격의 발문 ⑤ 문장 끝이 "—가를 말해 봅시다"와 같 　은 형의 발문	① 발문이 계기가 되어 학습자의 사고를 　자극하거나 유발하여 새로운 발견 또는 　상상의 확대를 가져오고 발전시켜 나가 　기 위한 발문 ② 가치추구의 의식을 높이는 발문 ③ 과제 제시 발문 ④ 개방적 확산적 성격의 발문 ⑤ 문장의 끝이 "—을 생각해 봅시다"와 　같은 형의 발문

3) 수준별 발문

학습자의 수준에 따른 물음 형태

가) 아주 낮은 수준 : 특정 생각을 강요하는 발문

나) 낮은 수준 : 뻔한 발문

다) 보통 수준 : 대답이 하나는 아니며 조금 생각해야 대답할 수 있는 발문

라) 높은 수준 : 대답이 여러 개 이고 생각해야 대답할 수 있는 발문

바) 아주 높은 수준 : 많이 고민해야 대답할 수 있는 발문

4) 단계별 발문

가) 1단계 : 관심 불러 일으키기

나) 2단계 : 흥미를 유발하거나 동기를 부여하는 발문

다) 3단계 : 분석과 비판(내용을 재구성하거나 종합 분석)

라) 4단계 : 응용과 활동

5) 연속적 발문

학습자의 반응에 따라 연속적으로 발문을 구성하는 것. 학습자의 반응을 중시한다.

6) **구성 요소별 발문**

가) 제목에 대하여

나) 지은이에 대하여

다) 표지에 대하여

라) 서지 정보에 대하여

마) 등장인물에 대하여

7) **창의적 발문**

학습자가 창의력을 신장시키기 위해 문제의식을 갖도록 동기를 유발시키는 발문

가) 네가 하고 싶고, 가지고 싶은 것은?

나) 너의 생활 중 어떤 점을 고치길 원하는가?

다) 너에게 어떤 일이 일어나길 바라는가?

라) 시간이 있다면 무엇을 하고 싶은가?

마) 너를 화나게 하고 긴장시키는 것이 무엇인가?

8) **문학 읽기 발문**

가) 느낌 및 감동 나누기

나) 이해력 기르기, 사건 이해하기

다) 등장인물 이해하기

라) 배경 이해하기

마) 주제 이해하기

바) 비판력 기르기(작가, 글의 전개 사건의 타당성 등)

사) 상상력, 창의력 기르기

아) 표현 능력 기르기

자) 경험 넓히기

차) 문제 해결력 기르기

4. 발문 내용 구성

1) 인지 영역 발문 구성

영역	영역발문
지식	내용지식, 이미 배운 내용으로 사실, 개념, 원리의 기억 "정의하다, 회상하다, 기억하다, 열거하다, 찾아내다, 어디에서, 누가, 언제, 무엇을" 등 ※ 언제 있었던 일인가요? ※ 어디에서 있었던 일인가요?
이해	이미 배운 내용의 의미를 파악하는 능력, 단순한 정보를 기억하는 수준을 넘어 자료의 내용을 다소 치환해도 그 의미를 알고 해석하고 토론하는 능력 "설명하다, 번역하다, 예시하다, 토론하다, 예언하다, 추론하다, 관계 짓다." ※ 네 말로 줄거리를 이야기 해 볼래요? ※ 이 글이 주는 교훈이 뭐라고 생각하나요?
적용	이미 배운 내용인 개념, 규칙, 원리, 이론, 기술 방법을 구체적인 또는 새로운 장면에 응용할 수 있는 능력 지식이나 이해력은 적용력의 기초가 되며 적용력으로 부터 사고력이 생긴다. "응용하다, 변화시키다, 분류하다, 수정하다, 관계 짓다, 사용하다, 작성하다, 어떻게? 어느 것" 등 ※ 중요한 사건을 바꾸면 이야기가 어떻게 달라질까요? ※ 등장인물이 한 일에 대해 동의하는지 말해 볼까요? (나와 비교)
분석	조직, 구조 및 구성요소의 상호관계를 이해하기 위해 주어진 자료의 구성 및 내용을 분석하는 영역 자료를 분석할 수 있는 능력을 기르기 위한 발문 "왜, 분석하다, 분류하다, 지적하다, 지지하다, 세분하다, 추론하다." ※ 이 소설의 등장인물은 누구누구인가요? ※ 이 인물들간의 관계는 어떠한가요? ※ 이 인물들은 어떠한 신념에 따라 행동했나요?
종합	여러 요소나 부분을 모아 새로운 체계를 만들 수 있는 능력으로 창의적 사고를 필요로 한다 "창조하다, 계획하다, 고안하다, 설계하다, 재구성하다, 결론을 내리다." ※ 이 글의 제목을 바꾼다면 어떤 것이 좋을까요? ※ 도표나 차트를 만들어 볼까요? ※ 뒷이야기를 꾸며 볼까요?
평가	작품, 사상, 자료 등에 대하여 가치 판단을 내릴 수 있는 능력 "평가하다, 판단하다, 사정하다, 비평하다, 왜? 비교하다." ※ 주어진 글의 논리 전개 과정은 어떤가요? 논리의 일관성은 있나요? ※ 주인공이 다르게 행동했다면 어떻게 되었을까요?

2) 정의 영역 발문 구성

인지 영역의 발문에 비해 영역별 발문의 형태가 뚜렷이 구분되지 못한다.

영역	발문 내용
수용	어떠한 자극이나 활동을 기꺼이 수용하고 자발적으로 주의를 기울이게 되는 것과 같은 민감성 "묻다, 답하다, 주의를 기울인다. 관찰하다. 수용하다." 그 아이디어에 관심이 있나요? ※ 그 주인공이 매력적이라고 생각하나요?
반응	어떠한 자극 또는 활동에 적극적으로 참여하고 자발적으로 반응하며, 그러한 참여와 반응에서 만족감을 얻게 되는 행동 "대답하다, 노력하다, 돕다, 연습하다, 암송하다, 말하다, 쓰다." ※ 시를 읽고 그림으로 나타내 보자.
가치관	특정대상, 활동 또는 행동에 대하여 의의와 가치를 추구하고 행동으로 나타내는 정도 "완성하다, 기술하다, 구분하다, 설명하다, 추구하다, 형성하다, 채택하다." ※ 행동을 비교해 볼까요? ※ 어떤 등장인물의 가치관에 동의하나요?
조직화	일관성있는 가치체계를 내면화시키는 전초단계로서 서로 다른 수준 또는 종류의 가치를 비교하고 통합하는 행동 "주장하다, 결합하다, 비교하다, 설명하다, 방어하다, 조직하다, 판단하다, 수정하다, 통합하다." ※ 글을 읽고 토론을 해 보도록 해요.
인격화	개인의 활동 및 생활의 기준이 되며, 가치관이 지속적이고 일관성 있고, 또 그것이 그의 행동을 예측할 수 있을 정도로 확고하게 그의 인격의 일부로 내면화된 정도 "생활화하다, 행동하다, 변별하다, 경청하다, 수정하다, 하고 싶어하다, 나타내다, 예측할 수 있는." ※ 백범 김구를 읽고 앞으로 어떤 가치관으로 생활하겠는가 말해 보도록 해요.

5. 발문자의 자세

여러 연구 결과에 의하면 동화 내용에 대한 확산적 발문을 받은 집단이 지시적 발문 집단이나 발문을 받지 않은 집단보다 창의성 점수가 높았다는 결과가 있다.

이것은 아동과 교사가 동화를 읽고 상호작용을 하는데 있어서 단순한 내용의 회상이나 이해를 묻는 것보다 동화 내용에 대한 확산적 사고 경험을 하게하는 것이 아동의 사고과정에 긍정적인 영향을 미칠 것이라는 브라운(Brown, 1986)과 토랜스(Torrance, 1981)의 주장과도 일치한다.

독서지도는 일반적으로 도서선정 지도, 독서능력지도, 독서토의지도, 알맞은 표현활동지도 등으로 나눌 수 있다. 발문법은 독서지도의 영역 중에서 독서능력을 높이기 위해 필요한 전략이다. 독서지도를 할 때 교사들은 발문의 중요성을 알고, 교재에 관한 연구를 철저히 해야 한다. 동화 한 편으로 독서지도를 하더라도 학생들의 사고력을 골고루 발달시켜 주려면 발문 내용을 정선해야 하고 발문 내용을 구조화한다. 독서지도자는 늘 다양한 사고 활동이 기대되는 발문을 하도록 노력해야 한다.

6. 발문의 실제

1) 『두꺼비 신랑』 중에서 「주먹이」
글쓴이 : 서정오   출판사 : 보리

■ 인지적 영역 발문(Bloom)

지식	어느 시대에 있었던 일인가요? (무엇을 보고 알 수 있었나요?) 어디에서 있었던 일일까요? (학습한 사실, 개념)
이해	줄거리를 이야기해 보세요. 아버지가 주로 하는 일은 무엇이었을까요? 그리고 시간이 날 때 하는 일은 무엇이었을까요? 아버지는 주먹이가 자기 주머니에서 빠져나간 것을 전혀 모르고 있었어요. 왜 그랬을까요? (비교, 요약, 예, 구별, 관계짓기)
적용	부모님의 허락을 받지 않고 몰래 집을 빠져나가면 어떤 일이 생기게 될까요? 만약 주먹이가 아버지에게로 되돌아오지 못했다면 어떻게 되었을까요? 우리가 지금 당장 집과 부모님을 떠난다면 어떤 일이 생길까요?
분석	이야기 내용 중에서 '현실에서 있음직한 일'과 '없을 것 같은 일'을 구별해 보세요. 나오는 사람들은 누구누구인가요? 주먹이가 한 일에 대해 어떻게 생각하는지 말해 보세요. (나누거나 관련성)
종합	이 글의 제목을 다시 지어보세요. (결합, 창조) 집으로 돌아가서 어머니에게 이 일을 알렸으면 뭐라고 했을까요? 주먹이에게 하고 싶은 말은 무엇인가요? 편지로 써 보세요.
평가	아버지의 주머니에서 몰래 빠져나온 주먹이는 여러 가지 고난을 겪었지요? 주먹이가 좀 더 적극적으로 모험을 찾아 나섰다면 어떻게 달라졌을까요? (판단)

■ 정의적 영역의 발문

주먹이가 마음에 드나요?

주먹이 아버님은 자식이 없자 부처님께 빌어서 주먹이를 얻었지요. 이런 이야기를 들어본 적이 있나요?

자기가 원하는 것이 있을 때 어떻게 하면 그것을 얻게 될지 이야기해 보세요.

주위에 주먹이처럼 체구가 유달리 작거나, 아니면 뚱뚱한 친구는 없나요?

그 친구가 겪는 어려움에는 무엇이 있을까요?

그리고 어떻게 도와줄지 의견을 나눠보세요.

■ 어휘력

책을 읽다가 잘 모르는 말이 나오면 표시해 보세요.

정성들여 자식을 키우는 경우를 일컫는 말을 찾아보세요.

'호랑이가 담배 피우고 까막까치 말할 적'에는 무슨 뜻일까요?

2) 문학 감상 독서를 위한 발문

■ 목표

가. 작품 속에서 주요 인물과 부수적인 인물을 구분하고, 작가가 인물을 어떻게 세시하였는지 깨닫는다.

나. 사건의 흐름을 추적하고 구성의 단계를 알며 구성에 있어서 긴장의 원인을 안다.

다. 작품의 시간적 공간적 배경을 안다.

라. 작품의 주제를 알고 자신의 생활과 연결시킨다.

■ 방법

가. 작가가 중요한 인물의 특징을 어떻게 표현했는지 그 방법을 깨닫도록 도와주기 위해서 발문을 던진다. 작가가 표현하는 등장인물의 말씨나 행동, 그리고 다른 사람들의 반응들을 찾도록 안내한다.

나. 구성이나 이야기 순서를 알게 하기 위해서 주요 사건의 목록을 만들도록 한다. 작품에서 생략할 수 있는 사건을 찾게 함으로써 사건의 중요도를 가린다. 중요한 사건 하나가 이야기를 절정에 이르도록 한다는 걸 깨닫도록 한다. 작품은 처

음(발단)과 가운데(전개, 위기, 절정), 끝(결말)으로 구분하고, 갈등의 유형을 설명하여 갈등으로 사건이 전개되는 것을 깨닫게 한다.

다. 시간적, 공간적 배경을 알도록 발문을 던지고 근거가 되는 단어나 문장을 찾게한다.

라. 주제란 작품의 중심사상이란 걸 설명해 주고 작품의 의미를 말해보게 하며, 주제 문장을 써 본다.

■ 구성

가. 등장인물 이해하기

주인공은 누구인가요?

주요 인물과 부수적 인물은 각각 누구인가요?

○○는 어떤 유형의 인물이며 그렇게 말하는 근거는 어디에 있나요?

나. 사건 이해하기

사건은 무엇에서부터 시작되었나요?

가장 중요한 사건은 무엇인가요?

만약 ○○였다면 사건은 어떻게 전개되었을까요?

이야기의 정점은 어느 부분인가요?

다. 배경 이해하기

시간적 배경은 언제이며, 어떻게 알 수 있었나요?

공간적 배경은 어디이며, 어떻게 알 수 있었나요?

라. 주제 이해하기

작가는 이 작품을 왜 썼을까요? 뭘 보고 그렇게 생각하나요?

주제가 무엇인지 생각해 봅시다.

마. 생활에 연결시키기

작품에서와 같은 사건을 경험한 적이 있나요? 있다면 무엇인가요?

작품 속에 나온 등장인물과 같은 사람을 알고 있나요? 있다면 어떤 사람인가요?

바. 관점 넓히기

작품을 읽고 나서 읽기 전에 가졌던 생각과 달라진 점은 무엇인가요?

내가 작품 속의 ○○였다면 어떻게 했을까요? 왜 그렇게 할까요?

7. 발문 활용

1) 기다려 주기(pausing)

적절한 기다림 없이 교사가 질문을 철회하면 학생은 교사로부터 무시당했다는 느낌을 받는다(김영준, 1994).

2) 고쳐서 발문하기(rephrassing)

학생이 교사의 발문을 잘 이해하지 못한 경우라고 판단될 때 발문 형태를 다시 한 번 학생의 이해 수준으로 풀어서 제시. ― 학생들이 현재 문제를 이해하였는가?

3) 촉구하기(prompting)

어떠한 행위를 완성하도록 지속적인 격려와 관심을 가진다.

4) 추가 발문(asking suppementary)

학생의 답변을 보다 상위 수준으로 유도하기 위한 발문.

■ 좋지 않은 발문 유형

· 숨 쉴 틈도 없는 지속적인 발문 ― 말꼬리를 물고 이어지는 발문.

· 답이 그대로 노출되는 발문.

· 강매형 발문 ― 알았지요?

· 한계가 불명확한 발문 ― 지나치게 추상적이고 요점이 불분명한 발문.

3절 독해 중심 독서지도

독해 중심 독서지도는 독서의 가장 본질적인 학습이라고 할 수 있는 "내용 이해" 중심 독서지도이다. 글을 읽고 그 의미를 제대로 파악하기 위해서는 개념에 대한 정확한 이해가 선행되어야 한다. 잘 읽기 위해서는 다양한 독서 방법을 훈련할 필요가 있다.

1. 단계별 독해 지도

1) 독해 준비 단계(유아에서 초등 3학년)

가. 읽기 준비도

독서 레디네스(reading readiness) 형성에 주력한다. 독서 레디네스란 읽기 학습에 필요한 몸과 마음의 성숙 발달 상태를 뜻하는 것으로 독서 시작 전에 자연적으로 생기기도 하고 독서지도 과정에서 생겨나기도 한다. 독서 레디네스가 형성되기 위해서는 지능 외에도 시력, 청력, 발성기관 등의 건강상태에 이상이 없어야 한다. 보통 독서 레디네스 형성 시기는 정신연령 6세부터나 6세반 무렵에 성립하는 것으로 인식된다.

문화 준비도: 독자가 살고 있는 시대, 사회, 가정이 가지고 있는 독서에 대한 생각
심리적 준비도: 책에 대한 흥미와 호기심 정도
환경적 준비도: 주변의 온도, 소음도, 조명과 책과의 거리 등 환경

신체상의 준비도: 독자의 건강상태. 영양상태나 환경이 좋지 못할 경우 뇌수로 흐르는 혈액이 부족해 진다.

나. 음독하기(소리 내어 읽기)

문자 지각의 단계에 있는 독자가 경험하는 초기 독서 형태이다.

문자기호 자각→음성언어 기호→소리와 의미 결부→문자의 의미파악

독서 능력을 향상시키고 독서 흥미 유발

다. 묵독하기(속으로 읽기)

눈으로 읽기–문장 단위 읽기, 의미 위주 읽기 방법이 있다.

독서속도를 높여준다.

생각하며 읽게 한다.

라. 어휘력 기르기

폭넓은 독서를 한다.

많은 사람과 대화한다—어휘들이 습득된다.

불완전한 문장을 완전한 문장으로 바꾼다.

말놀이 게임을 한다.

국어사전과 백과사전을 이용하게 한다.

2) 독해 단계(초등 1학년~6학년)

가. 줄거리 읽기

긴 글을 줄거리 형태로 이해하고 기억하는 읽기 훈련이다.

책 내용을 시간 순서에 따라 재배치하는 것이다.

어디서 누가 무엇을 어떻게 왜 했는지 내용을 재구성한다.

나. 요점 읽기

스스로 중요한 부분을 골라 읽는 부분 읽기 방법이다.

단락을 정해서 정확하게 읽는다.

줄거리, 주제, 인물의 성격도 포함한다.

글의 요점은 독서 자료와 목적에 따라 다르다.

교과서: 정의나 규칙

문학: 주제

위인전: 성장의 동기

중요한 낱말이나 문장 찾기, 중요한 낱말과 문장 밑줄 긋기

다. 훑어 읽기

짧은 시간에 많은 정보를 얻기 위한 읽기이다.

제목을 보며 무엇에 관한 책인지 생각한다.

목차를 보고 내용을 짐작한다.

책 표지의 선전 문구를 읽어 본다

책장을 넘기며 띄엄띄엄 읽는다.

· 단순 훑어 읽기 : 전체적으로 무엇이 씌어있는지 살필 때(신문, 잡지) 읽는 방법이다.

명사 중심으로 안구를 건너뛰며 읽는다.

요점 위주로 빨리 읽기를 한다.

신기한 것, 처음 안 것 등에 안구를 정지시킨다.

가치 있다고 생각되는 정보에 안구를 정지한다.

읽으면서 납득이 안 되는 부분을 표현하며 읽는다.

· 목표 훑어 읽기 : 찾고자 하는 정보를 얻기 위해 읽을 때(조사, 보고서, 백과사전 보기) 읽기 방법이다.

알고 싶은 것의 종류와 범위를 정하고 읽는다.

정보의 근원이 될 수 있는 도서를 정확히 안다.

두세 가지 다른 정보가 있을 때는 정보의 취사선택을 위해 또다른 책을 찾아본다.

라. 뭉뚱그리며 읽기

글을 읽고 한 마디로 뭉뚱그려 요약하는 것이다.

나열되거나 대립되어 있는 사물의 개념을 통일시켜 하나의 의미로 정립시키는 능력

으로 글 내용을 핵심단어나 핵심 문장으로 바꾸어 요약하기다.

뭉뚱그리기에는 글을 비판하는 자신의 의견을 넣어서는 안 된다.

마. 분석하며 읽기

책을 읽을 때 숨겨져 있는 주제를 알기 위해 부분 부분을 나누어 분석해 보는 읽기 방법이다.

첫째, 무엇에 관한(outline) 글인지 알기 위해 제목과 서문을 참조한다.

둘째, 글의 짜임을 알아본다. 서론, 본론, 결론. 두괄식, 미괄식

셋째, 사건의 인과관계에 대한 결과를 알아낸다.

넷째, 저자의 의도를 알아낸다. 핵심 단어, 핵심 문장 파악

바. 관계 읽기

중요한 개념과 의미 관계를 연결하며 읽기. 이 읽기 방법은 예시, 분류, 정의, 유사, 비교, 순서, 인과관계 등을 따져보며 읽는 것이다.

인종—황인종, 흑인종, 백인종(O)

황인종—인종, 흑인종, 백인종(×)

사. 구조화 읽기

문학 : 2항 대립구조(옛이야기: 선과 악), 3항 대립구조

교과서 지식 책 : 망구조(그물구조), 연계구조(사슬구조), 위계구조(나뭇가지 구조)

아. 문맥 읽기

설명문, 논설문 등에는 사전적 이미지가 많이 사용되고, 문학적인 글에는 문맥적 이미지가 많이 쓰인다.

자. 빨리 읽기

짧은 시간에 많은 정보를 알아내기 위한 독서이다.

· 빨리 읽기가 되지 않는 경우

어휘력 부족

소리 내어 읽거나 입을 달싹거릴 때
글자를 따라 머리가 움직이는 경우
묵독 훈련이 안 되었을 때
시력이 나빠 안구 운동이 안 될 때
사고력이 부족할 경우
심리적 안정이 되지 않아 집중력이 없을 때

3) 능동적 독해 단계(초등 4학년부터 중고등학교)

가. 느끼며 읽기
인물의 심정을 느낀다.
인물의 행동을 자기 경험과 결부시킨다.
배경과 장면을 상상하며 읽는다.
책 속에 표현된 정서를 느끼며 읽는다.

나. 상상하며 읽기
작품 속의 장면, 정경, 분위기를 상상하며 읽는다.
인물의 기분, 성격, 얼굴모양, 말투, 표정 태도, 옷차림을 상상하며 읽는다.
빛깔, 모양, 크기, 촉감, 소리, 무게 등을 상상하며 읽는다.

다. 추리하며 읽기
글을 읽으면서 왜? 라고 의문을 품어본다
그래서? 그 다음에는? 하고 생각하며 읽는다.
무엇 때문에? 를 생각하며 읽는다.
만약에 나라면? 을 생각하며 읽는다.
그와 반대라면? 이라고 생각하며 읽는다.
생략되어 있는 것이 무엇인지 알아본다.

■ 추론적 독해 방법
가. 문장의 연결 관계를 통하여 생략된 정보를 추론한다.

나. 뜻이 분명하지 않은 문장의 의미를 자신의 배경 지식을 활용하여 정확하게 파악한다.

다. 글에 제시되어 있는 내용을 바탕으로 글 속에 분명히 드러나 있지 않은 중심 내용이나 주제를 파악한다.

라. 필자의 입장이 되어서 글 속에 숨겨진 가정이나 전제를 파악한다.

마. 글에 제시되어 있는 내용을 바탕으로 필자가 글을 쓰게 된 동기나 목적을 정확하게 파악한다.

바. 문맥의 흐름을 기준으로 하여 문단의 연결 관계를 정확하게 파악한다.

사. 글의 조직 및 전개 방식을 기준으로 하여 글 전체의 계층적 구조를 정확하게 파악한다.

■ 추론적 이해 기능의 신장을 위한 효과적인 학습 방법

가. 여러 가지 글을 많이 읽고 인문, 사회, 자연 등 각 분야에 대한 상식을 넓히도록 한다.

나. 글을 읽는 과정에서 자신의 경험, 배경 지식과 관련지어 글 내용을 이해하도록 한다.

다. 글을 읽으면서 각 문단의 내용 구조도와 글 전체의 내용 구조도를 작성해 보도록 한다.

라. 필자가 글을 쓰게 된 동기나 목적이 무엇인지를 분명히 파악하면서 글을 읽도록 한다.

라. 비판하며 읽기

글의 사실성과 진실성을 비판해 본다.(설명문)

사상이나 논리의 타당성을 비판해 본다.(논설문)

과장된 표현은 없는지 살펴본다.(선전문)

잘못된 표현은 없는지 생각해 본다.(시)

문단의 전개가 올바른지 살펴본다.(산문)

결말의 타당성을 살펴본다.(산문)

글쓴이의 태도가 주관적인지 객관적인지 살펴본다.(모든 글)

저자의 주장이 타당한지 살펴본다.

■ 비판적 독해 방법

가. 단어 선택 및 문장 구조의 측면에서 내용 및 표현의 정확성과 적절성을 판단하며 글을 읽는다.

나. 문단의 구조, 글 전체의 구조, 내용의 논리적 전개 등의 측면에서 내용 및 조직의 정확성과 적절성을 판단하며 읽는다.

다. 글 전체의 통일성, 일관성, 강조성 등의 측면에서 내용 및 조직의 적절성을 판단하며 읽는다.

라. 글의 주제나 목적에 비추어 내용의 타당성과 효용성을 판단하며 읽는다.

마. 건전한 상식이나 사회 통념, 윤리적 가치, 미적 가치 등에 비추어 내용의 타당성과 효용성을 비판하며 읽는다.

바. 독서의 목적과 독자의 입장에 비추어 글에 제시되어 있는 정보의 효용성을 파악하며 읽는다.

■ 비판적 독해 기능 신장을 위한 학습 방법

가. 글을 읽으면서 일반적으로 옳다고 받아들이는 사실 혹은 의견에 대해서도 의문을 제기해 보도록 한다.

나. 글에 제시되어 있는 어떤 진술이 자신이 알고 있는 지식이나 경험과 상반된다 하더라도 충분한 근거가 있으면 그것을 타당한 진술로 받아들이도록 한다.

다. 글을 읽고 이해하는 과정에서 필자가 제기하는 문제의 핵심에서 벗어나지 않도록 주의를 집중한다.

라. 감정적, 주관적인 요소를 근거로 하여 필자가 제시하는 내용, 내용의 조직 방식, 내용의 표현 방식 등을 부정적으로 평가하는 일이 없도록 한다.

마. 창의적으로 읽기

글을 읽으면서 궁금한 사항을 메모한다.

글을 읽으면서 빠진 부분을 발견하고, 그곳을 적당한 말로 보충하며 읽는다.

다음 이야기가 어떻게 전개될 것인지 생각해 본다.

만약에 그와 반대 상황이라면, 하고 생각해 본다.

그림을 보고 대화(말 주머니)를 써넣어 본다.

그림을 보고 제목을 생각해 본다.

바. 문제 해결하며 읽기

책을 읽으면서 주인공과 자신을 동일시한다.

나와 주인공의 공통점과 차이점을 찾아본다.

작품 속의 인물이 실패한 원인을 알아보고 대안을 마련해 본다.

작품 속 인물이 성공한 이유를 알아본다.

성공한 자와 실패한 자의 차이가 무엇인지 알아본다.

2. 다양한 독해 방법

1) 책 읽는 방법

책을 읽는 방법은 크게 정독과 속독으로 나누어진다. 그 외에 학습을 위한 학습독서가 최근에 주목 받고 있다. 그러나 진정한 독자는 주어진 정보를 빠른 시간 내에 정확히 읽어내는 것이다. 하지만 책의 장르나 특성에 맞게 읽는다면 좀 더 효과적인 독서를 하게 될 것이다.

읽는 목적이나 자료의 성격에 맞게 조절하며 읽도록 지도한다. 속도 조절, 질문에 답하고 예측하기, 줄거리 파악하기, 문단 나누기, 구체적인 사실 확인하기, 내용 파악하기, 주제 파악하기 등을 지도하면서 개인에 따라 속도를 적절히 조절하도록 도와준다.

音讀(음독)	소리내어 읽기	素讀(소독)	명상을 하며 읽기
朗讀(낭독)	큰 소리로 읽기	悟讀(오독)	깨달으면서 읽기
默讀(묵독)	눈으로 읽기	再讀(재독)	반복해서 읽기
遲讀(지독)	깊이가 있는 책 읽기	涑讀(속독)	빨리 읽기
熟讀(숙독)	내용을 깊이 있게 익히며 읽기	通讀(통독)	꿰어 읽기
味讀(미독)	내용을 음미하면서 읽기	積讀(적독)	쌓아두고 읽기

• 음독(音讀) : 소리 내서 읽기

전통적인 책읽기 방법으로 글자를 읽는 초기에 주로 사용한다. 이 단계에서는 소리를 내서 읽도록 하는 것이 효과적이다.

> "자제들이 글 외우는 소리가 유창하여 마치 병 속에 물을 따르는 것만 같으니 또한 통쾌하지 아니한가?"
>
> —청나라 김성탄의 "쾌설"

• 낭독(朗讀), 성독(聲讀) : 큰 소리로 읽기

중세 때 주로 종교적 행위로 읽혔던 책읽기 방법이다. 이것은 읽고 또 읽는 방법이다. 특히 경전이나 고전은 이 방법으로 읽었다. 성경을 읽는 유대인들 그리고 이슬람교도들 역시 경전을 읽는데 전신을 다 동원한다. 코란을 읽을 때는 자신도 충분히 들을 수 있도록 큰 소리로 외칠 것을 요구했다. 왜냐하면 읽는다는 것은 각각의 소리를 구별한다는 의미여서 그렇게 함으로써 외부 세계로부터 야기되는 마음의 혼란을 몰아낼 수 있기 때문이다. 최초의 읽기는 시각적 지각이기보다는 청각적 지각이었을 수도 있다. 현대에는 시나 전래동화도 낭독하도록 지도한다.

• 묵독(默讀), 목독(目讀) : 눈으로 읽기

음독에서 묵독으로의 변화는 독서 문화와 유럽 지성사에서 상징적인 의미를 뚜렷이 가졌다. 서구에서는 10세기까지 보편화되지 않았던 책읽기로 아우구스티누스가 암브로시우스(중세교부)의 독서의 모습을 소개한 것이 묵독의 최초 기록이다.

> "책 읽을 때 그의 두 눈은 책장을 뚫어져라 살피고 가슴은 의미를 캐고 있었지만 그의 목소리는 들리지 않았고 움직이지 않았다."
>
> — 아우구스티누스

루터의 연구 이후 묵독이 이루어졌고 밀실에서 무릎 꿇은 자세로 읽어야 제격인 책읽기로 여겨졌다. 그러던 것이 1910년경부터 묵독이 다시 대두되었는데 12세기 중엽에 이르러 독서 기술의 새 변화는 수도사의 독서에서부터 학구자의 독서로, 공동체의 독서에서부터 개인의 독서로 이행되었다. 이해와 속도면에서는 음독을 앞선다. 주로 책을 읽고 이해하는 중급단계부터 사용하는 것이 효과적이다.

• 정독(情讀) : 자세히 읽기

읽기의 기본적인 것으로 문장 서술을 통하여 필자가 이야기하고자 하는 주제나 요지를 정확하게 읽고 파악하기 위한 것이다. 한 작품이나 문장을 읽은 후 전체의 뜻을 파악하고 그 의미의 구성과 전개 과정, 어구와 문장의 표현 형태를 깊이 있게 읽는다. 그러한 과정을 통하여 작품이나 문장 등의 주제와 요지를 파악하는 것이다.

• 지독(遲讀) : 머무르는 책읽기, 깊이 있는 책읽기, 밑줄 긋기 표시하며 읽기

링컨의 책읽기—한 권의 책을 읽고 감명 받은 부분을 밑줄 긋고 다시 읽고 암송하곤 했다. 시나 수필 등 문학 작품에 효과적이고 기억에 오래 남는다.—메모 기술 필요.

• 숙독(熟讀) : 익히며 읽기, 내용을 깊이 있게 숙지하고 내면에 새기는 책읽기

1658년 18세의 장 라신, 시토 수도회 수도사들 감시아래 수도원에서 공부하다가 초기 그리스 소설인 '테오고니스와 케리클레스의 사랑'을 발견했다. 몇 번을 들킨 그는 교회지기에게 뺏겨 불에 태워지고 말았다. 그래서 그는 몽땅 외워버렸다. 그리곤 교회지기에게 이것도 태워보라며 빈정댔다. 훑어 읽기기 아닌 자신의 깃으로 몽땅 소화해서 읽는 것이다.

• 미독(味讀) : 맛을 음미하며 읽기 방법이다.

문장이나 표현 등을 되새기면서 그 의미를 느끼는 책읽기. 수필, 시, 고전작품 등

"어떤 책은 음미하고 어떤 책은 삼켜야 하고 일부는 씹어 삼켜야 한다."

— 프란시스 베이컨

• 소독(素讀) : 거닐며 읽기.

산책을 하며 읽을 수도 있지만 책을 읽고 나서 사색하는 책읽기를 말한다. 읽은 책을 떠올리면서 명상을 하는 것이다.

• 오독(悟讀) : 성현들의 독서법, 깨달음의 독서, 읽은 것을 삶에 적용하는 것

홍길주(조선시대 문장가)는 재주와 노력과 깨달음, 세 가지를 말했다.

"재주만 믿고 노력을 하지 않는 사람은 구제 불능이다. 어찌해 볼 도리가 없다. 어릴 적에 똑똑하지 않았던 사람은 없다. 꾸준한 노력만이 나풀대는 재주의 경박함을 다스린다. 하지만 미련하게 외곬으로 들이파기만 한다고 되는 것은 아니다. 오성(悟性)이 열려야 한다. 깨달음 없이 그저 독서 목록만 추가한다면 그야말로 한갓 읽기만 하는 '徒能讀(도능독)'의 독서일 뿐이다. 오성은 재주만으로는 안 되고 노력이 없이는 더욱 안 된다."

• 재독(再讀) : 다시 읽기, 반복독서의 효과

옛 성인들은 한 번 읽을 때마다 하나씩 뒤집어서 읽은 횟수를 표시하여 백독(百讀), 천독(千讀)의 목표를 세워 한 겨울을 산사에서 나곤 했다.

"해마다 셰익스피어의 비극 '햄릿'을 새로 읽고 그때마다 감동을 글로 남기면 그것은 사실상 우리 자서전을 기록하는 것이나 마찬가지이다. 그 이유는 인생경험이 풍부하면 풍부할수록 인생에 대한 셰익스피어의 해석도 그만큼 더 절실하게 와 닿기 때문이다."

• 속독(速讀), 속견(俗見) : 빨리 읽기

정보화 시대에 어울리는 책읽기이다. 이해를 하면서 읽는 행동을 빨리 하는 것으로, 적어도 이해하는 정도는 같고 시간을 단축하여 읽는 법이다. 또는 이해의 정도도 일단 높이고 읽는 시간도 단축시켜서 읽는 법 등을 말한다. 속독의 저해 요인을 제거하고 적당한 안구 훈련으로 속독을 할 수 있다.

• 통독(通讀) : 훑어 읽기

중요하지 않거나 미리 알 수 있는 부분을 대강 훑어서 읽는 방법. 책을 고를 때도 효과적으로 사용한다.

• 적독(積讀) : 쌓아두고 읽기, 발췌하여 읽기

필요한 부분만 골라서 읽는 것을 뜻하는데 '발췌독'이라고도 한다. 정보화 사회 책읽기로 적당하고 일상생활에서 요긴하게 사용되고 있는 책읽기 방법이다.

• 다독(多讀) : 많이 읽기

특별한 분야의 책을 읽지 않고 폭넓은 독서를 하는 것을 말한다. 많은 분야를 접할 수는 있지만 전문적인 지식을 갖는 데는 한계가 있을 수 있다.

• 구연(口演) : 연기하듯 읽기

창작동화나 전래동화를 좀 더 실감나고 재미있게 읽는 방법이다. 책의 느낌을 극대화시키고 감성을 자극한다.

이 밖에도 다음과 같은 책 읽기가 있다.
합독(合讀)—함께 읽기
윤독(輪讀)—돌아가면서 읽기
교독(交讀)—번갈아가면서 교대로 읽기

2) 문학서와 실용서 읽기
■ 실용서적 정의

지식을 전달하는 분야를 더 정확히 알고 모든 구분의 경계를 뛰어 넘는다는 데서 실용 서적이 필요하다.

■ 실용서적 읽기

1. 저자의 목적을 찾는다
2. 저자가 목적을 이루기 위해 어떤 방법을 제시하고 있는지 찾는다
3. 독자가 잘 이해하도록 갖춘 책인지 알아본다

■ 실용서의 의미

인류의 지(知)의 총체가 어떤 방향으로 확대/발전하고 있는지 알고, 그에 대한 지적 영역을 넓히는 게 가장 의미 있는 독서활동이다.

3) 문학서의 의의

> 1. 역사와 인간 사상의 형성과 변전(變轉)에 중요한 역할
> 2. 인간 정신 세계를 조명하는 공간　　　3. '홀림'과 '내포'의 언어 미학
> 4. 한 개체의 성장 과정을 돕는 작용　　　5. 전 생애적으로 만나는 유가치한 경험
> 6. 인간 개체와의 인류 계통을 넘나드는 자장(磁場)

■ 문학 읽기의 구조

> 1. 자아의 세계가 상호 작용하는 곳　　　2. 우리의 자아를 조절하고 동화해 가는 곳
> 3. 감정 이입과 심리적 상승　　　　　　4. 현실을 뒷받침하는 상상력의 공간

■ 독서 동기와 문학 읽기

> 1. 언어는 문화를 이해하는 코드　　　2. 독서는 어휘력을 늘린다

■ 언어발달과 문학 읽기

> 독서의 궁극적인 목적　➡　"유능한 독서자가 되는 것"

3. 속해 독서법

1) 독서 속도와 이해력 관계

　속해법은 글을 빨리 정확하게 읽는 것이다. 〈5차원 전면교육법〉의 속독은 현재 자신의 독서 능력보다 두 배 늘리는 것을 목표로 한다. 『정보화시대의 속해학습법』,(소강춘 외)를 참고하여 내용을 정리해 본다.

　보통 글을 읽는 속도가 빠르면 이해력이 떨어진다고 생각한다. 그러나 그렇지 않다. 속도가 느릴수록 집중력이 떨어지고 이해하기 힘든 경우도 많다. 한글의 경우 일반적으로 한 번 시선을 던져 파악할 수 있는 글자가 4~5글자이다. 우리 두뇌가 글자 내용을 파악하고 이해하는데는 평균 0.2~0.25초 소요된다. 이를 계산해 보면 1분당

960~1500자 정도 읽는 것이 정상적인 속도이다.

"철·수·가·어·제·친·구·를·만·나·서·축·구·를"이라는 문장을 천천히 10초에 걸쳐 얘기해 보자. 이를 10초 동안에 "철수가 어제 친구를 만나서 축구를 하고 오후에는 공부를 했다. 그리고 어머니와 함께 서점에 들러 책을 샀다. 집에 와서는 이 책을 읽고 독후감을 썼다."라고 2~3배 정도 빨리 이야기 해도 전부 알아 듣는다.

(1) 안구 훈련

글 읽는 속도는 눈의 움직임 속도로 결정된다. 안구를 움직이는 근육을 발달시켜 안구가 빨리 움직이도록 훈련한다.

(2) 사선치기

인간은 정보를 의미단락(sence group)의 덩어리로 받아들인다. 때문에 의미단락 묶음으로 사선을 치면서 글자 정보를 처리하면 이해도가 증가하고 읽는 속도도 빨라진다.

2) 정보처리 능력 기르기─신속성과 정확성 훈련

최근 전자 공학이 발전하면서 전투기들의 공중전에 있어서도 항공기의 속도, 풍속, 위치 등 정확한 정보와 신속한 계산이 생사를 결정한다고 한다. 정확히고 신속한 정보처리 능력은 전투에만 국한되는 것이 아니다. 전문적인 일이나 학문, 더 나아가 실생활의 모든 영역에 적용할 수 있다.

정보를 정확하면서도 신속하게 처리하는 훈련은 책이나 문서를 읽으며 할 수 있다. 그 방법은 판단력과 결단력을 기르도록 돕는다.

글과 말의 비밀 : 중요한 문장과 보조 문장으로 나누어진다.

모든 동물은 자라고 번식하는 데 먹이를 필요로 합니다. 그래서 동물들 사이에는 먹고 먹히는 관계가 형성됩니다. 우리는 이러한 관계를 먹이사슬이라고 부릅니다.
그러면 동물들 사이에는 어떻게 먹이 관계가 이루어지고 있을까요? 거기에는 일정한 법칙이 있습니다. 식물은 초식 동물에게 먹힙니다. 그리고 초식 동물은 육식 동물에게 먹힙니다. 육식 동물이 죽으면 썩어 식물이 자라는 데 필요한 거름이 됩니다. 예를 들면, 파리는 개구리의 먹이, 개구리는 뱀의 먹이, 뱀은 매의 먹이, 매가 죽으면 파리의 먹이가 됩니다.
이렇게 생태계의 모든 생물들을 서로 먹고 먹히는 먹이 사슬 관계를 맺고 있습니다.

(1) 밑줄 치기

정보를 처리할 때 정보 양을 늘리는 것은 중요하다. 그러나 각 정보의 핵심을 꿰뚫는 신속하고 정확한 정보처리도 대단히 중요하다. 글을 읽을 때 어떤 문장과 문단이 저자가 말하려는 중요한 것인지 판단하는 능력을 기르기 위해 문단별로 중요하다고 생각하는 문장에 밑줄을 긋도록 한다.

가) 형식문단 나누기 훈련

나) 문단별 문장 수 확인하기

다) 문단에서 글쓴이가 중요하게 여기는 한 개의 문장에 밑줄 긋기

라) 밑줄 그은 문장만 연결하여 읽어본 후 주제에 부합되는지 알아보기

문단에서 중요한 문장을 골라내는 능력이 향상되어 속해능력이 키워지고 글 분석능력이 향상한다.

(2) 네모치기와 사전 찾아 이해하기

글을 읽으면서 이해가 되지 않는 낱말이 있을 때 대부분 지나쳐 버리는 경우가 많다. 그러나 모르는 낱말에 네모를 쳐 놓은 다음 사전을 찾아서 이해하면 오랫동안 기억하게 된다. 글 분석 과정에서 모르는 낱말에 네모치기와 사전 찾기 과정을 자기 주도적으로 실천할 수 있도록 훈련한다.

지문이 많은 교과서 글을 읽을 때 적용하여 꾸준히 지도하면 모르는 낱말을 확실하게 이해하여 어휘력이 향상되고 사전 찾기를 통해 자기 주도적 학습력이 키워지게 된다.

(3) 글 분석하기

현대사회에서 많은 양의 정보를 빠른 속도로 처리하는 능력은 중요하다. 그러나 입력된 정보 핵심을 빠르고 정확하게 꿰뚫는 정보처리 능력 역시 대단히 중요하다. 주어진 정보를 읽을 때 '글 분석법' 순서에 따라 5가지 질문에 답하는 훈련을 하면 좋은 효과를 기대할 수 있다.

보통은 이런 질문에 답하기 위해 글을 처음부터 끝까지 읽어보아야 한다. 그리고 다음 질문에 답하기 위해 다시 읽게 된다. 다섯 가지 질문이 있으면 다섯 번까지 읽는 경우도 있다. 그러다 보면 시간이 많이 걸린다. 그러나 원리를 잘 알고 꾸준히 훈련하면 어떤 정보든지 빠른 속도로 정확하게 파악할 수 있다.

글을 읽을 때는 글쓴이 입장에서 읽도록 해야 한다. 그러면 글 내용을 정확히 파악하고 정보를 객관적으로 분석할 수 있는 힘이 길러진다. 분석하는 훈련을 꾸준히 실천하면 내용 파악이 정확하고 주제 찾기 능력이 향상된다.

가) 소리 내지 않고 사선치기, 네모치기를 하며 읽도록 한다.

    (몇 문단인가?)

나) 형식 문단별로 글쓴이 입장에서 중심이 되는 문장에 밑줄을 긋는다.

    (문단의 중심내용은?)

다) 각 문단에서 밑줄 그은 문장 연결하여 읽으며 가장 핵심이 되는 문단을 찾는다.

    (형식은 무엇인가?)

    (주제는 무엇인가?)

라) 주제에서 핵심단어 2~3개 압축하기.

    (제목은 무엇인가?)

3) 훈련의 실제

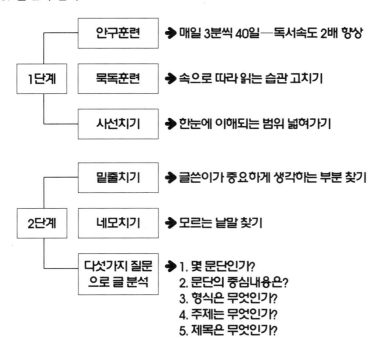

(1) 안구훈련

글 읽는 속도는 눈의 움직임 속도에 따라 달라진다. 이 훈련은 안구를 운동시켜 근육을 강화해 주는 것이다. 매일 꾸준히 실시하면 독서능력이 향상된다.

가상의 책과 같은 안구 훈련표를 보고 책을 읽듯 가로로 그려진 15개의 동그라미를 처음부터 끝까지 쭉 따라 읽는다. 고개를 움직이지 않고 눈동자만 움직여 10줄을 읽어 내려간다. 이 때 1분 동안 몇 회를 반복해서 읽었는지 측정한다. 마지막 중간에서 멈추었을 때는 횟수에 포함시키지 않는다.

매일 3분씩 40일정도 지속적으로 실시한다.

안구 훈련표

1차		회/분		2회		회/분		3회		회/분				
●	○	○	○	○	○	○	○	○	○	○	○	○	○	●
○	○	○	○	○	○	○	○	○	○	○	○	○	○	○
●	○	○	○	○	○	○	○	○	○	○	○	○	○	●
○	○	○	○	○	○	○	○	○	○	○	○	○	○	○
●	○	○	○	○	○	○	○	○	○	○	○	○	○	●
○	○	○	○	○	○	○	○	○	○	○	○	○	○	○
●	○	○	○	○	○	○	○	○	○	○	○	○	○	●
○	○	○	○	○	○	○	○	○	○	○	○	○	○	○
●	○	○	○	○	○	○	○	○	○	○	○	○	○	●
○	○	○	○	○	○	○	○	○	○	○	○	○	○	○

〈실시 요령〉
1. 허리와 등을 곧게 펴고 자세를 바르게 한다.
2. 혀를 살짝 잇몸에 대고 움직이지 않게 한다.
3. 시간을 재면서 빠르게 안구 훈련표를 읽어 나간다. 동그라미 하나하나에 오래 시간을 멈추지 말고 첫 번째 동그라미부터 그 줄의 마지막 동그라미 쪽으로 눈을 움직여서 10줄을 읽어나간다. 이렇게 해서 1분 동안에 몇 번을 보았는지 적고, 다음부터는 자신의 횟수를(예를 들어 6번) 보는 데 몇 초가 걸리는지를 재면서, 하루에 3번씩 안구 훈련 한다.

안구 훈련표(통계) (   )학년 (   )반 성명(   )

날짜	1회	2회	3회	날짜	1회	2회	3회
/	회	회	회	/	회	회	회
/	회	회	회	/	회	회	회
/	회	회	회	/	회	회	회
/	회	회	회	/	회	회	회
/	회	회	회	/	회	회	회
/	회	회	회	/	회	회	회
/	회	회	회	/	회	회	회
/	회	회	회	/	회	회	회
/	회	회	회	/	회	회	회
/	회	회	회	/	회	회	회
/	회	회	회	/	회	회	회
/	회	회	회	/	회	회	회
/	회	회	회	/	회	회	회
/	회	회	회	/	회	회	회
/	회	회	회	/	회	회	회
/	회	회	회	/	회	회	회
/	회	회	회	/	회	회	회
/	회	회	회	/	회	회	회
/	회	회	회	/	회	회	회
/	회	회	회	/	회	회	회

(2) 센스그룹(sense group, 의미 단위) 확장 훈련법

한 번에 눈에 들어와 이해되는 범위(3~4단어)로 사선을 치면서 글자 정보를 처리하게 되면 이해가 빠르고 속도도 단축한다. 계속 훈련하면 한눈에 들어오는 범위가 점점 증가되어 짧은 문장을 빨리 이해한다. 사선을 치면서 읽도록 하는 것은 정상수준의 속도(분당 1200~1500자)를 회복하기 위해서다.

이 때 실제 이해 단위는 2단어 정도이다. 무리하게 5~6단어씩 묶어 읽지 않도록 하고 최소한의 범위로부터 시작해 점차 확장시킨다. 구체적인 방법은 다음과 같다.

—자세를 바르게 앉고 책을 바르게 잡는다.
—글을 읽어 가면서 이해할 수 있는 범위만큼 사선을 긋는다.
—가능한 한 고개를 움직이지 않는다.
—사선은 짧고 깨끗하게 긋는다.

훈련을 거듭하다 보면 글을 이해하는 폭이 넓어지고 읽는 위치가 정확하여 집중을 잘 한다. 글 읽는 속도가 전보다 빨라짐을 느낄 수 있다. 뿐만 아니라 책 읽기가 즐겁고 독서량이 는다.

> 기름이 많이 담긴/ 등잔에서/ 아주 너울거리며/ 빛을 내고 있는/ 등불이/ 자기는/ 태양보다도 더 오랫동안/ 환하게 빛을/ 낼 수 있다고/ 자랑하였습니다./ 그런데 갑자기/ 바람이 불자/ 등불이 꺼져/버렸습니다./ 지켜보고 있던/ 주인이/ 다시 등불을/ 켜며 말했습니다.
> "이젠 /자랑하지 마라./ 앞으론/ 조용히 빛을 내어/ 방을 밝혀라/. 심지어는/ 별조차도/ 다시/ 켤 수 없다는 것을/ 가슴에 새겨라."/   (아주 초보단계)

↓

> 기름이 많이 담긴 등잔에서/ 아주 너울거리며 빛을 내고 있는 등불이/ 자기는 태양보다도 더 오랫동안/ 환하게 빛을 낼 수 있다고/ 자랑하였습니다./ 그런데 갑자기 바람이 불자/ 등불이 꺼져버렸습니다./ 지켜보고 있던 주인이 다시 등불을 켜며 말했습니다./
> "이젠 자랑하지 마라./ 앞으론 조용히 빛을 내어 방을 밝혀라./ 심지어는 별조차도/ 다시 켤 수 없다는 것을/ 가슴에 새겨라."   (초보단계)

↓

> 기름이 많이 담긴 등잔에서 아주 너울거리며 빛을 내고 있는 등불이/ 자기는 태양보다도 더 오랫동안 환하게 빛을 낼 수 있다고 자랑하였습니다./ 그런데 갑자기 바람이 불자 등불이 꺼져버렸습니다./ 지켜보고 있던 주인이 다시 등불을 켜며 말했습니다./
> "이젠 자랑하지 마라. 앞으론 조용히 빛을 내어 방을 밝혀라./ 심지어는 별조차도 다시 켤 수 없다는 것을 가슴에 새겨라."　　　　　　　　　　　　　　(읽기 발전단계)

↓

> 기름이 많이 담긴 등잔에서 아주 너울거리며 빛을 내고 있는 등불이 자기는 태양보다도 더 오랫동안 환하게 빛을 낼 수 있다고 자랑하였습니다./ 그런데 갑자기 바람이 불자 등불이 꺼져버렸습니다. 지켜보고 있던 주인이 다시 등불을 켜며 말했습니다./
> "이젠 자랑하지 마라. 앞으론 조용히 빛을 내어 방을 밝혀라. 심지어는 별조차도 다시 켤 수 없다는 것을 가슴에 새겨라."/　　　　　　　　　　　　　　(발전단계)

〔표1〕 속해독서훈련(1-8) (월 일) 학번 ( ) 이름 ( )

다음 글을 읽고 모르는 낱말이 나오면 ( )를 치고, 중심문장인지 보조문장인지를 판단하여 중심문장이라고 생각하는 곳에 밑줄을 치면서 읽어보세요.

> 글을 담은 그릇이 책입니다. 그런데 좋은 글, 훌륭한 글을 담은 책을 고르기란 그리 쉽지 않습니다. 좋은 글의 책을 고르기란 마치 결혼기의 남녀가 각기 이상적인 배우자를 고르는 것처럼 어렵고 힘든 일입니다.
>
> 그럼, 속이 알차고 좋은 글이 어떤 글인지 좀 더 자세히 알아볼까요?
>
> 첫째는 글이 전체적으로 통일을 이루어야 합니다. 이야기가 처음에는 동으로 가다가 중간에 서로 가고 나중에는 북으로 간다면 어떻게 될까요? 이것은 통일성을 잃어버리고 글 쓰는 사람의 생각이 이랬다저랬다 하기 때문입니다. 그러므로 글이란 마치 수도꼭지를 틀어서 똑같은 물줄기가 흘러나오듯 처음부터 끝가지 한 줄기, 같은 방향으로 이어져야 합니다.
>
> 둘째는 글 쓰는 이의 생각이 잘 나타내야 합니다. 그 생각이란 누구나 똑같이 할 수 있는 일반적인 것보다는 뭔가 남다른 것이어야 하고 누가 읽어도 '아, 정말 그렇구나' 하고 큰 감동을 줄 수 있어야 합니다.
>
> 셋째는 정직한 글이어야 합니다. 자기는 온갖 생활 용품을 외제만 쓰면서 글에는 국산품

을 애용하자고 한다면 그 사람은 결국 스스로 양심을 속이는 결과가 되는 것입니다. 우리는 겉치장만 번드르르하게 잘한 글보다 표현이 조금 서투르더라도 정직한 글을 써야 합니다. 속이 알찬 글은 결코 겉치장을 잘 하려고 애쓰지 않습니다. 본래 생긴 그 모습 그대로를 나타내 주는 글이어야 합니다.

〈정보화 시대의 속해학습법, 소강춘 외〉

1. 이 글은 내용 문단으로 나눌 때 몇 문단입니까?
2. 이 글의 형식은?
3. 각 문단의 요지를 적어보세요.
4. 중심생각을 적어보세요.
5. 제목을 붙여 보세요.

예) 중심 문장에 밑줄 긋기

글을 담은 그릇이 책입니다. 그런데 좋은 글, 훌륭한 글을 담은 책을 고르기란 그리 쉽지 않습니다. 좋은 글의 책을 고르기란 마치 결혼기의 남녀가 각기 이상적인 배우자를 고르는 것처럼 어렵고 힘든 일입니다.

그럼, 속이 알차고 좋은 글이 어떤 글인지 좀 더 자세히 알아볼까요?

첫째는 글이 전체적으로 통일을 이루어야 합니다. 이야기가 처음에는 동으로 가다가 중간에 서로 가고 나중에는 북으로 간다면 어떻게 될까요? 이것은 통일성을 잃어버리고 글 쓰는 사람의 생각이 이랬다저랬다 하기 때문입니다. 그러므로 글이란 마치 수도꼭지를 틀어서 똑같은 물줄기가 흘러나오듯 처음부터 끝까지 한 줄기, 같은 방향으로 이어져야 합니다.

둘째는 글 쓰는 이의 생각이 잘 나타내야 합니다. 그 생각이란 누구나 똑같이 할 수 있는 일반적인 것보다는 뭔가 남다른 것이어야 하고 누가 읽어도 '아, 정말 그렇구나' 하고 큰 감동을 줄 수 있어야 합니다.

셋째는 정직한 글이어야 합니다. 자기는 온갖 생활 용품을 외제만 쓰면서 글에는 국산품을 애용하자고 한다면 그 사람은 결국 스스로 양심을 속이는 결과가 되는 것입니다. 우리는 겉치장만 번드르르하게 잘한 글보다 표현이 조금 서투르더라도 정직한 글을 써야 합니다. 속이 알찬 글은 결코 겉치장을 잘 하려고 애쓰지 않습니다. 본래 생긴 그 모습 그대로를 나타내 주는 글이어야 합니다.

중심 문장에 밑줄 긋기 및 개요 정리

1. 좋은 글 훌륭한 글 고르기는 쉽지 않다.
2. 알차고 좋은 글이 갖추어야 할 요건
    1) 글의 전체적인 통일성
    2) 글쓴이 생각이 잘 드러나야 함
    3) 정직한 글이어야 함

4. 독해 활동 방법

1) DRTA

DRTA는 지도된 읽기 사고 활동법(Directed Reading-Thinking Activity)에서 발전하여 소설, 전기와 같은 이야기 글이나 과학, 사회영역의 교과적인 글을 지도할 때 유용하다. DRA가 교사 중심 독해 활동 방법이라면 DRTA는 학생 중심 독해 활동이다.

가. 배경 지식과 경험을 활용하도록 동기를 부여한다.
나. 글 읽기(낭독 또는 묵독)를 한다. 내용을 깊이 읽도록 외도적으로 질문한다.
다. 읽기 기능 학습: 핵심어, 중심 생각, 화제 거리, 주제, 사실과 의견을 구별한다.
라. 후속학습: 학생들이 능동적으로 직접 해보는 학습이다.
마. 강화학습: 비슷한 의미의 글 찾기, 연극, 음악, 미술 등 다른 과목과 연계해 활동한다.

2) KWL 활동(아는 것, 알고 싶은 것, 알게 된 것, 느낀 것)

주어진 주제에 배경지식을 최대한 활성화하도록 이미 알고 있는 것(K), 알고 싶은 것(W), 새롭게 알게 된 것(L), 느낀 것(A)을 표로 작성한다.

나는 이 글에서 무엇을 아는가?(Know)
내가 알고 싶은 것은 무엇인가(Want to know)
내가 알게 된 것은 무엇인가?(Learned)
예) 바다에 산다(K) 왜 사람을 공격하나(W) 돌고래 중 가장 수가 많다(L)

3) SQ3R 독서법 : 1962년 미국 로빈슨: 학습독서법

Survey—Question—Read—Recite—Review

(훑어보기)—(질문하기)—(자세히 읽기)—(되새기기)—(다시 보기)

미국의 교육 심리학자 로빈슨에 의해 계발된 단계적 독해 활동법이다.

글에 있는 일반적인 아이디어를 개관하고 글의 표제나 부제에서 질문을 만들고 스스로 만든 질문에 대답하기 위해 글을 읽고 그 대답을 글이나 말로 쓰거나 낭독한다. 마지막으로 그 대답의 타당성을 확인하기 위해 다시 읽으면서 점검한다. 이 활동은 학생들 스스로 문제에 대한 답을 발견하고 표현한다는 점에서 큰 의미가 있다.

가. 글 전체 훑어보기(Survey)

글 전체 내용을 파악하기 위해 제목 소제목, 목차 등을 살핀다.

각 문단의 첫 문장이나 마지막 문장, 단어를 보게 한다.

글의 제목이나 부제, 삽화를 슬쩍 보고 시간이 되면 글의 처음과 끝 부분을 보면서 전체 내용을 개관하도록 한다.

나. 질문 만들기(Question)

글의 제목이나 소제목을 문제 형식으로 바꾼다. 질문은 예측할 수 있는 것이어야 한다.

개략적인 글 내용을 토대로 자신이 알고 싶은 것, 알고 있는 것을 문제로 작성한다.

저자가 이 글을 쓴 목적은 무엇인가?

이 글은 나에게 어떤 의미를 부여하는가?

이 글의 진행과 주제에 대해 예측해 본다.

다. 글 읽기(Read)

앞에서 만든 문제의 해답을 찾으며 글을 다시 읽는다.

저자의 주장이나 관점이 타당한지, 편견은 없는지 비판적으로 글을 읽는다.

자신이 아는 것, 알고 싶은 것에 관한 내용을 찾으면서 읽는다.

글의 표면적인 의미와 내면적인 의미를 파악하며 읽는다.

글을 꼼꼼하게 여러 번 반복해서 읽는다.

라. 되새기기 : 자신의 말로 정리하기(Recite)

학생 질문에 다른 사람이 답하게 한 후 역할을 서로 바꾼다.

서로 답한 내용을 중요한 순서로 정리한다.

중요한 내용은 간단히 메모하거나 요약한 후 시각적으로 표현해 본다.

마. 점검하기 : 다시 보기(Review)

자신의 질문에 답이 있는 부분을 확인한다.

주제와 관련하여 글 전체 내용을 파악하고 구조를 고공표로 작성한다.

일정 기간을 두고 질문을 다시하고 학습자가 답을 안 보고 대답하는 연습을 한다.

글 내용을 자신의 말로 표현해 본다.

자신의 질문에 대한 답과 글 전체 내용을 요약, 정리해 본다.

4) EVOKER

EVOKER는 문학 텍스트 내용을 효과적으로 학습하기 위한 독해법이다.

가) 탐색하기(Explore) : 작품 전체의 정서적 효과와 느낌이 무엇인지 탐색한다.

나) 어휘 확인(Vocabulary) : 핵심어, 생소한 단어, 장소, 사건, 사람 등을 확인한다.

다) 낭독하기(Oral reading) : 작품 분위기를 살려 글을 낭독한다.

라) 핵심 아이디어 찾기(Key ideas) : 핵심적 아이디어를 정리하고 작품의 주제와 사상이 무엇인지 결정한다.

마) 평가하기(Evaluation) : 작품의 주제와 구성 방식에 따라 핵심어와 핵심문장이 하는 역할을 평가한다.

바) 개괄하기(Recapitulation) : 작품 전체를 다시 읽고 내용을 개괄하고 다시 요약한다.

5) PANORAMA

PANORAMA는 꼼꼼하게 읽기에 적합한 방법이다.

가) 목적 정하기(Purpose) : 글을 읽는 구체적 목표를 정한다.

나) 읽는 속도 정하기(Adapting rate to material) : 읽기의 구체적 목표에 따라 읽기 속도를 정한다.

다) 질문하기(Need to pose Question) : SQ3R의 질문하기와 마찬가지로 소제목을 참고하여 질문을 만든다.

라) 개관하기(Overview) : 텍스트의 주요 항목, 서론과 본론을 훑어 읽는다.

마) 관련지으며 읽기(Read and relata) : 독자의 배경 지식, 독서 목적, 현재 읽고 있는 내용과 관련지어 읽는다.

바) 주석달기(Annotate) : 글을 읽으면서 필요한 내용을 적는다.

사) 기억하기(Memorize) : 글 내용을 체계적으로 기억하기 위해 개요를 이용하거나 요약해 본다.

아) 평가하기(Assess) : 독서 목적 성취 정도와 주요 내용의 기억 정도를 기준으로 자신의 독서 결과를 스스로 평가한다.

6) Sqrst 독해법

■ 효율적인 독서습관을 위하여 실행하는 것

가능한 한꺼번에 읽는다.

자기에 맞는 적절한 독서법을 선택한다.

읽다가 말아야 할 책도 있다는 것은 안다.

한꺼번에 여러 권도 읽을 수 있다.

* 라스킨―"인생은 짧다. 이 책을 읽으면 저 책은 읽을 수 없다는 것을 알라."

7) 4단계별 독해 진행법(M. J. Adler 2000)

가. 기초적 단계(초급독서 : 독서의 제1수준)

읽기 준비 단계―문자를 읽는 단계부터 문장을 이해하는 것(4단계)

제1단계 : 읽기 준비기로 6, 7세 무렵까지 해당한다.

시력과 청력이 충분히 발달하고, 말을 분명하게 하는 언어능력과 몇 개의 문장을 올바른 순서로 사용해야 한다.

타인의 지시를 따르는 인격적 준비와 친구와 어울리는 사회성도 갖추어야 한다.

제2단계 : 단어습득기로 7~8세 무렵까지 300~400 단어를 습득한다.

제3단계 : 8~9세 무렵, 문맥을 이해하게 되는 단계이다.

제4단계 : 10~13세 '도움을 받는 발견과 도움을 받지 않는 발견'의 차이가 분명해지는 시기이다. 본격적인 독서지도가 필요한 시기로 좋은 독자가 되기 위한 준비를 충분히 해야 한다.

나. 살펴보기 독서(점검독서 : 독서의 제2수준) : 골라 읽기. 예비독서, 표면읽기

먼저 읽을 책 골라내기 : 짧은 시간 내에 최대한의 정보를 탐색한다.

책 내용을 개괄적으로 살피는 작업 : 시간 안에 될 수 있는 대로 내용을 충분히 파악한다.

표제나 서문을 본다 : 책의 목적, 저자의 관점에 대해 생각한다.

책의 구조를 알기 위해 목차를 살펴본다.

색인을 살펴본다.

커버에 씌어 있는 선전 문구를 읽는다.

군데군데 띄엄띄엄 골라서 읽는다.

다. 분석독서(독서의 제3수준)

계통을 세워 철저하게 적극적으로 읽는 독서법.(정독)

저자가 전달하고자 하는 내용을 꼼꼼하게 따져가며 내용을 이해한다.

이해를 깊이 하기 위한 완벽한 독서법으로 정보나 오락을 위한 독서에는 적합지 않다.

라. 통합 독서(신토피칼독서(Syntopical : 독서의 제4수준))

비교독서, 종합독서 : 가장 복잡하고 조직적인 독서법. 한 권뿐만 아니라 하나의 주제에 대하여 몇 권의 책을 서로 관련지어서 읽는 것이다.

• 단계별 활용 독해

단계	세부 활동	성격	적용
① 동기 유발 및 배경 지식	· 경험의 계발 · 글을 이해하기 위해 필요한 배경 지식이나 경험 확인 · 어떤 경험이나 지식이 필요한지 결정 · 새로운 개념이나 어휘 소개	교사 주도형	소설, 전기 등 이야기글 이나 내용 교과적글
② 글 읽기 (낭독 또는 묵독)	· 글 내용 이해를 위한 글 읽기 · 읽기 전 목적을 제시하고, 읽은 후에는 질의 토론이 이루어지도록 함		
③ 읽기 기능 학습	· 직접 교수법을 사용하여 다양한 읽기 기능을 지도		
④ 후속 학습 활동	· 연습문제들을 통하여 읽기 기능들을 학생들이 직접 해 보는 학습 활동		
⑤ 강화 학습 활동	· 학습한 단원과 유사하거나 관련된 글 찾아 읽기 · 형식, 내용과 관련된 글쓰기 · 다른 교과와 관련된 활동하기		

8) 과정 중심 독서

읽기 과정을 읽기 전, 읽는 중, 읽은 후 과정으로 나누어 결과보다는 읽는 과정을 중시하는 독서법이다. 학생들에게 책을 읽도록 하고 읽은 후 느낌을 말하는 방식에서 벗어나 자신이 가지고 있는 배경지식을 충분히 끄집어내도록 도와주고 다양한 방법을 활용하여 내용의 의미를 풍부하게 한다. 과정중심 독서는 읽는 과정에서 자신의 장점과 단점을 발견하고 독자적인 책 읽는 방법을 터득한다. 책을 읽는 과정에서 자신의 배경지식을 기초로 내용을 해석하고 추론함으로써 사고력을 신장시킨다. 이 과정은 뒤에서 따로 한 단원으로 설명 할 예정이다.

• 글을 다양한 독해법을 활용해서 읽어 보자.

4절 과정 중심 독서활동

1. 과정 중심 활동 이해

■ 독서 활동의 원리

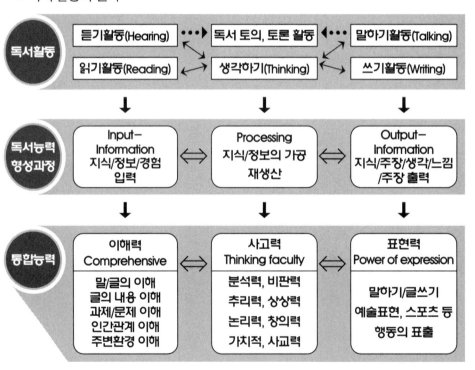

(자료: 독서교육론, 위즈덤북)

효율적인 독서지도를 위해서는 무엇보다 독서과정에 대한 이해가 필요하다. 지금까지 독서과정을 설명하는 관점은 크게 세 가지로 접근하고 있다. 상향식 모형, 하향식 모형, 상호작용 모형이 그것이다. 상향식 모형은 1970년대 이전에 많이 사용했던 독서지도 방법으로, 읽기에서 개별 철자를 이해하고, 음절, 단어, 문장, 글을 순차적으로 이해하는 것이다.

이후 인지심리학의 발달로 이러한 견해는 많은 비판을 받게 된다. 실제 글을 읽어나가는 과정은 상향식 모형처럼 순차적으로 진행하지 않는다는 것이다. 오히려 독자가 이미 가지고 있는 경험에 따른 가정이나 추측이 보다 중요하게 영향을 끼친다는 것이다. 이를 하향식 모형이라 부른다.

그러나 하향식 모형 역시 비판을 받아 상호작용 모형이 등장한다. 상호작용 모형에서는 독서에서 독자 측면과 글 측면이 함께 작용하는 것으로 본다. 관현악에서 여러 가지 악기가 전체를 위해 조화를 이루듯 독서는 어느 한 측면만을 잘 한다고 이루어지는 것이 아니다. 글 측면에서는 단어의 의미파악이나 글 구조 파악 등이, 독자 측면에서는 독자의 관점이나 초인지적 행위 등이 복합적으로 작용한다. 하지만 똑같은 글을 읽었다고 해도 사람마다 받아들이는 것은 다르다. 이런 의미에서 글의 의미는 결국 글 자체(작자)보다 독자에게 있다.

상향식 모형이 글 자체를 강조하고 독서 '결과'를 강조했다면, 하향식 모형과 상호작용 모형은 독자를 강조하고 독서 '과정'을 중요시한다. 사실 상호작용 모형은 하향식 모형의 연장선에 있다. 이 두 모형 모두 독서의 과정에서 독자가 무슨 생각을 했는지, 어떤 책략을 동원했는지 '독서과정'을 강조한다. 구성주의 관점에서 독서는 의미를 재구성하는 하나의 '과정'이다. 오늘날 독서지도에서 '과정'을 보다 중요시 하는 이유가 여기에 있다.

구성주의는 개인이 속한 담화공동체의 특성에 관심을 가진다. 예를 들면 같은 작품이라도 인문과학도와 자연과학도들의 이해 방식은 다를 가능성이 높다는 것이다. 따라서 그 집단의 특성이 어떻게 글을 읽고, 영향을 끼치는지에 관심을 가진다. 구성주의에서는 개인 간의 상호작용에 의해 의미(지식)가 형성된다는 입장을 취한다. 그래서 구성주의 관점에서 읽기는 독자의 역동적인 의미 구성 행위를 중요하게 여긴다. 있는 그대로를 받아들이기보다는 자기 나름대로 의미를 구성할 것을 강조한다. 독서 행위에서 개인 간의 상호작용을 강조하기 때문에 독서 전·후나 독서 활동 중에 또래 집단, 또는 자기보다 성숙한 사람들과의 협력 활동을 주시하고 독서 결과보다는 그 결과에 이르는 과정을 강조한다. 구성주의 교육에서 강조하는 것은 학생들이 알고 있는 것과 배워야할 것과의 연결을 만드는 것, 텍스트를 읽기 전에 다양한 활동으로 배경지식 전략을 세우는 것, 의미과정과 결과에 대한 성찰, 개개인의 반응에 대한 상호작용 등이다.(Von Glasersfeld, 1993)

독서 결과보다는 과정을 강조함으로써, 이이들은 독서 과정에서 자신의 장, 단점을 발견하고 나름의 독서 책략을 사용한다. 필요에 따라 수정하는 과정을 통해 나름대로 책 읽는 방법을 터득한다. 책을 읽는 과정에서 끊임없이 자신의 배경 지식에 기초하여 내용을 해석, 추론하므로 사고력이 길러진다. 이런 과정에서 책 내용을 진정한 의미에서 자기 것으로 만든다.

독서지도에서 과정을 강조하면, 교사는 아이들의 독서 행위에 역동적으로 참여한다. 그동안은 단순히 아이들에게 책을 읽도록 권하고 책을 읽고 난 후 독후감을 쓰라고 한 것이 독서 지도의 대부분을 차지해 왔다. 이런식의 지도는 자칫 독서에 대한 흥미를 떨어뜨려 역효과를 가져온다. 더욱이 요즘 아이들은 인터넷의 발달로 모든 지식을 웹을 통해 얻을 수 있다고 생각한다. 클릭하고 선택하기만 하면 된다는 인식이 팽배해 생각하기를 싫어한다. 생각을 필요로 하는 독서 자체를 귀찮다고 여기는 학생이 많다. 따라서 독서지도의 일차적 목적은 동기유발과 독서에 대한 흥미를 주는 것이어야 한다. 따라서 교사는 아이들의 독서 과정을 적절히 도와줄 필요가 있다. 독서 전, 독서 중, 독서 후에 교사가 아이들을 도와줄 수 있는 방법을 생각해 보자.

책을 읽기 전에 도와줄 일은 우선 책을 읽고 싶은 마음을 갖도록 하는 것이다. 교사는 책 내용을 간단히 소개해 주고, 어떤 점에서 그 책이 재미있는지, 어떤 점에서 읽을 필요가 있는지, 그리고 그 책을 읽은 다른 사람에게 물어 보게 한다. 그 책에 대한 소개 글이 있으면 읽어보게 한다. 마지막으로 그 책을 읽는 방법에 대해 이야기 해준다. 과정 중심 독서 활동 예를 들어 보자.

1) 질문 만들기

독서 전에 할 수 있는 활동으로 질문 만들기가 있다. 예를 들어 「운수 좋은 날」을 읽기 전에 제목이나 차례, 이야기의 앞부분, 또는 책 전체를 얼핏 보고 그 책 내용을 예측해 보게 한다. 글을 읽어 나가면서 예측한 것이 맞는지 계속적으로 확인하고 질문을 수정하거나 새로운 질문을 만들면서 글을 읽어 나가게 한다. 이밖에 독서 전에 다음과 같은 활동을 통해 아이들을 도와준다.

이 작품은 왜 「운수 좋은 날」이라고 제목을 붙였을까?
운수가 좋다는 의미는 무엇일까?
내 인생에 운수가 좋지 않은 날은 언제였나?
이 작품의 등장인물의 성격은 어떠할까?
이 작품에서 작가가 말하고자 하는 의도는 무엇인가?

■ 독서 전 활동
• 독서 분위기를 조성한다.
  독서 가사 만들기, 독서 삼행시 짓기 등

―어머나―

독서란, 독서란
책을 읽어요.
아이의 마음은 순수 합니다.

신나게 재밌게 읽어 보아요
상상의 나래를 펼쳐 보아요

오늘 처음 만난 책이지~만
푹 빠져 버~린걸
싫증내면 안되~죠
재밌게 읽어 보아요

사랑해요 좋아해요
자꾸만 책~이 보고 싶어
그림 속에 글자 속에
나를 위해서라면 다 볼게요

〈독서지도사 김연선〉

- 독서 계획을 세우고 나름대로 독서 방법을 생각해 보게 한다.
- 독서 방법을 안내한다.

  탐색독서—분석독서—평가독서
- 읽는 목적을 구체적으로 정하게 한다.
- 읽을 내용과 관련하여 아이들의 배경 경험(스키마)을 떠올리게(activating) 한다.
- 글 내용을 미리 예측해 보게 한다.

아이들이 글을 읽는 과정에 교사가 하는 일은 거의 없다. 기본적으로 독서란 아이들의 머릿속에서 이루어지기 때문이다. 이 과정에 교사가 직접 개입할 수는 없다. 그렇지만 독서 중에도 아이들을 도와줄 수 있는 여지는 있다. 예를 들어 질문하고 지속적으로 그 내용에 관심을 갖도록 한다. 애초에 예측한 것이 맞는지 계속 점검하면서 읽도록 도와준다.

2) 구조파악하며 읽기
■ 사건이 일어난 순서로 파악하기

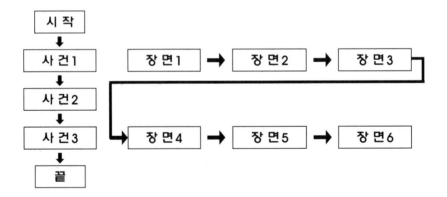

■ 문제 발생 원인으로 파악하기

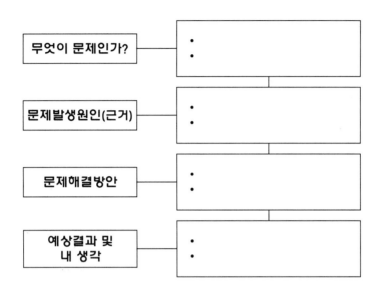

글을 읽는 과정에서 글 전체의 구조를 파악하면서 읽도록 하는 것이 중요하다. 글 전체 구조를 예측하는 것은 읽기 전에도 필요한 활동이다. 글을 읽어 나가면서 전체 구조를 파악하면서 읽도록 한다.

글 구조에 대한 논의는 다양하다. 설명적인 글은 보통 다섯 가지 구조로 이루어진다. 시간 순서대로 나열되는 시간 순서 구조, 일련의 사실이나 생각을 순서대로 나열한 열거 구조, 둘 이상의 사람, 사물, 사건 사이의 유사점이나 차이점을 서술한 비교-대조 구조, 어떤 사건의 원인과 결과를 밝혀 놓은 인과 관계 구조, 어떤 문제가 있고 여기에 대한 해결책을 제시한 문제-해결 구조 등이 그것이다. 글을 읽어 가는 과정에서 구조를 파악하게 하면 보다 쉽고 체계적으로 글을 이해한다. 독서 중에 교사가 아이들을 도와주는 활동은 다음과 같다.

■ 과정 중심 읽기 전 활동

구분	읽기 방법 및 활동	평가
읽기 전	1. 학습 단서 제공, 학생사고를 자극하는 말문, 그래픽 조직자를 사용하면서 읽기 수업을 한다.	
	2. 글을 읽기 전에 미리보기 전략을 활용하여 학습자의 흥미를 유발하거나 배경 지식을 활성화시킨다. 미리보기 활동에는 제목 미리보기, 삽화 미리보기, 글의 도입부분 미리보기, 글구조 미리보기, 글 내용 중 일부 미리보기 등이 있다.	
	3. 다양한 전략을 활용하여 배경지식을 활성화시킨다. 배경지식 활성화시키기 전략에는 K-W-L전략, 예상안내, 선행조직자, 마인드 맵 등이 있다.	
	4. 학생의 호기심과 흥미를 자극하면서 예측하는 활동을 한다. 예측하기 활동에는 그림보고 예측하기, 중요한 장면이나 줄거리보고 예측하기, 예측안내표 활용하기 등이 있다.	
	5. 학습활동에 필요한 중요 어휘를 사전에 학습한다. 마인드 맵을 통한 어휘지도, 사전을 활용한 어휘지도 등이 있다.	
	6. 글의 주제나 화제에 대해 예상을 하거나 앙케이트/질문법을 작성하게 한 다음 발표하게 하거나 글로 써보게 한다.	
	7. 교사는 읽기 전 활동에 필요한 기능과 전략의 사용에 대해서 미리 시범을 보인다.	
	8. 교사는 학생들이 읽기 전이나 쓰기 전 활동을 어느정도 학습을 하였는지 수시로 평가하여 피드백한다.	

■ 독서 중에 할 만한 활동

• **질문 제기** : 계속적인 관심을 유도한다.

―지금 어디쯤 읽고 있니? 어떤 부분이 특히 재미있니?

―읽기 전에 예측한 것과 차이가 있니? 다음에는 어떤 내용이 이어질까?

―주인공은 왜 이런 말(행동)을 했다고 생각하니? 잘못 읽고 있는 부분은 없니?

• **교사와 학생, 또는 학생간의 협의 활동** : 필요하다고 생각되는 경우에 선생님이나 친구들과 읽고 읽는 내용에 대해 이야기를 나눈다.

• **추론하기** : 표면적으로 드러나 있는 내용에서 함축적인 내용을 도출한다.

• **연상하기** : 글을 읽어 나가는 과정에서 계속해서 관련 장면이나 내용을 떠올리게 한다. 간단한 메모나 그림 형태, 또는 단순히 책에 표시를 하면서 읽게 한다.

■ 과정중심 읽는 중 활동

구분	읽기 방법 및 활동	평가
읽기 중	1. 학년별 발달 수준에 적합한 읽기 방법을 적용한다. 읽어주기 (교사), 소리내어 읽기(학생), 조용히 읽기(묵독), 함께 읽기(합창독), 안내된 읽기(친구와 짝을 지어 함께 읽기), 반복하여 읽기, 들려주기(라디오 읽기), 따라읽기 등이 있다.	
	2. 예측하거나 가설을 설정하였던 부분과 비교해 가면서 글을 읽는다. 대조표 작성 / 인물지도 / 감정표 작성.	
	3. 열린 발문 / 닫힌 발문, 낮은 수준 / 높은 수준 발문 등 다양한 발문을 활용하여 수업을 한다.	
	4. 교사는 글을 읽으면서 과제해결에 필요한 사고과정을 시범보인다.	
	5. 다양한 독해 점검 전략을 활용하여 글을 읽는다. 독해 점검 전략에는 부연설명하기, 다시 읽어보기, 맥락 활용하여 읽기가 있다.	
	6. 글을 읽는 도중에 이야기의 특정장면, 인물, 사건이나 중요한 내용에 대해 자신의 생각을 간단히 적거나 기록한다(일지작성).	

■ 독서 후에 할 만한 활동

• 질문 만들기 : 내용의 심화, 이해 및 적용과 관련된 질문(교사 또는 아동)을 한다.

• 읽은 내용과 관련하여 퍼즐이나 게임, 퀴즈를 만든다.

• 읽는 내용에 대해 두 사람 끼리나 소집단별로 토의한다.

• 읽은 책을 다른 사람에게 소개하는 글을 쓰고 교실 뒤쪽에 구비되어 있는 독서 게시판에 게시한다.

• 이야기의 주인공(또는 등장인물)에게 편지를 쓰게 한다.

• 이야기의 결말을 다르게 써 보게 한다.

• 다른 장르로 바꾸어 보게 한다.(시→이야기, 이야기→시, 희극, 만화 등)

• 이야기의 내용을 간단히 무언극이나 드라마, 역할 놀이 형태로 꾸며 보게 한다.

• 이야기에서 어떤 장면이나 내용을 그림이나 콜라주, 찰흙 모형으로 나타내도록 한다.

• 같은 작가의 다른 책 읽어보게 한다.

• 정교화 해 보기: 이야기의 어떤 내용을 보다 깊이 있게 이해하도록 한다.

• 읽은 이야기의 줄거리를 생각하면서 이와 유사한 이야기를 직접 만들어 보게 한다.

• 읽는 내용을 다른 사람에게 구연(storytelling)해 보게 한다.

읽은 후 할 수 있는 활동은 대단히 많다. 흔히 학교 현장에서는 한 권의 책을 읽고 천편일률적으로 독후감을 쓰게 하는 경우가 많다. 독후감을 쓰게 하는 것도 필요하지만 의례적인 독후감 쓰기는 책을 싫어하는 요인이 된다. 읽고 난 후 활동은 읽은 내용을 다시 한 번 되새겨 보고 그 내용을 심화시켜 이해하도록 한다. 다음엔 읽은 내용을 감상, 체험하는 기회를 줌으로써 읽은 것을 자기 것으로 만들게 한다.

1) 독서 기록표 만들기

어떤 형태로든 책을 읽고 난 후에는 읽는 것을 기록해 두는 것이 좋다. 이를 위해 간단히 '독서 기록표'를 각자 만들게 한다. 독서 기록표는 여러 가지 형태로 만들 수 있다. 어떤 종류의 책을 읽었는지를 표시하기 위해서 독서 기록표를 활용할 수 있다. 책을 읽은 후에 기록해 둠으로써, 성취감을 느낄 수 있고 자기가 어떤 종류의 책을 읽었는지 알 수 있으며, 어느 한쪽 분야의 책만 읽는 것을 줄일 수 있다.

2) 의미 지도 그리기

읽은 내용을 정리해 보는 활동으로 '의미 지도 그리기'를 해 본다. 이 활동은 독서 전에 할 수도 있다. 이것은 흔히 그래픽 조직자(graphic organizer)나 선행 조직자, 마인드 맵(mind map) 등과 유사한 것으로 읽은 내용을 간단히 그림 형태로 표현해 보도록 하는 것이다. 어떤 형태로 그릴 것인가는 글의 종류나 위에서 살펴본 글의 구조에 따라 차이가 있다. 예를 들어 열거 구조는 기차 모양을 만든 다음 순서대로 나열하게 할 수 있다. 문제 해결 구조는 중심 개념을 중간에 배치하고 나머지 것들은 방사선 형태, 그리고 인과 관계 구조는 네모 안에는 원인, 네모 아래에 세모를 몇 개 만든 다음 여기에 결과를 넣게 한다. 좀 다른 방식으로 글에 나타난 사실은 네모 속에, 자신의 느낌은 동그라미 속에 넣으면서 의미 지도를 그리게 할 수도 있다.

중요한 것은 이러한 의미 지도를 그리는 과정에서 이야기의 전체적 흐름을 체계적으로 파악하고 중요한 내용과 중요하지 않는 내용을 구별하며, 전체 내용을 요약하는 과정에서 읽은 글을 보다 깊이 이해하게 하는 것이다.

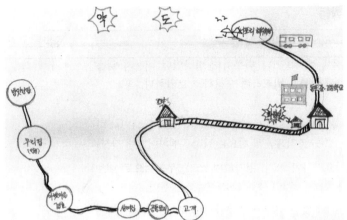

〈등장인물의 행위지도〉

■ 인간과 독서 교육 내용 도표로 정리 하기

	객관주의	구성주의	
		인지 구성 주의	사회 구성 주의
지식의 특성과 위치	• 지식은 정적이고 고정불변이다. • 지식은 주체와 분리되어 존재하며 객관적이다. • 지식은 전세계에 존재하며 인간의 정신 속에 반영된다.	• 지식은 변화 가능하다. • 지식은 주체와 분리되어 존재하지 않으며 주관적이다. • 지식은 주체의 의식 속에 존재하며 주체에 의해서 만들어진다.	• 지식은 상호주관성에 의해 변화된다. • 지식은 주체와 분리되어 존재하나 주관 독립적이다. • 지식은 담화 공동체 구성원들의 의식 속에 존재하며, 사회적 대화 즉 합의를 통해서 만들어 진다.
지식의 내용	지식은 사실이고 진리이다.	지식은 사실, 인지, 의견, 정서 등이다.	지식은 공동체의 신념, 가치, 태도, 정서 등이다.
지식의 획득 방법	• 지식은 발견되어야 한다. • 앎은 객관적이어야 하며, 주체는 대상과 일정한 거리를 유지해야 한다.	• 지식은 생성된다. • 앎은 주관적으로 이루어지며 주체와 대상은 밀접한 관계를 가진다.	• 지식은 담화공동체 구성원들에 의해서 생성된다. • 앎은 상호 주관적으로 이루어지며, 주체와 주제, 그리고 대상은 변증법적 관계를 가진다.

■ 과정 중심 읽은 후 활동

구분	읽기 방법 및 활동	평가
읽기 후	1. 글을 읽기 전에 예측하거나 미루어 짐작하였던 내용과 글을 읽고 나서 알게 된 내용을 비교하며 수정하고 보완한다.	
	2. 글의 내용이나 중요한 사건 및 개념에 대해서 요약을 하거나 다시 설명을 한다.(플롯 조직표 / 책 개요표 작성 / 벤다어그램 작성)	
	3. 읽는 내용을 요약하여 쓰기, 평가하며 쓰기, 부분적으로 내용을 다르게 쓰기, 독서록 작성, 부연 설명하여 쓰게 한다.	
	4. 학습자의 수준에 맞는 다양한 발문을 사용한다. 문제에 적용한다.	
	5. 원탁대화전략, 테이블 대화, 이야기 인물과 인터뷰하기 등과 전략을 활용하여 토론, 토의 학습을 시킨다.	

2. 과정 중심 읽기 활동

읽기는 독자 자신의 사전 경험과 저자가 제시한 단서를 사용하여 어느 특정한 맥락 안에서 독자 개인에게 유용한 하나의 의미를 구성하는 것이다. 이 과정은 개개의 문장에서 개별 단어들의 의미를 이해하는 것과 선택적으로 정보를 회상하는 것(미시과정), 절과 문장 사이의 관계를 추론하는 것(연결과정), 요약된 정보를 통해 글의 정보를 조직하는 것(거시과정), 그리고 저자가 의도하지 않은 내용에 대해 추론하는 것(정교화 과정)을 포함한다. 이러한 과정은 상호간에 작용하고(상호작용), 독자 자신의 목적에 맞춰 통제되고 조절된다(초인지 과정). 이 과정은 전체적인 상황 속에서 진행된다(상황 맥락). 독자가 특정한 목적을 달성하기 위해 주의 깊게 어떤 과정을 선택할 때, 그 과정을 읽기 전략(reading strategy)이라 부른다.

과정 중심 읽기 활동 과정은 '읽기 전, 읽는 중, 읽은 후'로 나누어 진행한다. 단순히 읽기의 결과만을 강조하기보다, 과정을 강조하게 되면 학생들은 읽기 과정에서 자신의 장·단점을 발견한다. 나름대로의 읽기 전략을 사용하면서 필요에 따라 수정하는 과정을 통해 책 읽는 방법을 터득한다. 또한 책을 읽는 과정에서 끊임없이 자신의 배경 지식을 활용하여 내용을 해석·추론하므로 사고력을 키울 수 있다. 이러한 과정을 통해 책에 있는 내용을 진정한 의미에서 자기 것으로 만든다.

1) 읽기 전 활동

(1) 읽기 안내

가. 사전 지식을 진단하고, 효과적인 학습을 위해 필요한 정보를 제공한다.

나. 독서활동의 단계―주요 개념이나 단어를 선정한다.

학습할 주요 내용에 대한 토론(브레인스토밍)을 한다.

연상에 대한 반성적 활동을 한다.

연상된 내용을 정리하고, 새롭게 알게 된 것을 확인한다.

예) 내 생활에서 운수가 좋지 않은 날은 언제였나?

운수 좋지 않은 날 : 컵라면 물이 바로 내 앞에서 끊겼을 때

만 원짜리 지폐를 발견했는데 바람이 불어 시궁창으로 빠졌을 때

(2) 예측하기

가. 내용을 예측하게 하거나 주제에 대하여 사전 토론을 하게 함으로써 배경 지식을 활성화하고 동기를 유발시킨다.

나. 글의 주요 내용(주제)이나 사건에 대한 3~5개의 문장을 작성한다.

다. 내용과 관련된 진술에 대하여 '예, 아니오'로 답하게 한다.

라. 진술문에 대하여 토의하도록 한다.

운수좋은날(소설)

김첨지는 많은 돈을 번다. 예___ 아니오___

김첨지는 아내를 병원에 입원시킨다. 예___ 아니오___

김첨지는 오늘 번 돈을 다 술값으로 쓴다. 예___ 아니오___

표준어와 방언(설명문)

표준어는 방언보다 수준이 높은 언어이다. 예___ 아니오___

서울말은 다 표준어이다. 예___ 아니오___

방언에는 우리말의 옛 모습이 남아 있다. 예___ 아니오___

방언은 친근감을 느끼게 한다. 예___ 아니오___

(3) 훑어보기

가. 제목과 소제목을 읽으면서 글 전체의 내용을 대강 파악한다.

나. 사진, 그래프, 도표 등을 보면서 글 내용을 짐작해 본다.

다. 글의 내용을 요약한 부분을 읽고 토의한다.

라. 글의 주요 내용의 대강을 글로 쓴다.

한국문학의 개념과 특질(설명문)

소제목 : 국문학은 우리 문학, 여유로운 시 형식, 양식의 다양성, 현실 중심의 문학,
인간 중심의 문학, 자연 친화의 문학

(4) 구조 개관하기

가. 글의 주요 개념을 2~4개 추출한다.

나. 주요 개념과 관련있는 단어를 나열한다.

다. 단어를 관련된 것끼리 다이어그램 속에 배열한다.

라. 학생이 이미 알고 있는 단어를 추가하고, 글에 대한 내용 구조도(개관)를 만든다.

마. 선택한 단어의 의미, 단어들의 관계, 전체 내용 개관 등을 토의하고 정리한다.

『토끼전』의미 구조

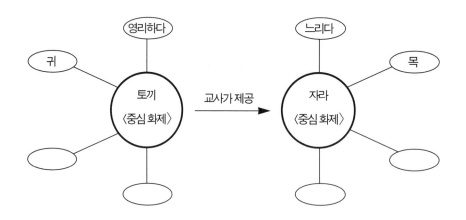

화제에 대한 정보를 2개 정도 제시한다. 일정하게 구조화하여 범주화 한다.

한국 현대문학의 흐름(설명문)

주요 개념 : 시─창가, 신체시, 근대시

　　　　　　소설─신소설, 근대소설

근대시(저항시, 경향시, 순수시, 모더니즘시, 자연시),

근대소설(경향소설, 리얼리즘 소설, 농촌소설, 역사소설, 모더니즘 소설)

2) 읽기 중 활동

(1) 사고 구술하기

가. 읽기 과정을 연구하는 한 방법이다.

나. 독자의 읽기 전략을 파악할 수 있다.

다. 구성주의, 과정중심, 능동적 읽기 전략을 학습시킬 수 있다.

라. 단계─교사의 시범 보이기, 짝과 함께 활동하기, 스스로 사고구술 활동을 연습하기 다른 읽기 자료에 적용하기를 할 수 있다.

　한국문학은 개화기를 분기점으로 현대문학과 고전문학으로 나뉜다. 역사에서 근대와 현대가 나누어져 있는 것처럼 문학 또한 근대문학과 현대문학을 구분하지만, 이 글에서는 편의상 현대문학 속에 근대문학을 포함하는 개념으로 사용하기로 한다.

　"소년은 소녀를 보자 곧 윤초시네 증손녀라는 걸 알 수 있었다. 소녀는 개울에다 손을 잠그고 물장난을 하고 있는 것이다. 서울서는 이런 개울물을 보지 못하기나 한 듯이. 벌써 며칠째 소녀는, 학교에서 돌아오는 길에 물장난이었다. 그런데 어제까지는 개울 기슭에서 하더니. 오늘은 징검다리 한가운데 앉아서 하고 있다. 소년은 개울둑에 앉아 버렸다. 소녀가 비키기를 기다리자는 것이다."

─「소나기」, 황순원

(2) 학습지(스터디가이드, 학습활동 안내)

가. 학습할 활동을 표로 나타내어 무엇을 학습할지 구체적으로 안내한다.

나. 학습지를 활용하는 학습활동에는 질문지에 반응하기, 항목 연결하기, 빈 칸 메우기, 사건순서에 따라 나열하기, 의미지도 그리기, 비교대조하기, 과정의 단계 나열하기, 낱말퍼즐 맞추기 등이 있다.

다. 단계—읽기 자료에서 주요 개념이나 원리를 찾아낸다. 학습자가 이해하기 어려운 단어나 구절을 적는다.

라. 구절 및 복잡한 개념을 정리한다. 글의 구성적 유형 파악한다. 학습자가 학습해야 할 기능이나 전략을 학습지로 만든다.

■ 『콩쥐팥쥐』 문학지도

콩쥐(특성 및 정보)	새어머니(특성 및 정보)
어머니가 돌아가신 후 새어머니와 같이 삶	마음씨가 나쁨
헌 누더기 옷을 입고 지냄	팥쥐만 예뻐함
힘든 일을 함 / 마음씨 착함	콩쥐에게만 힘든 일을 시킴
팥쥐(특성 및 정보)	☆ 질문(반응)
좋은 옷을 입고 다님	아버지는 왜 새엄마의 행동을 나무라지 못하나?
놀기를 좋아함	새엄마는 왜 콩쥐를 미워하나?
얼굴이 미움	사람들이 콩쥐를 좋아하는 이유는?

■ 『감자』 플롯 조직표(사건 번호)

번호	사건
1	복녀는 농민의 딸이었으나 가난 때문에 80원에 팔림.
2	남편이 무능하고 게을러 칠성문 밖 빈민굴에 들어가 산다.
3	송충이 잡는 인부로 갔다가 감독에게 정조를 판다.
4	정조를 파는 복녀는 중국인 채마밭에 들어가 도둑질을 한다.
5	감자를 훔치다 왕서방에게 들키지만 애첩이 된다.
6	왕서방이 색시를 얻자 질투심에 왕서방을 죽이려 한다. 그러나 도리어 복녀가 화를 입는다.
7	3일 후 복녀 남편과 왕서방은 복녀가 뇌출혈로 죽었다는 의사의 진단을 받아낸다.

3) 읽은 후 활동

(1) 유추하기

가. 글의 효과적인 이해를 돕기 위한 활동이다.

나. 잘 모르는 개념이나 사물의 이해를 위해 이미 잘 알고 있는 유사한 사물을 통해 이해한다.

다. 눈―카메라, 심장―펌프, 두뇌―컴퓨터, 기억체계―서류함

라. 학습자 스스로 구성한 유추가 더 효과적이다.

■ 인터뷰하기

-상상 인터뷰-

인터뷰한 때 - 936년 9월 일리천 전투가 끝나고
인터뷰 한 사람 - 견훤장군님
인터뷰한 기자 - L기자(임수연 기자)

L기자 - 안녕하십니까 LSY방송국에 L기자입니다.
어떤 해에 일리천 전투가 있었는데요. 그 전투를 끝
마치고 돌아온 멋진 백제의 영웅!
견훤장군님을 모셔보았습니다.
견훤장군님! 안녕하십니까?

견훤 - 네 안녕하십니까. 견훤입니다. 여러분께서 저에 대해
이렇게 관심을 가져 주시다니 감사합니다. 인터뷰 할
내용은 무엇입니까?
제가 좀 몸이 아파서. 콜록콜록. 죄_송합니다. 여러분.

L기자 - 견훤장군님. 많이 편찮으시다 는 소식 들었습니다. 증상이
어떻습니까?

견훤 - 아. 저는 등에 등창이 나서 좀 아픕니다. 걱정 끼쳐 드려서_

L기자 - 자. 이제 본격적인 질문에 들어가도록 하겠습니다.
우선 첫 번째 질문입니다. 자신의 아들과 싸우셨는데.

견훤 - 그 괘씸한. _으으~으 아무리 그래도 자기 아비에게 그런 일을 벌일 수
있습니까... 생각만 해도 괘씸합니다.
내가 첫째를 책봉하지 않고 금강이를 한 것이 좀 마음에 걸리기도
하지만 하... 신검이는 내 아들도 아닙니다. 효도도 할 줄 모르는 불효자
식입니다. 이놈!!!

L기자 - 네. 그 심정 저도 이해가 갑니다.
두 번째 질문입니다. 이제부터 어떤 삶을 사실 건가요?

견훤 - 아. 저는 후백제의 왕으로 있을 때 잘 하지 못 했던 봉사를
할 계획입니다. 제가 받은 마음만큼 왕건의 백성들에게 따뜻함을 나누어주고
조용하게 살 계획입니다.

L기자 - 지금까지 견훤장군과 함께 한 상상 인터뷰 였습니다.
견훤장군님 빨리 쾌유하시고, 행복한 삶 사시길 바랍니다. 감사합니다 ●●^-^●●

견훤 - 여러분 이 세상에는 우리보다도 더 가난하고 힘든 분이 많습니다. 그 분
들을 많이 도와주고 따뜻한 마음을 보냅시다. 그러면 우리도 더욱더 행복한 삶
을 보낼수 있을 것입니다. 여러분 힘내십시오-!!

(2) 도해조직

가. 복잡한 내용을 표로 정리하여 이해하기 쉽도록 하는 장치이다.

나. 글의 내용을 잘 요약, 기억하고 회상할 수 있도록 해 준다.

다. 교수 학습의 목적에 따라 도해조직자의 유형이 달라진다.

라. 유형―구조개관하기, 과정의 단계 나타내기, 대조하기, 인과 관계 밝히기 등.

마. 학생들은 도해조직자의 구성을 통해서 주요 개념이나 핵심적인 과정을 더 잘 이해한다.

■ 『우동 한 그릇』 전체 내용 정리

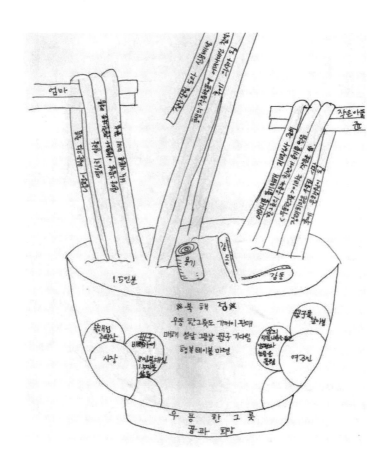

■ 『인어공주』 인물 관계도

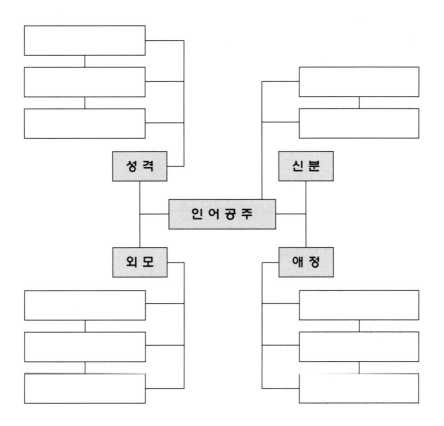

(3) KWL 표 작성

가. 알고 있는 것(Know), 알고 싶은 것(Want to know), 알게 된 것(Learned) 등으로
구성

나. 단계―내가 알고 있는 것 찾기 : 브레인스토밍(아는 것 말하기)

　　　　　　　　　　　　　의미지도(브레인스토밍 한 내용을 범주화하기)

　　　알고 싶은 것 찾기 : 예측하기(글의 내용을 예측하기, 알고 싶은 것 말하기)

　　　알게 된 것 찾기 : 질문하기(알게 된 것 말하기)

다. 전, 중 ,후 활동에서 모두 가능하다.

■ 한국 현대문학의 흐름

알고 있는 것(K)	알고 싶은 것(W)	알게 된 것(L)
• 최남선—신체시	• 사상시	
• 무정—이광수, 최초의 근대소설	• 경향문학	
• 상록수—심훈, 농촌소설	• 김광균 시의 특징	
• 김영랑—모란이 피기까지는, 순수시	• 청록파의 뜻	
• 정지용—향수, 모더니즘	• 농촌소설의 주요 작가 및 작품	
• 윤동주—저항시	• 시조 부흥 운동	
• 김소월—전통시, 민요조	• 시조 부흥 운동	

■ 선녀와 나무꾼 문학 보고 카드

나무꾼이 어떤 사람인지 등급을 매기고 그 이유를 책에서 찾아 써본다. 항목 설정이 중요하다.

주인공 : 나무꾼 우:우수함 보 : 보통임 부 : 부족함		
항목	등급	논평
착한 마음	우	사냥꾼에게 쫓기는 사슴을 숨겨 주었으므로
부지런함	우	부지런하게 나무를 했으니까
효심	우	열심히 나무를 해 어머니를 모심
약속을 지키려는 마음	부	날개옷을 감춘 비밀을 끝까지 지키기 못함
아내를 사랑하는 마음	보	둘째 아이를 낳고 아프니까 그냥 날개옷을 보여줌

5절 독서 평가

1. 독서 평가의 목적과 원리

독서 평가는 올바른 독서관을 확립하고 건전한 인격 형성을 이루기 위해 시도한다. 독서 평가는 행동변화 증거수집의 한 방법이며, 독서 개인차를 밝힐 수도 있다.

1) 독서 평가의 목적: 교육적인 결정을 하는데 필요한 다양한 정보를 수집하는 것이다.
2) 독서 평가의 원리 : • 지속적이어야 한다.
   • 학생이 평가의 과정에 참여하는 공동의 과정이다.
   • 교사에 의해 수행되는 것으로서 맥락과 내용지식에 기반을 두어야한다.
   • 실제적이어야 한다.

2. 독서 평가 내용

1) 학습 과정에 맞춘 평가
(1) 도서 선택과 독서 방법의 평가
책을 고르는 기준, 선택한 책의 권위, 차례와 찾아보기 활용, 참고 문헌에 맞는 독서 방법, 목적에 맞게 요약할 수 있는지를 평가한다.

(2) 빨리 읽기 평가

선정된 동화나 소설을 일정 시간 묵독하게 한 다음 독서 내용을 평가한다.

(3) 낭독 능력 평가

읽는 속도, 태도의 침착성, 발성, 발음의 정확도, 음의 고저와 강약, 글자와 어귀의 정확도, 내용의 이해 정도 등을 평가한다.

2) 독서 확인 평가

(1) 독서 확인

책을 끝까지 읽었는지 확인하는 방법이다. 읽은 도서의 범위 내에서 독서 확인문제 지를 작성하여 책을 보면서 해결하게 한다.

(2) 독서 감상문에 의한 평가

읽은 책에 대한 기록물을 포트폴리오 한다.

(3) 자율 평가

독서에 대한 평가척도에 따라 스스로 평가해 보도록 한다.

3) 독서 태도 평가

(1) 관찰법

아동들의 독서태도를 누가기록 했다가 종합평가 한다.

3. 독서 평가의 방안

1) 독서 결과 평가

① 자유회상(free recall): 읽었던 글에 대해서 학생들이 내용을 자유롭게 회상하고 평가자는 회상된 자료를 분석하여 기억의 양, 내용, 기억이 조직된 방식, 기억

내용을 인출하는 전략, 추론의 과정 등을 알아내는 방식이다.

② 탐문(probe question): 읽기활동이 끝난 후 검사자가 아동들에게 기억한 내용을 인출할 수 있도록 질문을 주는 방식이다.

③ 진위형(true-false question): 최소한 정답률 50%의 확률을 갖고 있으므로 적용에 주의를 기울여야 한다. 밑줄을 긋게 하거나 이유를 설명하는 공간을 만들어 쓰게 하면 감소시킬 수 있다.

④ 연결하기(matching): 항목의 배열순서, 항목의 유사성 등을 고려하여야 한다.

⑤ 선택형질문(multiple-choice question): 문두와 선택지를 기술적으로 다듬어서 사고력으로 언어능력을 측정 하도록 지도해야 한다.

⑥ 완성형질문(completion question): 한 단어, 간단한 진술로 답할 수 있는 것부터 시작한다.

2) 독서 과정 평가

① 오독 분석(miscue analyses): 단어나 구, 발음을 빠뜨리고 읽는 것, 글에 없는 것을 첨가하는 것, 단어나 구를 대치하는 것 등 어떤 읽기 단서들을 잘못 적용하였는지 분석하는 것이다.

② 빈칸 메우기 검사(cloze test): 교사가 아무런 질문도 하지 않고 학생이 직접 글을 읽고 빈칸을 채우는 평가방법이다.

③ 그래픽 조직자 완성(graphic organizers): 교사가 먼저 주제와 관련된 사전지식을 활성화시킨다. 적절한 그래픽 조직자를 보여주면서 학생이 글을 읽고 찾아야 할 정보를 미리 정하고 읽으면서 채우도록 하는 방법이다.

3) 초인지 평가

① 자기평가(self-appraisal): 학습과제를 처리할 때 스스로에게 묻고 파악하는 방법이다.

② 프로토콜분석(protocol analysis): 글을 읽으면서 머릿속에 떠오르는 생각을 소리내어 표현하는 것이다. 사고의 유연성이 발달한다.

③ 자율적 수정(self-correction)

④ 오류발견과제(error detection task): 글 속에 오류나 불완전한 요소를 미리 포함시키고 학생들이 이것을 발견할 수 있는 지 알아보는 평가방식이다.

※ 백범 김구를 읽고 앞으로 어떤 가치관으로 생활할 것인지 말해 보도록 해요.

제5장
활용 독서지도 실제

1절 창작동화 활용

1. 창작동화의 교육적 효과

• 이원수

어린이들이 성장과정에서 얻게 되는 생활체험의 한계성을 지적하면서 생활인식, 즉 생활체험에 앞서서 문학적인 체험의 중요성을 강조했다.

가. 정의와 불의에 대해 판단한다.

나. 남과 협동하는 생활의 가치를 얻는다.

다. 악에 대결하는 용기가 생긴다.

라. 어려움을 이겨나가는 인내력을 기른다.

마. 성실하고 근면한 자세의 고귀함과 사랑의 중요성을 안다.

바. 판타지를 통한 초자연적인 신비를 맛본다.

• 러셀

가. 인간의 여러 가지 삶의 모습을 넓고 풍부하게 경험하게 한다.

나. 다른 사람의 생각이나 모험을 상상으로 다시 경험하는 기회를 제공한다.

다. 문학작품을 통해 문제해결력과 통찰력을 기른다.

라. 다른 사람들의 문제와 어려움을 이해하는 데에 도움을 준다.

마. 나라와 민주적 이념을 사랑하도록 도와준다.

바. 모든 나라의 공통적인 윤리를 알게 하며 현대 사회를 살아갈 올바른 인격의 기

초를 닦도록 도와준다.

사. 흥미와 정서적인 안정을 도와준다.

아. 좋은 문학작품에 대한 항구적인 흥미와 취향을 개발시킨다.

1) 좋은 창작동화란?

〈가독성이 높은 텍스트의 내적 구성〉

가. 경험의 보편성이 있어야 한다.

나. 내용을 전달하는 언어의 구체성을 담아야 한다.

다. 구조적 완결성이 있어야 한다.

라. 사고의 명료성이 높아야 한다.

마. 정서의 안정성이 있어야 한다.

바. 문체의 평이성이 있어야 한다.

〈좋은 독서자료〉

가. 상상력과 창의력을 길러주는 작품이어야 한다.

나. 다양한 세계의 경험을 통해 나와 다른 삶과 문화가 있음을 이해하는 데 도움이 되는 내용이어야 한다.

다. 사회 변화에 대한 적응 능력을 길러 주어야 한다.

라. 비판적 사고를 기르도록 한다.

마. 인간 가치의 보편성을 터득하도록 한다.

바. 자아와 인간에 대한 이해를 돕는 작품이어야 한다.

사. 학습 능력 향상과 삶의 질을 높이는데 참고가 되는 책이어야 한다.

아. 우리나라 역사를 바로 알고 국가와 사회의 발전에 공헌한 인물을 알게 하는 작품이어야 한다.

자. 인간적 정서와 자신이 속한 집단을 이해하는 데 도움이 되는 책이어야 한다.

2) 창작동화의 문제점(이오덕, 어린이를 지키는 문학)

가. 주제가 불분명하고 감동이 부족하며 상투적 교훈이 많다.

나. 구성이 불충분(기, 승, 전, 결 줄거리는 명확하고 단순해야 함)하다.

다. 리얼리티가 부족(의인동화: 모습, 생태 잘못 표현)하다.

라. 내용과 문장이 일치(초 현실을 현실처럼 쓴 이야기와 문장, 내용과 형식 불일치)하지 않는다.

마. 잘못된 문장을 사용(허식적인 문장, 리얼리티가 없는 문장, 호흡이 짧은 문장, 관념적인 말 등)하는 경우가 많다.

4) 창작동화의 지도 방법

가) 지도의 목표

① 배경지식을 활성화한다.

② 책에 대한 안목을 키워준다.

③ 작가에 대해 살펴 본다.

④ 내용을 확인 한다.

⑤ 바른 표현을 하도록 한다.

⑥ 어휘력을 기르도록 한다.

⑦ 토의 능력을 함양시킨다.

⑧ 정리한다.

나) 지도 방법

① 읽기 전에 배경지식(Schema)은 활성화 시킨다.

배경지식(스키마)은 어떤 개인이 가지고 있는 지식 구조 또는 우리의 기억 속에 저장되어 있는 경험의 총체이다. 글의 의미 구성은 독자의 배경지식, 읽는 목적, 읽는 상황에 따라 달라진다.

글을 읽고 의미를 해석하는 것은 문자의 단순 번역이나 글자 그대로의 해석이 아니라, 독자들의 기존지식, 문화적 배경, 흥미 등과 같은 스키마에 크게 영향을 받는다.

〈배경지식을 개발하는 전략〉

• 토론·토의: 이야기 전개나 중심 생각과 관련 있는 사항에 대해 토론하도록 한다.

• 배경지식 생성 활동: 어떤 토픽에 대해 학생들이 알고 있는 모든 정보를 생각해 보는 기회를 제공한다.

• 사전 질문, 목적·목표 설정 활동을 한다.

예 : 그림이나 삽화에 대하여

　이 그림에서는 앞으로 어떤 사건이 일어날까?

　이 그림은 무엇을 말해주나?

　그림만을 보고 주인공에게 어떤 일이 일어날지 말해 보자.

제목에 대하여

제목만 보고 누가 이 이야기의 내용을 말해 볼까?

이 제목의 뜻은 무엇인가?

이 제목을 보고 생각나는 것이 있는가?

예전에 읽는 이야기나 또는 과거 경험 같은 것을 말해보자.

지은이에 대하여

이 이야기의 지은이 이름을 아는가?

지은이에 대하여 어떻게 생각하는가?

작가가 지은 다른 이야기를 읽어 본 일이 있는가?

이야기 내용과 학생 경험을 관련짓기

이야기의 인물이나 사건에 대하여 아는 것을 이야기해 보자.

이야기의 내용과 비슷한 경험을 해본 일이 있는가? 있다면 어떤 일인가?

이야기의 인물을 통해서 특별히 생각나는 사람이 있는가?

② 어떤 책인지 알기—표지, 출판사, 인쇄 상태, 디자인, 지질, 머리말, 작가후기를 살펴보도록 한다.

③ 작가에 대해 알아보기(작가의 생애, 문학관, 문학적 특성 등)

④ 내용 확인—중요한 세부 사항 알기

　㉠ 등장인물 파악하기—마인드 맵, 등장인물 사전, 그림으로 그리기

　㉡ 배경 알기—시간적, 공간적, 사회적, 역사적 배경 그림이나 글로 나타내기

　㉢ 사건 파악하기—마인드 맵, 사건지도, 글, 그림으로 나타내기

　㉣ 해결 방법 알아보기—나와 비교하기

⑤ 바른 표현 익히기—밑줄 긋기, 옮겨 쓰기, 낱말 바꾸기, 모르는 말 사전

⑥ 어휘력 기르기(사전 찾기, 사전 만들기, 짧은 글짓기, 연상되는 낱말 찾기, 관계있는 낱말
   채우기, 의미지도 그리기 등)

⑦ 토의하기―나와 비교하기, 배울 점을 말해 보기

⑧ 정리하기―독서 감상화, 독서달력, 책받침 만들기, 책 소개글 쓰기, 책표지 만들
   기, 독서 감상문 쓰기

〈관련사이트 활용 〉

순	인터넷 사이트	중요내용
1	EBS교육방송―http://www.ebs.co.kr	교육방송 VOD 시청
2	에듀넷(학생)―http://www.edunet4u.net	학습 자료 활용
3	부키의 동화나라―http://www.buki.co.kr	동화 자료 활용
4	아이나라―http://inara.cje.ac.kr	어린이 프로그램 활용
5	동화사랑―http://www.donghwasarang.com	동화 자료 활용

2. 창작동화 꼼꼼하게 읽기

　문학 작품을 읽는다는 것은 사고 작용을 통해 그 의미를 이해하는 것이다. 이해한
다는 것은 내가 책이라는 매체를 통해 세계 현상과 만나서 그 의미를 찾아내는 일이
다. 즉 나는 작품에서 무엇을 만났고, 어떻게 인식했으며, 무엇을 얻었는가를 아는 것
이다. 단순히 작품의 내용이나 사상, 어떤 가치를 찾아내어 맛보는 것이 아니라, 작가
가 마련해 놓은 짜임을 찾아 그 의미를 생각하고 찾아보는 일이다.

　문학 텍스트는 작품의 공간에서 일어나는 일체의 징후(묘사 행위나 사건, 정황)들을 자
세히 바라보고 따지려 드는 독자에게 각별한 의미를 전달해 준다. 또 문학 작품은 보
는 관점이나 시각에 따라 다른 해석과 평가를 내릴 수 있는 입체적인 특성을 가지고
있다. 이것은 모든 문학 작품은 복합적이고 중층적인 구조로 이루어졌기 때문이다.
따라서 작품을 꼼꼼하게 해석하고자 할 때는 먼저 어떠한 관점을 세워 두고 접근하는
것이 유리하다. 개별적인 관점에서 차근차근 접근한 다음, 이를 종합해 보면 작품의

특성이 더욱 구체적이고 선명해 진다. 작가는 왜 이러한 인물을 등장시켰을까? 작가의 삶과 비교해서 읽거나, 작품을 자기 경험과 연관시켜 보는 것도 좋다. 같은 소재의 다른 작품과 비교해서 의미를 찾아보는 것도 작품을 꼼꼼하게 읽는 한 방법이다.

가. 어떻게 하면 잘(제대로) 읽을 수 있을까?

① 꼼꼼하고 치밀한 독서 계획을 세운다.

  개념을 정리하고, 구성, 문체, 인물의 성격 등 좋고 나쁨, 옳고 그름을 따져서 평가한다.

② 여러 가지 기준으로 분석된 것을 바탕으로 대상의 정당성, 적절성, 가치 및 우열을 평가한다. 이 때 도서에 대한 다양한 정보와 지식이 필요하다.

③ 문학은 작가의 정신적인 창조 행위의 소산물이라는 점에서 문학 작품의 심리적인 측면에서 접근해 본다.

④ 모든 문화적 생산물과 마찬가지 로 문학 작품 역시 당대 시대적인 상황물이라는 점에서 문학 작품의 사회, 역사적인 측면에서 접근해 본다.

⑤ 문학 작품의 심미적인 측면과 형식적인 차원(구조, 문체, 주제, 시점 등)에서 접근해 본다. 문학 작품은 비문학적 글쓰기 양식에 비해 고도로 정제화 된 언어적 구조물이다.

⑥ 문학 작품은 작가의 계급적 이데올로기의 투영물이라는 점에서 문학 작품의 계급적인 측면에서 접근도 가능하다.

• 참고

◎ 비판적 이해 방법(박영목)—전문적 텍스트 읽기

① 단어의 선택 및 문장의 구조 측면에서 내용 및 표현의 정확성과 적절성을 판단한다.

② 문단의 구조, 글 전체의 구조, 내용의 논리적 전개 측면에서 내용 및 구성의 정확성을 분석한다.

③ 글 전체의 통일성, 일관성, 강조성 측면에서 분석한다.

④ 글의 주제나 목적 측면에서 내용의 타당성과 목적을 분석한다.

⑤ 건전한 상식이나 사회 통념, 윤리적 가치 및 미적 가치 측면을 분석한다.

나. 동화 분석 독서 실제

〈질문 던지기〉

① 아동 시점—이야기의 주체가 누구인가?

　　동화가 성인문학과 다른 점은 아동 시점에서 이야기를 전개하는 것이다. 비록 등
　장인물이 어른일지라도 그것이 아동의 시각에서 서술되었다면 그것은 아동문학의
　범주에 속한다. 따라서 성인 작가의 무리한 개입 여부를 살펴야 한다.(성인 시점)

② 구조의 완결성—이야기의 시작, 중간, 끝이 있는가?

　　안정감, 통일성, 상황설정의 적절성(또는 생태적인 측면)

③ 전달하는 언어는 구체적이고 명료한가?

④ 문체는 평이하고 정확한가?

⑤ 정서의 안정성(믿음이 가는 결말처리)이 있는가?

다. 작품 분석의 실제

〈바위나리와 아기별 전체 줄거리 요약하기〉

　나무도 풀 한 포기도 없는 바닷가에서 바위나리 하나가 검정 돌 위에서 피어났다.
바위나리는 친구도 없고 외로워서 울었다. 남쪽 하늘에 맨 먼저 뜨는 아기별이 울음
소리를 듣고 하느님 허락도 없이 땅으로 내려와 바위나리와 함께 놀았다. 아기별은
바위나리와 실컷 놀다가 새벽에야 하늘로 올라가곤 했다. 그러다 바위나리가 바람과
물살로 병을 얻었다. 아기별은 바위나리를 간호해주다가 시간이 늦어져 하늘 문이 닫
혀져 버렸다. 몰래 성을 넘어 들어가던 아기별은 임금님에게 불려갔다. 아기별은 임
금님에게 다시는 땅으로 내려가지 않겠다고 다짐한다. 이후 바위나리의 병은 악화되
어 물속으로 휩쓸려 버렸다. 아기별은 혼자 남은 바위나리를 생각하며 울었다. 하느
님은 매일 밤 울어서 별빛이 약해진 아기별을 하늘 밖으로 쫓아낸다. 아기별은 아래로
떨어져 바다에 빠졌다. 아기별이 빠진 그 곳은 바위나리가 빠진 그 자리였다.

〈작품 구성 따져 보기〉

① 먼저 작품을 전체적으로 파악해 본다.

　　예) 바위나리의 외로움과 아기별의 우정

② 중심이 되는 틀을 중심으로 읽는다.

　　넓은 바닷가에 홀로 핀 바위나리의 슬픔

　　친구의 슬픔을 외면할 수 없는 아기별과 하늘나라의 엄격한 계율

이 작품은 서두에 바위나리의 외로움을 자세하게 소개한 반면 아기별에 대해서는 그다지 자세하게 형상화하지 않았다. 그러나 후반부로 갈수록 하늘나라 임금님과 아기별 이야기가 자세하게 그려지고 있다. 따라서 이 작품의 중심 틀은 바위나리와 아기별이라는 이중적 구조라는 것을 알 수 있다.

③ 세부적인 중심 틀을 중심으로 읽는다.

혼자 피어난 바위나리―친구를 만나고 싶은 열망

바위나리의 울음소리를 듣는 아기별―호기심 많은 아동기의 상징

임금님과 아기별의 갈등(아버지의 상징, 구세대)

아기별의 선택―전보다 맑아진 물빛의 의미

④ 전체적으로 생각을 종합해 본다.

어린이에게 복종만을 강요하는 당대 사회의 모순을 비판했다.

환상을 통해 현실의 문제(삶의 진실)를 해결하려는 의지를 담았다.

개인의(바위나리) 고독과 외로움에 대한 세세한 묘사와 아기별의 자아 회복을 위한 자각―저항성을 기르게 한다.

아기별의 숭고한 희생―문학적인 기품이 있다.

리듬감 있고 쉬운 문장―구체적 세계를 구현하고 있다.

한계―화자는 이 작품을 통해 어린이를 억압하는 세력에 대한 비판력을 키워주려는 의도를 보이고 있다. 그러나 그것이 자연 발생적으로 이루어진 것이 아니라 아동보다 높은 위치에서 그런 의식을 부여하려고 했다. 그런 측면에서 이 작품은 아동의 현실과 세계가 반영된 것이 아니라 성인이 바라보는 아동 세계를 그린 한계를 지닌다. 인물의 성격 역시 약자의 입장에서, 수동적으로 그리고 있어 진취적인 아동상을 형상화하지 못했다.

다. 작품 분석의 세부적인 질문 던지기

① 무슨 이야기인가?

② 어떤 인물들이 등장하고 등장인물의 성격은 어떠한가?

삶의 태도, 외모, 직업, 말투, 특이한 행동이나 버릇은 무엇인가?

주인공은 그가 당면한 문제에 대하여 어떠한 방식을 취했는가?

갈등의 요인은 무엇인가?

③ 문체는 어떠한가? 지루한가? 역동적인가? 간결한가?

④ 재미있는 부분은 무엇인가?

제목의 참신함, 소재의 특이함 등

문체의 탁월함, 구성의 묘미(드라마틱한가? 희극적인가?)

정확한 정황 묘사, 반전의 묘미, 묘사의 묘미

인간 심리나 인물 성격 탐구, 새로운 지식의 정보 등

⑤ 내가 작품 속의 인물과 똑같은 상황에 처해 있다면 어떻게 행동했을까?

⑥ 언어 美—지나친 단순화나 감상이 드러나 있지 않은가?

⑦ 삶에 관한 의문 유추하기 또는 다른 작품과 관련지어 비교해 보기

자유, 죽음, 삶, 자아, 자연의 존재 등

라. 종합 정리

「바위나리와 아기별」의 문학사적 의미

우리나라 최초의 창작동화 「바위나리와 아기별」은 마해송이 1922년 동경에서 돌아와 연금 생활을 할 때 지은 작품이다. 이 작품은 1923년 개성의 박홍근이 편집한 『샛별』에 발표된 창작동화로, 전래동화의 유형적 구조와 교훈적인 형태를 상당 부분 탈피하고 있다. 마해송의 처녀작이자 대표작이기도 한 이 작품은 천상계의 아기별과 지상계의 바위나리가 화합을 추구하는 신화적 모티브로 이루어진 탐미적 경향의 동화이기도 하다. 이 작품은 억압적인 봉건사상에 대한 저항의식과 기성세대에 대한 비판의식을 담고 있으며, 바위나리와 아기별의 이별과 아픔을 통해 아동의 인격을 존중해 줄 것과 아동이 더 이상 어른의 노리개가 아님을 주장하고 있다.

마해송은 1922년 문예잡지 『麗光』, 문학클럽 '綠波會' 동인으로 문학 활동을 시작으로, 1924년에는 〈색동회〉 동인으로 어린이를 위한 문화 활동에 전력하면서 본격적인 활동에 들어갔다. 그가 아동문학가로 활동하게 된 배경에는 아버지에 대한 원망스러운 마음이 크게 작용하였다. 마해송은 13살 때 아버지의 강요에 의해 결혼한 후 기차에서 만난 소학교 선생 '순'과의 연애 사건으로 한동안 연금 상태에 놓인다. 이 일이 계기가 되어 그는 어린 세대를 억압하고 강요하는 기성세대에 대한 부당함을 동화 「바위나리와 아기별」에 담아 발표하였다. 이 때 그의 나이는 열여덟 살이었다. 어른은 어린이를 언제나 철부지로 생각하지만, 어린이는 어린이대로 독자적인 생각과 인

격이 있으므로 어린이를 어른의 힘에 의해 억압하고 누르려고 해서는 안 된다는 것이다. 이러한 아동관은 아버지의 꾸중으로 집에 갇혀 있어야 하는 마해송에게 자연스럽게 형성될 수 있었다. "왕의 폭력에 의해 사랑이 끊기었고, 사랑이 끊기었기 때문에 빛을 잃었으나, 한 번 죽은 다음 바다 속에서 사랑이 되살아나매 잃었던 빛을 도로 찾고 꽃도 새로운 생명을 찾았다."는 결말 처리를 통해 아버지의 꾸중으로 지금은 집에 갇혀 있지만 사랑은 온갖 방해와 억압을 끝내 물리칠 수 있다는 신념을 담고 있다.

작가의 간절한 체험에 의해 어른들의 억압으로부터 어린이를 건져 줄 기회를 주기 위해 「바위나리와 아기별」을 쓴 것이다. 이 작품의 내용은 봉건사상과 가부장적 가족 관계에서 발생하는 억압적 현실을 비판한다. 작가는 어린이에게 복종만을 강요하는 당대 사회의 경직성, 외재적 힘의 압박에 대항하여 판타지를 통한 환생으로 이 문제를 해결하고자 했던 것이다. 그러나 이 작품은 아동으로 하여금 새로운 힘, 즉 비판력을 익힐 수 있게 했지만, 성인에 의해 학대받는 아동이 약자의 입장을 벗어나지 못하고 있다. 어린이의 세계를 좀 더 역동적으로 그리지 못한 아쉬움을 던져준다.

그럼에도 불구하고 『샛별』에 실린 「바위나리와 아기별」은 한국에서 씌어진 창작동화로서는 최초의 작품이라는 문학사적인 의미를 지닌다. 물론 이전에도 동화가 없었던 것은 아니다. 그러나 기존의 동화는 전래동화와 번역 및 번안동화, 개작동화로 순수한 창작동화는 아니었다. 이광수가 1915년에 『새별』에 발표한 「내 소와 개」를 창작동화로 볼 수도 있다. 그러나 이 작품은 어른인 화자가 어린 시절을 회고하는 에피소드로, 죽은 개의 모습을 구체적으로 형상화하는 등 동화의 본질을 의식하고 예술성을 가미한 순수한 창작동화로 보기는 어렵다.

「내 소와 개」에 비하여 「바위나리와 아기별」은 완성도 있는 창작동화이다. 「바위나리와 아기별」은 단군신화의 상징체계와 구성, 전래동화인 「나무꾼과 선녀」의 하강 모티브와 비슷한 형태로 구성되어 있다. 그러나 주제와 형식적 기법은 전래동화와 다르다. 먼저 소재를 살펴보면, 대부분의 전래동화는 동물을 의인화하고 있으나 외로운 섬에 홀로 핀 바위나리를 제재로 삼았다는 점, 전래동화의 전형이라고 할 수 있는 권선징악과 교훈성에서 탈피한 점에서 구별된다. 또한 전래동화의 대부분의 결말이 소망이 해피엔드로 끝나고 있지만, 「바위나리와 아기별」은 열린 결말 처리로 독자로 하여금 생각할 여운을 주고 있는 점도 다르다.

이 작품은 설화성을 지니고 있으면서도 아기별의 미세한 감정의 묘사와 억압하는 어린이의 모습을 형상화하려는 작가의 의도를 담았다. 그런 점에서 창작동화로서의 가치를 지닌다. 또한 전래동화가 본래 아동을 위해 만들어지지 않았던 것에 비해, 이 작품은 비록 성인의 시각에서 씌어졌지만 처음부터 끝까지 아동의 입장을 견지하고 있다. 아주 작은 한 개 바위나리의 고독과 외로움에 대한 섬세한 묘사, 자아 회복을 위한 자각, 인간 존중사상을 바탕으로 한 아기별의 숭고한 희생은 작품 전체를 면면히 관통하고 있다. 시적인 흐름과 함께 문학적 기품을 더욱 높여주고 있다.

아동문학이 세계와 인간에 대한 근대적이고 새로운 사고를 배경으로 등장한 것이라 할 때, 내용의 근대성도 창작동화의 특성을 규정하는 중요한 근거이다. "근대성이란 인간 개인의 가치와 개성이 존중되고 모든 생활을 과학적, 합리적 견지에서 영위하는 것을 뜻한다." 어느 나라를 막론하고 동화성은 비슷하지만 문화적인 면에서 서양과 동양의 사고방식은 차이가 있다. 대체적으로 동양적인 사상은 권선징악과 교훈성이 강한 반면, 서구의 근대 동화는 소설적인 요소가 강하다. 또 인간에 대한 이해를 바탕으로 한 개인의 권리를 존중하는 것을 특성으로 삼는다. 이런 관점에서 「바위나리와 아기별」은 아주 작은 한 개 바위나리의 고독과 외로움에 대한 세세한 묘사, 아기별의 자아회복을 위한 자각 등을 구현하고 있다.

그리고 마해송의 문장은 「사슴과 사냥개」, 「박과 복숭아」, 「떡배단배」, 「꽃씨와 눈사람」, 「민들레의 노래」, 「순이와 호랑이」에서와 같이 보통 평범하고 간결한 것이 특징이다. 그림씨나 어찌씨 따위의 꾸밈말이 그다지 많지 않으며, 이음말은 줄여 경쾌한 분위기를 풍긴다. 특히 문장의 반복은 물결치는 듯한 리듬감으로 역동성을 느끼게 한다.

남쪽 나라 따뜻한 나라, 사람 사는 동네도 없고, 사람이나 짐승이 지나간 자취도 없는 바닷가에 다만 끝없이 넓고 넓은 모래벌판만이 펼쳐져 있습니다.

바닷가의 산이라고는 없는 벌판이라 나무도 없고, 나무가 없으니 노래를 부르는 새조차 한 마리 없고, 풀잎도 없습니다.─중략─밀물에 밀려서 바닷가에 놓인 주먹만한 감장 돌 하나를 의지하고 조그만, 그렇지만 어여쁘고 깨끗한, 풀 한 잎이 뾰족이 솟아 나왔습니다. 그 풀이 점점 자라, 두 잎이 되고 세 잎이 되더니, 가지가 뻗고, 가지에는 곱고 고운 빨강 꽃이 한 송이 피어났습니다. 또 파랑꽃도 한 송이 피어났습니다. 그 다음은 노랑꽃, 또 그 다음에는 흰꽃 해서 나중에는 아주 함빡 오색이 영롱하게, 여러 가지 꽃이 피어났습니다.

위의 인용문에서 살필 수 있듯 한 단락에 '나라'와 '없다'라는 동사가 최소 두 번에서 다섯 번까지 반복되고 있다. 이러한 수법은 다시 풀과 꽃에도 연결되어 밀물과 썰물의 반복 현상처럼 리듬감과 역동성을 느끼게 한다. 작자 마해송은 대부분의 동화에서 서두를 가볍게 시작하고 있지만 「바위나리와 아기별」에서는 위에 제시된 예문처럼 서두의 배경 묘사가 비교적 길다. 이것은 비현실적 공간을 마치 눈에 보이는 듯 구체적 세계로 묘사하여 환상의 굵고 넓은 세계로 독자의 관심을 끌어들이기 위해서이다.

리듬감 있으면서도 쉬운 문장으로 표현한 무한한 기쁨과 꿈의 세계, 자유의 공간으로 인도하는 작품의 팬터지 공간은 현실에서 결핍되어 있는 평화와 영원한 행복이 조화롭게 자리하는 곳이다. 「바위나리와 아기별」의 두 주인공이 만난 뒤 바다 물빛은 더욱 맑고 환한 새로운 질서의 출현을 암시한다. 이것은 바로 작가가 자기 시대와 개인의 심리, 경험, 의식의 융합 속에서 빚어낸 이상적인 질서이다. 동시에 시공을 초월해 재현한 문학적 표현이다. 따라서 환상적 분위기가 담긴 이 작품은 동화의 성격을 잘 살림으로써 문학적으로도 성공을 거두고 있다.

(바위나리)
(1) 나무도 풀도 없는 바닷가에서 바위나리는 감장 돌을 의지하고 꽃을 피웠다.
   (부재 또는 결핍)
(2) 주위에 아무도 없다는 것을 알고 소리 질러 울었다.(폭로 또는 누설)
(3) 자기를 찾아온 아기별에게 가지 말라고 당부한다.(금기)
(4) 찬바람이 불어와 바위나리는 병이 든다.(불행)
(5) 아기별을 기다리다 바람에 휩쓸려 꽃잎을 떨어뜨리고 바닷물에 빠지고 만다.(해결)

(아기별)
(1) 바위나리의 울음소리를 듣고 바닷가로 내려온다.(위반 또는 출발)
(2) 재미있게 놀다 하늘로 올라가는 시간이 늦어졌다.(금기 위반)
(3) 임금님이 아기별에게 바닷가에 내려가지 못하게 한다.(금기)
(4) 다시 바닷가로 내려가 바위나리를 간호한다.(금기 위반)
(5) 임금님이 아기별을 하늘에게 쫓아낸다.(처벌)
(6) 아기별은 바위나리가 떨어진 바닷물 속으로 떨어진다.(구제, 해결)

인물 구조를 살펴보면 어린이로 상징되는 바위나리와 아기별은 성격이 크게 변하지 않는 평면적 인물들이다. 그들에게는 자신에게 닥친 불행이나 결핍을 적극적으로 물리치려고 나서거나 투쟁하는 모습이 보이지 않는다. 다만 아기별이 금기를 두 번 위반하고 마침내 임금의 명령에 따라 바람에 힘없이 바닷물 속으로 휩쓸리고 만다. 이처럼 바위나리와 아기별은 그가 속한 시대나 사회에서 약자의 입장에서 벗어나지 못하는 수동적인 인물이다. 이러한 성격은 작품 곳곳에서 발견된다.

> 아기별은 날마다 밤마다 바위나리 생각만 하고 울었습니다. 어떻게든 한번 바닷가에 가 보고 싶은 마음이 간절했습니다. 소리를 질러 울고 싶었으나 그도 임금님과 여러 별들이 들을까봐 울 수도 없고 다만 솟아 나오는 눈물만은 어쩔 수 없었습니다. 〔…중략…〕 하루는 임금님이 아기별 앞으로 오시더니, "너는 요새 밤마다 울고 있기 때문에 별의 빛이 없다. 빛이 없는 별은 쓸데가 없으니 당장 나가거라!" 하고 소리를 벽력같이 지르면서 아기별은 하늘 밖으로 쫓았습니다.

이 시대 어린이들은 가장의 절대적 권위가 팽배한 가족체제 속에서 복종을 강요받았다. 어린이들의 인권과 인간적인 가치는 무시되었고, 어른들의 지배 대상이었다. 때문에 독자적 행동이 불가능하고, 행동의 반경 또한 일정한 범주에서만 가능했다. 아기별이 살고 있는 하늘은 권위적이고 엄격한 계율로 다스려지는 세계다. 그러므로 별나라의 임금님은 가부장적 권위를 떨치는 아버지의 화신(化身)이며, 어린이를 무시하는 폭력적인 어른의 모습이기도 하다. 그에 비해 아기별은 자기 소망이 이루어지지 않자 울음을 터뜨리고 동무의 외침에 집을 뛰쳐나가는 순진무구한 동심의 상징이다.

하늘의 세계에서는 동정이나 연민으로 저질러진 실수를 용납하지 않는다. 아기별은 약자의 입장에 놓여있기 때문에 제한된 행위만이 가능하다. 따라서 작품에 등장하는 아기별은 임금님으로 상징된 성인사회에 어떠한 반발도 할 수 없다. 작가는 이 부분에서 자신들을 억압하는 세력에 대한 비판력을 키워주려는 의도를 드러낸다. 그러나 그것이 아동세계에서 자연발생적으로 이루어지지 않는다. 아동보다 높은 성인의 위치에서 그러한 의식을 부여하려는 자세를 보인다. 그런 점에서 이 작품은 성인이 보는 아동세계라는 한계성을 지닌다. 이런 한계성 때문에 기성사회나 어른들에게 억압당하는 아동은 시종 약자의 입장에서 벗어나지 못한다. 어떠한 반발도 할 수 없으며, 어린이가 가져야 할 권리도 소유하지 못한다.

그러나 어린이는 그것이 적극적이든 소극적이든 복종과 지배의 대상으로만 존재하지 않는다. 어른들의 억압에 어린이들이 일시적으로 굴복할지 모르지만 그들 내부에서는 벌써부터 어른 지배에서 벗어나려는 반격을 준비하고 있다. 비록 바위나리와 아기별이 임금님의 억압 때문에 사랑을 이루지 못하고, 아기별이 바위나리를 따라 바닷가에 빠지기는 하지만 물속에서 스스로 잃어버린 빛을 되찾는 모습에서 아동의 권리를 회복하고자 하는 소망을 읽을 수 있다.

「바위나리와 아기별」은 탄탄한 구성으로 완성도가 비교적 높은 작품이다. 이 작품의 전개과정을 보면 다음과 같다.

「바위나리와 아기별」
발단: (1) 넓은 바닷가에서 바위나리가 감장 돌에 의지하여 꽃을 피웠다.
전개: (2) 바위나리는 동무를 불렀지만 찾아오는 동무가 없어 소리 내어 울었다.
　　　(3) 바위나리의 울음소리를 듣고 하늘나라 아기별이 매일 밤 바닷가로 내려와 놀아 주었다.
위기: (4) 아기별은 아픈 바위나리를 간호하다가 하늘로 올라가는 시간이 늦어 버렸다.
　　　(5) 임금님이 아기별에게 바닷가에 내려가지 못하게 하였다
절정: (6) 매일 밤 아기별을 기다리다가 지친 바위나리는 죽고 말았다.
　　　(7) 임금님은 바위나리를 그리워하며 우는 아기별을 하늘 밖으로 내쫓았다.
결말: (8) 바위나리가 죽은 바다 속으로 아기별이 떨어지자 바닷물이 맑아졌다.

일반적으로 전래동화의 기본 패턴은 회귀적 여행 코스인 이른바 '집→집 떠남→모험→집(초기 상태의 집으로의 귀환)'이다. 모든 이야기가 다 그렇다는 것은 아니지만, 일반적으로 전래동화는 '안정된 상황→불균형상태→안정된 상태'로 이루어진다. 「바위나리와 아기별」을 전자의 여행 코스에 대입시켜보면 '집(하늘나라)→집 떠남(바위나리를 만나려고 바닷가로 내려옴)→모험(바위나리를 만남. 늦게 하늘나라에 도착하여 하늘의 성벽을 넘는다)→이상적인 집으로의 귀환(바다 속)'이다. 기존의 전래동화 서술 패턴을 따르자면 아기별은 그의 집인 하늘나라로 귀환해야 한다. 그러나 아기별은 하늘나라보다 바다 속을 택한다. 아기별에게 바다 속은 상징적인 평화의 공간인 것이다.

마해송은 기존의 동화가 가지고 있는 이러한 주인공의 회귀적 패턴을 깨트린다. 이

와 같은 역행적 결말은 기존의 성인을 위해 존재한 동화가 어린이를 위한 단선적 코드로 변이되고 있음을 암시한다. 다시 말하면 작중 인물의 행동이 어린이를 위한 방향으로만 모아지고 있다. 어른을 위한 입장에서라면 아기별을 하늘로 귀환시켜야 한다. 그러나 사랑보다는 권위가 지배적인 하늘나라에서 아기별은 행복할 수 없다. 초월적인 공간인 바다 속은 아기별에게 행복을 주는 장소이다. 어린이로 대변되는 아기별은 부모의 지시와 계율 속에서는 더 이상 자유로울 수 없기 때문이다.

창작동화「바위나리와 아기별」의 가장 큰 특징은 의식적으로 환상을 도입한다는 점이다. 동화가 문학적 가치를 내보이기 위해서는 무엇보다도 즐거움을 주어야 한다. 이때의 즐거움은 감동이란 말로 대치될 수 있다. 독자를 감동시키기 위해서는 무엇보다도 경험하지 못한 세계를 보여주는 것이 효과적이다. 이러한 세계를 구현하기 위한 방법으로 동화에서 환상을 끌어들였다. 환상은 현실의 시간과 공간의 질서에서 어린이 마음을 해방시키는 것으로 동심세계의 중요한 특성이다. 비록 환상이 불합리성을 가지더라도 동화의 세계에서는 흥미와 호기심을 불러일으킨다.

「바위나리와 아기별」의 배경이 되는 공간은 원시의 정적을 간직한 바닷가이다. 이곳은 아무런 생명체도 없고, 아직 누구도 경험하지 않은 미지의 공간이다. 이 공간에서 비생명체인 주먹만한 감장 돌을 의지하며 태어난 바위나리는 신화적 인물의 비합리적인 탄생처럼 특별하다. 한 줄기에서 빨강, 파랑, 노랑, 흰 꽃을 피우는 꽃은 실제의 꽃이라기보다는 가공의 꽃이다. 실제 마해송은 바위나리라는 이름에 대해서 "현실에 존재하는 꽃 이름이 아니라 바위에서 난 꽃이라 해서 붙여진 이름이다." 라고 말한 바 있다. 따라서 이 작품의 현실은 가공의 바위나리가 존재하는 세계인 것이다. 작품에 설정되어 있는 특별한 공간과 가공인물의 설정은 환상을 부여하는 요소로서 창작동화에서 환상이 거부감을 일으키지 않게 하는 역할을 담당한다.

그런데 이상하게도 이 울음 소리가 밤이면 남쪽 하늘에 맨 먼저 뜨는 아기별의 귀에까지 들려 올라왔습니다.

바닷가 바위나리 울음 소리를 하늘나라 아기별이 듣는다는 것은 과학적으로 있을 수 없는 일이다. 그러나 이미 이 작품에 암시된 특별한 상황을 통해 지상의 바위나리가 천상계의 아기별을 만나는 것은 거부감을 주지 않는다. 이미 바위나리는 태어날 때부터 다섯 색깔의 꽃을 피우는 특별한 능력을 지닌 특별한 존재이기 때문이다. 현대 동화에서 현실과 환상의 세계를 공존시키는 것은 현실의 제약을 뛰어넘고자 하는 인간의 소망 때문이다. 따라서 이 세계에서는 불가사의한 일이 발생하지 않으면 의의가 없다. 바위나리의 울음소리가 먼 하늘나라에 닿는 것은 그러한 맥락에서 해석이 가능하다.

바위나리의 노래 소리가 하늘에 닿고 하늘나라 아기별이 바위나리의 노래를 듣는 것은 현실적 제약을 뛰어넘고자 하는 작가의 소망의 발로이다. 현실의 제약을 뛰어넘으려는 소망이 하늘나라에 대한 무한한 상상과 함께 시공간을 초월한 환상을 느끼게 한다. 대체로 시간 판타지에서는 일차적 시간과 이차적 시간(우리의 일반적 세계나 시간과 대조되는 특별한 시간을 가지고 있는 마술적 세계)을 위해 문(門)이나 마술적인 물건, 마술적인 협력자(메신저)를 둔다. 이러한 장치가 환상과 현실 세계의 실질적 혹은 상징적인 문인 통로이며, 두 세계를 연결시키는 길이다. 팬터지에서 두 가지 본질은 통로와 방법이다. 통로라고 하는 것은 현실 세계와 공상 세계를 잇는 길이고, 방법이라는 것은 현실 세계로 들어가는 수단이다. 바위나리가 사는 비현실적인 공간을 실제적 1차적 시간, 아기별이 사는 천상계의 초현실적 시간을 2차 시간이라 할 때, 두 세계를 연결시키는 통로는 하늘나라 문이다.

사실만을 서술한 리얼리즘은 예술이 아니라 현실의 복사물에 불과하다. 리얼리즘 문학에서는 현실의 충실한 묘사 자체가 목적이 아니다. 현실의 본질을 구체화하는 이미지에다 작가는 현실이 어떻게 되어야 하는지 상상적 전망을 가해 주어야 한다. 이런 시각에서 볼 때, 「바위나리와 아기별」은 이상적 현실을 바탕으로, 신화적이다. 한편 일차적인 시간의 이탈, 사물에 인격을 부여하는 수법, 하늘 문이라는 통로를 통해 환상을 구현하고 있다.

아기별이 풍덩실 빠져 들어간 곳은 오색 꽃 바위나리가 바람에 날려간 바로 그 위의 바다였습니다. 그 후로도 해마다 아름다운 바위나리는 바닷가에 피어나옵니다. 여러분은 바다를 들여다본 일이 있습니까? 바다는 물이 깊으면 깊을수록 환하게 맑게 보입니다. 웬일일까요? 그것은 지금도 바다 그 밑에서 한 때 빛을 잃었던 아기별이 다시 빛나고 있는 까닭이랍니다.

하늘에서 쫓겨난 아기별이 빠진 곳이 바로 '바위나리가 빠진 바로 그 장소' 라는 사실은 많은 시사점을 던져 준다. 이는 새로운 질서를 암시하는 공간으로 지상계와 천상계가 융화되어야만 비로소 얻을 수 있기 때문이다. 시공을 초월한 이와 같은 결말은 문학의 보편적인 주제인 사랑과 이별을 환상에 투영하여 삶의 진실이 무엇인가를 깨닫게 한다.

「바위나리와 아기별」은 단군신화의 홍익인간 정신과 전래동화의 패턴 위에 근대사상을 접목한 우리나라 최초의 창작동화이다. 구성과 문체, 인물, 환상성을 살펴본 결과 「바위나리와 아기별」은 작가의 비판정신을 바탕으로 쓰였으며, 아기별이 하늘에서 내려왔다 올라가는 구조는 「단군신화」와 「나무꾼과 선녀」의 전래동화 형태를 따른 것이다. 그러나 외로운 섬에 홀로 핀 바위나리의 고독과 외로움을 섬세하게 묘사한 점, 권선징악의 교훈성에서 탈피한 점에서는 기존의 전래동화와 다르다.

마해송은 「바위나리와 아기별」에서 현실에 대응하는 방법으로 작품에 환상을 도입하였다. 「바위나리와 아기별」에 나타나는 환상성은 주어진 상황을 설정하는 것 이상으로 신화적이다. 하늘 문이라는 통로를 통해 환상세계를 구현하면서 동시에 미적인 가치를 높여 이중적 독자를 수용한다. 우리나라 최초의 창작동화에 환상적 질서를 부여함으로써 환상은 동화를 구성하는 중요한 약호(code)가 되었다.

2절 스토리텔링(Storytelling)과 북토크 활용

1. 스토리텔링

1) 스토리텔링 정의
스토리텔링을 우리말로 바꾸면 '이야기 들려주기'이다.

문자 그대로 옛날이야기나 우리 생활 주변의 일들에 대한 이야기를 말로 들려주는 것으로 '듣는 독서'라고 말할 수 있다.

스토리텔링은 목소리를 주도구로 사용하여 이야기에 담긴 문학성과 교육성을 더욱 높여주며 옛날이야기, 그림책 읽어주기, 동화 구연, 시낭송에 사용되고 있다.

2) 스토리텔링 역사
'이야기 들려주기'에 관한 기록 중 최고(가장 오래된)의 것은 기원전 4,000년경 파피루스에 기록되어 있는 「마술사의 이야기」이다. 이집트 민화집에 수록된 것이다. 피라미드를 건설했던 위대한 쿠프왕의 아들들이 아버지를 기쁘게 해드리기 위하여 괴이한 마술사의 이야기를 돌아가면서 들려준 데서 비롯되었다고 한다.

3) 스토리텔링 목적
아동들은 책을 읽기 전에는 여러 가지의 정보를 들어서 얻게 된다. 취학 전 아동만이 아니라 초등학교 저학년 아동들의 발달단계에서는 문자를 보고 이해하는 쪽보다는 말을 듣고 이해하는 쪽이 더 빠르고 저항 의식도 덜 느낀다.

스토리텔링은 독서를 할 줄 모르는 아동, 문자 읽기에 습관이 덜 되었거나 저항을 느끼는 아동, 독서의 즐거움을 아직 모르는 아동들에게 즐거운 책의 세계를 알리는 좋은 수단이다. 스토리텔링은 듣기 기술의 증진과 상상력을 발휘할 수 있는 기회를 제공한다.

4) 스토리텔링의 효과

• 독서경험을 쌓는다.

독서란 단순히 문자만 읽는다고 해서 이루어지는 것이 아니다. 기호화한 문자를 읽는 동안 자신의 지식이나 경험이 머릿속에서 상호작용하면서 이해되고 깨닫는 과정이다. 따라서 독서능력을 개발하기 위해서는 듣는 것이 선행 되어야 한다.

스토리텔링은 '듣는 독서'라고 표현할 수 있다. 이야기는 듣는 그 자체만으로도 독서한 것과 같은 효과가 있다. 옛날이야기, 동화, 그림극, 그림책 읽어주기, 시낭송 등의 이야기들은 귀로 듣고 머릿속으로 이해하면서 이미지를 그려보는 최상의 독서경험이다.

• 독자적인 이미지를 만들고 상상력을 키운다.

옛날이야기를 한 꼭지 듣는 것은 한편의 동화를 읽는 것과 같다. 이야기는 TV영상처럼 이미 만들어진 이미지를 주는 것과는 다르다. 듣는 사람이 자신의 이미지를 만들어 가며 들어야 한다. 이것이 바로 이야기의 장점이자 독특한 면이다.

예를 들어 "옛날 옛날 어느 마을에 할아버지가 살았습니다 ……." 하고 이야기가 시작되면 할아버지의 모습은 각자 다르게 이미지—수염이 허연 산신령 같은 할아버지인지, 콧수염을 기른 할아버지인지, 도포에 갓을 쓴 할아버지인지, 양복을 입고 안경을 쓴 할아버지인지 등—가 형성된다.

• 이야기는 어휘력을 길러준다.

아이들은 이야기를 통해서 말을 배운다. 아이들은 말을 배울 때 뜻을 알고 배우는 것이 아니라 앞뒤 말의 문맥을 통해 그 말을 이해한다. 그리고 그 말을 적재적소에 자기도 모르게 사용해 가면서 어휘를 배운다.

• 이야기 자체는 문학이다.

이야기는 목소리라는 표현형식을 빌려 아이들에게 들려주는 행위이다. 때문에 아이들의 마음을 더욱 즐겁게 하고 감동시키는 문학적 요소를 가지고 있다.

이야기를 들은 후 바로 그 이야기가 기록된 책을 읽도록 유도하는 것은 독서동기유발의 좋은 방법이다.

일본의 한 도서관에서 이야기시간에 이야기를 들었던 초등학교 1학년 남자아이가 있었다. 재미있게 들었던 이야기는 1학년생이 읽기에는 부담스러운 두껍고 활자도 작은 책 속에 수록되어 있었다. 이 남자아이는 이야기가 너무나 재미있어서 이야기 시간이 끝난 후, 그 두꺼운 책을 빌렸다. 비록 자기는 그 책을 읽지 못하더라도 아주 소중하게 책을 쓰다듬으며 친구에게 자랑하는 말을 했다.

"이 책에는 ○○○라는 이야기가 들어 있는데 굉장히 재미있어."

비록 자신은 이해하기 어려운 책이라 할지라도 목소리라는 표현형식이 그 이야기를 더욱 감동시키고 즐겁게 이해하도록 했기 때문이다.

5) 스토리텔링 방법

가. 그림책 읽어주기

문자가 없던 시대에 할머니, 할아버지의 입에서 입으로 전해주던 민담, 전설 등이 문자로 정착되면서 주로 어린 학생들을 대상으로 그림책의 그림을 보여주면서 이야기하는 것이다.

나. 동화구연

◎ **동화구연의 개념**

동화구연이란 문자언어로 되어 있는 동화를 음성언어로 개작하여 적당한 음성연기, 몸짓과 표정으로 동화 내용 전달에 효과를 높이는 예술행위이다. 그러므로 동화구연은 그림책 읽어주기보다 훨씬 전문적 자질과 훈련이 필요하다.

◎ **구연을 위한 동화의 재구성**

동화를 들려주기 위해서는 청자의 연령, 이해수준과 구연의 취지에 따라 동화의 길이, 문장의 형태, 언어의 선택을 달리하여 동화를 재구성(개작)하여야 한다.

◎ 동화구연의 기초훈련법
- 호흡법: 복식호흡을 한다.
- 발성법: 호흡량을 조절하여 발성연습을 한다.(콸콸콸콸~)

◎ 효과적인 구연을 위한 목소리 설정
- 가장 자신 있는 목소리로 주인공을 설정한다.
- 등장인물에 성별, 나이, 성격을 부여한다.(동물일 경우 크기 비교)
- 등장인물을 극대화 시킨다.
- 속도를 조절한다.—빠르게(어린이, 기쁠 때), 느리게(노인, 슬플 때)
- 해설부분은 동화의 흐름에 따라 파도를 타듯이 자연스럽게 구연한다.

6) 이야기의 선택 기준
- 흥미를 끄는 내용이어야 한다.
  이야기의 뼈대가 단단하고 단순한 줄거리와 소수의 등장인물, 적당한 반복, 스릴, 유머, 구체적인 행동 등으로 구성한다.
- 뚜렷한 클라이맥스가 있는 것이 좋다.
- 환상적이고 상상력을 주는 내용이어야 한다.
- 직접적이며 활동적인 내용이어야 한다.
  이야기 전체가 명확하고 간결하게 동적으로 진행되는 것이 바람직하다.
- 친밀감을 주는 내용이어야 한다.
- 너무 자세한 성격 묘사가 없는 것이어야 한다.
- 이야기의 길이—3살 전후의 유아: 3~5분 정도의 분량
  　　　　　　　—유치원생: 5~10분 정도
  　　　　　　　—초등학교 저학년: 10~15분 정도

7) 스토리텔링시 유의사항
- 도입과정을 잘 살린다.(재미있겠다는 기대감을 준다.)
  동화의 내용과 관련있는 주의집중 활동을 한 후 시작하면 좋다.

- 저학년에게는 자세한 묘사보다 스토리 중심으로 이야기를 전개한다.
- 한 가지 이야기를 하다가 옆길로 새어 다른 이야기를 끼우지 않는다.
- 질문을 하여 참가자들의 집중 여부를 시험하지 않는다.
- 아이들 수준이 낮다고 생각해서 설명을 덧붙이지 않는다.(상상력이 축소됨)
- 직접화법을 쓴다.('~하고 말했어요' 등과 접속어도 대폭 없앤다.)
  설명보다는 등장인물 스스로가 이야기하도록 해야 한다.
- 잘못 말한 것이나 빼놓은 내용이 있을 경우 반드시 그 내용이 필요한 것이 아니라면 그대로 이야기를 진행한다.
- 마지막 부분에 훈화를 생략한다.
- 이야기 내용에 따라 분위기를 살려주는 것이 필요하다.

8) 효과적인 스토리텔링 연습 방법

- 이야기를 잘 알아야 한다.
  어느 순간 잊어버렸을 때 이야기 순서에 맞게 즉흥적으로 본래 줄거리로 돌아가려면 이야기를 완전히 소화하고 이해하여야 한다.
  ―처음부터 끝까지 세 번 이상 읽는다.
  ―이야기를 구절 그대로 외우기보다 그 의미를 어떤 방법으로 표현하면 좋을지 생각한다. 그러나 책 저자가 좋은 문구로 표현하고 있음도 잊지 않는다.
  ―이야기에 대한 배경정보를 알아둔다.
- 머릿속에 그림을 그려 넣는다.

9) 스토리텔링 진행방법(실제)

- 아이들과 눈을 맞추며 이야기를 한다.
- 이야기하는 사람의 기분이 이야기 속에 들어 있도록 한다.
- 이야기가 보이도록 이야기한다.
- 이야기가 지니고 있는 맛을 살린다.
- 이야기 자체를 즐긴다.
- 의성어와 의태어 등 언어의 리듬을 주어 이야기에 현실감과 친밀감을 더한다.

〈책 읽을 때 피해야 할 일〉

1. 나에게 흥미롭지 않은 이야기는 아이에게도 읽어주지 않는다.

2. 잘못 선택된 책이라 판단되면 그 책을 읽어주지 않는다.

3. 교사로서 책을 읽어줄 경우 장소에 얽매이지 않는다.

4. 책을 선택할 때 듣는 사람의 지적 사회적 정서적 수준을 고려한다.

5. 어린이의 정서보다 높은 수준의 정서가 담긴 책은 피한다.

6. TV를 통해 보고 들은 것을 읽어주는 것은 피한다.

7. 특별한 상을 받은 책만을 고집하지 않는다.

8. 지속적으로 읽어줄 시간이 없다면 처음부터 시작하지 않는다.

9. 이야기를 듣는 아이들의 자세를 너무 편안하게 하지 않는다.

10. 책을 읽어주는 중간에 질문하는 아이를 귀찮게 여기지 않는다.

11. 책 읽어주는 것을 담보로 아이를 위협하지 않는다.

12. 책과 TV를 경쟁상대로 삼지 않는다.

2. 북 토크(Book talk)

1) 북 토크 정의

북 토크(book talk)는 우리말로 '책이야기' 또는 '책의 소개'라고 말할 수 있다. 즉 몇 권의 책을 선정하여 보여주면서 그 도서들과 관련된 흥미롭고 인상에 남을 만한 내용이나 에피소드들을 소개하여 다른 사람이 책을 읽고 싶은 충동을 느끼도록 하는 책 소개 기술이다.

북 토크가 스토리텔링과 다른 점은 스토리텔링은 책을 자주 접하지 못한 유아나 초등학교 저학년 정도의 어린이에게 부담 없이 이야기의 전부를 들려주는 것이지만, 북 토크는 모든 사람을 대상으로 책을 소개하여 독서 할 수 있는 계기를 만들어 주는 데 있다.

하지만 책을 소개하되 마치 이야기를 들려주듯이 스토리텔링의 방법을 활용하여 재미있게 소개해야 독서흥미유발에 효과가 크다.

북 토크는 아이들의 마음을 변화시키는 가장 빠르고 효과적인 방법이다. 독서가 하나의 레크레이션이라는 점에서 북 토크는 독서를 재미있고 신나는 일로 생각하도록 강조하고 박차를 가한다.

2) 북 토크 목적
가. 책과 친숙하지 않은 사람들에게 책 읽는 계기를 마련해 준다.

나. 책에 대한 시야를 넓혀준다.

다. 흥미의 폭을 넓혀 주고 발전시켜 준다.

라. 어떤 일정한 주제에 관련된 여러 가지 책을 소개해 줌으로써 같은 주제의 책이라도 여러 가지 종류가 있다는 것과 지식 획득을 위해서는 여러 가지 다른 접근방법이 있다는 것을 알도록 한다.

마. 편중된 독서습관을 바꾼다.

3) 북 토크 준비
가. 주제를 설정한 후 그 주제에 맞는 책들을 수집한다.

나. 소개할 책을 숙독한다.

다. 소개할 책의 장점, 흥미를 일으킬만한 극적인 사건을 선택한다.

라. 저자에 대한 설명, 그 책이 씌어진 시대적 배경, 그 책과 관련된 에피소드를 조사한다.

마. 그 책의 개성을 뚜렷하게 나타내 주는 그림을 선택하여 자료로 사용한다.

4) 북 토크의 방법
가. 개별 책의 소개는 작가 이야기, 책에 얽힌 에피소드, 본문 중의 한 구절 등을 소개한다.

나. 책을 소개할 때에는 반드시 그 책의 실물을 보여준다.

다. 책 소개에 대한 소요 시간은 한 책에 대해 5~7분을 잡는다.

3절 신문 활용(Newspaper In Education)

우리는 많은 정보 속에서 생활한다. 텔레비전, 컴퓨터, 비디오, 책 등 많은 것들이 우리에게 정보를 제공한다. 그 중 책과 신문에서 얻는 활자정보가 대부분이라고 해도 과언이 아니다. 그것들은 영상매체와는 달리 글자를 읽고 자기 나름대로 정리해야 한다. 많은 사람들은 책을 좋아하지만 이런 과정이 싫어 책을 멀리 하는 경향이 있다.

그러나 대부분 책 속에 있는 내용은 신속한 정보를 구하려는 사람에게는 실질적인 신속한 정보가 되지 못한다. 책이 만들어지는 과정에 시간이 너무 많이 소요되기 때문이다. 그에 비해 신문은 지구상에서 날마다 일어나는 사건과 정보를 정말 신속하게 알려 준다. 우리는 그런 욕구를 만족시키기 위해 신문을 본다. 그러나 그것은 일회성 정보로 끝나는 경우가 많다. 활자들이 너무 많아 읽기 힘든 경우도 있다. 하지만 활자매체가 힘들다고 읽지 않을 수 없기 때문에 글과 친해지는 방법을 안다면 글을 효과적으로 읽게 될 것이다. 이러한 방법적 접근이 신문을 활용한 독서활동이다. 신문을 활용한 독서 활동은 읽기와 쓰기, 사고력 향상에 도움을 준다.

1.신문 활용 목적

1) 저비용 보조교육으로 다양한 자료를 제공한다.
2) 일상적 역사적 기록 및 정보 접촉이 가능하다.
3) 적극적인 독서를 통한 실용적 단어 배양과 어휘력을 증진한다.

4) 정보 활용능력을 강화시킨다.

5) 사고 능력 배양과 학습동기를 유발한다.

6) 사회성을 확립한다.

7) 종합적 사고력과 창의력, 비판력을 기를 수 있다.

8) 학습과정에서 학생의 창의성을 신장한다.

9) 자신이 부딪치는 문제의 해결능력을 키운다.

10) 학생 간 협동학습의 기회를 주고, 협동심을 길러준다.

11) 다양한 의사표현 및 의사결정력을 배양한다.

12) 신문에 대한 이해를 돕는다.

13) 실질적인 청중을 대상으로 목적 있는 글쓰기 기회를 제공한다.

2.구체적 활동

1) 신문을 활용해 인성 교육을 할 수 있다.

2) 비판적으로 신문 읽기가 가능하다.

3) 다음 그림 이어 그리기 등으로 창의력을 함양시킨다.

4) 신문 활용 글쓰기를 할 수 있다.

5) 기사내용이나 읽은 책 속 주인공에게 상주기 등으로 이해력을 높인다.

6) 친구에게 자기가 읽은 책을 소개하거나 문자메시지 보내기 등이 가능하다.

〈문자메시지 보내기〉

7) 내가 읽은 책 광고 해보기를 할 수 있다.

8) 책에서 나오는 등장인물들이 했던 활동을 연결한다.

9) 독서활동으로 할 수 있는 모든 활동들을 다 할 수 있다.

10) 지명을 지도에서 찾아본다.(위치확인이나 특산품, 유적지표시)

11) 나는 이런 것들을 저축해요. 좋은 문장 글귀를 저금한다.

12) 미래의 꿈을 위해 할 수 있는 노력들(자아인성 등)을 적어 본다.

13) 주제가 있는 신문 만들기를 한다.

5/26 2002기194 신선환

20년 후.

나는 내가 어릴 적에 꿈꿔 왔던 일을 하며 사는 행복한 어른이 되었습니다. 그렇게 행복한 시간을 보내던 나는 백화점에 쇼핑을 하게 되었고, 그 곳에서 가방을 하나 샀습니다. 항상 가지고 다니고 싶은 물건들은 너무 많은데 다 가지고 다닐 수가 없습니다. 그래서 항상 가지고 다니고 싶은 물건을 10가지만 정하기로 했습니다. 가지고 다니고 싶은 물건의 이름과 이유를 쓰시오.

1, MP3 ⇒ 여유가 생기거나 심심할 때 음악을 들을 수 있기 때문에.

2, 신용카드 ⇒ 갑작스럽게 큰 돈을 사용하게 될 경우를 대비해서

3, 자동차 key ⇒ 어디든 쉽게 이동할 수 있다.

4, 50장의 여권분 된 신용권 ⇒ 좋은 사람들에게 만날 때 마다 삶을 풍요롭게 해주는 책을 사서 빌려 권하면 싶기 때문에

5, 다이어리 ⇒ 바쁜 일상의 일과를 흐트러짐 없이 정리해 나가고 싶다

6, 외화어 번역기 ⇒ 어디서도 외국인을 만나면 짧은 담화를 나누고 싶다

7, 작은 성경책 ⇒ 가방 안에 넣고 다닐만한 성경책을 사서 틈나는 대로 읽고 싶다.

8, 노트북 ⇒ 어디서든 자유롭게 이용할 수 있다.

9, 정원에 자그마하게 지은 2층집 연피 ⇒ 나의 중반 쯤 서울에 멋진 주택집

10, 남편과 내 아이들의 을 "있고 싶다. 사진만 넣을 수 있는 앨범 (Mini) ⇒ 항상 몸에 지니고 있으면서 수시로 보고 싶다.

〈신문 활용 글쓰기〉

3. 사설 활용

1) 모르는 단어 찾아보기, 사전 찾기
2) 사설을 읽고 이해한 내용 발표하기
3) 중요한 부분 찾아 표시하기

4) 사설을 요약해서 발표하기

5) 사설 내용을 비판적으로 읽기

6) 사설의 사건이나 주제에 대해 의견쓰기

7) 사설과에 관련된 최근 기사 찾기

8) 같은 내용의 사설을 다른 신문에서 찾아보기

9) 저녁 뉴스를 보고 다음날 사설에 실릴 만한 주제를 예측해보기

10) 사자성어나 속담, 격언 찾아보기

11) 논술쓰기 활용하기

※ 중요하다고 생각되는 사건을 육하원칙에 맞게

아나운서 멘트로 써 보기

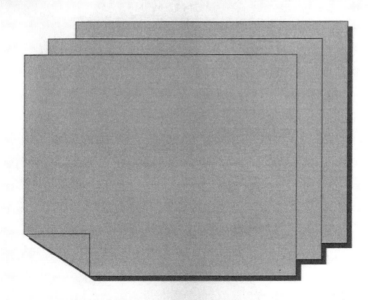

※ 인터뷰 하기(할머니, 아버지, 어머니, 인규, 경호형 등등)

4. 글자 활용

1. 예쁘고 화려한 글자 오려 붙이기
2. 큰 글자, 작은 글자 오려 붙이기
3. 뚱뚱한 글자, 홀쭉한 글자 오려 붙이기
4. 한 글자로 된 낱말 오려 붙이기
5. 두 글자로 된 낱말 오려 붙이기
6. 세 글자로 된 낱말 오려 붙이기
7. 네 글자로 된 낱말 오려 붙이기
8. 똑같은 글자 찾기
9. 제시한 글자와 똑같은 글자 찾기
10. 'ㄱ'자와 비슷한 모양 오려붙이기
11. 'ㄱ'이 들어 있는 글자 찾기
12. 'ㄱ'으로 시작하는 글자 찾기
13. '가'가 들어있는 글자 찾기
14. '가'로 시작하는 글자 찾기
15. 자음 주머니, 모음 주머니
16. 자음과 모음 연결해서 글자 만들기
17. 내 이름과 똑같은 글자 오려 붙이기
18. 가족 이름과 똑같은 글자 찾아 오려 붙이기
19. 글자 오려 문장 만들기
20. 낱자 찾아오려 붙인 후 글자 합쳐 여러 가지 단어 만들기
21. 문장을 낱자로 따로따로 섞어 붙인 후 문장 만들기
22. 신문에서 그림이나 사진 오려 붙인 후 연상되는 낱말 오려 붙이기
23. 글자 찾아 편지글 꾸미기
24. 제시한 문장에서 빠진 글자 찾아 오려 붙이기
25. 낱말 맞추기를 오려 붙여서 완성하기
26. 신문에서 글자 오려 붙이면서 말 잇기 놀이하기
27. 같은 글자로 시작하는 낱말 찾아 오려 붙이기
28. 같은 글자로 끝나는 낱말 찾아 오려 붙이기

29. 색이 들어가지 않은 흰 글자 따라 써 보기

30. 한 문장을 오려 붙이고 따라 써 보기

31. 글자 빨리 찾기 놀이

32. 20고개 정답 누가 빨리 찾아 붙이나 시합하기

33. 한글, 영어, 한문 찾아 분류하여 붙이기

5. 만화, 삽화, 사진 활용

〈만화〉

1) 말 주머니 채워 넣기

2) 만화 그리기

3) 4cut짜리 만화로 동화책 만들기

4) 만화보고 이야기 꾸미기

5) 만화를 여러 가지 색깔로 칠해보기

6) 만화 따라 그리기

7) 만화 순서대로 나열하기

8) 신문에서 만화 찾아 붙이기

9) 각 신문의 만화를 찾아오려 붙인 후 제목과 지은이 알아보기

〈삽화〉

1) 신문에서 삽화 찾아 붙이기

2) 삽화보고 기사내용 추측하기

3) 기사 읽고, 삽화 상상해서 그리기

4) 삽화를 여러 가지 색깔로 색칠하기

5) 삽화 붙이고, 삽화에 맞는 기사 들려주기
   낱말 찾아 붙이기, 기사 읽기

〈사진〉

1. 신문에서 사진 개수 세기

2. 사진이 가장 많이 나와 있는 면 알아보기

3. 가장 마음에 드는 사진 오려 붙이고 이유 설명하기

4. 가장 마음에 들지 않은 사진 오려 붙이고 이유 설명하기

5. 사진에 알맞은 설명(caption) 다시 쓰기

6. 사진 설명을 읽고, 다시 상상해서 그려보기

7. 사진(흑백사진)을 여러 가지 색깔로 색칠하기

8. 흑백사진과 컬러사진 분류하기

9. 사진 오려 붙이고 연상되는 말 써넣기

10. 좋아하는 물건 오려 붙이고 이유 설명하기

11. 장래 되고 싶은 사람을 신문에서 찾아 붙이고 이유 설명하기

12. 내가 한 일과 비슷한 내용의 사진 붙이고 한 일 말하기

13. 신문의 사진을 오려 붙이고 사진에 어울리는 인사말 하기

14. 사진 오려 붙이고 말 주머니 달기

15. 두 사람의 사진을 오려 붙이고 대화 글 상상해서 써 보기

16. 신문의 사진에서 나는 소리 상상해서 흉내 내기

17. 사진의 주인공에게 편지 쓰기

18. 내가 만약 사진의 주인공이 된다면 써 보기

19. 사진의 주인공에게 전화하기

20. 얼굴표정 분류하기

21. 얼굴표정 오려 붙인 후 이야기 꾸미기

22. 내가 받고 싶은 선물사진 오려 붙이기

    1) 선물사진 오려 붙이고 왜 받고 싶은지 이유 이야기하기

    2) 선물을 받을 수 있도록 부모님 설득하는 글 써보기

23. 사진연결해서 이야기 구성하기

24. 살아있는 것과 그렇지 않은 것 오려 붙이기

25. 사진 오려 붙이고, 집중 탐구하기

26. 나머지 반쪽 그리기(대칭)

27. 빠진 부분 그려 넣기

28. 보이지 않는 부문 상상하여 그려 넣기

29. 사진, 그림 오려 붙이고 이름 말하기, 듣기, 쓰기, 읽기

30. 지시하는 내용 찾아오려 붙이기

    1) 동물 그림이나 사진을 찾아 붙이기

    2) 계절에 관련된 것 찾아 붙이기

    3) 자동차 오려 붙이기

31. 축소, 확대하여 그려보기

32. 세상에서 하나밖에 없는 퍼즐 만들기

33. 사진, 그림 감추는 그림 그리기

6. 학습별 활용

〈언어영역〉

1) 글자 익히기

    예쁜 글자 오려 붙이기

    큰 글자, 작은 글자 오려 붙이기

    뚱뚱한 글자, 홀쭉한 글자 오려 붙이기

    똑같은 글자 오려 붙이기

    'ㄱ'이 들어 있는 글자 오려 붙이기

    내 이름과 똑같은 글자 오려 붙이기

    가족이름과 똑같은 글자 찾아 오려 붙이기 등

    한글, 한자, 영어 분류하기

2) 어휘 익히기

    제시한 문장에서 빠진 글자 찾아 오려 붙이기

    사진 오려 붙인 후 이름 적어보기

3) 글쓰기

    단어 오려 붙인 후 연결하여 짧은 글짓기

말 잇기 놀이

광고문구 다시 짓기

만화보고 글쓰기

만화 빈 말 주머니 채우기

만화로 동화책 만들기

제목보고 글짓기

광고보고 글짓기

사진보고 글짓기

〈사진 보고 이야기 만들기〉

사진의 주인공에게 편지 쓰기

사진연결해서 이야기 구성하기

이름 바꾸어 짓고 이유 이야기하기

4) 기사내용

6하 원칙 써보기

사실과 의견 구분하기

고사성어, 속담, 격언 찾아 뜻 알아보기

약어와 외래어 찾아 적기

기사 읽고 문제 풀기

기사 읽고 문제 만들어 보기

〈사회영역〉

여러 나라 국기에 들어간 색깔 알아맞히기

나의 성장과정 적기

직업을 알 수 있는 사진 오려 붙이고 하는 일 이야기하기

장래에 되고 싶은 사람을 신문에서 오려 붙이고 이유 이야기하기

사진에 어울리는 인사말 하기

1인 2역 해보기

사진보고 느낀 점이나 생각나는 점 이야기하기

사진 속의 주인공이 나라면? 생각해 보기

〈탐구영역〉

다리가 두 개인 동물 찾아오려 붙이기

다리가 네 개인 동물 찾아오려 붙이기

우리 집 전화번호 찾아오려 붙이기

1부터 10까지 수를 찾아 차례로 오려 붙이기

수 개념 알기

크기 순서대로 오려 붙이기

나누어 보기

바둑판보고 물음에 답하기

동그라미나라 꾸미기

세모나라 꾸미기

네모나라 꾸미기

얼굴에서 눈, 코, 입을 오려 기능 알기

밥상 차리기

사고에 관련된 사진 붙이고 안전수칙 말하기

냉장고 채우기

단단한 것, 물렁한 것 찾아 적기

매끄러운 것, 거친 것 찾아 적기

그림보고 빠진 것 찾아 오려 붙이기

〈표현영역〉

색깔 찾기

신문으로 만들기

신문 접기

패션모델 그리기

똑같이 그려보기

옷 디자인하기

외계인 꾸미기

여행 배낭 꾸리기

상징마크 만들기

세상에서 단 하나밖에 없는 퍼즐 만들기

얼굴의 표정 오려 붙이고 상황 상상하기

칼라지면이나 광고 이용하여 그림 완성하기

포스터 만들기

광고 전단지 만들기

〈건강영역〉

우리 몸의 신비에 대해 알아보기

운동경기에서 주로 사용하는 몸의 부분 알아보기

사진에서 남자와 여자 구분하여 오려 붙이기

시장보기(내가 좋아하는 것과 싫어하는 것)

운동 종목과 규칙 알기

건강기사 스크랩하기

신문을 이용한 게임 만들기

4절 글쓰기 활용

1. 글쓰기 기초 지식

독서 기술은 자기 스스로 책에 담긴 내용의 의미를 묻고 답하는데 익숙해지도록 훈련하는 것이다. 이때, 중요하게 작용하는 것이 생각하는 힘이다. 흔히 사고력이라고도 하는 생각하는 힘은 말이나 글로 표현할 때 깊어진다. 비고츠키가 "학생들은 언어를 통해서 생각을 한다. 이와 마찬가지로 글쓰기도 그 생각의 연속이어야 한다."고 말하고, 브리튼이 "지식이란 창고에 쌓인 곡식처럼 우리 두뇌에 들어와 차곡차곡 쌓이는 것이 아니라 생각하는 과정에서 얻어지는 것"이라고 한 것도 글쓰기가 사고력에 영향을 미친다는 맥락에서이다. 독서지도에서 글쓰기를 활용하는 것은 사고력 향상과 문제해결력을 기르기 위해서이다.

글을 쓰기위해서는 경험을 바탕으로 모든 사물을 자세히 관찰하고 사려 깊게 분별하는 힘이 있어야 한다. 또 글을 쓸 때는 생각을 가지런히 하고 자기 느낌을 정리하여 표현해야 한다. 뿐만 아니라 어떤 내용을 말하고 그것을 어떻게 표현할 지 결정하며, 누가 자신의 글을 읽고 어떻게 그 내용을 받아들일지도 생각한다. 이처럼 글쓰기는 구성에서 집필- 퇴고- 독자반응까지 복잡한 취사선택 과정을 통해 이루어진다. 때문에, 사물에 대한 이해력과 표현력이 필요하다. 글쓰기가 주어진 문제를 어떻게 해결할 수 있는가 하는 판단과 사고 능력 향상과 깊은 관계가 있는 것은 이러한 이유 때문이다.

사람은 자신의 생각과 느낌을 말과 글을 통해 표현한다. 독서에서 글쓰기를 활용하는 것은 책 내용을 다양한 관점에서 바라보게 하기 위해서다. 그러나 쓰는 것보다 보는 것에 더 익숙한 요즈음 학생들에겐 글을 쓰는 일은 그 자체가 부담이다. 더군다나 머릿속에 들어 있는 생각과 느낌을 막상 글로 표현하려면 뜻대로 되지 않는 경우가 더 많다. 따라서 학생들은 글로 표현하는 일을 귀찮아하고 기피한다.

그러나 학문을 탐구하는 학생들의 경우, 과제물 작성과 자기 의견서, 자기 소개서, 보고서, 논문, 발표 수업 등 글 쓰는 일을 멀리하고 살 수는 없다. 그렇다면 오히려 적극적으로 글쓰기를 활용하는 게 낫다. 독서 과정에서도 자기 생각을 메모하고, 전체 내용을 요약하고 새롭게 전개해 보는 글쓰기와 연결할 때 그 내용을 잘 이해할 수 있는 힘이 길러진다. 사람들은 세상을 살면서 여러 가지 문제에 직면한다. 그리고 자신이 직면한 문제를 여러 방향으로 생각하고 따져 본다. 그러나 이러한 사고 과정은 머릿속에서 구체적인 내용과 형태를 이루지 못한다. 머릿속에 들어 있는 느낌과 생각은 글로 표현할 때 비로소 그 의미가 구체화되고, 명백한 논리를 드러낸다.

글은 그 내재적인 규칙과 질서를 통해 사람의 생각을 논리적으로 조직하고 그것을 구체적으로 표현한다. 인간이 생각하고 느끼는 것이 모두 글로써 구체화되고 조직되기 때문이다. 이렇게 글쓰기는 인간의 창조적 사고 능력을 바탕으로 이루어진다. 따라서 자기 생각을 바르게 표현하는 글쓰기는 효과적인 독서지도에서도 매우 중요한 의미를 지닌다.

글을 잘 쓰기위해서는 먼저 잘 써야겠다는 생각을 버리고 쉽고 소박하게 기록한다는 생각을 가질 필요가 있다. 이후 점차 올바른 표현력을 기르기 위해 글의 사회적 질서인 규칙을 터득하고 좋은 연장을 가지도록 반복해서 글쓰기 훈련을 해야 한다. 자꾸 쓰다보면 생각도 깊어지고 문장 표현법도 늘어 글이 다듬어진다. 그러나 많이 읽고 많이 쓰면 글을 잘 쓸 수 있다고 하지만 올바로 읽지 못하고 무작정 많이 쓴다고 글을 쓸 수 있는 게 아니다. 권영민은 좋은 글은 "내용이 들어있고, 짜임새가 있으며, 정확해야 한다"고 정의하였다. 여기서 정확한 글은 문법(글의 사회적 질서)에 맞게 쓴 글이다. 꾸준하게 다양한 글쓰기 훈련을 통해 사고력을 키우면 독서를 할 때 저자와의 대화가 용이하고 창의적으로 문제를 해결하는 길도 찾게 될 것이다.

1) 쓰는 힘을 키우기 위해선?
자기 주변에서 글감을 찾는다.

신문기사를 적절하게 활용하여 좋은 소재를 얻는다.

작고 소박한 것, 자기가 소화해낼 글감을 찾는다.

모든 것을 관심 있게 바라보고 자세히 관찰하는 습관을 기른다.

책을 많이 읽어 사고력을 키우고 다른 사람이 가진 좋은 글쓰기 방법을 배운다.

책을 읽고 토론을 하여 객관적인 생각을 키운다.

연상 단어와 생각 그물 엮기를 꾸준히 한다.

주어진 자료를 읽고 분석 정리하여 말로 표현해 본다. 이러한 방법은 엉뚱한 글이 되지 않도록 해준다.

여러 사람 앞에서 자기 글을 발표해 보고 많이 수정한다.

자기가 쓴 글을 쪽지에 정리해 본다. 겹치는 말 빼기, 부족한 부분 보충하기, 짜임새를 평가하기에 좋다.

예)

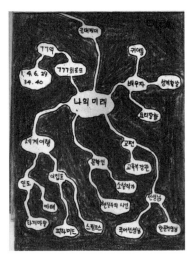

〈나의 과거와 미래를 생각그물로 엮기〉

2) 좋은 글이란?

다른 사람 글을 모방하거나 억지로 만들어내기 보다 자기가 경험한 것을 진실하고 솔직하게 쓴 글이다.

되도록 많은 사람이 걱정하고, 마음에 안고 있는 문제를 쓴 것이다.(이오덕)

생각을 정확하게 붙잡고 쓴 글이다

알맹이가 있고 감동을 주어야 한다.

평이하면서도 쉬운 말로 쓴 글이다.

예)

솔직하면서도 가슴에 와 닿는 글

종팔이(딸의 애칭)가 가훈을 적어오라는 숙제를 받아 왔다. 궁리 끝에 떠오른 한 마디. '미워도 다시 한 번'. 얼마나 좋은가. 식구끼리 친구끼리 여인끼리 죽도록 싸우고 나서도 돌아서서 이렇게 조용히 읊조릴 수 있다면. 그런데 그 말은 영화 제목만의 것이 아니라 거창고등학교 어느 교실의 급훈이란 걸 알았다. 다른 것도 아니고 가훈을 표절할 수는 없는 일. 몇 시간 후 마침내 나는 이런 문장을 백지에 적고 있는 자신의 모습을 발견하고 있었다. '아니면 말고'.

나는 말했다. 뭐든지 한번 저질러 보는 거야. 그랬는데 분위기가 썰렁해지면 그 때 이 말을 쿨하게 중얼거려주는 거지. 종팔이는 좋아했다. 본래 아이들이란 멋대로 한번 저질러 보고 싶어 미치는 인종 아니던가. 하지만 역시 어른들은 달랐다. 이튿날 종팔이는 선생님께 '세상에 뭐 이런 가훈이 다 있냐'며 새 걸 받아오든가 아니면 뭔가 납득할 만한 설명을 들어 오라셨다고 전했다. 나는 한번 정한 가훈을 무를 수는 없다면서 이렇게 납득할 만한 설명을 덧붙였다.

"현대인들은 자기 의지로 무엇이든 이룰 수 있다고 생각하지만 이는 매우 오만한 태도다. 세상에 의지만 갖고 이룰 수 없는 일이 많기 때문이다. 그때마다 닥쳐오는 좌절감을 어쩔 것인가. 최선을 다해 노력해보고 그래도 안 되면 툭툭 털어버릴 줄도 알아야 한다. 이 경쟁 만능의 시대에 참으로 필요한 건 포기의 철학, 체념의 사상 아닌가. 이 아빠도 〈복수는 나의 것〉으로 네 친구 아빠 곽경택 감독이 만든 〈친구〉를 능가하는 흥행기록을 세우고 싶었으나 끝내 1/20밖에 안 되는 성적으로 끝마쳐야 했을 때 바로 그렇게 뇌까렸던 것이다. 아니면 말고."

— 《경향신문》 박찬욱 감독 칼럼, 2002. 10. 12

---

3) 글 쓰는 순서

자기에게 맞는 편한 방법으로 쓰는 것이 제일 좋다.

쓰기에 부담 없는 적절한 글감을 고른다. 그러기 위해선 자기가 경험한 것을 글감으로 골라야 한다. 경험도 없는데 구상이 멋있다고 덤볐다간 그르치기 쉽다.

자료를 수집하고 줄기를 세워 얼개를 짠다.

제목을 정한다. 쓰는 사람에 따라 제일 먼저 제목을 쓰기도 한다.

표현이 제대로 되었는지, 필요 없는 부분이 들어가지 않았는지 살핀다.

　　1)추상적인 표현은 구체적인 표현으로 바꾼다.

　　2)의미가 겹치지 않도록 한다.

　　3)필요 없이 길게 쓴 부분은 긴장감을 떨어뜨릴 수 있으므로 간결하게 쓴다.

　　4)사투리는 지문보다 대화 글에 쓴다.

　　5)서술어가 통일되어 있는지 살핀다.

4) 글쓰기 자세

(1)처음부터 잘 쓰겠다는 부담감과 두려움을 없애도록 한다.

자기 생각을 솔직하게 본 대로 느낀 대로 적도록 한다.

자기 자신을 정직하게 들여다보는 마음을 가진다.

억지로 쓰지 않는다.

(2)글 쓰는 즐거움을 주도록 격려한다.

모든 사람이 글 쓰는 것을 좋아하는 것은 아니다.

지나친 간섭은 오히려 역효과를 불러온다. 능동적으로 글을 쓰도록 안내한다.

(3)자기 주변 사람에 대한 애정과 관심을 가지도록 유도한다.

자기 자신, 부모, 친구, 친척, 이웃에 애정을 가지면 글감이 생긴다.

글감은 주변에 널려 있다.

작고 진실한 것을 스스로 발견하여 소박하게 출발한다.

(4)일기 쓰기는 모든 글쓰기의 지름길이다.

일기장은 보통 노트로 한다.

여행을 통한 일화를 적는다.

그 때 그 때 메모하는 습관 기른다.

친구들과 일기를 바꿔보도록 유도한다. 다른 사람의 생각을 알 수 있다.

(5) 독서 감상문─느낀 대로 쓰게 한다.

상상력과 감성이 풍부한 아이들의 마음을 다치지 않도록 한다.

가르치는 것보다 지켜보기에 중점을 둔다.

(6) 생각의 가지를 쳐준다. 바른 생각, 옳고 그름을 판단할 수 있도록 한다.

집안 식구들이 모여 일주일에 한 번 토론해 보는 것도 도움이 된다.

(7) 자기 생각을 알리거나 주장하는 글에 대한 관심을 가진다.

상대방의 말과 행동을 제대로 파악하고 내 의사를 정확하게 나타내기 위해 객관적 기준을 찾아본다. 주장 글의 일반적인 구성은 다음과 같다.

머리─글을 쓰게 된 배경, 동기

몸─어떤 문제점이나 해결 방법

다리─자기 생각을 강조, 다짐

(8) 누가 써도 마찬가지인 글은 쓰지 않는다.(한승원)

인간은 지금보다 나은 삶을 지향한다. 따라서 지금보다 나은 삶을 위해 긍정적으로 쓰도록 한다. 어린이는 동화에 등장하는 주인공이 행복해지길 희망하는 심리가 강하다.

문장은 사람이 생각을 담는 그릇이라고 할 수 있다. 생각이 너무 크면 읽는 사람이 쉽게 씹을 수 없고 목구멍으로 넘길 수도 없다. 많은 사람이 공감할 수 있는 문장으로 써야한다. 지나치게 주관적인 글은 그것을 경험하지 못한 독자에게 공감을 주지 못해, 많은 독자를 확보할 수 없다. 특정한 종교나 단체를 비방하는 것도 좋지 않다.

앞뒤가 일관성을 유지할 수 있도록 한다.

(9) 좋은 글쓰기 원칙을 이해한다.

가) 한 번에 완성되기를 바라지 않는다.

나) 자유롭게 쓰도록 한다.

다) 쉽게 쓴다.

라) 짧게 쓴다.

마) 솔직하게 쓰도록 한다.

바) 글감을 최대한 작게 쪼갠다.

5) 글 고치기 기준

(1) 내용적 요소에서 살펴볼 내용

- · 글을 쓰기 전 제시한 평가 관점표(목적)에 맞는 내용인가?
- · 내가 강조하고자 하는 의도가 제대로 전달되고 있는가?
- · 글의 내용이 사실과 다른 것이 없는가?
- · 혹시라도 편견이나 선입견에 사로잡혀 그릇된 내용으로 전개되지 않았는가?
- · 참신함과 유익함, 솔직함과 진지함이 내용(주제)에 제대로 반영되었는가?

(2) 형식적 요소에서 살펴볼 내용

- · 내가 쓰려고 하는 갈래의 특징이 잘 나타나 있는가?
- · 글 전체의 분량으로 볼 때 각 부분(항목)들이 적절히 균형을 갖추었는가?
- · 글 전체 짜임새(처음—중간—끝)가 제대로 갖춰져 있는가?
- · 글(단락)의 통일성과 연결성, 강조성의 요건이 무난히 갖춰졌는가?
- · 문단의 짜임은 중심문장과 뒷받침문장이 분명하게 드러나는가?
- · 문장은 문법과 어법에 맞는가?(종결어미, 연결어미, 접속어, 시제, 문장의 호응, 문체)
- · 정확하고 아름다운 문장이며 길이가 알맞은가?
- · 낱말은 정확한 의미로 쓰였는가?
- · 맞춤법, 띄어쓰기가 맞게 쓰였는가?

※ 문제풀이 ─ 맞는 것에 ○ 하세요.

(1) 학교 (계시판, 게시판)에 안내글이 붙었더라.

(2) (휴계실, 휴게실)에 가서 좀 쉬었다 오자.

(3) 입맛이 (씁쓸하다, 씁슬하다).

(4) 장마 때문에 집안이 (눅눅하다, 능눅하다).

(5) (짭짤한, 짭잘한) 재미를 보았다.

(6) 집안 살림을 다 (털어먹었다, 떨어먹었다).

(7) (칸막이, 간막이)가 되어 있어요.

(8) 그가 일본 경찰의 (끄나풀, 끄나불)이었다.

(9) 철수를 아래로 (밀뜨렸습니다, 미뜨렸습니다).

(10) 그 소식에 (적이, 저으기) 당황했다.

(11) (강낭콩, 강남콩)을 넣어서 밥을 했다.

(12) 정말 (지루한, 지리한) 시간이었다.

(13) 고기를 (상추, 상치)에 싸서 먹으렴.

(14) (주책, 주착) 좀 작작 부려라.

(15) 군대 갔던 (삼촌, 삼춘)이 돌아왔다.

(16) (오뚝이, 오또기, 오뚜기)처럼 쓰러지지 않고 일어났다.

(17) (발가송이, 발가숭이)가 되어 뛰어나왔다.

(18) 국수를 끓여 먹으려고 (남비, 냄비)를 찾았다.

(19) 바닥에 (내동댕이쳤다, 내동당이쳤다).

(20) (아지랑이, 아지랭이)가 피어오르는 봄날이다.

(21) 물에 빠져서 (허우적거리고, 허위적거리고) 있었다.

(22) 그런 (케케묵은, 켸켸묵은) 거짓말에 누가 속을까 봐.

(23) (여느, 여늬) 사람 같으면 벌써 포기했을텐데.

(24) 답안지가 다 (거치거든, 걷히거든) 채점을 시작하자.

(25) 까다로운 검사를 (거쳐서, 걷혀서) 내놓은 물건입니다.

(26) 안개가 좀더 (거치면, 걷히면) 그 길을 떠나자.

(27) 세금이 많이 (거쳤다, 걷혔다).

(28) 문이 저절로 (다쳤다, 닫쳤다, 닫혔다).

(29) (다친, 닫친, 닫힌) 데는 좀 어떻니?

(30) (다친, 닫친, 닫힌) 마음을 열고, 세상을 바라보아라.

(31) 보물이 (무친, 묻힌) 곳을 알아냈다.

(32) 옷에 흙탕물을 잔뜩 (무치고, 묻히고) 돌아왔다.

(33) 콩나물을 (무칠, 묻힐) 때에는 참기름을 많이 넣어야 맛있다.

(34) 이마에 (바쳐서, 받쳐서, 받혀서, 밭쳐서) 눈에 멍이 들었다.

(35) 나무를 (바쳐서, 받쳐서, 받혀서, 밭쳐서) 튼튼하게 세워 놓아라.

(36) 온갖 정성을 다 (바쳐, 받쳐, 받혀, 밭쳐) 편안하게 모셨다.

(37) 강아지한테 이름을 뭐라고 (부칠까, 붙일까)?

(38) 오늘 낮에는 부침개나 (부쳐, 붙여) 먹을까?

(39) 가는 길에 이 편지 좀 (부쳐, 붙여) 줄래?

6) 전, 중, 후 쓰기 활용

〈쓰기 전 활동〉

구분	관 찰 요 소	관찰정도	논평
쓰기 전	1. 시범 작품 읽으며 마음열기(교사가 시범 작품 읽어주기) 독서하기 전에 배경지식 도표라든지 그림 제목을 보고 떠오른 생각, 제목 보고 전체 내용 유추하기 등 제목이나 서문, 표지 그림을 보고 다양한 글쓰기 유도 다양한 가치관, 내용, 형식 등을 감상하는 과정을 통해 자연스레 좋은 글을 판단하는 관점과 글쓰기 원리를 배운다.		
	2. 생각 꺼내기(글감 찾기) 자유롭게 생각 꺼내기, 신문·잡지나 생활 소품 등을 활용해 생각 꺼내기를 돕는다. 글쓰기 기준 세워 보기 다양한 형태로 글감 찾기 질문 던지기 쓰기		
	3. 생각을 구체화하기(집중해서 생각하기) 프레젠테이션 화면, 또는 OHP용지 활용.		
	4. 1분 동안 글쓰기, 1분 생각하고 3분 글쓰기, 브레인스토밍(Brainstorming)으로 좋은 생각 모으기 가장 자신 있는 글감 제목을 고르기, 다발 생각 묶기		

〈쓰기 중 활동〉

구분	관 찰 요 소	관찰정도	논평
쓰기 중	1. 처음 쓰기(얼른 쓰기, 구두로 작문하기, 자유로운 형태로 쓰기)		
	2. 두 번 쓰기(덧붙일 내용 중심으로 쓰기) 글쓰기 기준 세워 보기 다양한 형태로 글감 찾기		
	3. 세 번 쓰기(삭제, 재배열해 쓰기, 문단 바로잡아 쓰기) 토의하기(교사 또는 모둠 친구가 돌려 읽기, 고쳐 쓰기)		
	4. 마지막 쓰기(정서하기)		
	5. 돌려 읽고 다듬기 : 위의 5)-②, ③을 반복 실시함		

〈쓰기 후 활동〉

구분	관 찰 요 소	관찰정도	논평
쓰기 후	1. 고쳐 쓰기 　더하고 붙이기—추가의 원칙1, 2 　빼거나 줄이기—삭제의 원칙 　다시 짜 맞추기—재배열의 원칙 　전체 다시 살펴보기—조합 재점검의 원칙1, 2, 3		
	2. 감상 평가하기 　다른 사람의 글 중 좋은 점 구체적으로 적어보기		
	3. 발표하기(다양하고 적절한 방법으로 발표하기) 　① 우수작품 낭독 발표 　② 시화전 발표 　③ 학교 문집, 시집으로 묶어 발표		

2. 독서감상문 활용 쓰기

1) 독서감상문 쓰기 지도 목적

가. 독서감상문을 쓰는 공리적 목적

① 독서한 본인을 위하여

• 올바르고 진지한 독서가 되기 위하여 / 독서기록, 독서 일기를 쓴다.

• 독서를 통하여 얻은 지적, 정서적 감흥을 축적한다.

② 다른 사람을 위하여

• 도서에 대한 구체적인 정보를 제공한다.

• 독서 의욕을 고취시킨다.

③ 서평(review)적 목적

• 출판물에 대한 반응과 평가(좋다 / 나쁘다)를 알 수 있다.

• 독자를 위하여 / 독서 의욕을 자극한다.

• 저자와 출판인을 위하여 / 양서 출간의 자극제가 된다.

2) 독서감상문과 서평의 차이

• 독서감상문—사적(私的), 비전문적이다.

• 서평—공적(公的), 전문적(독서감상문의 하나)이다.

대중에게 공개하는 성인(成人)의 독서감상문은 서평적 성격을 가진다.

가. 독서감상문과 서평의 형식과 내용

〈독서감상문〉

• 비공개일 경우—무형식(독서 기록, 독서 일기) 형태이다.

• 공개(발표)일 경우—사적 분위기를 유지한다.

어디까지나 개인적인 소감일 뿐 책임 있는 평가는 아니다.

① 변화 있는 문형의 구사—서한체, 일기체, 독백체 등

② 서술할 내용과 서술의 순서

　　㉠ 읽게 된 동기를 적는다.

　　㉡ 책의 저자, 내용 분야, 출판사, 구성, 목차를 기록한다.

　　㉢ 저자에 대하여 아는 바가 있으면 소개한다.

　　㉣ 자신이 그 책을 읽을 때의 태도를 쓴다.

　　㉤ 내용상의 성격, 내용 목차를 기록한다.

　　㉥ 책 내용과 책을 읽고 난 다음의 전반적이고 일반적인 감흥, 깨달음을 적는다.

③ 책의 내용

〈장편소설일 경우〉

줄거리와 주인공이나 특이한 등장인물에 대한 소감을 적는다.

〈단편소설일 경우〉

인상 깊은 몇 작품을 중심으로 이야기를 풀어가되 나머지 작품에 대해 간략하게 소개한다. 작품집 전체에서 느끼는 소감과 독자로서 판단한 작가의 사상을 적는다.

〈시집일 경우〉

자신이 가장 인상 깊은 시의 한 부분 또는 전문을 소개하고 소감 쓰기를 중심으로 시집에 대한 전체적 소감을 쓴다.

〈에세이류〉

몇 개의 인상적인 테마를 중심으로 글을 전개한다. 전반적인 분위기, 사상 등을 같이 나타낸다.

〈대중적 교양서〉

자신의 지식 체계를 전제로 그 책을 대하였을 때의 느낌과 새로운 깨달음이나 배

움, 사상, 지식 등을 서술한다.

〈전문적 도서〉

자신의 전공 분야와 관련해서 비교 판단하거나, 자신의 지식 체계 속에 어떻게 수용되는 지를 서술한다. 따라서 독자 자신의 전문 분야와 아무 관련 없는 도서라도 소견을 쓸 수 있다.

〈전기, 다큐멘터리, 논픽션〉

인물의 사상, 사건의 성격, 내가 알고 있던 기존 지식이나 인식과의 차이, 새로운 깨달음을 서술한다.

〈경전류의 고전〉

경전의 성격과 기본 사상, 그것을 대할 때의 선입관을 쓰고, 읽고 난 뒤의 느낌의 차이, 터득한 진리, 새롭게 형성되는 가치관의 변화에 대해 서술한다.

〈잡지〉

관심이 갔던 기사를 중심으로 진술한다. 내용의 진지성이 있는 기사, 흥미로운 기사나 자신이 관심 있는 분야를 다룬 기사, 문제성이 있는 기사, 불만스러운 기사, 사진과 화보의 내용과 구성 상태, 목차로서 느끼는 잡지의 느낌, 전체적인 편집 방향에 대한 호—불호의 표명, 제책의 모양, 광고에 대한 소감을 기록한다.

〈외국 번역 도서〉

번역의 수준, 읽었을 때 느낌을 적는다.

〈명작 고전〉

명작이 된 이유가 무엇인지 헤아려 보는 나름대로의 생각을 적는다.

〈동화 / 소년소설 / 동시〉

동심적 분위기에 젖어 보는 느낌. 어른으로서 즐길 수 있는 가치의 여부. 자녀나 어린이들에게 읽힌다면 어떤 반응을 보일까를 상상해 서술한다.

〈고본 / 희귀 도서에 의한 독서〉

도서 자체의 서지적 지식을 발휘하여 발행 시기와 현재의 책 모습, 인쇄 형태, 지질을 곁들여(도서의 서지적 고찰을 위한 고찰과는 별개로 고본으로 된 책을 읽은 느낌에 곁들이는 글임을 명심할 것) 쓴다.

〈비전문적 서평(서평적 독서감상문)〉

가. 순수한 일반 독자의 입장에서 쓰는 서평적 독서감상문

① 사적 분위기를 지양한다.

② 양서인가 아닌가의 평가적 안목으로 진술한다.

③ 양서에 대한 나름대로의 가치관이나 신념을 적는다.

④ 자신의 전문 분야 또는 상당한 관심 분야에 관련된 전문 서적일 경우, 일반 독서 감상문의 경우와는 달리, 그 분야에 대해 일가견을 나타낼 수 있어야 한다.

⑤ 책의 편집과 체제, 삽화, 인쇄, 지질 등에 대해서도 그 적합 여부에 관심을 갖는 것이 좋다. 그러나 이에 치중해서는 안 된다.

⑥ 책의 전반적인 비평이 아니어도 상관없다. 특히 잡지의 경우, 특정 기사나 편집과 체제상의 특정한 부문에 집중하여 비판적 시각의 진술도 가능하다.(이 경우는 상당히 전문적 서평이 될 수 있다.)

나. 전문적 서평

자신의 전문 분야(학문적 전공 분야가 아니라도 특정한 관심 분야 포함)에 대한 도서의 본격 서평이다.

① 전문 분야에 관한 양서의 기준이나 가치관, 신념이 있어야 한다. 양서는 자신의 견해와 일치하거나 일치하지 않거나 하는 것과 관련이 없다.

② 내용상 견해의 차이나 주장이 반대되는 의견에 대한 공박이나 토론은 서평이 아니다.

③ 그 분야에 대해서 일가견을 나타내고, 일반 독자들에게 해설할 수 있어야 한다. 그 분야의 전문적인 내용적 타당성(견해나 주장의 차이에도 불구하고, 진술방식이나 연구의 접근 방식 등에서)은 물론 독자와 연계하여 적합성 여부도 판단한다. 대중적인 것, 교재적인 것, 전문 연구에 필요한 글쓰기다.

④ 책의 편집과 체제, 삽도, 인쇄, 지질 등에 대해서도 그 적합 여부를 표명할 만큼 전문적 소양을 갖추어야 한다.

⑤ 내용적 전문 분야가 아니라 출판적 측면에서의 전문 서평일 경우에는 유통 관계도 다룰 수 있어야 한다.

다. 저널리스틱한 서평(북 리뷰)

① 책에 대한 정보 제공이 주목적(독자가 필요하다고 생각되는 정보를 선별할 것)이다.

② 객관성을 유지해야 한다. 그러므로 평가는 필자 자신의 목소리로 하기보다 전문

가의 입을 비는 형식을 취하는 것이 객관적이고 타당하다.

3) 독서감상문의 위상

가. 글쓰기에서의 위상
- 글쓰기의 한 장르인가?
- 발상의 전환이 필요하다.

나. 독서 지도상의 위상
- 독서 지도의 단계

  도서의 선택 → 읽히기 → 토의하기 → 독서감상문 쓰기

다. 독서감상문이 갖고 있는 저항 요소

"독서감상문 쓰기 싫어서 독서 못하겠다."

4) 독서 감상문 쓰기 위한 사전 활동

가. 독서 메모
독서 일기의 거리를 마련한다.

책 읽은 자리(갈피) 표시지

나. 독서 일기
① 별도의 노트를 마련하기보다 보통 쓰는 일기장을 사용한다.
② 형식—전형적인 형식과 자유형이 있다.

  각각의 장단점이 있다.
③ 독서생활 일기

  —반드시 책 내용을 다룰 필요는 없다.
④ 현재 읽던 부분에 대한 단편적 소감을 적는다.
⑤ 독서감상문의 중요한 기초가 된다.

다. 독서 토의
① 독서 모임(독서회, 독서클럽)이 형성되어야 한다.

② 리더가 있어야 한다.

③ 읽기 전에 토의 사항을 제공한다.

④ 읽으면서 토의 사항에 대한 자신의 발언 요지를 메모한다.

⑤ 남의 생각을 메모한다.

⑥ 리더가 정답이나 모범 답을 보인다든지 어떤 회원의 생각이 옳다는 식으로 단
　정적인 판정을 내리지 않는다.

⑦ 틀린 생각이나 내용도 발언하게 하는 데 초점을 두고 격려한다.

⑧ 독서 토의의 메모는 독서감상문에 그대로 반영하도록 한다.

5) 독서감상문 쓰기에서 여러 가지 글의 형태를 구사하는 일

가. 독서 메모, 독서 일기, 독서 토의를 비롯한 독서 활동 사실을 최대한 활용한다

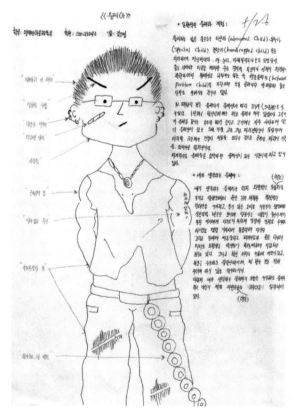

〈인물 성격을 그림으로 나타낸 독서감상문〉

나. 전형적인 형태로 쓰기

① 2행 표제로 쓰도록 한다.

② 책의 일반적인 정보를 밝힌다.

③ 읽은 동기를 적는다.

④ 줄거리를 요약한다.

⑤ 소감 쓰기이다.

〈아이콘과 그림 활용: 내가 읽은 책 나타내기〉

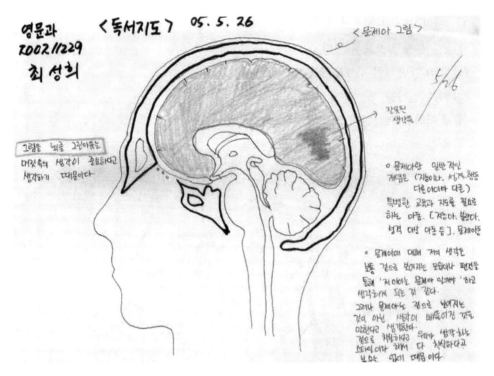

〈문제아를 읽고 이미지로 감상 쓰기〉

다. 편지 형태로 쓰기

① 작가 또는 저자에게 쓴다.

  책에 대한 일반 정보는 생략한다.

  다른 사람에게 정보의 구실은 희박하다.

② 등장인물에게 쓴다.

  책에 대한 일반 정보를 생략한다.

  다른 사람에게 정보의 구실로는 희박하다.

③ 친구나 가족에게(책의 소개) 쓴다.

  책에 대한 정보 위주로 쓴다.

  다른 사람에게 정보 제공이 목적이다.

  전형적 형식을 따른다.

④ 함께 읽은 친구에게(내용의 토의) 쓴다.

  책에 대한 일반 정보를 생략한다.

< 일기 감추는 날 > 인물관계도

엄마 : 동사무소 직원
아빠   아들에 대해 기대가 큼
           아들의 일기 훔쳐봄
           아빠와의 갈등 ──→ 해결

가족

경비아저씨

경수
· 아이들중 가장 키가 큼 싸움관련
· 5~6학년 형들과 어울림
· 동민이해 - 짝패감정
· 동민이에게 담 넘기 가르쳐줌

친구 → 수연
정우
은주 ←→ 경수
삼진

굿감 선생님

선생님
· 1주에 3회씩 40명 일기 검사실시 (1권 20장)
· 일기쓰기를 강조하는 이유 - 자기를 돌아보아
                              온유한 사람이 되라고
· 동민 오해 ──→ 점차이해
· 동민이의 장점 발견 : 책임감이 강한 아이

다른 사람에게 정보의 구실로는 희박하다.

⑤ 장 형식에 구애받지 않고 편안한 마음으로 쉽게 접근한다.

줄거리 위주의 글보다 소감 위주의 글이다.

글쓰기를 두려워하는 초보자나 저학년 어린이에게 독서감상문을 쓰게 하는 방법으로 좋다.

⑥ 단점: 일대일 대화식 내용이 되어서 제3자인 일반 독자(독서감상문의)에게는 이해하기 힘들고 불명확한 내용이 될 수 있다.

라. 운문으로 쓰는 것의 문제점

① 산문 문장을 정확하게 진술하는 능력이 부족한 상태에서 운문 형식을 연습하는 것은 오문, 비문, 악문의 습관을 갖게 할 우려가 크다.

② 독서감상문은 산문적 사실과 논리적 소감을 기록하는 구실을 한다. 그런데 이를 운문으로 압축하거나 상징적으로 나타내면 독서감상문으로서 제 구실을 하기에 무리가 있다.

마. '독서논술' 쓰기

① 감상문을 논술적으로 진술하는 것 → 서평적 독후감 쓰기이다.

독서감상문의 지향점 → 서평

② 논술문 훈련에 최적의 방법이다.

③ 고학년에 적합 / 필수적 방식이다.

바. 과제 해결식의 감상문

읽은 책에 대하여 지도자가 해당 도서 내용과 관련된 특정 문제를 제시하고 이에 대한 소견을 나타내는 방법이다.

6) 여러 가지 도서에 따른 독서감상문 쓰기

가. 장편동화 / 소설의 경우

① 주인공을 비롯한 등장인물의 성격 조명에 대한 소견을 쓴다.

② 주제와 작품이 나타내는 사상(이념, 가치관)에 대한 소견을 쓴다.

③ 내용 중의 특정 사건에 대한 소견을 쓴다.

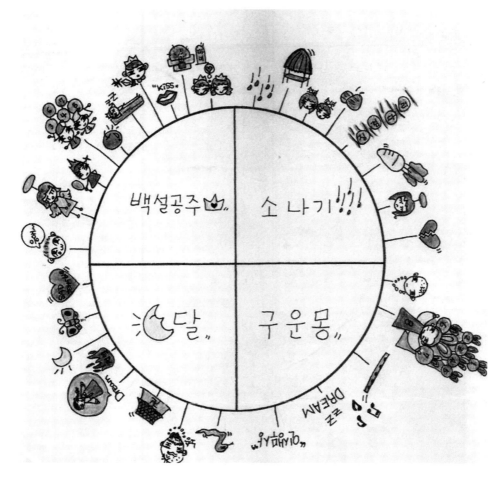

④ 작품의 구조에 대한 소견을 쓴다.

⑤ 작품이 갖는 즐거움에 대한 느낌을 쓴다.

나. 단편집의 경우

하나의 전형(모델)을 제시한다.

① 작품집의 형태와 엮은 체재나 성격 배경 등을 소개한다.

② 작품들이 갖는 공통성이나 몇 가지 유형을 분류한다.

③ 인상에 남는 몇 작품을 거론한다.

④ 인상에 남는 작품의 주제, 등장인물, 특정 사건에 대한 소감을 적는다.

⑤ 책에 붙은 해설이나 머리말 등의 설명에 대하여 공감 여부를 나타낸다.

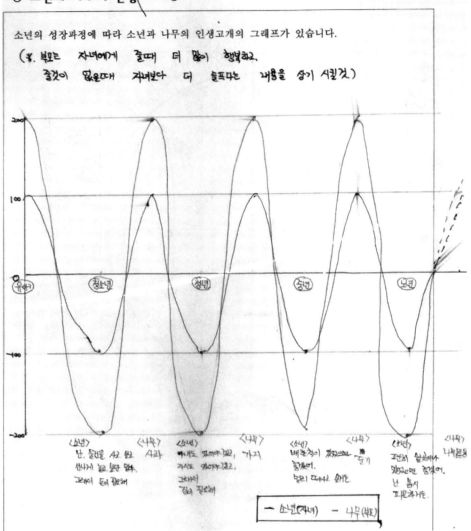

○ 소년과 나무의 인생고개 ○

소년의 성장과정에 따라 소년과 나무의 인생고개의 그래프가 있습니다.

〈피해야 할 일〉

⑥ 특정한 작품 하나만을 말할 필요가 있을 때라도 그 작품의 소재가 되는 작품집을 밝히고 작품집의 형태를 소개하는 것이 온당하다.

⑦ 책에 소개된 글을 인용하면서 마치 자기 생각인 양 진술하여선 안 된다.

⑧ 저학년이 아니라면 단편집을 읽고 한 편의 작품만을 대상으로 독후감을 쓰는 것은 피한다.

다. 동시집의 경우

① 동시집의 형태와 엮은 체재나 성격 배경 등을 소개한다.

② 동시들이 갖는 공통성이나 몇 가지 유형을 분류한다.

③ 인상에 남는 몇 작품을 거론한다.

　　작품의 일부 또는 전부를 전재할 수 있다.

④ 암기할 만한 시구에 대한 소감을 적는다.

⑤ 시집에 붙은 해설이나 머리말 등의 설명에 대하여 공감 여부를 나타낸다.

라. 과학도서의 경우

① 책 소개와 읽기의 동기와 과정을 적는다.

② 일반적으로 문학도서와 다른 점(특징)과 다른 과학 도서와의 차이점을 적는다.

③ 재미(흥미)의 성격, 지적 흥미, 읽어 내는 데 대한 저항 요소를 실토한다.

④ 새로 깨달은 사실에 대한 기쁨과 이해하기 어렵거나 의심스러운 부분을 말한다.

⑤ 과학에 대한 새로운 인식이나 소감, 자연에 대한 자신이 갖던 인식의 변화를 적는다.

마. 전기의 경우

① 책을 소개하고 읽은 동기와 과정을 적는다.

② 일반적으로 문학도서와 다른 점(특징), 다른 인물의 전기와 비교해 본다.

③ 대상 인물에 대한 존경심, 비평을 적는다.

　　공적, 특정 행동이나 말, 사건 등에 대하여 공감과 시비를 나타낸다.

④ 다른 인물들과 비교하기

　　다른 전기에서 읽은 인물과 비교한다.

　　나, 친구, 선생님, 부모, 이웃 사람들과 비교해 본다.

　　유명한 사람(정치가, 연예인 등)과 비교해 본다.

　　비현실의 인물(드라마 주인공, 소설의 주인공)과 비교해 본다.

⑤ 자신이 가진 이상(꿈 / 미래상)을 밝힌다.

바. 일관된 한 가지 소재나 주제를 다룬 비문학 도서의 경우

① 책을 소개하고 읽기의 동기와 과정을 적는다.

② 일반적으로 문학도서와 다른 점(특징), 비슷한 계열의 다른 책과 비교한다.

③ 지식적인 책과 가치관에 관한 책과 구별한다.

　　새롭게 알게 된 지식(상식)에 대한 소감, 진실에 대한 신뢰나 의심이 가는 것을 기록한다.

　　새로이 깨닫게 된 가치관에 대한 소견, 주장에 대한 공감과 비판을 쓴다.

④ 다루고 있는 방면에 대한 관심, 나의 미래상과 결부하여 쓴다.

⑤ 현실 사회에서의 적용, 오늘 현재 적용 여부에 대해 적는다.

사. 그림이야기 책을 다룰 경우

어머니와 이야기하기

→ 이야기한 내용 중 중요한 생각을 간단한 문장으로 나타내기

① 줄거리에 대한 이야기를 쓴다.

② 특정 장면의 그림에 대한 이야기(상상력 발휘하기)를 쓴다.

③ 등장인물에 대한 비판적 소견을 말한다.

④ 특정 사건이 주는 교훈적 의미를 말한다.

⑤ 자신의 행동과 주인공과 비교해 본다.

7) 독서 능력별 지도

가. 보면서 읽기 단계의 경우

그림 보며 구체적인 내용 상상하기
만화의 말주머니 만들기

① 입문기 아동의 특성

　　취학 전의 경우

　　취학 아동의 경우

② 대상이 되는 책의 특성

　　그림 위주의 책과 글 위주의 책

　　모든 그림책이 유아용은 아니다.

　　"짧은 내용, 잠깐 사이에 읽고 나니 볼 게 없다."

③ 지도상의 유의점

　　소감이 무엇인지 알게 한다.(느낌과 생각이라는 말 뜻 알게 하는 것)

줄거리 발표와 소감 발표의 차이를 알게 한다.

글로 표현하기보다 말로 나타내도록 한다.

대화식 의견 표현이나 혼자 발표하는 방식을 취한다.

토막말의 발표 → 일정 시간(10초, 20초, 30초, 1분 등) 동안 집중 발표하게 한다.

집중 발표를 위한 원고(메모식) 작성하거나 메모를 보며 말하게 한다.

나. 이야기 읽기 단계의 경우

편지 형식으로 감상문 쓰기
메모한 내용보고 감상문으로 완성하기

① 대상이 되는 책의 특성

짧고 쉬운 이야기 위주로 읽힌다.

(동화 / 창작동화, 전래동화, 유년소설 / 생활이야기 등)

(삽화가 많지만 그림책이라고 할 수 없는 수준)

그림이야기를 외면하지 않도록 한다.

② 유의할 점

편지 쓰기 교육이 되어서는 안 된다.

(편지 형식의 독후감은 과도기적 지도로 그쳐야 한다)

메모쓰기, 독서일기쓰기 지도를 병행해야 한다.

지나치게 격식을 요구하지 않고 갖추어야 할 기본 정보가 누락되지 않도록 한다.

논리적인 진술에 익숙하도록 한다.

다. 생각하며 읽기 단계의 경우

전형적인 형식의 독서감상문 쓰기
토의 내용, 일기, 메모 등의 정보 활용하기

① 대상이 되는 책의 특성

이 시기를 대상으로 하는 아동도서가 주류를 이루고 있다.

매우 다양하다.

난이도의 편차가 심하다.

문제성이 있는 도서가 범람하고 있다.

(도서 선택 훈련이 적극적으로 필요할 때임)

문학적인 책과 비문학적인 책의 균형 잡힌 선택이 필요하다.

비문학적 도서에 대한 기피증을 극복할 수 있도록 설득하는 일이 중요하다.

② 지도상의 유의점

- 토의할 때의 준비

  자신이 발표할 내용을 반드시 사전에 준비하게 한다.

  남의 발표를 경청하는 태도를 갖게 하고, 메모하게 한다.

- 토의 사항을 활용할 때

  자신의 견해가 중심이 된다.

  특정 사안에 관해서 자신의 견해와 남의 견해를 비교할 수 있어야 한다.

  남의 견해를 인용하면서 자신의 생각인 것처럼 진술하면 안 된다.

  남의 견해를 비판할 때는 논거가 타당해야 한다.

- 메모, 일기 등을 적극 활용한다.

  책에 쓰인 머리말, 해설 등을 인용할 때도 자기 생각인 양 진술하지 않는다.

라. 따져 읽기 단계 및 깊이 읽기 단계의 경우

독서 논술 쓰기 지도
토의 내용, 일기, 메모 등의 정보를 적극 활용하기

① 대상 도서의 특성

현재 이 시기에 해당하는 도서를 많이 출판하고 있지 않다.

매우 어중간한 시기이면서 매우 중요한 시기이다.

② 유의점

논리적이고, 비판적인 시각으로 진술하도록 한다.

서평 소개를 많이 하도록 한다.

(서평과 책 소개는 다르다)

친구를 위한 책 소개 글도 써 본다.

(학급 신문 또는 벽신문에 책을 소개하는 토막 기사 작성하기 등)

● 다음 신문 기사에 쓰인 한자어를 우리말로 고쳐 다시 써 보자.

　서울시가 불법 주정차 차량을 대상으로 무인 단속시스템을 구축한다.

　도로교통법 시행령 개정으로 오는 7월부터 단속반원이 현장에 가지 않아도 단속 효력을 인정하는데 따른 것이다.

　시는 우선 6월까지 40억 원을 들여 감시 카메라 40대를 설치해 시범 운영키로 했다. 새 시스템은 불법 주·정차 차량이 감시 카메라에 잡히면 해당 지역에 설치된 스피커를 통해 자동음성 계도한 뒤 5분이 지나면 자동으로 차량 번호를 촬영해 적발하도록 돼 있다.

　시는 연말까지 추가로 1백 대를 설치하는 데 이어 내년 말까지 4백대를 상습 불법 주·정차 지역에 설치해 나갈 계획이다.

　　　　　　　　　　　　—신은진, 「불법 주정차 무인 단속 서울시 6월부터 시행」,《중앙일보》, 2004. 2. 18.

● 다음 글에 쓰인 외래어를 우리말로 고쳐 다시 써 보자.

한 베이비가 태어나면 케시미롱 포대기 속에서 플라스틱 젖꼭지를 빨며 죠니 크랙카와 스마일쿠키를 먹고 코카콜라나 펩시를 마시며 자라난다. 프로 권투의 매치를 관전하며 피 흘리는 KO승에 부라보를 외친다. 더 자라면 팝송이나 재즈뮤직에 넋을 잃고 아디다스 티셔츠에 고고 디스코를 추며 아이템풀 엣센스 국어 사전 콘사이스로 공부하여 대학 입시를 보면 커트라인에 들어야 패스한다. 맨션 아파트에서 나와 스쿨버스를 타고 캠퍼스에 가면 채플을 보고 오리엔테이션이 끝난 후 총장 리셉션에 가서 커피 한 잔에 슈가를 세 스푼 넣어 마신다.

—이오덕, 『우리말, 우리글』에서

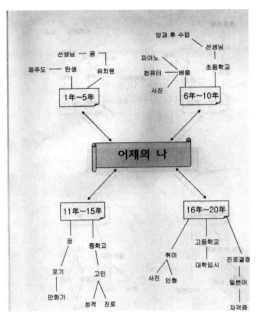

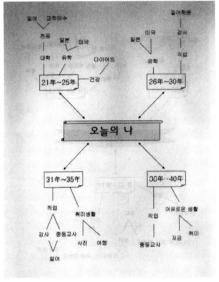

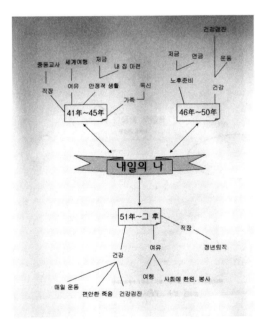

〈글쓰기 생각그물 엮기〉

• 생각하기

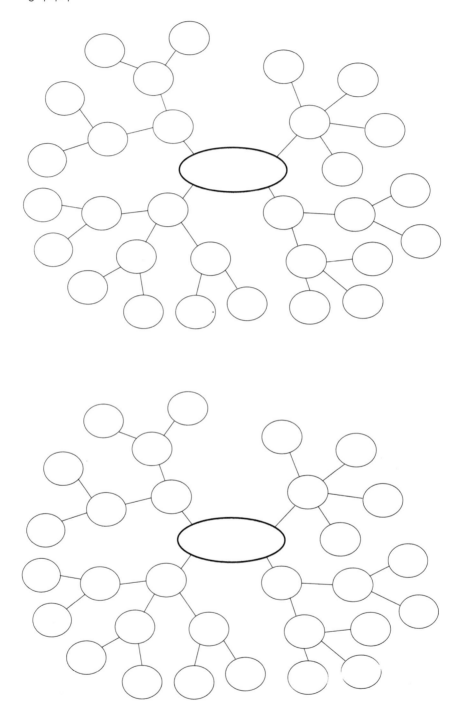

3. 논술 활용 쓰기

1) 논술 활용의 의의

논술이란 무엇인가? 논술은 주어진 주제나 과제에 대해 자신의 생각이나 의견을 논리에 맞게 전개하여 다른 사람을 설득하는 글이다. 한마디로 정의하자면 논증으로 다른 사람을 설득하는 글이다. 타당한 논증으로 자기 의견을 설득하기 위해서는 논리적 사고(비판적 사고)력은 필연적이다. 그래야 주장을 할 때 타당한 근거를 제시하고 다른 사람의 의견을 받아들이거나 거부할 만한 이유가 있는지 따져 볼 수 있기 때문이다.

독서를 통해 논리적 사고력을 키우기 위해서는 글을 읽을 때마다 질문을 던지고 다양한 각도에서 그 질문에 대한 답을 찾는 자세가 필요하다. 그런 측면에서 본다면 논술은 문제를 발견하고 그 문제를 해결하는 것이다. 그리고 문제 해결을 위해서는 합리적이고 명료한 사고와 자기주장과 근거를 통합하는 종합적 사고력을 가져야 한다. 때문에 독서지도에서 논술활용은 자기 주도적 독서를 하도록 하는 것이다. 논술 활용으로 얻을 수 있는 장점은 비판적 사고를 기를 수 있다는 점이다.

한국 교육 제도의 특성상 학생들은 주입식 교육에 상당히 익숙해 있다. 단기간에 많은 양을 학습하기 때문에, 배운 것에 대한 자신의 의견을 표출하고 의문을 제기해 볼 여유가 없다. 입시 교육에 대한 치열한 경쟁으로 환경 자체가 그것을 허용하시 않는다. 우리나라 교육 환경은 하나라도 더 많이 암기하고 반복 학습하도록 시간을 할애한다. 이와 같은 교육 현실의 영향으로 자기 의견을 주장하는 것 보다 타인의 의견을 받아들이는 데 더 익숙하다. 물론 학생들이 대학을 가기 위해 통과해야하는 수능이 논리력, 사고력, 추론 능력 등을 종합적으로 평가하는 시험이긴 하다. 그러나 그 역시 정해진 답을 고르는 시험이라는 것을 부인할 수 없다. 이에 비해 논술은 주입식 학습의 한계를 보완하는 방식이다. 타당성을 따지는 비판 능력은 지식인의 필요조건이다. 그것을 함양하는 기회를 제공한다는 점에서 논술은 의미를 지닌다.

논술 활용은 논리적 글쓰기 능력을 배양시킨다. 교양학부 강의를 하면서 학생들이 제출한 보고서나 리포트를 볼 때마다 자기 의견을 글로 표현하는 기초교육, 그 중에서도 특히 논리적 사고가 부족하다는 것을 크게 느꼈다. 보고서, 논평, 감상문, 논설문, 학습 발표문 등은 대학에서 비중 있는 평가 요소의 한 부분을 차지한다. 학문을 하는데 논리적 글쓰기 능력이 중요하기 때문이다. 대학에서 필요한 교양 글쓰기는 자기 의견에 대한 타당한 근거를 제시해야 하는 글쓰기이다. 따라서 논술은 논리적인 글쓰기를 훈련할 수 있는 가장 효과적인 방법이다. 논술이라는 이름 자체가 논리적으로 기술하라는 의미를 지니고, 근거 있는 주장을 요구하기 때문이다.

논리적 글쓰기는 하루아침에 이루어지지 않는다. 다양한 책을 읽고 문제를 해결하는 방법을 모색하고 타당하게 글로 표현해야 하는 전략적인 과정인 것이다. 그런 측면에서 대학에서의 올바른 논리적 글쓰기가 이루어지려면 초등학교 시절부터 논술교육이 꾸준히 이루어져야 한다. 그러나 불행히도 우리의 교육현실은 이러한 요구를 충족시키지 못한다. 겨우 대학입시를 준비하기 위해 단기간의 논술교육이 이루어 질 뿐이다.

정보가 범람하는 21 세기에서 인재는 그 수많은 정보를 아는 것 보다는 그 정보의 가치를 발견하고, 그것을 자신의 것으로 만들 줄 아는 사람이다. 그러한 인재의 양성을 위해 논술 교육은 현 시점에서 반드시 제공 되어야 할 교육의 필수적인 영역이며 독서지도에서 적극적으로 활용해야 할 부분이다.

• 논술 활용에 대한 자기생각 정리

2) 논술 활용의 원칙

가. 멋있는, 슬픈, 억울한 등과 같은 수식어를 남용하지 말자.

논술의 초점은 타인을 합리적으로 설득하는 데 있다. 감정에 호소하는 글이 아니라는 점을 분명히 기억해 둘 필요가 있다. 지나치게 감정을 자극하는 문체는 논술에 적합하지 않다.

나. 논점을 분명하게 하자.

문장의 마지막을 "~인지 모르겠다." 또는 "~일 수도 있다고 생각한다."로 끝맺음하는 것은 자신의 글이 무엇을 주장하는지 읽는 사람이 알지 못하게 한다. 어떤 주장을 하는 것인지 분명하지 않으면, 아무리 그럴 듯한 주장을 하더라도 아무런 의미가 없다. 주장하는 내용이 강력할 필요는 없지만 표현은 명료하여야 한다.

다. 지나치게 긴 문장을 쓰지 말자.

어떤 문장은 주어가 어디에 있는지 분간하기 힘들 정도로 길다. 복합문장의 남발은 독자에 대한 친절한 배려가 없이 자신의 문장력을 지나치게 과시하려는 의도가 있다.

리. 상투적인 용어를 남발하지 말자.

고사성어도 아주 절약해서 사용해야 한다. 그렇지 않으면 자칫 진부한 표현이라는 지적을 받기 쉽다. 특히 문장의 내용과 고사성어의 원래 의미가 잘 부합하지 않을 경우 오히려 손실을 감수해야 한다.

마. 글을 자신감 있게 쓰자.

채점위원의 동정심에 호소하는 듯 글을 쓰지 말고, 정정당당하게 작성해야 한다. 자신이 쓴 글에 책임을 지는 자세로 글을 써나가면 글에 힘이 생긴다.

바. 전체에 대한 요약을 먼저 머릿속에서 그리자.

각 항목을 한 문장 정도로 요약해서, 전체와 부분이 조화를 이루도록 글을 써야 한다. 전체 구도를 설정하지 않은 상태에서 쓰는 글은 평형을 잃기 쉽다.

사. 시간 배분을 잘 하자.

자신이 잘 아는 문제부터 먼저 답해나가는 것이 중요하다. 동시에 한 문제에 지나치게 시간을 많이 사용해서는 안 된다.

아. 구태의연한 설명을 장황하게 늘어놓지 말자.

자신이 주장하고자 하는 핵심에 바로 접근한다. 대개 논술고사에서 요구하는 답안 분량은 그다지 길지 않다. 물론 답안 작성에 걸리는 시간은 많지만, 채점하는 사람은 그만큼의 시간을 사용하지 않는다. 자기 주장에 대한 배경적 지식을 장황하게 늘어놓다가 정작 주장의 핵심을 놓치는 것은 좋은 논술 답안이 아니다.

자. 글씨를 깨끗하게 쓰자.

논술을 작성할 때 중요한 것은 글씨를 정성들여 쓰는 자세이다. 글씨에서 개인의 인간 됨됨이를 발견하기 때문이다.

차. 지나치게 극단적인 결론을 쓰지 말자.

논술 답안 채점자는 주장하는 내용보다 주장하는 방식의 합리성과 일관성에 관심을 가진다. 그렇다고 지나치게 극단적인 결론을 주장하는 것은 위험하다. 극단적인 결론을 도출하기 위하여 증명해야 될 근거를 대기가 힘들기 때문이다. 물론 근거만 댈 수 있으면 얼마든지 파격적인 결론을 주장할 수 있다.

카. 시간적 순서나 역사적 순서에 따라 글을 전개하지 말고, 논리적 순서에 따라 글을 전개하자.

자신이 아는 것을 순서대로 나열하는 방식의 글은 좋은 글이 아니다. 글의 순서를 짤 때는 '문제 제기→원인 분석→근거 제시→대안 제시' 등 논리적 질서에 유의해야 한다.

이상의 사항들을 잘 지키면 좋은 논술문을 작성하는 데 도움이 된다. 각 대학의 논술고사는 단순히 우수한 학생을 선발하는 것에 의미가 있는 것이 아니고, 우리 사회의 삶과 문화를 바꾸는 데도 일조한다. 오류가 왜 오류인지도 모르고, 진리가 왜 진리인지도 모르면서 무조건 암기하는 학생들에게서 우리의 미래를 발견할 수 없다. 논술에 대한 대비는 국가의 장래를 대비하는 것이다.

―김형철(연세대학교 철학과 교수) 참고

3) 개요, 도입부, 본론, 결론 작성하기

• 개요 짜기 •

글을 쓰는데 아무리 강조를 해도 지나치지 않은 것이 개요 짜기이다. 학생들 역시 귀에 못이 박히도록 들은 것이 개요 짜기의 중요성이다. 하지만 개요짜기가 잘 이루어지고 있지 않다. 몰라서 개요를 잘 짜지 못하는 것은 아니다. 논술의 개요를 짜기 위해서는 논제 파악은 물론 몇 가지 갖춰야 할 요소가 있다.

〈개요의 개념〉

글을 쓰기 위해 얼개를 짜는 것이다. 즉 논제에 맞게 어떤 내용을 쓸 것인가를 미리 정리하는 것이다. 건축으로 말하면 설계도와 같다. 설계도 없이 집을 짓다가 중간에 다시 뜯고 또 작업을 시작한다면 시간과 자재가 낭비될 것은 뻔하다. 그만큼 논술에서 개요는 논술의 성패를 좌우한다.

〈개요의 종류〉

개요에는 크게 두 가지가 있나. 둘 중 어느 것을 골라서 할 수도 있겠지만 차이점은 분명히 있다.

가. 화재개요

항목을 핵심 용어나 간단한 내용으로 표현하는 개요이다. 글을 아주 잘 쓰는 사람들이 짜는 방식이다. 물론 전문적으로 글을 쓰는 사람은 머릿속에 개요가 작성돼 작업이 필요 없는 경우가 있다.

나. 문장개요

항목을 완전한 문장으로 구체화하는 개요이다. 글을 쓰는데 어려움을 느끼는 사람들은 개요가 상세할수록 실수가 적다. 학생들이 작성할 개요로 적당하다. 단순히 핵심용어만으로 개요를 작성할 경우 생각이 완성되지 않아 실수를 할 수 있다.

〈개요 잘 짜는 방법〉

가. 논제를 정확히 파악한다.

무엇을 쓰라는 것인지 정확히 모르고 개요를 잘 짤 수 없다. 개요는 논제를 분석하면서 어느 정도 윤곽이 잡혀야 쓰는 것이다. 따라서 논제 분석은 개요 짜기의 시작이다.

나. 주장이 분명하고 일관성이 있어야 한다.

자기의 주장이 분명하면 개요를 쉽게 짤 수 있다. 주장이 분명한 만큼 논거도 확실할 것이기 때문이다. 주장을 강화하기 위해서는 논거가 풍부하고 정확해야 한다. 그렇다고 모든 논거가 다 사용될 수 있는 것은 아니다. 주장을 효과적으로 드러낼 수 있는 것만이 필요하다. 그만큼 선정도 신중해야 한다.

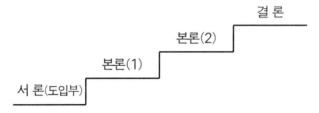

• 도입부 쓰기 •

흔히 논술은 도입부만 쓰면 된다고 말한다. 이 말이 다 맞는 말은 아니지만, 그렇다고 근거가 없는 것도 아니다. 도입부는 마치 그물의 벼리(그물을 끌어 잡아당기는 줄)처럼 앞으로 이어질 논술을 조율하는 기능을 한다. 잘 써진 논술일 경우 도입부만 읽어봐도 앞으로 전개될 내용을 알 수 있다.

그렇다고 도입부만 잘 쓸 수는 없다. 글 전체를 어떻게 전개시켜 나갈 것인가에 대한 계획이 서 있지 않다면 도입부는 성립이 되지 않는다.

〈도입부의 종류〉

가. 문제제기 도입부

단독과제와 같은 개방적 논제에 적합한 도입 방식이다.

☞예시(현대 문명의 문제와 해결책에 대하여 쓰시오)

> 과학기술의 급속한 발달은 사회 변화를 가속화시켰다. 그 속도에 잘 적응해 지금 인류는 문명의 혜택을 누리며 살고 있다. 그렇다면 그 과정에 문제는 없는 것일까. 있다면 무엇이 문제이고 어떻게 해결해 나가야 하는가에 대해 고민해야 할 것이다.

나. 문제 접근식

자료제시를 통해 방향이 제시된 논제에 적합한 서론 방식

☞예시(제시문〈가〉와 〈나〉를 비교하여, 바람직한 소비생활에 대하여 쓰시오)

인간은 소유와 향유에 대한 욕망 강하다. 제시문 〈가〉와 〈나〉는 소비의 양상이 각각 다르게 나타나는 예이다. 위의 두 소비 형태를 밝혀서 어떻게 해야 절제도 하면서 만족을 누릴 수 있는 소비 생활이 될 것인지에 대한 방안을 모색해 봐야 할 것 같다.

〈도입부 쓰기의 양식〉

어떤 글이든 주어진 공식이 있는 것은 아니다. 그러나 초보자 입장에서 기본적인 틀이 있다면 보다 쉽게 접근할 수 있다. 따라서 아래에 제시하려는 양식은 절대적인 형식은 아니며, 참고해보았으면 하는 것이다.

☞ 깔때기형 도입부 쓰기 양식

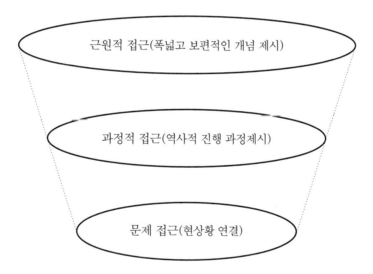

근원적 접근(폭넓고 보편적인 개념 제시)

과정적 접근(역사적 진행 과정제시)

문제 접근(현상황 연결)

〈도입부 잘 쓰는 방법〉

가. 개요를 잘 짜야한다.

나. 글의 전체를 꿰뚫고 있어야 한다.

다. 간결하면서도 글의 방향을 제시해야 한다.

라. 분량은 전체의 약 1/5~1/6정도가 알맞다.

• 본론 쓰기(1) •
—문제 해결을 요구하는 논제—

도입부를 쓰고 나면 그 다음에는 본론을 써야 한다. 개요가 잘 짜이고 서론에서 어떻게 논지를 전개시킬 것인가가 나왔다. 그 다음에는 논제가 요구하는 것이 무엇인지를 따져서 본론을 쓰는 일이다.

따라서 본론은 논제를 해결하는 중요한 부분이다. 논제가 어떤 것을 요구하는가에 따라서 달라져야 한다.

〈문제 해결 요구, 본론의 요건〉

문제 해결을 요구하는 본론의 요건은 세 가지이다. 논제의 문제를 '질병'이라고 한다면 논자는 '의사'에 비유된다. 의사는 환자의 질병의 정도를 밝혀서 원인을 찾은 다음에 처방을 내려야 한다.

가. 문제의 상황을 제시한다.

나. 문제의 원인을 분석한다.

다. 문제의 해결 방안을 제시한다.

〈문제의 상황 제시 단계〉

논제로 제시된 문제의 현재 상황을 제시하여 주의를 환기시키는 단계이다.

〈문제의 상황 제시 방법〉

가. 통계 수치를 제시한다.

나. 보편적(분명한) 여론을 이용한다.

다. 저명한 사람의 말을 인용한다.

〈문제의 원인 분석 단계〉

문제가 일어난 원인을 제시하여 해결의 실마리를 제시하는 단계이다.

〈문제의 원인 분석 방법〉

가. 다양하게 원인을 제시한다.

나. 배타성과 일관성을 유지한다.

〈문제의 해결 방안 제시 단계〉

문제의 해결책을 제시하여 상대에게 공감과 행동의 변화를 유도하는 단계이다.

〈문제의 해결 방안 제시 방법〉

가. 창의적인 아이디어를 모색한다.

나. 객관성과 합리성을 확보한다.

다. 제도적 차원과 의식적 차원의 다양한 해결책을 제시한다.

• 본론 쓰기⑵ •
—견해를 요구하는 논제—

논제가 문제의 해결을 요구하는 경우도 있지만 자신의 견해를 묻는 경우도 있다. 특히 단독 과제형의 경우 제시문은 없다. 때문에 구체적인 요구가 애매해서 결국 자신의 견해를 묻는다.

견해를 요구하는 논술은 논지 전개가 매우 개방적이다. 그만큼 자신의 재량에 따라서 논리를 전개시킨다. 문제 해결을 요구하는 논제는 상대적으로 견해를 요구하는 논제보다 어떻게 논리를 전개시켜야 하는지 분명하다.

〈견해를 요구하는 본론의 요건〉

가. 논제에 대한 주장을 제시한다.

나. 여러 가지 근거로 주장의 타당성을 입증한다.

다. 논거를 종합하여 주장을 명확히 한다.

〈논제에 대한 주장 제시 단계〉

논제에 대해 자기의 생각을 분명하게 제시하는 단계이다.

〈논제에 대한 주장 제시 방법〉

가. 여러 가지 방향에서 충분히 고려한다.

나. 가장 타당하다고 생각되는 방향을 주장한다.

〈타당성 입증 단계〉

자기주장을 합당한 논거로 뒷받침하는 단계이다.

〈타당성 입증 방법〉

가. 주장에 부합하는 논거를 선정한다.

나. 참신하고 분명한 논거를 제시한다.

〈주장을 명확히 하는 단계〉

자기 주장에 대한 논거 제시 후 종합 정리하여 보다 명확히 하는 단계이다.

〈주장을 명확히 하는 방법〉

가. 논지는 점차 상승되게 써야 한다.

나. 상반되는 견해에 대한 타당성을 인정하면서 반론의 여지를 무마한다.

〈본론 쓰기 요령〉

가. 도입부의 방향에 맞춰 전개한다.

나. 근거와 주장을 분명히 한다.

다. 단락(형식·내용)의 균형이 맞아야 한다.

라. 문제 해결이나 자신의 주장에 초점을 맞춰야 한다.

• 결론 쓰기 •

논술의 완성은 결론에 있다. 앞선 도입부나 본론은 결국 자신의 주장을 말하려는 것이다. 따라서 무엇을 이야기하려는 것인지 주제는 바로 결론에서 제시된다.

〈결론의 종류〉

가. 폐쇄적 결론

앞의 이야기를 종합 정리하여 자기주장을 강조하는 결론이다.

☞예

> 지금까지 환경문제 해결을 위해서 공장의 오폐수나 매연에 대한 규제를 강화해야 하며, 가정의 생활 폐수를 줄이기 위한 하수도 요금의 강화와 자동차 매연을 줄이기 위해 매연세를 신설하는 등을 제시했었다. 이제까지는 개인의 의식을 촉구하는 방법이 있어왔지만 실효성을 거두지 못했다. 따라서 강력한 규제만이 환경문제를 해결할 수 있는 유일한 길이다.

나. 개방적 결론

주장을 바탕으로 전망과 제언을 제시하는 결론이다.

☞예

> 환경문제 해결에 있어 개인적 의식만으로는 실효성이 없었음은 이미 증명되었다. 따라서 보다 강력한 규제가 병행되어야 할 것이다. 규제가 없는 홍보는 반향 없는 메아리가 될 수밖에 없으며, 따라서 해결에 도움이 되지 않을 것이기 때문이다. 문제 해결을 위한 실행 가능한 법을 만들고, 이와 함께 의식교육도 병행해나간다면 보다 쾌적한 환경을 만들어 나갈 수 있을 것이다.

〈 폐쇄적 결론 쓰기 방법 〉

가. 본론의 논지를 요약한다.

나. 논제에 정확히 부합하는 주제문을 작성한다.

〈개방적 결론 쓰기 방법〉

가. 주의를 환기하는 문장을 제시한다.

나. 자신의 주장이나 해결책이 실행되었을 때의 전망을 제시한다.

다. 바람직한 상황을 위한 제언을 진술한다.

〈결론 쓰기 양식〉

결론을 쓰는데 있어서 특별한 양식이 있는 것은 아니다. 아래의 원추형의 양식을 바탕으로 연습을 하면 도움이 될 것이다.

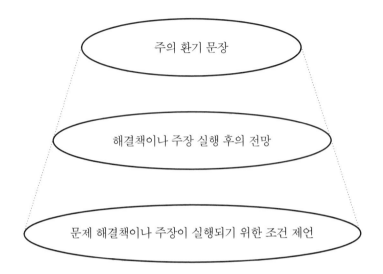

〈결론 잘 쓰는 방법〉

가. 앞의 논지를 명확히 인식한다.

나. 해결책이나 주장 제시 후 상황을 예상한다.

다. 전체적으로 압축 제시형 문장을 구사한다.

라. 분량은 전체의 약 1/5~1/6정도가 알맞다.

〈김판용, 중등 논술〉

4) 논술 수업 계획표

단 원	다섯째 마당 1. 소중한 우리말	본시 제재	고유어로 바꾸어 쓰기	차 시	3/9	교과서 쪽수	쓰기 124~127
학습목표	우리 주변에서 사용하는 말을 고유어로 바꾸어 쓸 수 있다.						
논술지도 내용 및 요소	논술의 어휘력 기르기를 위한 고유어로 바꾸어 쓰기						

단계	학습 과정	교수·학습 활동	시 간	자료 및 유의점
준비 하기	학습동기 유발	· 고유어 활용에 관한 동영상 보기 —MBC 프로그램 '우리말 나들이'—북한에서 만든 고 유어에 관한 동영상을 보고 느낀 점 이야기하기	5	www.imbc.com '우리말 나들이'
계획 하기	학습문제 확인	· 본시 학습문제 제시하기 우리 주변에서 사용하는 말을 고유어로 바꾸어 써 봅시 다. · 고유어를 잘 살려 쓰는 예 확인하기 —북한에서 고유어를 잘 살려 쓰는 예 —우리나라에서 고유어를 살려 쓰는 예 —생각해보기: '고유어'→'토박이말', '참 우리말' 　　　　　고유어를 쓰면 좋은 점 이야기하기	1' 5	☞ 고유어를 잘 활용한 다양한 예시자료(PPT)
탐구 하기	주제해결 방법탐색	· 고유어로 바꾸어 쓸 수 있는 말 찾기 —선생님이 제시하는 단어를 고유어로 바꾸어 보기 —모둠별로 단어를 제비뽑기로 바꾸어 보기	5	☞ 단어카드(전 체용, 모둠용)
서로 가르 치기	상호교수	· 모둠별로 주제를 골라 여러 가지 상황을 고유어로 바꾸 고 발표하기 —모둠1, 2: 신문기사, 잡지기사의 외래어, 외국어를 　　　고유어로 바꾸기 —모둠3, 4: 근처 가게 간판의 외래어, 외국어를 고유 　　　어로 바꾸기 —모둠5, 6: TV나 라디오 방송에서 사용된 외래어, 외 　　　국어를 고유어로 바꾸기	15	☞ 적절한 고유어 가 없을 경우에 는 한자어 중 친 근한 말로 바꾸 어 보도록 한다.
정리및 평가	전체발표	—모둠7, 8: 외래어, 외국어가 사용된 과자의 이름을 　　　고유어로 바꾸기		
일반화 하기		· 소중한 우리말 —2006 월드컵 관계된 신문을 읽고 외래어, 외국어를 　　　찾아 고유어로 바꿔 쓰기 · 오늘 해 본 내용에 대하여 계속해서 꾸준히 관심을 가질 수 있도록 여러 가지 자료 알려주기 — '우리말 다듬기', 국립국어원, EBS '우리말 우리글', 　　　MBC '우리말 나들이' 등	6 3	☞ 논술학습지

평가 계획	• 평가 내용 　· 외래어, 외국어를 알맞은 고유어로 　　바꾸어 쓸 수 있는가?(상, 중, 하) • 평가 방법 : 관찰법	평가 계획	• 외래어, 외국어를 고유어로 바꾸기 　· 어시스트 → 도움주기 　· 우동 → 가락국수 　· 헤어스타일 → 머리모양 　· 파티 → 잔치　　· 노크 → 손기척

5) 독서 논술 첨삭지도

예(전북교육청 6학년—집단 따돌림)

집단 따돌림

단 원	넷째 마당 1. 말과 글에 담긴 생각	차시	1 / 9	교과서쪽수	말하기 · 듣기 · 쓰기 124~127 쪽
학습목표	알맞은 근거를 들어 내 주장을 분명하게 말할 수 있다.			창의성 요소	유연성
논술제재	집단 따돌림의 해결방안 찾아보기				
논술주제	요즘 어린이들 사이에서 문제시 되고 있는 '집단 따돌림'의 문제점에 대해 생각해 보고, 해결방안을 써 봅시다.				
논술요령	요즘 어린이들 사이에서 '집단 따돌림'이 큰 문제로 나타나고 있습니다. '집단 따돌림'의 심각성을 구체적인 사례를 들어가며 찾아봅시다. 왜 이런 문제가 생기는지 원인도 생각해 봅시다. 다양한 사회현상과 흐름을 이해하고 있어야 제대로 원인 분석이 이루어 질 수 있겠지요. 내 주변뿐만 아니라 다른 곳에서 일어나는 '집단 따돌림' 문제를 사회 현상과 연결지어 원인을 찾아보도록 해야지 자신의 주관적 경험에 의한 분석은 위험할 수 있습니다. 객관적인 분석을 바탕으로 문제를 해결할 수 있는 방법을 찾아봅시다. 각 원인들에 대한 나름대로 자신만의 해결책을 찾아 정리도 해 봅시다. 사회를 이해하는 자신만의 독특한 시선과 따뜻한 마음이 있다면 더욱 좋은 글이 될 수 있습니다.				
영역별 중점 첨삭내용	내용면	요즘 어린이들 사이에서 일어나는 '집단 따돌림'의 심각성을 알고 있는지 살펴본다.			
	구성면	주장이 논리적으로 전개되어 있으며 주장에 대하여 뒷받침할만한 이유나 근거를 정확하게 제시하고 있다.			
	문제 해결력면	문제 해결을 위해 제시된 근거들이 사회현상과 객관적으로 연관되어 있으며 유용성이 있는지 따져본다.			
	표현면	문맥상 적절한 표현인지, 적절한 낱말인지 살펴본다.			
	나만의 생각	사회를 이해하는 자신만의 독특한 시선과 따뜻한 마음이 들어간 주장을 했는지 알아본다.			

• 생각 주머니 •

• 어린이들이 흔히 접하면서도 심각하게 느끼지 못하는 '집단 따돌림'에 대해 생각해 보세요.

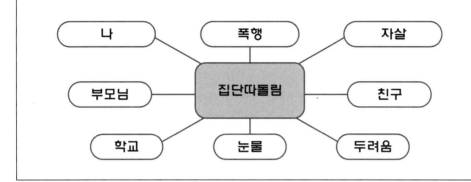

• 생각이 쑥쑥! •

• '집단 따돌림'의 문제점에 대해 생각해 보고 해결방안을 써 보세요.

〈참고 글〉

① 어느 날 뉴스에서 한 학생이 서울대에 합격했는데 집단 따돌림에 견디다 못해 자살한 안타까운 기사를 보았다. ② 요즘시대는 나보다 뭐든 잘하거나 잘되면 이를 계기로 놀리게 되고 그러다보니 '집단 따돌림' 이라는 무서운 범죄를 만들게 된다.

③ 3학년 때 전학 오게 된 나는 소심하고 말도 없어서 아이들이 그 점을 얕보고 따돌림을 했었다. ④ 지금까지 나는 내가 따돌림을 당할 것이라는 생각을 해보지 않아서 당황했었고, 마음에 상처도 받았다. ⑤ 학교에 가기도 싫었고, 누구하고 말하기도 귀찮아서 학교에 오면 수업만 받고 말도 거의 하지 않고 집으로 돌아갔다. ⑥ 이런 일이 계속되자 학교 가는 일이 끔찍해졌고 성적도 형편없어 졌다. 어머니가 떨어진 성적을 보고 이유를 물어 보았고, 같이 해결책을 찾아보려고 노력하였다. 그리고 많이 노력한 결과 지금은 모든 아이들과 잘 어울리고 학생 회장도 되었다.

⑦ '집단 따돌림' 이야기가 나오면 누구든지 "설마, 난 저렇게 되겠어?"라는 마음을 갖고 있다. ⑧ 하지만 '불행은 예고가 없다' 는 말처럼 피해 갈려고 해도 피해 갈 수가 없는 것이 사람 관계이고 곧 사회생활이다.

⑨ 먼저 따돌림을 당하기 전에 내가 먼저 손 내밀고 자신감을 갖고 주위 사람들과 친해져야 한다. ⑩ 그리고 나를 앞세우기 보다는 '칭찬은 고래도 춤추게 한다' 는 말처럼 칭찬을 많이 해야 한다. ⑪ 그러면 따돌림은 뒷전이고 친구들에게 인기 있는 사람이 될 수 있다. ⑫ 그리고 나보다 못난 것처럼 보이는 친구도 보이지 않는 장점이 있다는 것을 알고 겉모습으로만 판단해 무시하지 않아야 겠다. ⑬ 친구, 집안 일, 성적 등으로 힘들어 하는 친구가 있다면 이야기 상대도 되주고 작은 힘이나마 도와 주어야 한다.

첨삭요령	**〈논제 파악을 정확히 하기〉** 이번 주제는 '요즘 어린이들 사이에서 문제시 되고 있는 '집단 따돌림'의 문제점에 대해 생각해 보고, 해결방안을 써 봅시다'입니다. 어린이들이 자칫 지나치기 쉬운 것이 논제를 파악하는 문제입니다. 무엇에 대하여 묻고 있는지, 무엇에 대하여 써야할지를 모르고 쓰다 보면 핵심이 없고 갈팡질팡하다 글을 마무리하게 됩니다. 이번 주제에 대한 글 중 논제 파악이 잘된 어린이의 글을 첨삭하였습니다.
첨삭지도	첨삭지도 '집단 따돌림'의 원인에 대해 ②에서 적었는데 그 원인 분석이 객관적인 사회 현상보다는 하나의 사건을 보고 단편적으로 해석을 하였습니다. '집단 따돌림'의 여러 가지 경우를 찾아보았다면 다양한 원인을 발견할 수 있었을 겁니다. 충분한 원인 분석은 결론을 이끌어내는데 많은 도움이 될 수 있습니다. ③~⑥에는 '집단 따돌림'의 문제점을 자신의 경험에서 찾아 적어서 다른 사람들에게 더욱 설득력을 가질 수 있었습니다. 다만, 그 때의 상황이 좀 더 정확히 전달이 되지 않아 아쉽습니다. 짧은 글 속에서 자신의 생각을 다른 사람에게 효과적으로 전달하기 위한 꾸준한 글쓰기 연습이 필요합니다. ⑦~⑧의 글은 논제를 해결하는데 필요하지 않는 문장입니다. 꼭 필요한 문장만 써야 논제가 흐트러지지 않는 논술이 됩니다. ⑨~⑬에서는 논제 해결을 위해 나름대로의 해결책을 잘 제시하며 글을 마무리 하였습니다. 다양한 해결책을 제시하였으며 거대한 해결책보다는 어린이들이 쉽게 친구들 사이에서 할 수 있는 내용이라 더욱 설득력을 가지는 내용입니다. 논제 파악을 정확히 하고 그에 맞는 논술을 체계적으로 하면 상대를 쉽게 설득 시킬 수 있습니다. ○○어린이의 글도 나름대로 체계를 잘 갖추어 글을 잘 썼습니다.

꼭! 알아두기―

거대한 해결책 보다는
주위에서 쉽게 실천할 수 있는 해결책이 설득력이 있다.

• 외모는 중요한가? •

단 원	다섯째 마당 2. 나눔과 어울림	차시	6 / 9	교과서쪽수	읽기 132~135쪽
학습목표	속담이나 관용 표현을 써서 편지를 쓸 수 있다.		창의성 요소		유연성
논술제재	속담이나 관용 표현을 써서 글을 쓰면 좋은점				
논술주제	'외모가 중요한가?' 라는 내용의 글을 속담이나 관용 표현을 이용하여 알맞은 근거를 들어가며 글로 써 봅시다.				
논술요령	상대방을 설득하기 위해 속담이나 관용 표현을 사용하면 효과적으로 주장을 전달할 수 있습니다. 상황에 어울리는 속담이나 관용 표현을 찾으려면 먼저 상황을 정확하게 이해하고 난 후에 적절한 속담이나 관용 표현을 생각해야 합니다. 　'외모가 중요한가?' 라는 논제에 대해 나름대로의 생각을 정리해 봅시다. 그리고 맞는 속담이나 관용 표현을 생각해 봅시다. 길게 글을 쓰는 것보다 짧은 인용이 다른 사람들에게 강한 느낌을 줄 수 있어 쓰고자 하는 의도를 정확히 전달할 수도 있답니다. 　이 주제에 알맞은 표현을 넣어 다른 사람의 호기심을 불러일으킬 수 있는 글을 써 봅시다.				
영역별 중점 첨삭내용	내용면	생활에서 외모가 가지는 의미에 대해 나름대로의 입장을 정하고 있다.			
	구성면	'외모가 중요한가?' 라는 주장에 대하여 뒷받침 할만한 속담이나 관용 표현을 이용하여 끝부분까지 일맥상통하게 서술되어 있나 살펴본다.			
	문제 해결력면	외모에 대한 자신의 생각이 다른 사람을 설득할 수 있도록 주제에 대한 자신의 의견이 확고한지 살펴본다.			
	표현면	적절한 속담이나 관용 표현인지, 문장에 어울리는 낱말인지 살펴본다.			
	나만의 생각	외모에 대한 새로운 시각을 통해 나름대로 자신만의 생각이 들어간 글을 전개했는지 알아본다.			

• 생각 주머니 •

- 알고 있는 속담이나 관용 표현을 적어 보세요.

☞ 믿는 도끼에 발등 찍힌다.

☞ 낫 놓고 기역자도 모른다.

☞ 낮 말은 새가 듣고 밤 말은 쥐가 듣는다.

☞ 작은 고추가 더 맵다.

☞ 티끌 모아 태산

☞ 고래 싸움에 새우 등 터진다.

• 생각이 쑥쑥! •

- 속담이나 관용 표현을 이용하여 '외모가 중요한가?' 라는 주제로 글을 써 봅시다.

〈참고 글〉

①'얼굴만 예쁘다고 여자냐? 마음이 고와야 여자지?'

외모만을 너무 중요시 여기는 사람들을 빗대어 부른 노래다.

취직을 하기 위해선 능력보다 외모로 평가를 받게 된 오늘날 많은 사람들이 ②참새 떼처럼 자신의 얼굴에 돈을 바쳐 성형을 하는 현실이 생기게 되었다. 이런 일이 있다보니 '성형미인'이란 새로운 말이 생기게 되었다.

한창 사춘기의 어린 여학생들에게도 본인만의 개성이나 자연스러운 아름다움이 아닌 만들어진 아름다움, 인위적인 외모를 추구하는 것이 여성 최고의 할 일인 것처럼 생각되어 지는 현상도 생겼다. ③겉으로만 꾸며지고 진실성이 없는 내면이 될까봐 걱정이 앞선다.

외모는 중요하지 않다. 외모는 한 순간에 보여 지는 모습일 뿐이지 같이 생활을 하면서 친해지면 그 사람의 외모에는 관심이 가지질 않는다. 오히려 그 사람이 착한 마음이나 현명한 행동들이 주위 사람을 기쁘게 하고 화목하게도 만든다.

착한 마음과 뛰어난 능력으로 자신을 표현하면 되지 화려한 겉모습으로 자신을 표현하려 한다면 얼마 지나지 않아 주위 사람들은 실망할 것이다. 진실은 쉽게 드러난다. 그러기에 자신의 얼굴을 고치는 것은 있을 수 없다.

첨삭요령	**〈일관성 있는 주장하기〉** 어떤 문제에 대한 가치 판단이나 시시비비 판단이 다소 이중적인 경우가 있습니다. '남' 의 경우에 적용할 때와 '나' 의 경우에 적용할 때 결론이 달라지거나, 판단에 혼란이 생기기도 하는 것입니다. 또 장점과 단점이 모두 있는 문제에 있어서는 장점을 중시할 것인지, 단점을 중시할 것인지 결정하기 쉽지 않은 경우도 있습니다. '외모가 중요한가' 는 초등학생 입장에서는 '이중적 판단' 에 걸려들 수 있는 문제이기도 하고, '장단점을 고려한 최종 결정'에 머뭇거림을 가져올 수 있는 문제이기도 합니다. 이런 혼란이 정리되지 않으면 서론에서 바람직하다고 주장했다가 결론에서 반대되는 주장을 하기도 하고, 중간 입장을 택하기도 하는 애매한 글을 쓸 수도 있습니다. 이번 주제에 대한 글 중 자신의 입장을 정확히 정하여 주장의 일관성을 유지한 글을 첨삭하였습니다.
첨삭지도	논술은 주어진 문제에 대한 나의 주장을 분명히 정하고, 그 주장을 일관되게 유지해야 합니다. 주장의 일관성을 유지하고 글을 논리적으로 전개하기 위해서는 미리 개요를 작성하는 것이 무엇보다 효과적입니다. 짧은 글이라고 해도 주장과 근거에 대한 개요 정도는 작성하고 글쓰기를 시작하는 연습을 반복한다면, 장차 긴 글을 써나가기 위해 개요 쓰기를 해야 할 때 큰 도움이 될 것입니다. 00어린이는 서론, 본론, 결론의 구성이 다소 거칠기는 하지만 주장하고 싶은 바를 일관성 있게 주장한 글의 좋은 본보기입니다. 다만, 적당한 속담이나 관용 표현을 이용한 근거로 들어가며 글을 쓰라고 했는데 ①에서 예로 든 표현이 주장하는 글에 정확히 일치하지 않는 점이 아쉽습니다. ②에서 <u>참새 떼처럼</u> 이란 단어는 필요 없는 글에서 들어가지 않는 것이 더 자연스럽겠어요. ③<u>겉으로만 꾸며지고 진실성이 없는 내면이 될까봐 걱정이 앞선다.</u> 는 부분은 앞글에 비해 지나친 비약이 되었어요. 어떤 현상을 쉽게 단정해 버리는 것보다는 문제시 되고 있는 상황을 여러 가지 써 주는 것이 글을 탄탄하게 만들고 결론을 이끌어 내는 데에도 도움이 되겠어요.

꼭! 알아두기—

논술은 주어진 문제에 대한 나의 주장을 분명히 하고
그 주장을 일관되게 유지해야 한다.

5) 외래어를 우리말로 바꾸기

1	'리플'은 '댓글'로?	35	'빅 리그'는 '최상위연맹'으로?
2	'웰빙'은 '참살이'로?	36	'헝그리 정신'은 '맨주먹정신'으로?
3	'스크린 도어'는 '안전문'으로?	37	'투잡'은 '겹벌이'로?
4	'스팸 메일'은 '쓰레기편지'로?	38	'브랜드 파워'는 '상표경쟁력'으로?
5	'이모티콘'은 '그림말'로?	39	'엑스파일'은 '안개문서'로?
6	'올인'은 '다걸기'로?	40	'게이트'는 '의혹사건'으로?
7	'콘텐츠'는 '꾸림정보'로?	41	'메신저'는 '쪽지창'으로?
8	'파이팅'은 '아자'로?	42	'소호'는 '무점포사업'으로?
9	'네티즌'은 '누리꾼'으로?	43	'오프라인'은 '현실공간'으로?
10	'무빙 워크'는 '자동길'로?4	44	'옴부즈맨'은 '민원도우미'로?
11	'슬로푸드(slow food)'는 '여유식'으로?	45	'터프가이'는 '쾌남아'로?
12	'방카쉬랑스'는 '은행연계보험'으로?	46	'블루투스'는 '쌈지무선망'으로?
13	'미션'은 '중요임무'로?	47	'드레싱'은 '맛깔장'으로?
14	'유비쿼터스'는 '두루누리'로?	48	'컨트롤 타워'는 '가온머리'로?
15	'퀵서비스'는 '늘찬배달'로?	49	'블루오션'은 '대안시장'으로?
16	'로밍'은 '어울통신'으로?	50	'퀄리티 스타트'는 '선발쾌투'로?
17	'컬러링'은 '멋울림'으로?	51	'피싱'은 '정보도둑'으로?
18	'포스트잇'은 '붙임쪽지'로?	52	'호스피스'는 '임종봉사자'로?
19	'코드프리'는 '빗장풀기'로?	53	'셀프카메라'는 '자가촬영'으로?
20	'클린 센터'는 '청백리마당'으로?	54	'후카시'는 '품재기'로?
21	'내비게이션'은 '길도우미'로?	55	'후롯쿠'는 '어중치기'로?
22	'하이브리드'는 '어우름'으로?	56	'실버시터'는 '경로도우미'로?
23	'블로그'는 '누리사랑방'으로?	57	'교례회'는 '어울모임'으로?
24	'드라이브'는 '몰아가기'로?	58	'스탠더드 넘버'는 '대중명곡'으로?
25	'스타일리스트'는 '맵시가꿈이'로?	59	'플래그십 스토어'는 '체험판매장'으로?
26	'파파라치(paparazzi)'는 '몰래제보꾼'으로?	60	'선팅'은 '빛가림'으로?
27	'그린 프리미엄'은 '환경덧두리'로?	61	'그룹 홈'은 '자활꿈터'로?
28	'플리 바기닝'은 '자백감형제(도)'로?	62	'원톱'은 '홀로주연'으로?
29	'매스티지'는 '대중명품'으로?	63	'디펜딩 챔피언'은 '우승지킴이'로?
30	'와이브로'는 '휴대누리망'으로?	64	'파일럿 프로그램'은 '맛보기 프로그램'으로?
31	'노미네이트'는 '후보지명'으로?		
32	'마리나'는 '해안유원지'로?	65	'스포일러'는 '영화헤살꾼'으로?
33	'커플 매니저'는 '새들이'로?	66	'로고송'은 '상징노래'로?
34	'박스 오피스'는 '흥행수익'으로?	67	'풀 세트'는 '다모음'으로?

68	'컬트'는 '소수취향'으로?	87	'오픈 하우스'는 '열린집/집열기'로?
69	'드레스 코드'는 '표준옷차림'으로?	88	'백댄서'는 '보조춤꾼'으로?
70	'다이'는 '손수짜기'로	89	'치어리더'는 '흥돋움이'로?
71	'캐포츠'는 '활동복'으로?	90	'스카이라운지'는 '하늘쉼터'로?
72	'최고의 다듬은 말(1)'은 '누리꾼'으로?	91	'바우처 제도'는 '복지상품권제도'로?
73	'최고의 다듬은 말(2)'은 '쪽지창'으로?	92	'프로슈머'는 '참여형소비자'로?
74	'캐리어'는 '아이업개'로?	93	'디엠'은 '우편광고(물)'로?
75	'스파이웨어'는 '정보빼내기프로그램'으로?	94	'메세나'는 '문예후원'으로?
76	'다크서클'은 '눈그늘'로?	95	'스폿 광고'는 '반짝광고'로?
77	'트리트먼트'는 '머릿결영양제'로?	96	'슈터링'은 '골문어림차기'로?
78	'파트너십'은 '동반관계'로?	97	'로드 무비'는 '여정영화'로?
79	'마스터클래스'는 '명인강좌'로?	98	'세트 피스'는 '맞춤전술'로?
80	'매치업'은 '맞대결'로?	99	'키맨'은 '중추인물'로?
81	'팩션'은 '각색실화'로?	100	'언론 플레이'는 '여론몰이'로?
82	'퍼블리시티권'은 '초상사용권'으로?	101	'아카이브'는 '자료전산화'로?
83	'클러스터'는 '산학협력지구'로?	102	'휘핑'은 '거품크림'으로?
84	'캡처'는 '장면갈무리'로	103	'유시시'는 '손수제작물'로?
85	'뉴타운'은 '새누리촌'으로?	104	'체리 피커'는 '금융얌체족'으로?
86	'타임 서비스'는 '반짝할인'으로?	105	'핫팬츠'는 '한뼘바지'로?

자료: 모두가 함께하는 우리 말 다듬기 국립국어원

5절 토론과 토의 활용

1. 토론(討論)

1) 토론의 정의

독서토론은 책을 읽고 서로 의견을 나누는 언어활동으로 자신의 의견을 다른 사람에게 평가받는 과정이다. 즉 어떤 논제에 대하여 찬성과 반대 두 편으로 나뉘어 논리적인 근거를 바탕으로 상대방이 주장하는 부당함을 밝히는 활동이다. 이에 비해 토의는 어느 안건을 가지고 자유로운 분위기 속에서 서로 의견을 주고받으며 대화하듯이 진행하는 것으로 다소 의도적이고 체계적인 집단의 대화를 의미한다.

현장에서 수업할 때 토론과 토의를 구별하여 지도할 수도 있지만 바람직한 토론 활동은 충분한 토의과정을 거쳐 이루어진다는 점에서 토의와 토론을 적절하게 통합적으로 활용하는 것이 좋다. 토론 활동은 책을 읽고 선택한 논제에 대해 의견을 나눔으로써 참여자의 독해력과 사고력, 듣기, 표현력 등을 향상시켜 준다.

2) 독서토론 활동 목적

가. 책 내용을 정확하게 이해하도록 하며 독서 하는 태도를 능동적으로 이끈다.

나. 책 내용을 요약정리 하고 비판하는 능력을 기른다.

다. 서로의 의견을 통해 상대방의 의견을 검토하고 자기생각을 정리하는 습관을 기를 수 있다.

라. 독서 의욕을 끌어 올린다.

바. 독서력에 대한 자신감이 생긴다.

3) 독서토론의 효과

가. 책에 대한 여러 사람의 다양한 해석을 접하므로 여러 관점에서 내용을 이해한다.

나. 꼼꼼하게 책 읽는 능력이 생겨 좋은 책을 고르는 안목을 기른다.

다. 자기 의견을 논리적으로 표현하게 된다.

다. 상대방의 의견을 존중하고 듣는 능력을 기른다.

라. 뛰어난 리더십을 갖추게 한다.

마. 공공 사항, 시사 문제에 흥미를 가지게 하고 양편에서 문제를 바라보는 능력을 가지게 한다.

바. 문제와 증거에 대한 철저한 분석을 하므로 명료한 사고, 자신 있게 의견을 발표 하는 능력, 남의 의견을 존중하게된다. 동시에 강력히 자기주장을 내세워야 하 는 당위성을 깨닫게 해 준다.

4) 토론의 종류

학자들마다 견해를 달리하나 흔히 2인 토론, 직파토론, 반대 신문식 토론을 들 수 있다.

가. 2인 토론

두 명의 토론자와 한 명의 사회자로 구성한다. 시간 할당이 있어 학교 수업 시간에 많이 활용한다.

나. 직파토론(直破討論)

2인조 또는 3인조로 하며 시간제한, 발언순서, 발언자의 수 등은 규정에 따라 여러 가지가 있을 수 있다. 미국 대학에서 흔히 사용하는 형식이다.

다. 반대 신문식 토론(反對 訊問式 討論)

토론 속에 법정에서 행하여지는 반대 신문을 첨가한 것이다. 미국 오리건 주립대학 에서 처음 채택했으며 청중에게는 흥미가 있고 토론자는 충분한 연구와 준비를 해야 한다. 결론은 배심원이 투표로 정한다.

5) 토론의 실제 원리

가. 화제를 선택한다: 토론할 가치가 있는가?

나. 자기 입장을 취한다: 어느 입장을 취할까?

다. 문제점을 결정한다: 어떤 점에서 논쟁의 여지가 있는가?

라. 강력한 논리를 전개한다: 어떤 증거를 선택할까? 어떻게 논리를 전개해 나갈까?

마. 상대의 의견을 반박한다: 상대가 제시한 증거와 상대의 논리 전개에서 약점이 드러난 부분은?

바. 청중의 호의어린 반응을 얻는다: 청중은 어떤 호소에 잘 반응하는가?

6) 학습지도안 작성 및 토론기록장

〈독서토론 학습지도안 1〉

<table>
<tr><td colspan="6" align="center">독서토론 학습지도안</td></tr>
<tr><td>지도 대상</td><td></td><td>지도 일시</td><td></td><td>지도교사</td><td></td></tr>
<tr><td>도서명</td><td></td><td>지은이</td><td></td><td>출판사</td><td></td></tr>
<tr><td>학습 주제</td><td colspan="5">책을 읽고 토론하기</td></tr>
<tr><td>학습 목표</td><td colspan="5">다른 사람과 내 생각의 차이를 안다.</td></tr>
<tr><td>독서토론</td><td colspan="2" align="center">자유토론</td><td align="center">패널토론</td><td align="center">원탁토론</td><td align="center">대좌식</td></tr>
<tr><td>학습모형</td><td colspan="2" align="center">○</td><td></td><td></td><td></td></tr>
<tr><td>단계</td><td colspan="4" align="center">학습 활동</td><td align="center">유의사항</td></tr>
<tr><td>문제인식 및 토론 안내</td><td colspan="4">동기유발: 책 줄거리 말하기
　　　　　개념 확인
학습 문제 제시: 토론할 내용
학습순서 안내: 토론자 정하기
　　　　　찬, 반 입장 정하기
　　　　　토론 기록하게 하기
　　　　　토론의 구체적 절차 확인</td><td>자유롭고 능동적인 분위기 조성</td></tr>
<tr><td>토론전개</td><td colspan="4">토론하기
토론 메모
평가하기: 결과 정하기</td><td>주장을 먼저하고 이유를 말한다.</td></tr>
</table>

토론 정리	토론 발표를 잘 한 사람 선정하기 지도교사가 전체 내용 정리해 주기		메모한 내용을 상대방이 이해하도록 질문한다.
적용하기	내 의견 적기 내 생활에 적용할 수 있는 부분 찾아보기		구체적으로
차시예고	책을 읽고 다음 토론 주제 정해 오기		
지도 강사	김진주		
대상	중학교 1학년	일시	2005년6월17일(금)
제목	아낌없이 주는 나무		
주제	『아낌없이 주는 나무』를 읽고 독서토론 하기		

목표		『아낌없이주는 나무』를 읽고 독서토론을 할 수 있다.	시간 30분	자료 및 유의점
내 용	도 입	• 『아낌없이 주는 나무』 중 재미있었던 부분 이야기하기 ― 각자 발표하기 • 학습문제 알아보기 • 어떤 순서로 토론할 것인지 학습순서를 생각해 보기 　1)토론 주제 정하기 　2)토론의 진행 방법 알아보기 　3)모둠 편성하기(주제별,독후표현 방법 등) 　4)모둠별 토론하기(토론계획 및 토론결과 발표 계획 세우기) 　5)모둠별 토론결과를 다양한 형태로 발표하기 　6) 잘된 점과 의문사항 질문하고 답하기 　7) 마무리하기	5분	·삽화와 동화책의 내용을 연관 시키도록 한다. ·삽화 ·캠코더,TV ·실물화상기
	전 개	(모둠 ‘1’ 예시). • 오늘 토론 주제: ‘나무에게서 모든걸 다 빼앗아간 청년의 행동을 옳다고 생각하는가? 자유롭게 발표하되 2분을 초과하지 않도록 정함. 다양한 의견 ―중간 줄임―	20분	·토론순서에 의해 진행 되도록 한다. ·모래시계 ·모둠별 독후표현 도구

내용	전개	• 사회자: 모둠의 토론을 마침 • T : 각 모둠별 토론결과를 다양한 형태로 발표 • 모둠별로 토론결과 발표하기 　· 인형극으로 발표하기 　· 방송극으로 발표하기 　· 편지글로 발표하기 　· 인터뷰형식으로 발표하기 　· 노래로 발표하기 　· 그림이나 만화로 발표하기 • 잘 된 점과 의문사항 질문하고 답변하기	20분	
	마무리	• 오늘 토론 발표를 가장 잘한 모둠 선정하기 　· 우수 모둠에게 보상하기 • 토론 결과를 정리 및 요약해주기 • 토론 후 느낀점 말하기 　· 나무처럼 항상 베푸는 사람이 되어야겠다고 　· 나무가 베푸는 것은 좋지만 그러나 결과적으로 　자기의 잇속만 챙기는 이기적인 사람은 되지 　않겠다는	5분	
차시예고		• 다음 시간에 독서 토론할 책을 읽고 독서 과제와 토론 주제를 정해오기		
참고문헌		『화성인이 오고 있다』, 홍희진 지음, 아이세움 펴냄 이 책을 선택한 이유는 내용면에서 비슷하다. 둘 다 헌신적인 사랑에 대한내용 이기 때문이다.(학생들에게 읽을 것을 권유)		

〈토론 기록장〉

생각하기	도서명
	학 년
	이 름
	토론 날짜 20 . . .

1, 토론을 들으면서 찬성하는 쪽과 반대하는 쪽 의견을 적어보자

• 찬성하는 쪽

토론자	주장과 근거	문제점
	주장: 근거:	
	주장: 근거:	
	주장: 근거:	

● 반대하는 쪽

토론자	주장과 근거	문제점
	주장: 근거:	
	주장: 근거:	
	주장: 근거:	

2. 나의 의견 적기

2. 토의(討議)

1) 토의 개념

토의는 공통된 주제를 가지고 문제를 보다 쉽게 해결하기 위해 여러 사람이 함께 의논하고 협의하는 말하기 형식이다. 읽은 책을 중심으로 서로의 느낌과 생각을 발표하는 집단 사고 과정이다. 즉 집단 사고로써 보다 타당한 결론에 이르고자 하는 의도적이고 체계적인 집단의 대화이며 활발한 언어 상호 작용과 문답 공동체 형성이 가능하도록 4~6명의 소집단이 적합하다.

〈토의 과정〉

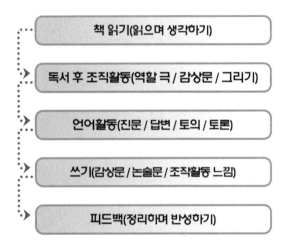

책 읽기(읽으며 생각하기)

독서 후 조직활동(역할 극 / 감상문 / 그리기)

언어활동(진문 / 답변 / 토의 / 토론)

쓰기(감상문 / 논술문 / 조직활동 느낌)

피드백(정리하며 반성하기)

2) 교육적 효과

함께 고민하고 문제를 해결해 가는 과정이므로 공동체 의식을 높여 줄 뿐만 아니라 민주적 생활 태도를 키워 준다.

① 문제 해결 능력과 창의력, 적응 능력 등 고차원적인 사고 능력을 향상시킨다.

② 자발적 대화를 활성화하여 독서나 학습 동기를 이끌어 나가는 중요한 역할을 한다.

③ 읽은 내용을 확인하고 다양한 관점을 수용한다.

④ 사전 지식이나 생활 경험 등을 내놓아 공동으로 논의하기 쉽다.

⑤ 논의 과정을 사고의 공동체, 문답의 공동체로 형성, 발전시키며 토의 능력, 표현력 등을 기른다.

3) 토의 종류

가. 원탁토의

10명 내외가 비공식적으로 모여 원탁에 둘러앉고 리더(교사나 학생)는 토의와 진행을 맡는다. 구성원은 모두 자유로이 발언하며 상호 협력적인 태도로 충분히 발표하고 들으면서 문제 해결을 위해 노력한다.

① 단일 사회자의 토의이다
② 집단토의에서 가장 유용한 형식이다
③ 원형 좌석 배치가 중요하다
④ 대규모 집단에서는 비효과적이다
⑤ 충분한 의견 교환으로 집단의 의사결정이 보다 쉽게 이루어진다

예) 학급에서 한 학생을 사회자로 뽑는다. 만약 인원수가 많으면 두 집단으로 나누어 두 군데에서 토의를 갖는다. 두 사람의 사회자가 각 원탁 토의에서 내린 결론을 요약하여 발표한다.

나. 공개토의(Forum)

일반적으로 집단토의를 말하며 청중이 함께 참여하므로 공중 토의의 성격을 갖는다. 한 사람 또는 여러 명이 공중 집회에서 연설을 한 후 끝나면 이에 대한 질문을 하기 위하여 회의를 열고 의장이 사회를 진행한다. 전문가가 참가하면 한층 효과적이다.

① 단일 사회자의 토의 형식이다.
② 보편적으로 효과가 있다.
③ 엄격한 규칙이 없다.
④ 발언자에 의해 토의 분위기가 좌우되기 쉽다.
⑤ 공공문제를 대규모 집단에서 토의할 수 있다.
⑥ 집회식 토의인 만큼 탁월하고 유능한 사회자가 필요하다.

예) 선생님에게 학생의 '답안 채점 방식'에 대한 짧은 연설을 요청하고, 학급 전체가 의제에 대해 포럼을 갖는 동안 토의 사회를 선생님에게 부탁드린다. 이 때

전체 토의에 몇 명의 학생이 참여하는지 잘 검토한다.

다. 강단 토의(Symposium)와 배심 토의(Panel discussion)

심포지엄과 패널은 그 구조가 매우 유사한 것으로 패널을 엄격하게 따지면 심포지엄이라 할 수 있다. 정보를 제공하고, 문제의 성격을 분명히 밝히며, 사고를 자극한다. 토의를 유발시키는 강점이 있어 일반인에게 인기가 있는 토의 형태다.

- **심포지엄**: 특정한 주제에 대하여 전문가 및 권위자 3~6명이 강연식으로 발표한 뒤 청중이 질문하고 답변하는 형식으로 전문적인 연구에 적합하다.
- **패널토의**: 일정한 기간 내에 의견이 다른 각파의 대표자 5, 6명이 각자의 지식, 견문, 정보를 발표한 뒤 질문과 답변으로 의견을 조정해 나간다. 시사적이고 전문적인 문제 해결에 적합하다.

① 두 형식 모두 '다수 발언자'의 의견 발표 형식이다.

② 심포지엄은 패널보다 오래되고 더 형식적이나 인기는 적다.

③ 심포지엄은 사전에 조심스럽게 연설을 준비하는 이점이 있다.

④ 패널은 비형식성, 자발성, 융통성에서 이점이 있다.

⑤ 두 형식 모두 다양한 의견 발표라는 이점이 있다. 패널은 비형식적인 의견 교환으로 더 쉽게 집단 참여를 유도한다.

⑥ 토의 진행의 질서와 효과를 위해 사회자가 필요하다.

예) 과학에 흥미를 가진 4명의 학생에게 '원자력과 인류의 생존'이란 의제에 대해 심포지엄을 준비하게 한다. 그리고 다른 한 학생이 사회를 맡도록 하고 주의제를 4개의 부의제로 나눈다. 즉 첫째, 원자력의 가공할 위력. 둘째, 원자력의 군사적 이용. 셋째, 원자력의 평화적 이용. 넷째, 원자력의 국제적 감시 등이다. 심포지엄이 끝난 뒤에 사회자는 의제를 얼마나 잘 다루었는지에 대해 전체가 참여하는 토의를 벌인다.

4) 창의성을 살리는 토의 방식
가. 서서 하는 토의 형식

선 채로 하는 것이므로 심사숙고한다든지 상념을 한 곳에 집중시키지 못해 단시간 내에 끝낼 수 있다. 자유롭게 의사를 교환하여 행동 방향을 결정하므로 친밀하고 용이하다.

나. 다채로운 토의 방식

질의 토의(강의 포럼), 시청각 토의(필름 포럼), 주제 토의(토론식 포럼), 연극 토의, 과제 토의 등 여러 가지가 있다.

다. 창조 토의(Brain storming)

유사연상, 반대연상, 접근연상의 법칙을 기초로 하여 연속적으로 생각이 진전되어 나가는 것으로 집단이 경쟁적으로 아이디어를 창출해 많은 아이디어가 나오게 된다.

라. 버즈 세션(Buzz session)

토의 참가자를 여섯 사람씩 소집단으로 나누어 하나의 작은 관점에 대해 6분간 토의를 실시하는 방법으로, 필립스(J. Philips)가 창안하여 '필립스66'이라고도 한다. 다수 참가자의 경우 팀 분류법의 전형이 되고 있다. 이 방법을 쓰면 집단토의가 활기와 적극성을 띠게 된다.

5) 토의의 단계

1단계 : 도입한다.
2단계 : 의견을 끌어낸다.
3단계 : 결론에 도달한다.
4단계 : 마무리를 짓는다.

6) 독서 토의 진행시 주의할 점

① 자기주장을 할 때에는 논리적으로 충분한 근거를 제시하도록 한다.
예) "알퐁스 도데의 「별」이라는 동화는 제목을 아주 잘 붙였다고 생각합니다. 왜냐하면 스네파네트에 대한 목동의 마음을 별에 담아 표현함으로써 더 한층 아름답고 순수하게 느낄 수 있기 때문입니다."
② 사실과 의견을 구분하여 말한다. 사실 자체를 자신의 의견으로 착각하거나 자기 의견을 사실인 것처럼 말하는 오류를 범하지 않도록 한다.
③ 상대방의 모순을 비판할 때는 감정을 상하지 않도록 한다. 인격을 모독 하거나 자존심에 상처를 입히지 않도록 한다.

④ 상대방의 주장이 자기 생각과 다른 것도 인정하는 태도를 갖는다. 내 주장이나 생각과 다르다고 해서 그 주장이 틀린 것은 아니다.(다르다와 틀리다의 차이)

⑤ 상대방의 이야기를 끝까지 듣고 자기 의견을 말하게 한다.

⑥ 모든 참여자가 골고루 발언 기회를 갖도록 발언의 차례를 지킨다.

⑦ 큰 목소리의 강압적인 화법은 피하며 정확한 용어를 선택하도록 한다.

⑧ 토의가 주제에서 벗어나지 않도록 잘 이끈다.

⑨ 진행자는 되도록 발언은 하지 않고 토의 참가자가 발표한 내용을 요약해준다.

⑩ 진행자는 발표자가 발언한 내용을 주의 깊게 살펴보고(필요하면 메모한다) 참가자에게 증명해 보이기도 하면서 결론을 이끌어 가도록 도와준다.

〈독서토의를 위한 질문 작성표〉

교육목표	질문작성방법
1. 느낌 및 주제나누기	· 책을 읽고 느낀 감동이나 주제 발표하기 · 미리 쓴 독후감 발표하기
2. 이해력 기르기	· 책 속의 중요한 사건(원인, 결과, 동기, 의미)과 등장인물의 성격을 파악한다. · 사건지도 그리기
3. 비판력 기르기	· 책의 내용, 인물, 사건을 대상으로 옳고 그름, 선악, 잘 된 곳, 잘못 된 곳, 이상한 점, 알 수 없는 점 찾기 등
4. 분석력 기르기	· 글쓴이의 글 쓴 동기, 목적을 생각해보기 · 등장인물 평가표 만들기(성격, 역할, 행동) · 두 작품의 비교 분석
5. 상상력, 창의력 기르기	· 읽은 책의 주인공과의 대화 · 자연과의 대화 · 등장인물, 사건, 순서, 결말 바꾸기 · 내용 이어쓰기, 말하기
6. 표현능력 기르기	· 아름다운 표현, 잘 된 문장 찾기 · 역할극, 즉흥극 꾸미기(줄거리중심) · 독서감상화 그리기 · Story Telling, 동화구연

7. 경험 넓히기	· 책 내용과 비슷한 자신의 경험 이야기하기 · 새롭게 알게 된 점 발표 · 책 속의 사건과 자신이 알고 있는 사건, 역사적 사건과 비교하기
8. 문제해결능력 키우기	· 글의 내용과 비슷한 사건을 내가 경험한다면 어떻게 대처하겠는가? · 주인공과 다른 방법의 문제 해결 방법 찾아보기(Brain Storming)
9. 종합구성능력 기르기	· 책 내용을 도표로 만들기(연도별, 사건별) · 위인전, 역사소설은 인물연대기 작성 · 책 내용 분석표 만들기(문단별, 사건별, 요약도표)
10. 가치관 가꾸기	· 책 내용, 등장인물, 사건이 주는 교훈 찾기 · 인생관, 세계관, 윤리성, 종교성과 관계되는 내용 찾기 · 자신의 각오와 다짐

7) 과정중심 독서토의 방법

가. 독서토의 전에

반드시 책을 다 읽는다.

나름대로 토의거리를 뽑아 본다.

토의 사항마다 1, 2분 정도 발언하도록 발표 준비를 한다. 발표 준비는 메모나 발표문으로 작성하도록 한다. 메모를 할 때는 발언할 요지를 바탕으로 핵심 낱말, 기억하기 힘든 숫자, 이름, 어려운 용어를 적어 둔다.

나. 독서토의 중에

남이 발언하는 동안 반드시 기록하면서 듣는다. 남의 말을 귀 기울여 들으려면 메모하면서 듣는 것이 효과적이다.

참가자가 공동으로 사용하는 독서 토의 기록부를 만들어 기록하도록 한다. 토의한 날짜, 주제(책 제목), 참가한 사람, 토의 사항, 발언한 사람과 발언한 내용, 교사의 지도 내용을 기록한다. 기록은 돌아가면서 맡고 발언한 사람과 발언내용을 요약하여 정확하게 기록하는 것이 중요하다.

다. 독서토론 후에

기록이 끝나면 모두 돌려가며 읽는다. 각자 발언한 내용이 정확하게 기록 되었는지 확인해보고 자기가 메모한 것과도 비교해 본다. 토론 후 알게 된 사실을 각자 말해 본다.

8). 토의력 증진을 위한 방법

〈질문 작성〉
다 같이 책을 읽고 난 뒤 미리 준비한 질문을 작성한 후 질문 내용에 따라 토의하면서 책 내용을 이해한다.

〈브레인스토밍(Brain Storming)〉
- 자신의 무의식 속에 잠재해 있는 모든 아이디어를 끄집어내어 중요한 사고(思考)로 일구어 내는 방법이다.
- 떠오르는 대로 그것이 무엇이든 간에 말한다.
- 절대로 남의 의견을 평가하지 않는다.
- 그 의견들을 가능한 한 발전적으로 변형시킨다.

〈주인공과의 대화 나누기〉
- 책 속의 실제 주인공을 만난다면? —이것을 전제로 질문과 대답을 만들어 본다.
- 역할극으로 해본다.

〈두 작품의 비교 분석표 작성하기〉
- 한 쪽으로만 보지 말고 여러 방향으로 구체적으로 파고든다.
- 공통점과 다른 점을 찾을 때에는 사건이 주는 암시를 생각해 본다.
- 객관적인 느낌을 찾지 말고 내용 중에서 가슴에 와닿던 부분에 대한 나의 진실한 느낌을 찾는다.

〈가치관 게임〉
- 책 내용에서 얻은 가치관을 놓고 토론해 본다.
- 찬반으로 갈라서서 먼저 반대자 쪽에서 찬성자를 설득하게 하여 설득당하면 자리를 바꾼다.
- 효과: 가치관은 변할 수도 있다는 것을 안다.

상대방이 말하는 방법이나 태도에 따라 설득 당할 수 있다.(효율적인 의사소통의 실습 기회)

〈사건지도, 독서도표 만들기〉
• 장편의 위인전이나 역사소설을 읽고 만들어 보면 내용 이해에 상당한 도움을 준다.

〈북토크 Book Talk〉
• 어떤 테마에 따라 몇 권의 책을 순서를 정해서 소개하는 것이다.
• 책을 읽고 싶은 의욕을 불러 일으키는 것이 북 토크의 목적이다.

3. 다양한 토의 활용

1) 이야기식 토의(원탁토의)

이야기식 토의는 자연스러운 분위기를 조성하여 마치 대화를 하는 듯 토의하도록 유도하는 것이 특징이다. 이야기식 토의의 목적은 토의를 원활히 하기 위한 환경을 조성하는 것이다. 이러한 환경은 동료와의 상호 작용 속에서 공감대와 조화를 이루도록 만든다. 특히 이야기식 토의는 교사가 주도하고 통제하는 분위기에서 벗어나 학생 스스로 참여하도록 해서 작품 이해에 도움을 주는 데 있다. 이야기식 토의 방식에는 사회 학습의 역할과 학생의 독립성을 촉진시키려는 시도가 포함되어 있다.

이 모형에서는 세 가지 단계를 제시하고 있다.

가) 규칙 소개 단계
• 한 번에 한 가지씩 이야기하기
• 예 / 아니오에 대한 이유를 말하기
• 주제를 벗어나지 않기
• 말하지 않는 사람에게 서로 질문하기
• 발언권을 독점하지 않기
• 다른 사람이 이야기하도록 허용하기
• 책에 대한 이야기에 자신의 생각을 덧붙여 천천히 자세히 설명하기
• 자신의 경험과 함께 자신의 생각을 천천히 자세히 설명하기

나) 생각의 방향 제시 단계

이 단계는 교사가 세 종류의 질문을 집단에게 제시하는 과정이다. 집단 내에서 토의가 충분히 이루어지도록 하기 위해서 교사의 개입을 자제하고 학생의 요청이 있으면 전략을 시범보인다. 학생들의 언급을 교정해 주고, 주의를 환기시키는 활동을 한다. 세 종류의 질문은 다음과 같다.

- 배경 지식에 관련된 질문
- 텍스트의 내용과 관련된 질문
- 텍스트 내용과 현실의 생활을 관련지은 질문

다) 반성하기 단계

이것은 토의를 마친 뒤, 학생들이 토의를 통해 무엇을 배웠는지 반성하는 단계이다. 다음과 같은 내용을 반성한다.

- 답을 얻어내기 위해 얼마나 노력했는가?
- 어떻게 활동했는가?
- 좀 더 나은 활동을 위해 무엇을 할 수 있을까?

라) 이야기식 토의 모형 적용 절차

- 책을 읽어 가면서, 혹은 토의를 통해 가장 기억에 남거나 의미심장하다고 여겨지는 구절이 있는 페이지와 그 부분을 독서일지에 그대로 옮긴다.
- 독서일지의 '반응' 부분에는 그 인용문에 대한 자신의 생각이나 느낌을 상세하고도 솔직하게 기록한다.

- 교사는 토의할 질문거리를 학생에게 제시한다.

- 배경 지식에 관한 질문에 관해 토의한다.
- 텍스트의 내용과 관련된 질문에 관해 토의한다.
- 텍스트의 내용과 현실의 생활을 관련지은 질문에 관해 토의한다.

- '오늘 우리는' 작성을 통해 그 날의 토의를 반성한다.

2) 토의망식 토의

토의망식 토의의 특징은 내성적이거나 자기 생각을 선뜻 잘 드러내지 못하는 학생들 그리고 토의에 참여하는 모든 학생들에게 이야기할 기회를 충분히 주는 것이 특징이다. 토의망식 토의는 자기 사고 과정을 시각화함으로써 불일치하지 않고 모순되는 요소를 제거하여 사고를 명확하게 하는 데 목적이 있다. 또 짝과 함께 생각하고 공유하는 토의를 통해 자기 생각을 드러낼 기회를 가지는 게 가장 큰 특징이다. 그러나 토의망식 토의 모형은 토의가 몇몇 학생들에 의해 주도되는 경향이 있으므로 내성적인 학생은 자신의 생각을 다른 사람과 공유하는 데 어려움을 가진다. 이 모형은 다음과 같은 다섯 단계로 진행된다.

가) 읽기 위한 준비 단계
- 선행 지식을 활성화한다.
- 새로운 단어를 알아본다.
- 읽는 목적을 정한다.

나) 찬반표 작성 단계
- 주어진 진술에 대해 똑같은 수의 찬성과 반대 이유를 기록한다.

다) 짝과 토의 단계
- 한 쌍에서 각각 찬성과 반대 입장을 정한 뒤 토의한다.

라) 소집단 토의 단계
- 한 쌍은 소집단의 다른 한 쌍과 서로 찬성과 반대 입장을 정한 뒤 토의한다.

마) 후속 활동 단계
- 토의한 내용에 대해 글을 쓴다.
- 자신의 견해뿐 아니라 다른 사람의 의견을 포함시켜 쓴다.

토의망식 토의에서는 토의할 때 짝이 되었던 대상에게 편지를 쓰는 형식으로 쓰기를 구성한다. 이 모형은 서로의 입장을 주장해 다른 한 쪽을 설복시킬 목적이 아니라,

문제의 상반된 견해에 대해 충분히 생각하는 데 초점있다. 따라서 서로의 견해를 존중하는 태도를 견지하도록 지도한다. 토의망식 토의 모형은 다음과 같은 방법으로 진행한다.

바) 토의망식 토의 모형 적용 절차

- 책 내용을 미리 짐작해 가면서 책을 읽는다.

- 찬반표에 주어진 문장에 대한 찬성의 이유와 반대의 이유를 똑같은 수만큼 적는다.
- 짝과 찬성과 반대 입장을 정한 뒤 토의한다.

- 짝과 토의가 끝나면, 다른 쌍과 토의한다.
- 두 쌍이 서로 상반된 견해를 근거를 들어가며 토의하도록 하는데, 서로의 의견을 존중하면서 의견 일치를 보도록 노력하며 토의해 나간다.

- 토의한 내용을 바탕으로 대상을 정해 편지를 쓰듯 자신의 생각을 써나간다.
- 자신의 견해 뿐 아니라 자신의 견해와 다른 견해도 드러나도록 글을 쓴다.

- 각자 쓴 글을 짝과 바꾼 후에 그 속에 다시 그에 반응하는 글을 쓴다.

---

3) ECOLA식 토의(통합적 토의)

이 토의 모형은 학생 스스로 자신의 이해력을 점검하고 해석하는 능력을 신장시키기 위한 목적으로, 토의 활동 속에 말하기·듣기·읽기·쓰기를 종합시켜 놓은 것이 특징이다. 이 모형의 이론적 근거는 읽기의 구성적인 특징 및 작품의 의미를 확인하기 위한 자기 점검의 필요성을 학생에게 환기시키는 것이다. ECOLA식 토의 모형은 쓰기를 강화시키는 것이 특징이므로, 복식 기입 일지를 이용해 '토의 전'과 '토의 후' 일지를 쓰도록 한다. 이 모형은 다섯 단계를 거친다.

가) 읽는 목적 결정 단계

- 어떤 텍스트를 읽을지는 목적을 토의를 통해 설정한다.
- 학생들이 반응할 몇 가지 과제와 질문을 제시한다.

나) 읽는 목적 및 과제 질문을 염두에 두고 읽기 단계

- 자신이 읽는 목적이나 자신의 해석을 뒷받침할 만한 것을 텍스트에서 또는 배경 지식에서 추론하여 얻어내려고 하면서 읽는다.

다) 쓰기를 통한 이해 명료화 단계

- 잘 이해하지 못한 부분을 글로 명료하게 표현한다.
- 자신의 읽기 목적이나 과제 질문에 대해 자유롭게 쓴다.

라) 교훈 토의 단계

- 다른 사람의 해석 및 반응에 대해 비교하고 토의한다.
- 자신의 결론을 뒷받침하는 근거를 설명한다.

마) 쓰기와 비교 단계

- 토의 후에 해석하는 글을 쓴다.
- 토의 전 해석과 토의 후 해석을 비교해서 그 차이를 살펴본다. 텍스트를 이해하는데 도움을 준 전략에 대해 이야기한다.

바) ECOLA식 토의 모형 적용 절차

- 책을 읽어 나가면서 이해가 잘 안 된 부분이나 혼동된 부분을 표시한다.

- 독서 일지의 【토의 전】 란에 '혼동되거나 이해되지 않는 부분에 대한 해석'과 '제시된 질문에 대한 자신의 견해'를 기록한다.

- 혼동되거나 이해되지 않았던 부분과 제시된 질문에 대한 토의를 한다.

- 토의가 끝난 뒤, 독후감 일지의 【토의 후】 란에 혼동되거나 이해되지 않았던 부분과 제시된 질문에 대한 자신의 견해를 적고, 다른 사람의 의견을 종합하여 적는다.

- 이 책이 주는 교훈에 대해서 깊이 생각해 본 후, 그것을 기록한다.

4) 좋은 책 읽기 토의(양서 탐구하기)

1947년 미국의 양서 협회(the Great Books Foundation)는 문학적인 내용의 풍부함을 고려하여 선택한 책을 읽고 소집단 토의를 하게 함으로써 사람들을 교육하는 것을 목표로 삼았다. 소집단 토의 목적의 핵심은 작품의 의미에 관한 특정한 문제점들을 이끌어 내는 데 있다. 즉 작가가 말하고자 하는 내용이 무엇인가를 밝히는 작업을 공동적으로 탐구하는 것이다.

가) 교사 준비 사항

이 내용은 교사가 준비하는 것이 일반적이나, 모형의 진행 자체를 교사 이외의 다른 사람이 주도자의 역할을 담당한다면 그 주도자가 준비해야 한다. 학생 중심으로 모형을 운용할 경우에도 주도자의 역할을 맡은 학생은 다음과 같은 내용을 준비하여야 한다. 그러나 이때 교사가 적절히 도움을 제공한다.

- 내용을 두 번 읽고 질문 사항, 관심 있는 주제, 주요 요점을 적는다.
- 의미의 진정한 논점을 확인한다.
- 논점에 따라 질문들을 분류하고 이에 따라 적합한 기본 질문을 확인한다.
- 결정한 논점들을 동료들과 미리 검토한다.
- 토의할 내용들을 순서대로 정한다.

나) 토의에 필요한 지침

- 전제 조건: 작품을 읽은 자만 참가가 가능하고, 토의는 읽은 작품의 내용에 관련된 것으로 한정한다. 의견에 관한 근거도 읽은 내용 중에서 제시하며, 교사 또는 주도자는 절대 해결점을 제공하지 않는다.
- 토의 전에 참가자는 내용을 두 번 읽고 주요 논점이라고 생각하는 것들을 적어 온다. 교사는 핵심 문제에 대한 상호 학습과 토의를 강조하고 토의 내용을 적고, 참가자들도 메모하게 한다. 교사는 참가자를 지목하여 질문을 던지고 좌석 표를 사용하여 질의응답을 간단히 기록한다.

다) 토의의 진행

토의 진행은 교사가 적절히 안내하거나 주도할 필요가 있다. 토의 진행이 미숙할 경우 토의 활동 자체가 위축되거나 산만해지기 때문이다. 여러 번의 경험을 통해서 학생들이 숙달된 경우라면 학생을 주도자로 삼고 그를 중심으로 토의를 진행시킨다.

토의 진행을 활성화하기 위해서는 자리의 배치도 중요하다. 교사는 학생들의 자리 배치에도 주의를 기울일 필요가 있다. 보통은 좌석표를 만들고 그것을 이용하여 학생들의 토의 진행과 수행 정도를 표시하나, 이것은 외재적 동기만을 유발할 가능성이 있으므로 지속적으로 사용하는 데에는 다소 무리가 따른다. 학생들 개인의 의견을 존중하면서 활성화된 토의를 이끌기 위해서 좌석 배치를 U 자 모양으로 하고, 어느 한 쪽의 입장을 가장 강하게 지닌 학생들이 U 자의 한 쪽 끝에 앉고 그와 상반된 다른 생각을 가진 학생이 다른 한 쪽 끝에 앉아 토의를 진행하는 방법이 있다(Jacobson, 1998:179). 교사는 중재자의 입장에서 누구에게든 대답을 요구할 수 있다. 그러나 토의를 안내한 후에는 교사의 개입은 불필요하고 의미가 없다. 때로 학생들은 일어나서 자리를 옮기는 것으로 입장의 변화를 표시할 수도 있다.

- 답변할 내용을 충분히 생각하도록 천천히 진행한다.
- 참가자의 의견과 차이점을 관련짓는 기준을 마련한다.
- 좌석표를 사용하여 토의의 진행을 수시로 점검한다.
- 참가자들이 서로 질의 응답하는 분위기를 고취시킨다.
- 토의 내용이 명료하도록 주지시킨다.
- 명확한 토의 내용을 이끌어 내기 위해 자주 읽기 교재를 살펴보도록 한다.
- 자신감을 북돋워 준다.
- 모든 사람이 질의할 기회를 갖도록 한다.
- 자주 계속해서 질문한다(주로 교사의 경우).
- 본문을 세밀하게 분석하는 분위기를 조성한다.

라) 결론에 이르기(교사(주도자)는 토의해야 할 내용이 완전히 이루어졌다고 판단되면)

- 기본 문제를 반복해서 언급한다.
- 응답하지 않은 사람에게 말할 기회를 준다.
- 토의 내용을 중심으로 최종적인 답변을 정리한다.
- 토의 후에, 새로운 탐구 활동을 벌이고 이어 쓰기 활동을 한다.

마) 유의점

- 읽기 교재는 미리 선정한 것을 사용한다는 규범적인 면이 있다. – 교사 주도의 학

습 상황이 아니면 융통성이 있다.
- 토의 내용이 주도자가 미리 준비한 핵심 논점에 한정됨에 따라 독자의 배경 지식이 무시될 수 있어 적극적인 참여가 이루어지지 않을 수도 있다.
- 문학적인 글에서부터 시작해야 한다는 전제는 고정적이지 않다. - 독서 과정이 문학적인 글에서 설명적인 글, 비평적인 글로 나아간다고 보고 있다.
- 지나치게 교사나 주도자가 주도할 수 있다.

5) 직소 토의

직소는 긍정적인 인종 관계 증진을 위하여 창안되었으나, 학습에도 유익한 것으로 밝혀졌다. 즉 학생들은 그들이 배운 것을 동료들과 나누어 가짐으로써, 자아 성취에 확신을 갖고 동료 지도의 개념을 구체화함으로써 그들의 책임 의식을 한층 고취시킨다.

가) 교사의 준비

교사는 학습 단원을 선택하여 네 단락 정도로 나누고 단락은 30분 이내에 읽을 수 있는 것으로 한다. 전문가 설문지를 만들고 간단한 시험을 치른 후 소집단을 배정한다.

나) 학습 활동

- 직소 안내를 하고 학생들이 읽을 내용을 배정한다.
- 읽기를 마치고 전문가 집단을 조성하여 정해진 하나의 주제로 토의한다.
- 학생들은 각자의 집단으로 돌아가 전문가 집단에서 배운 내용을 일러 준다.
- 평가를 실시한다.

다) 유의점

- 학습과 평가는 구성원의 공동 활동에 좌우된다. 때문에 어느 한 구성원이 무관심하거나 서로 미루는 경향이 있기 때문에 교사는 소집단의 조화에 철저한 통제가 있어야 한다.
- 소집단의 효과적인 학습활동을 위하여 학업 성취도가 낮은 학생을 더 높은 학생과 팀을 이루어 배치한다.

⑥ 토론 활용 실제

· 이야기 요약법으로 안건 만들기

(이야기 요약법)　　　　　지도: 공세영(독서지도사)

이야기 요약법 순서 —주인공, 상황, 동기, 행동, 방해, 결과
1. 주인공은? 이야기에 나오는 주요인물은 누구인가?
2. 상황은? 이야기에 지금 무슨 일이 벌어지고 있는가?
3. 동기는? 주인공이 그와 같은 행동을 하게 된 동기나 원인은 무엇인가?
4. 그래서 주인공은 어떤 행동을 하였는가?
5. 주인공이 한 행동을 방해한 사람은 누구인가?
6. 결과는? 결국 이야기는 어떻게 끝났는가?

도서명	『무서운 학교 무서운 아이들』	
학습문제	이야기 요약법으로 요약해 보면서 전체적인 줄거리를 적고 토론 안건을 만들어 보자.	
●주인공:김동균 ●상황: 미국에서 전학을 오니까 기태(늑대)가 담임선생님도 모르게 권력을 잡고 있었다. 남자아이들은 따돌림을 당할까봐 기태에게 복종을 하였고, 같은 반 승호는 늑대패의 폭력에 시달리고 있었다. ●동기: 같은 반 친구 승호를 지키기 위해 ●행동: 선생님께 폭력을 알리는 편지를 일기장에 쓰려 한다. ●방해: 늑대의 보복을 무서워 자기가 무사한 지에 안도만 할 뿐 실제 편지 쓸 용기를 내지 못한다. ●결론: 선생님께 편지를 써서 기태(늑대)의 횡포를 알린다.	●주인공:기태 ●상황: 같은 날 반 남자 아이들은 자신에게 복종하고 있고, 맘에 들지 않는 아이에게 폭력을 행사하고 있으며 선생님과 여자 아이들은 이러한 사실을 전혀 알지 못한다. ●동기: 아이들을 꽉 잡고 지배하고 싶어서 ●행동: 어른들 앞에서는 예의바르고 점잖은 것처럼 행동하지만 아이들 앞에서 힘으로 제압하고 물건, 돈 등을 빼앗는다. ●방해: 미국에서 전학 온 동균이가 선생님께 기태의 잘못된 행동을 편지로 알린다. ●결론: 기태는 결국 다른 학교로 전학을 가게 된다. 폭력을 당했던 승호도 다른 학교로 전학을 간다.	
찾아낸 안건	1. 늑대의 보복이 있을지 모르는 위험을 무릅쓰고 기태가 선생님께 폭력을 알리는 편지를 쓴 행동은 옳은 것일까? 2. 기태와 승호는 전학을 가야만 했을까?	

6절 독서치료와 상담

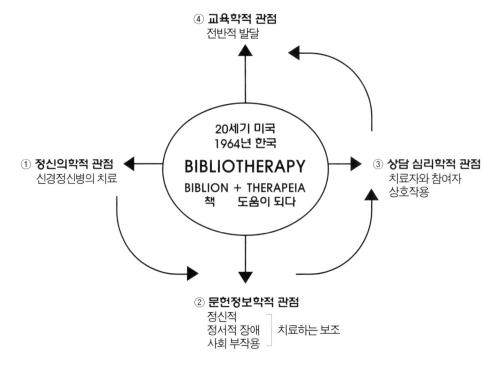

④ **교육학적 관점**
전반적 발달

① **정신의학적 관점**
신경정신병의 치료

**20세기 미국
1964년 한국**

BIBLIOTHERAPY

BIBLION + THERAPEIA
책   도움이 되다

③ **상담 심리학적 관점**
치료자와 참여자
상호작용

② **문헌정보학적 관점**
정신적
정서적 장애   치료하는 보조
사회 부작용

〈상호작용적 관점: 상담심리학〉

1. 독서치료

1) 독서치료 정의

독서치료(bibliotherapy)란 그리스어 biblion(book=도서)과 therapia(treatment of disease=치료)가 복합된 단어이다. 일반적으로 '책을 통해 사람의 정신적·정서적 문제를 해소시킨다'는 의미를 가지고 있다. 보다 구체적으로는 두 가지 차원에서 다음과 같이 정의한다.

가. 예방적 차원

독서치료는 독서를 통해 건전한 자아상과 가치관을 정립하도록 하며, 자신의 정신적, 사회적 문제를 파악하고 보다 현실적인 사고력을 개발하여 건설적인 문제해결 방법을 찾는 행위이다. 인성교육에 주력한다.

> 도덕성, 가지관, 정서, 봉사정신, 예절 = "인성을 구성하는 필수요소"

> 도덕적 행위자로서 개인의 사회적 환경을 인식
> 도덕적 추론 능력, 도덕적 판단　　　➡　　　"도덕성의 기본요소"

〈도덕성(Morality)에 대한 이해〉

콜버그의 도덕성 발달관계

수준	단계	특징
[수준1] 전인습적 도덕성 도덕적 선악의 개념은 있으나. 준거는 권위자의 힘이나 개인적인 욕구에 관련시켜 해석한다.	단계1: 벌과 복종지향	권위자의 벌을 피하고 복종한다.
	단계2: 도구적 지향	자신의 욕구충족이 도덕 판단의 기준이며, 욕구 배분의 동기는 있으나 자신의 욕구 충족을 우선 생각한다.
[수준2] 인습적 도덕성 다른 사람의 상호작용을 고려한 사회지향적 가치 기준을 가진다.	단계3: 조화로운 대인관계 지향	대인관계 및 타인의 승인을 중요시한다.
	단계4: 법과 질서 지향	법과 질서를 준수하며, 사회 속에서 개인의 의무를 다한다.
[수준3] 후인습적 도덕성 인간으로서의 기본원리에 따라 행동한다.	단계5: 사회 계약 정신 지향	사회적 책임으로서의 공리주의, 가치 기준의 일반화를 추구한다.
	단계6: 보편적 도덕원리 지향	스스로 선택한 도덕원리 양심의 결단에 따른다.

나. 치료적 차원

독서치료는 정신적 문제 혹은 신경증적 질환을 가지고 있는 환자를 치료할 목적으로 환자에게 약을 처방하듯 지정된 도서를 처방한다. 환자의 감정과 행동을 변화시켜 치료를 돕는 보조요법이다.

2) 독서치료의 원리

독서치료는 문학작품과 독자와의 유기적인 상호작용으로 이루어지며 다음과 같은 원리를 기본으로 삼는다.

가. 동일화(identification)

동일화란 주인공의 성격, 행동, 태도 등을 자기 내면에 섭취하여 같은 감정을 증대시키며 감정과 사고의 전이를 이루는 과정이다.

나. 카타르시스(catharsis)

카타르시스란 독자가 읽는 책의 작중인물의 감정, 사고, 성격, 태도에 대한 느낌을 문장으로나 언어로 표현시키는 소위 느낌을 고백하게 하는 과정이다. 카타르시스는 작품의 클라이맥스에 이를 때까지 계속 심화된다.

다. 통찰(insight)

독서치료에서 통찰의 원리란 등장인물의 행동을 스스로 깨닫게 하는 것이다. 자기 자신의 동기조성이나 욕구를 달성하는 카타르시스를 동반한 감정적 통찰력을 갖도록 하여 문제해결에 이르도록 한다.

3) 독서치료의 효과

가. 치료적 차원에서의 효과

① 욕구불만이나 모순에 대한 자기 자신의 심리적, 생리적 반응을 이해하도록 돕는다.
② 공포, 수치, 죄악감 등 때문에 항상 자유로이 대화하지 못하는 환자에게 타인의 말을 통하여 자신의 문제를 표현하도록 돕는다.
③ 건설적으로 사고한다든지 환자의 태도나 행동양식을 더욱 깊게 분석한다든지 종합하도록 돕는다.
④ 정서적, 정신적 압박감을 완화시킨다.
⑤ 여러 가지 만족이나 흥미의 범위를 풍부하게 하는 상상력을 촉진시킨다.

나. 예방적 차원으로서의 효과

① 자아상의 형성을 돕는다.

② 인간행동에 대한 이해와 동기를 유발시킨다.

③ 진정한 자기평가능력을 개발시킨다.

④ 다양한 해결방법의 가능성을 제시한다.

⑤ 문제해결을 위해 보다 건설적이며 적극적인 행동계획을 수립한다.

4) 독서치료의 유형

대상자와 치료자의 역학관계에 따라

① 상호 협력적 독서치료(interactive bibliotherapy)

치료자와 대상자가 독서기간 동안 밀접한 상호작용에 의해 치료에 도달하는 방법이다.

② 독자적 독서치료(reading bibliotherapy)

치료자의 조언을 참고하여 대상자 자신이 도서를 선택하고 치료를 위해 스스로 책을 읽고 감상하여 치료에 도달하는 방법이다.

③ 자기 치료적 독서치료(self-help bibliotherapy)

독자적 독서치료의 한 형태로서, 치료자와의 접촉 없이 혹은 최소한의 접촉 하에서 스스로 교훈적이며 지도적인 접근방법으로 자아실현을 터득해 나가는 방법이다.

5) 독서문제아 유형

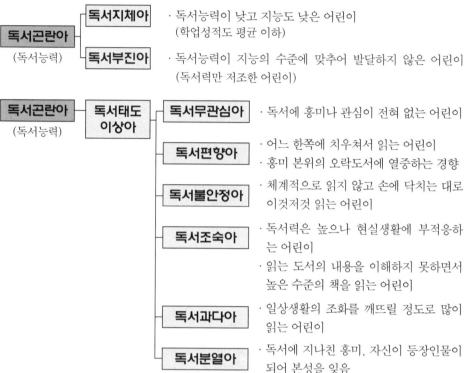

• 독서문제아 유형 •

독서곤란아 (독서능력)
- **독서지체아** · 독서능력이 낮고 지능도 낮은 어린이 (학업성적도 평균 이하)
- **독서부진아** · 독서능력이 지능의 수준에 맞추어 발달하지 않은 어린이 (독서력만 저조한 어린이)

독서곤란아 (독서능력) — **독서태도 이상아**
- **독서무관심아** · 독서에 흥미나 관심이 전혀 없는 어린이
- **독서편향아** · 어느 한쪽에 치우쳐서 읽는 어린이 · 흥미 본위의 오락도서에 열중하는 경향
- **독서불안정아** · 체계적으로 읽지 않고 손에 닥치는 대로 이것저것 읽는 어린이
- **독서조숙아** · 독서력은 높으나 현실생활에 부적응하는 어린이 · 읽는 도서의 내용을 이해하지 못하면서 높은 수준의 책을 읽는 어린이
- **독서과다아** · 일상생활의 조화를 깨뜨릴 정도로 많이 읽는 어린이
- **독서분열아** · 독서에 지나친 흥미, 자신이 등장인물이 되어 본성을 잊음

6) 독서치료 진행방법

가. 1 단계 : 자료의 수집

독서요법의 실행단계로서 대상자의 인성과 행동에 관한 폭넓은 정보를 수집한다. 이 시점에서 치료자는 대상자의 부모, 교사, 친구 등으로부터 필요한 정보를 수집하거나, 대상자의 일기 혹은 작품 등도 대상자의 사고 형태, 사고과정 및 문제점을 파악하는데 유익한 자료이다.

나. 2 단계 : 대상자의 특정요구와 문제점 확인

수집된 데이터를 중심으로 대상자의 요구나 문제점을 파악하고, 발견된 문제점의 원인에 대하여 표면적인 것만이 아니라 대상자의 내적 원인에 관한 것도 충분히 검토한다.

〈독서부진의 원인〉

연구자	원인	
천경록	독자 내적 요인	뇌 손상, 유전적요인, 초인지 능력의 결핍
	독자 외적 요인	학습 양식의 불일치, 부적절한 교수 방법
Taylor (1995)	신경학적인 요인	시각적 문제, 청각적 문제, 뇌 손상
	심리 / 정서적 요인	좌절감, 부정적 자아관
	환경적 요인	가정 환경, 사환경, 동료들간의 분위기
	교육적 요인	과제의 부적절성, 지도 방법의 부적절성
Gunning (1998)	인지적 요인	인지능력, 기억력, 연상 학습, 주의력
	시각적 요인	뒤집어 읽기, 정보 지각 능력의 부족
	언어적 요인	발음의 어려움, 음운론적 요인
	사회 / 정서적 요인	자기 효능감 결핍, 부모의 압력
	신체적 요인	청각 장애, 시각 장애
	교육적 요인	부적절한 자료, 부적절한 방법
	사회문화적 요인	문화적 분위기, 동료 집단의 특성
	경제적 요인	가정 내에서의 자료 부족, 시설의 부족

〈독서부진아 지도 시 유의 사항〉

① 독서 지도와 같은 목표를 갖는다.　② 독서부진의 저해 요소 제거
③ 과정을 중시하고 아동의 정서를 고려　④ 다양한 활동과 노력을 동원
⑤ 책 읽기의 즐거움을 알게해준다.　⑥ 심할 경우 전문가에 의뢰한다.

〈독서부진아 활동 지침〉

초이해를 위한 교수―학습 전략을 활용　　주어진 자료와 과제의 유형 / 분량 조정

결과보다는 과정에 더 관심을 가져라　　언어기술의 수많은 연습을 위한 계획을 하라

언어활동에 유용한 상황을 만들어 줘라　　학생들에게 큰소리로 읽어 주어라

기능을 익힐 때 학급의 다른 학생들로부터 부진아를 소외시키지 말라

다. 3단계: 실행계획의 수립

대상자의 요구나 문제점이 정확히 파악되면, 구체적인 시행방침과 목표, 세부적인 방법 및 계획 등을 수립한다.

라. 4단계: 독서자료 선택

적합한 독서자료 선택은 독서요법에 있어서 중핵적인 과정이다.

〈독서자료 선택 시 고려사항〉

① 치료자가 접해 본 도서에 한정한다.

② 도서의 내용이 대상자의 문제와 동일하지는 않더라도 적용 가능한 주제나 소재를 선택한다.

③ 도서의 내용이 자살, 절망 등 부정적인 영향을 주지 않아야 한다.

④ 대상자의 신체적 연령, 정신적, 정서적 연령, 독서능력, 기호에 부합되어야 한다.

⑤ 독서 자료와 함께 그 효과를 더욱 증대시킬 수 있는 시청각자료 사용도 고려한다.

마. 5단계: 실행

실행에 있어서 우선적으로 고려되어야 할 점은 대상자와 치료자와의 인간관계의 형성이다. 서로가 신뢰감을 갖고 정서적으로 깊은 유대감을 유지하여 대상자의 정신적 갈등이나 내면적인 심층적 심리에 대한 직관 및 통찰이 이루어지도록 해야 한다.

바. 6단계: 치료효과의 확인

독서치료의 실행은 계획단계에서 종료까지를 일목요연하게 목표를 세워 진행해 나가야 한다. 실행 과정 중 수시로 그 효과를 계속 관찰, 확인하면서 필요에 따라서는 치료계획을 수정 보완해 가면서 진행한다.

7) 독서치료의 전망

현대에 이르러 급변하는 사회 환경으로 인해 심리적 압박감 및 정신적 갈등들은 가중되어 가고 있으며 이러한 문제들을 해결하기 위한 여러 가지 정신 및 심리 치료요법들이 개발되고 있다. 그 중 독서치료는 책을 통해 입수된 정보들을 내면으로 섭취하여 사고 및 의식을 재구성함으로써 그 효과가 지속적이며, 책과의 상호작용을 통해 독자 스스로 독립적으로 이루어진다는 장점을 가지고 있어 자신감 및 자아정체성을 스스로 확립해 나가는 지속적인 효과가 있다.

2. 독서상담

1) 독서상담이란?

사람이 책을 읽다 보면 자기 능력을 넘어선 문제와 장애가 발생한다. 이 때 발생하는 문제와 장애를 효과적으로 해소시켜 주는 조언이 필요하다. 독서 상담이란 독서활동 중 생겨나는 이러한 개별적인 문제나 장애를 해결하도록 전문가 입장에서 조언이나 정보를 제공하는 독서지도의 한 형태이다. 이러한 독서상담은 면담이나 서신으로 행해지며 구체적인 활동은 다음과 같다.

　가. 독자가 원하는 도서자료 선택을 조언한다.

　나. 독서 중에 일어나는 장애를 조언한다.

　다. 독서에 대한 흥미와 동기 유발을 도모한다.

　라. 독서에 대한 바른 자세와 도서관 시설 이용 방법을 지도한다.

2) 독서상담의 가치

'독서와 마음의 관계는 운동과 몸의 관계와 같다'는 말이 있다. 이는 몸을 건강하게 하기 위해서 운동을 하듯, 마음을 건강하게 하기 위해서는 책을 읽어야한다는 말이다. 현대 사회에서 독서는 마음의 건강을 위해서 뿐만 아니라, 정보화 시대의 사회 구성원으로서 요구되는 올바른 비평의 안목을 가지도록 하는데도 중요한 역할을 한다. 특히 어린 시기는 세상을 살아가는 기본적인 습관이나 성격, 행동이 형성되는 중요한 시기라는 점에서, 사고력과 창의력을 길러주는 독서를 소홀히 할 수 없다. 그러나 얼마 전 독서 교육과 동화(한국아동문학. 제7호)에 발표된 최근 어린이 독서 통계 자료는 우리에게 충격을 던져 준다. '독서가 귀찮고 흥미 없다'고 한 어린이가 46%나 되었다. 이와 같은 수치는 어린이 독서 실태의 심각성을 드러낸 것이다. 이를 효과적으로 개선시키기 위해서는 독서상담의 필요성이 어느 때 보다 절실하다. 독서상담의 필요성을 정리해 본다.

　가. 하루에도 수십 권의 아동 도서가 쏟아져 나오고 있다. 출판되는 아동도서를 살

펴보면 문학 책과 번역 책이 상당히 많다. 이에 대한 적절한 평가가 절실하다. 뿐만 아니라 평가된 작품이라 하더라도 출판사별로 유사한 국내외 문학 전집 등이 많이 출판되기 때문에 이 중 어느 것을 선택해야 좋을지, 또 이들은 각각 어떤 특성을 가지고 있는지 파악할 필요가 있다.

나. 아동 발달과 연령에 따른 작품의 적절한 평가가 요구된다.

다. 매스컴과 비디오, 컴퓨터는 성장기 어린이들의 독서시간을 빼앗아 사고력과 창의력을 감퇴시키는 요인이 되고 있다. 이러한 환경에서 어린이들을 건전한 독서 생활로 인도해야할 필요성이 생겼다.

라. 독서력이 어린이의 학습에 커다란 영향을 미친다는 사실은 오래 전부터 알려진 사실이다. 해리스의 '청소년 비행 집단'에 관한 보고서에 의하면, 독서의 결함이 문제아를 만드는 주된 요인은 아닐지라도 학교생활에 있어 학업 성취나 성격 발달을 저해시키는 요인이 되고 있다고 지적한 바 있다.

3) 독서상담의 종류

독서상담은 아동의 독서 의욕 증진을 위한 방책과 독서 저해 요인을 해결하는 측면에서 접근이 가능하다.

가. 놀지 않고 독서만 하는 독서 과다 문제

나. 만화나 과학 도서에만 흥미를 보이는 독서 편중의 문제

다. 독서에 흥미가 전혀 없고, 독서를 하지 않거나 장애가 있는 문제

라. 연령에 맞는 책을 골라 읽도록 하는 정서의 문제

마. 독서법에 관련된 문제

바. 독서 감상문, 독서 노트 작성법 문제

사. 백과사전을 비롯한 각종 문헌 및 도서관 이용법 문제

4) 독서상담 방법

독서상담은 독서에 관한 전문적 입장에서 아동의 독서 생활에 부딪치는 여러 가지 문제에 대해 조언이나 정보를 제공하는 것이다. 따라서 상담자는 기본적으로 독서지도에 관한 전문적인 지식뿐만 아니라, 독서 자료 활용 방법, 심리학 분야까지 충분한 지식을 갖추고 상담에 임해야 한다. 독서상담 순서는 대체로 정확한 진단—적절한 처리—내용별로 분류하여 기록하는 것으로 진행한다. 이 때 중요한 것은 아동이 안

고 있는 문제의 실체를 정확하게 파악하는 것이다. 이를 위해 독서상담에 임하고자할 때는 먼저 다음과 같이 준비할 필요가 있다.

가. 출판되고 있는 아동도서 중 양서를 선택하여 이를 다시 학년별로 정리한다.

나. 도서를 내용(우정, 협력, 애정, 과학, 환경)별로 정리하여 상담자의 질문에 따라 적합한 양서를 제시한다. 이 때 교과과정과 관련된 도서를 함께 준비하여 상담에 임하면 더욱 좋다.

다. 독서 생활에 문제가 있는 아동 상담은 이론적인 정보만으로는 충분하지 않다. 대화법, 아동심리, 아동발달 등을 익혀 적용하면 상담자의 문제 요인을 정확하게 파악할 수 있다.

라. 방문자와 면담을 할 때는 아동이 보호자와 같이 왔다고 하더라도 단독으로 면담하는 것이 좋다. 만일 다른 사람 앞에서 자기 신상이나 독서에 대해 이야기를 하게 되면 열등감과 불안감이 생겨 올바른 상담이 이루어지기 어렵다.

마. 상담자가 마음을 열 수 있도록 편안함과 신뢰감을 주도록 한다.

5) 상담을 위한 기본 조사

가. 아동의 생활환경—교우관계, 부모형제로부터의 영향, 가정 주변의 환경

나. 아동의 성격—대내외적인 흥미도와 취미 및 외향적 활동의 적응도

다. 아동의 독서력—독서를 중심으로 한 아동의 성장 과정 파악

라. 독서 능력과 지능—지능 발달, 독서 기술의 미숙, 독서 환경의 결함, 독서 경험의 문제, 성격적·정서적 문제

6) 상담자의 자질

올바른 독서상담을 위해서는 무엇보다 먼저 상담자가 독서 지도에 대한 뚜렷한 인식과 사명감을 가지고 있어야 한다. 일반적으로 독서지도(reading guidance)는 독서교육의 방법과 실천적 접근을 중심으로 한 독서태도, 지식, 기술, 흥미, 습관을 형성하여 그 능력을 개발시켜 나가는 것을 말한다. 그러나 넓은 의미에서 독서지도는 독서를 통한 인간 형성이라는 독서교육과 같은 뜻으로 사용되기도 한다. 이러한 독서지도는 ① 책을 읽지 않는 습관을 방지하고, ② 자발적인 독서습관을 형성하게 하며, ③ 독서 흥미의 편향성을 방지하며, ④ 독서 내용을 실생활에 응용할 수 있도록 돕고, ⑤ 독서 장애 문제를 예방하고 치료하는 역할을 담당한다.

『책을 어떻게 읽을 것인가』의 저자로 유명한 미국의 철학자 모티모 애틀러 박사는 "10대 초반의 어린이들은 좋은 책을 골라 읽을 만한 능력이 없으므로, 그 나이 때부터는 부모나 선생님의 지도에 따른 독서 습관을 기르지 않는다면, 영원히 책을 가까이 할 수 없게 될지도 모른다"고 경고하고, 어린이들의 독서 습관에 대한 어른들의 관심을 강조한 바 있다. 어린이들은 아직 그들의 행동을 자제하는 힘이 부족하다. 이러한 어린이에게 올바른 독서습관을 길러주고 독서 활동 중 발생하는 장애를 치료하는 독서상담자의 역할은 매우 중요하다. 따라서 다양하면서도 전문적인 자격을 필요로 한다.

　　가. 아동 및 독서 자료(아동문학의 이해 및 매체 활용)에 대한 충분한 이해와 소양을 갖추어야 한다.(문제작 화제작)
　　나. 아동의 심리적 발달과 독서 흥미 발달에 관한 객관적인 지식을 가진다.
　　다. 학교 교육 과정과 내용을 충분히 이해하고 있어야 한다.
　　라. 독서 지도에 대한 기술과 방법을 익히고 있어야 한다.
　　마. 아동의 요구나 흥미를 세밀하게 감지하여 이에 적절하게 대응해야 한다.
　　바. 상담자가 신뢰하고 상담에 임하도록 상호 인간관계를 형성한다.

7) 상담 사례

가. 책이 싫고 재미없다고 말하는 아이

〈상담내용〉

　초등학교 1학년 여자아이로 외동딸입니다. 세계 명작 이야기 등은 거의 읽혀서 무엇을 읽히는 것이 좋을지 몰라요. 요즘에 와서는 이 아이가 '읽기 싫다'는 표정을 짓는가 하면 '재미없다'는 말을 자주 합니다. 어떤 책을 권하면 그런 마음을 없애고 더 나아질 수 있을까요?

〈진단내용〉

　아이의 어머니와 이야기를 나누면서 아동의 환경, 성격, 흥미도, 적응도, 독서력 진단을 위한 예비 조사를 해 본 결과 이 아이가 읽기를 싫어하는 원인은 두 가지였다. 첫째, 어머니가 딸의 독서력이 향상되기를 지나치게 기대하고 있었다. 둘째, 외동딸이라 남의 집 아이들보다 더 많은 신경을 썼지만, 아동에 대해 맹목적인 관심을 가지고 있었다. 아이가 집 근처 아이들과 어울려 놀지 않고 집에만 생활하고 있다는 것을 전혀 의식하지 못하고 있다.

〈치료방법〉

초등학교 입학 후 2~3년 동안에도 입학하기 전의 아동들처럼 놀이 중심의 생활이 건강상 좋다. 아동을 너무 어른들의 세계에 가두어 두는 생활은 창조적 의욕을 없애는 결과를 가져오기 쉽다. 이 아동의 경우, 또래 아이들에게 맞는 세계가 닫혀있기 때문에 독서를 피하려는 경향이 있을 뿐만 아니라, '재미없다'는 말로 독서에 등을 돌리기 시작했다. '책이 싫다', '책이 재미없다'라는 말에는 '친구와 놀고 싶다'는 의도가 담겨 있다고 보아야 한다. 따라서 이 아동은 '또래와 어울려 놀기'에 좀 더 개방시켜 놓는 것이 바람직하다. 그러나 맹목적으로 개방시키기보다는 독서력을 살려가면서 생활에 적응하도록 하는 것이 좋다.

나. 독서에 관심이 없고 텔레비전만 보는 아이

〈상담내용〉

초등학교 4학년 사내아이로 차남입니다. 지금까지 들은 바로는 4학년이면 자주적인 생각을 갖기 시작하고 외부 세계로 향하는 첫 걸음을 내딛기 시작하는 때라고 합니다. 또 좋아하는 것과 싫어하는 것을 구별할 줄 알게 되고 독서력도 현저하게 발달한다고 들었습니다. 아이에게 독서습관을 길러 주어야겠다고 생각하며 서두르지만 독서에는 전혀 관심이 없고 텔레비전에만 열중합니다. 어떻게 하면 독서에 흥미를 가질 수 있을까요?

〈진단내용〉

어머니로부터 아동의 생활을 들어 본 결과, 어린이는 대단히 활발하고 오늘도 야구에 열중하고 있다고 한다. 차남은 사교성이 강하고 친구들과 사이도 좋아 학교에서 귀가하면 근처 친구들이 '야구하러 가자'고 데리러 온다고 한다. 그래서 해가질 때까지 놀다 와서는 저녁 식사 후에 텔레비전을 보다가 그대로 잠이 든다고 한다. 이러한 어머니의 말을 들어보니 이 아이는 순조로운 발육을 하고 있다는 것을 알 수 있다. 이 시기 아이들은 뛰어 놀기를 좋아하지만 가정에서 독서하는 시간을 전혀 갖지 않는 것도 좋지 않다. 어머니와 상담 결과 장남의 진학 시기가 바로 코앞에 와 있기 때문에 차남만은 일찍 자도록 내버려둔다는 사실을 알았다.

〈치료방법〉

이 아동의 경우는 연령에 맞게 하루 생활에 충실해지도록 독서 환경을 마련해 주는 것이 좋다. 일주일 동안 아동이 시청하는 프로를 선택하여 프로그램을 만들어 보도록 유도한다. 이 때 텔레비전 프로 선택에 대해서 너무 간섭하지 않고 자기 일에 열중할 때는 그것을 열심히 들어주는 것이 좋다. 텔레비전을 이용한 토론을 유도하는 것도 좋은데, 이를테면 사극이나 동물의 왕국 등을 볼 때 문제를 찾아 주어 아동이 비판하도록 도와준다. 매체를 활용하여 아동이 흥미를 나타내는 것에 대해 관찰하고, 도서를 권장할 때는 관심 있는 것부터 제공해 준다.

다. 자기가 좋아하는 책만 읽는 아이

〈상담내용〉

초등학교 5학년 사내아이입니다. 이과 성적은 좋지만 국어나 사회 성적이 좋지 않아요. 집에 돌아오면 곧장 과학도감을 꺼내 놓고 몇 번이고 읽습니다. 텔레비전이나 만화 등에도 관심을 가지지 않고 전문적인 수신기 조립 강좌에만 열중하고 독서도 세계 명작 등에는 흥미가 없고 가끔 추리 소설을 빌려 옵니다. 어떻게 하면 독서에 흥미를 불러올 수 있을까요?

〈진단내용〉

이 아동은 독서 편향을 보여 주고 있는 경우이다. 이 아동은 이과 성적이 좋기 때문에 학교에서도 이 방면에 우수성을 인정해 주고 있음이 분명하다. 단지 이 아동의 문제는 '도감에만 열중한다'는 것이다. 도감은 아동이 이해하기 쉽도록 꾸며 놓은 전형적인 것이라는 점 외에 설명도 대부분 간단하다. 그러므로 자연의 조건에 어떠한 의문을 가진다든지 놀라움을 느끼는 것은 쉽지 않다.

〈치료방법〉

도감을 즐긴다는 것은 이 아동의 꿈을 보여준다고 할 수 있다. 따라서 이 아동의 꿈을 더욱 깊게 하기 위해서는 과학 이야기 등을 적극적으로 제공해 주는 것이 좋다. 즉, 동물의 자연 세계를 묘사해 놓은 이야기, 발명이나 발견을 소재로 한 이야기 등을 읽힘으로서 문학 작품 속에서 맛보는 것과 동일한 깊은 감동을 받아들이도록 하는 것이 좋다. 이러한 감동이 다른 책에 대한 흥미를 불러 올 수 있다.

라. 책을 너무 빨리 읽는 아이

〈상담내용〉

초등학교 4학년 여자아이입니다. 저희 아이는 책 읽는 것을 아주 좋아하는 편인데요, 책을 너무 빨리 읽어서 걱정이 됩니다. 무슨 속독 공부를 한 것도 아닌데 책장을 넘기는 속도가 어찌나 빠른지 몰라요. 좀 천천히 읽으라고 해도 이미 습관이 돼버려서 그런지 잘 고쳐지지 않습니다. 어떻게 지도해야 좋을지 가르쳐주세요.

〈진단내용〉

이 아이는 성적도 좋은 편이지만 샘이 많고 친구들과 경쟁심이 강해 무엇이든 지지 않으려는 성격을 가지고 있었다. 위로 한 살 차이인 언니가 한 명 있는데 책을 많이 읽고 공부도 잘하는 편이라고 한다. 부모들이 책을 많이 사다 주는 편인데 언니보다 무엇이든 잘하려고 한다는 것이다. 이 아이의 어머니는 아이가 책을 많이 읽으면 대단히 좋아하고 칭찬을 했지만 그 내용에 대해서는 확인하지 않았다.

〈치료방법〉

책을 빨리 읽는 원인은 어휘력이 부족한 경우, 시력이 나쁜 경우, 사고력이 부족한 경우, 심리적 안정이(독서 환경) 좋지 않은 경우이다. 이와는 달리 이 아동은 질투가 속독의 원인으로 작용하였다. 언니에게 어머니 사랑과 관심을 빼앗기지 않으려는 경쟁심에서 책을 하나라도 더 읽으려다 빨리 읽게 되었던 것이다. 부모에게 더 많은 사랑을 받고 싶어 하는 것은 이 시기 어린이들의 공통된 심리일 것이다. 책을 많이 읽으면 어머니가 칭찬해 주니까 대충 훑어보고 이것이 습관이 되었다. 아이들에게 책을 읽히는 것도 중요하지만 내용을 잘 알도록 하는 것이 더 중요하다. 책을 읽은 후 책 내용에 대하여 아이와 대화해 보고 읽은 책에 관한 문제를 직접 내게 하는 것도 좋다. 문제를 내기 위해서는 책을 꼼꼼하게 읽어야 하기 때문에 아이는 좀 더 신중하게 책을 읽게 된다. 등장인물의 가계도나 사건의 흐름을 시간 순서에 따라 이야기 해보는 것도 좋다.

마. 알고 싶어요─독서에 관한 어린이 질문

〈질문내용 1〉

초등학교 4학년 여자어린이입니다. 저는 엄마가 사주시는 동화를 읽고 나면 책 속에서 벌어졌던 줄거리가 머릿속에서 떠나지 않아요. 주인공이 꿈속에서 나타나기도 하고, 감동 깊게 읽었던 장면들은 더 많이 생각이 나요. 그리고 그 내용과 비슷한 동화를 직접 써보고 싶다는 생각이 자꾸만 떠오릅니다. 어떻게 하면 동화를 잘 쓰는 작가가 될 수 있는지 가르쳐주세요.

〈답변〉

책을 읽고 줄거리나 책 속에서 벌어졌던 상황이 머릿속에 그려진다는 것은 그만큼 감정이 풍부하다는 거지요. 염려하지 않아도 좋습니다. 그러나 좋은 글을 쓰는 작가는 하루아침에 이루어지지 않아요. 꾸준하게 자기 생각의 폭을 넓히고 많은 추억과 경험을 만들어 나가는 것이 중요합니다. 권정생 선생님은 아버지가 거리 청소부였는데, 남의 집에서 읽고 버린 동화를 아버지가 수레에 싣고 오면 떨어져 나간 앞부분을 상상해 보고, 뒷부분을 늘려 생각한 것이 동화 수업이 되었다고 합니다. 동화를 읽고 그 앞부분을 생각해 보는 것, 그 뒤에 일어날 수 있는 일을 상상해서 글을 써보는 것도 좋은 방법입니다. 평소 자기 주변에서 일어나는 일들을 자세히 관찰하고 진실하게 쓰다보면 세상을 보는 눈이 커지고 좋은 글을 쓸 수 있는 훌륭한 작가가 될 수 있어요.

〈질문내용 2〉

초등학교 5학년 남자 어린이입니다. 우리 집은 옥상이 있는 단독주택이라 봄이면 상추나 무씨를 심어 다 자라면 뽑아서 먹습니다. 얼마 전에는 할머니께서 저보고 키우라고 꽃씨를 심어 주셨는데요 제가 과연 잘 키울 수 있을까 걱정됩니다. 꽃이 필 때까지 혼자 힘으로 키워보고 싶은데, 어떻게 하면 잘 키울 수 있을까요? 그리고, 꽃을 키우는 방법이 나와 있는 책은 어디에서 사야 되나요?

〈답변〉

환경동화나 어린이 생태기행 도서에 관한 정보는 조금만 관심을 기울이면 주위에 많이 있습니다. 주말농장에 관한 인터넷 사이트를 찾아가 보는 것도 좋은데요. 동식물을 실제 기르면서 겪었던 다양한 체험들이 많이 올라와 있습니다. 어린이 영농학습 체험장을 견학해 보는 것도 좋아요. 동식물을 직접 키워 본 사람들은 하나같이 남다른 기쁨과 보람을 느낀다고 합니다. 저도 기다란 플라스틱 화분에다 상추와 쑥갓 씨를 뿌려 베란다에 놓고 키워 보았는데 처음에는 싹도 잘 안 나오고 그러더니 이제는 어느 정도 성공했어요. 물을 너무 자주 주는 것이 좋지 않더라고요. 할머니가 꽃씨를 심어 주었다고 했는데 자세한 것은 할머니께 직접 물어 보아도 좋아요. 우리 할머니들은 농사에 관해서는 박사거든요. 농사 박사가 있는데 뭘 걱정하세요. 아마 할머니도 대단히 기뻐하시며 자상하게 일러주실 겁니다.

『거꾸로 살아가는 동식물 이야기』(햇살과 나무꾼) / 『숲은 누가 만들었나』(다산기획)

〈질문 내용 3〉

초등학교 4학년 남자 어린이입니다. 저는 생활 일기 쓰는 것은 좋아하는 편이라서 하루도 거르지 않고 써 왔어요. 그런데 독서 일기만큼은 너무 쓰기 싫어요. 학교에서는 독서와 다양한 독후 활동을 권장하고 있어 독서일기 쓰기를 강조하는데 저는 쓰는 날보다 안 쓰는 날이 더 많답니다. 어떻게 하면 독서 일기를 생활 일기처럼 편안하게 쓸 수 있는지 방법을 알려주세요.

〈답변〉

학교 숙제를 계속 안 해 갈 수도 없고, 쓰기는 싫고 정말 고민이 많겠습니다. 독서 일기에 흥미를 느끼려면 우선 쓰기 쉽고 쓰는 것이 재미있어야 합니다. 책 분량을 나누어 써 봐도 좋고요. 책에 담긴 내용과 비슷한 자기 경험을 떠올려 써 보는 것도 좋지요. 또 어떤 형식에 얽매이기보다는 다양한 방법으로 자기가 쓰기 편한 형식을 취하는 것이 독서일기 쓰기에 부담을 주지 않아서 좋겠지요. 작가에게 편지를 쓰는 방식, 주인공에게 궁금한 것 물어보기 그리고 독서 읽기를 그림일기처럼 꾸며 보는 것도 좋습니다. 단어 대신 그림을 그려서(나무, 토끼, 집, 대문 등등) 써보아도 재미있지요. 문장과 문장 사이에 그림을 끼워 넣으면 변화가 있어 흥미를 더해 줍니다. 색연필로 특정 글자를 써 보면 어떨까요.

초등학교 6학년 여자아이입니다. 책을 빨리 읽는 어린이들은 대부분 성격이 급하다고 들었는데 일리가 있는 말인가요? 그리고 정독과 속독의 장점과 단점에 대해서도 알고 싶어요.

〈답변〉

성격이 급하면 간혹 다른 사람에 비해 책을 빨리 읽으려는 경향이 있기도 하지만 다 그렇지는 않습니다. 책을 빨리 읽고 느리게 읽는 것은 각 개인이 지닌 독서습관에 따라 정해집니다. 책을 읽으려면 어느 정도의 시간과 인내를 필요로 하게 되는데 영상매체에 익숙해져 있는 어린이는 활자화된 책에는 흥미를 느끼지 못해 내용보다는 주변 것들(그림)만 대충 읽는 경우가 많습니다. 다른 측면에서는 뇌의 기능이 활발해서 내용을 빨리 간파할 수 있고, 간추린 책에 익숙해진(다이제스트한)것도 원인이 될 수 있습니다. 정독과 속독의 장점과 단점을 말하기에 앞서, 책을 빨리 읽는다고 좋고, 천천히 읽는다고 나쁘다는 생각은 위험합니다. 예를 들어서 정보를 얻거나 오락을 위한 것이라면 굳이 시간을 요하는 정독보다 속독이 좋겠지요. 그러나 내용을 좀 더 이해할 필요가 있는 책이라면 정독을 해야 합니다. 정독은 책을 꼼꼼하게 읽는 것이지요. 정독하는 습관을 잘 기르면, 상상력과 분석력이 높아져 사고력이 향상됩니다. 속독했을 때의 장점은 정보를 그만큼 빨리 습득할 수 있다는 것이지요. 간혹 책을 너무 늦게 읽는 어린이의 경우, 정독의 의미보다는 내용을 이해하는 속도가 늦어서일 수도 있습니다. 반면, 책을 너무 빨리 읽게 되면, 중요한 부분을 놓치고 사고력이 떨어지는 부작용을 초래할 수 있습니다. 정독하는 습관을 길러주는 좋은 방법으로는 독서퀴즈, 읽은 책 이름을 피자 판 위에 채워 넣기, 독서로 서로 다른 문장 찾기, 등장인물 표정 그리기, 책 속의 낱말 찾기 등이 있습니다.

〈질문내용5〉

초등학교 3학년 남자아이입니다. 책 읽는 것을 싫어하지는 않는데 주위 것들이 자구 신경 쓰이고, 오랜 시간 집중해서 책 읽기가 힘들어요. 다 읽고 나서 내용을 이야기 하려면 잘 생각이 안 나고 두꺼운 책보다 만화로 짧은 내용의 글만 읽어집니다.

〈지도 내용〉

이 학생은 성격이 무척 활동적이며 한 곳에 앉아 집중해서 책 읽는 습관이 부족합니다. 특히 남자 아이여서 주위에 장난감이 눈에 띄면 관심이 쉽게 바꾸어지는 경향이 큽니다. 엄마의 도움을 받아 엄마와 함께 같은 자리에서 함께 책 읽기를 권했습니다. 먼저 주위를 잘 정돈해 아이가 책 읽기에 좋은 환경을 만들었습니다. 책 읽는 시간이 길어지면 쉽게 흥미를 잃기 쉬우므로 처음에 10분 정도 집중해서 책을 읽게 하고 만화로 씌어진 동화집이나 그림이 많은 책, 동시 카드 등을 이용해서 책에 대한 동기와 재미를 느끼게 하였습니다.

많은 분량의 책을 읽히는 것보다 천천히 읽더라도 큰 소리로 또박또박 읽도록 권했는데 짧은 시간 집중하는데 효과가 있었습니다. 또 다른 방법으로는 '어린이 신문'을 구독하게 하였는데 자기가 읽는 신문이 생겼다는 것만으로도 만족해했으며 그 날의 기사 중 관심 있는 것을 스크랩하도록 파일을 만들어 끼우게 하였습니다. 자신이 중요하다고 생각하는 기사를 오리면서 즐거워했습니다. 아직도 어떤 것이 중요한 기사인지는 잘 모르지만 강요는 하지 않았습니다.

아이가 추린 그 날의 기사 중 하나를 골라 중요한 핵심을 설명해주고 했더니 나름대로 지식이 풍부해졌습니다. 집중력을 기르기 위한 방법으로 줄거리 요약하는 방법을 알려주고 시행하도록 유도하였고, 책을 읽기 전에 서문과 차례를 살펴보게 했습니다. 그리고 그 부분에 책 전체 내용이 요약되어 있다는 사실을 알려 주었습니다. 책에 대한 관심과 집중력이 향상되었습니다.

〈질문 내용 6〉
중학교 2학년 학생입니다. 속독하는 법을 배웠는데요. 그래서 그런지 책을 읽는 속도는 빠른데 책을 읽고 난 후 책 내용이 잘 생각나지 않습니다.

〈지도 내용〉
이 학생은 중학생이다 보니 책 읽는 것 자체를 즐기기 보다는 의무감과 책을 읽어야 한다는 부담감을 가지고 있었다. 그러다 보니 억지로 책을 읽는 것에 대해 거부할 때가 종종 있었고 게임이나 운동과 관련된 분야의 책을 좋아하였다. 점핑스쿨을 다니면서 속독법, 집중력에 대해 교육을 받고 있었는데, 초등학교 때보다 기억력과 책 읽는 속도는 무척 빨랐지만 글로 정리하여 줄거리를 요약하기 등은 힘들어했다.

이 학생에게 먼저 신문 읽기를 권했는데 처음에는 자신이 관심 있는 내용만 대충 훑어보더니 나중에는 그 날 기사에 대해 자신의 의견을 이야기하기 시작했다. 자신의 의견을 정리하여 표현하는 훈련을 시켰으며 특히 사설란을 중점적으로 읽도록 유도했지만 쉽게 효과가 나타나지 않았다.

줄거리 요약하는 방법으로 단락에서 중요하다고 생각하는 곳에 밑줄을 치며 읽도록 권했고, 나중에 밑줄 친 부분만 다시 한 번 읽어보도록 지도했다. 문학작품은 처음부터 끝까지 쉽게 읽어가는 데 비해 과학 분야의 책들은 어려워하였다. 그래서 과학자 중 훌륭하다고 생각되는 위인전을 먼저 읽도록 권하고 나서 다시 책을 반복해서 읽도록 했더니 전보다 어려워하지 않았다.

7절 독서 프로그램

1. 수준별 독서활동 프로그램

1) 1~2학년 프로그램

저학년은 책에 흥미를 가지도록 정해진 시간에 책을 읽어주거나 실감나게 동화를 구연해주는 등 다양한 방법이 필요하다. 도서관을 재미있는 곳으로 느끼도록 책과 함께 하는 놀이 중심의 활동이 좋다.

• 책 읽어주기

아직 읽기가 서투르기 때문에 정확한 발음이나 읽는 속도를 조절해서 읽어주면 바르게 읽는 법을 배울 수 있다. 눈으로 읽는 글자의 부담을 덜어 줄 수 있을 뿐만 아니라 상상하며 이야기를 들어서 재미있어 한다.

• 동화 구연하기

실감나게 목소리를 흉내 내어 이야기를 들려준다. 가능하면 구연가가 이야기와 관련된 분장을 하거나 손가락 인형, 막대인형 등을 활용하면 시각적인 효과가 있어 재미를 주고 집중하도록 돕는다.

• 종이접기로 책 꾸미기

간단한 종이접기를 어린이들에게 가르쳐 주고, 책에 나오는 등장인물(동물, 식물, 물건 등)이나 풍경을 직접 종이로 접어 이야기를 꾸미게 한다.

　예)『무지개 물고기』,『으뜸 헤엄』

•찰흙으로 책 주인공 만들기

찰흙으로 주인공을 만들어 보고 찰흙이 굳은 후에 색을 칠하게 하면 더욱 재미있다.

　예)『누가 내 머리에 똥 쌌어』,『떡 잔치』,『숨 쉬는 항아리』

•동시 낭송회

좋아하는 동시를 한두 편씩 준비하여 친구들과 둘러앉아 낭송하고 그 시에 어울리는 그림을 그려보게 한다. 또 시로 노랫말을 만든 노래를 찾아 함께 배워 본다.

　예)『고향의 봄』,『햇볕』(이원수 시에 붙인 노래들)

2) 3~4학년 프로그램

책 내용을 잘 파악하여 읽고 책을 읽은 후에는 다양한 독후활동을 통해 정리하는 충실한 독서가 되어야 한다.

•독서 기록장 쓰기

책을 읽고 간단히 기록하도록 한다. 독서 기록장은 책을 읽은 후, 기억에 남는 부분이나 글귀, 느낌 등을 자유스럽게 쓰도록 한다. 날마다 읽은 부분을 기록할 수 있고, 책을 다 읽은 후에 기록할 수도 있다.

책이름			
지은이		출판사	
읽기 시작한 날		끝까지 읽은 날	
읽게 된 동기, 대강의 줄거리, 기억에 남는 글			
느낀 점, 본받을 점			

• 독후감 쓰기

책 내용과 주제를 잘 파악하고, 자신의 생각과 느낌이 잘 드러나게 감상문을 쓴다. 책 종류에 따라 써야 하는 내용을 달리하고, 어린이의 수준에 따라 글 쓰는 양을 조절한다.

책이름			
지은이		출판사	
독후감 제목			
처음	간단한 소개, 읽게 된 동기, 작가 소개, 책을 처음 대했을 때 생각, 책을 다 덮고 나서 생각, 연관되는 내 경험, 작품 속의 떠오르는 장면 등		
중간	저학년: 줄거리와 내 생각(느낀 점) 고학년: 기억에 남는 이야기와 내 생각(2~3가지 정도)		
끝	중간 부분에서 쓴 내용과 관련지어 배운 점, 느낀 점, 나의 다짐 등		

• 이야기 다시 쓰기

동화의 앞부분을 보여 주고 뒷이야기를 상상하여 쓰게 한다.
동화의 앞, 뒷 부분을 보여 주고 가운데 이야기를 만들어 넣게 한다.
예)『흥부와 놀부』,『꿀꿀돼지』,『다시 보는 이솝우화』

• 책표지 만들기 / 책 소개하기 / 책 광고하기

읽은 책 내용과 주제를 잘 나타내도록 만들어 본다.

• 만화로 이야기 꾸미기

책 내용을 8컷 정도의 만화로 그려 이야기를 완성한다.

• 동화 엽서 만들기

책의 삽화나 내용을 그림으로 그려 엽서를 만들고 친구에게 편지를 쓴다.

3) 5~6학년 프로그램
• 독서포스터 / 도서관 광고하기

책읽기의 중요성을 알리는 포스터를 그린다.

• 독서토론

정해진 책을 읽고 주제를 선정하여 그 주제와 관련된 자기 의견이나 생각을 발표한다.

날짜	년 월 일 요일		기 록 자	
책이름		지 은 이	출 판 사	
토론자			사 회 자	
주제				
토론내용				

• 독서발표회

책을 소개하거나 읽고 난 느낌(독후감)을 친구들에게 발표하여 책에 대한 정보를 공유하고 새로운 책에 관한 흥미를 갖게 한다.

날 짜	년 월 일 요일		기 록 자	
책 이 름		지 은 이	출 판 사	
토 론 자			사 회 자	
발표내용				

• 책 비교하기(책 對 책 비교)

같은 내용의 책이 출판사, 번역자, 옮긴이 등에 따라 어떤 차이가 있는지 비교해 본다. 또 같은 제목의 책이 어떻게 내용이 다른지 알아본다.

예)『팥죽할멈과 호랑이』와『팥죽할머니와 호랑이』,『단군신화』와『이순신』

• 동화를 노래 가사로 바꾸어 부르기

책 내용을 자기가 알고 있는 노래 가사로 바꾸어 보고 노래를 부른다.

• 세계 책 지도 그리기

각 국가별 동화를 찾아 읽어보고, 세계 지도에서 읽은 책에 관계된 국가를 찾아 스티커로 표시한다. 그 나라에 대한 정보(역사, 문화 등)도 조사하여 정리한다.

2. 학교 도서관에서 할 수 있는 활동

1) 그리기 활동
- 주인공 소개하기
- 독서 감상화 그리기
- 동화엽서 만들기
- 독서포스터
- 책 광고하기
- 도서관 광고하기
- 시화 만들기
- 만화로 이야기 꾸미기

2) 만들기 활동
- 종이접기로 책 꾸미기
- 찰흙으로 책 주인공 만들기
- 찰흙으로 이야기 꾸미기
- 동화책 만들기(주제: 사물, 계절, 세계, 직업/활용 : 사진, 폐품, 신문)
- 독서 병풍
- 책갈피, 책받침, 부채 만들기
- 세계(우리나라) 이야기 지도 만들기
- 독서 나무 / 독서 앨범
- 인물 카드 만들기
- 사전 만들기(인물, 식품, 동물, 사건)

3) 글쓰기 활동

- 연표 작성하기
- 비슷한 경험 쓰기
- 독서 일기
- 동화 개작하기
- 편지쓰기(친구, 작가, 주인공, 부모)
- 책 소개하기
- 독후감 쓰기 지도
- 독서신문 / 벽신문
- 주제가 만들기
- 독서 감상 시 쓰기

4) 이야기 발표 및 토론 활동
- 책 읽어주기
- 동화 구연하기
- 동극하기
- 토론회
- 책 발표회
- 학년별 독서회
- 책 법정(재판하기)
- 어머니 독서회
- 옛이야기 발표회
- 동시 낭송회

5) 전시회 및 기타 행사
- 독서퀴즈
- 독서표어 공모
- 퍼즐게임
- 정보 찾기 대회
- 주인공 흉내 내기(주인공 되어보기)
- 작가와의 만남

- 비디오(영화) 상영
- 작은 음악회
- 해설(이야기)이 있는 음악 감상회
- 백일장
- 어머니 백일장
- 현장학습(박물관, 책 배경)
- 여름방학 도서관학교
- 겨울방학 도서관학교
- 독서여행
- (곤충 식물) 전시회
- 도서 전시회
- 도서관 축제

"도서관 앞에 서서 느끼는 유일한 비애는, 인생이 너무나 짧아 내 앞에 펼쳐져 있는 이 방대한 즐거움의 세계를, 모두 경험해 볼 수 없는 것이다." 존 브라이트라는 사람이 한 말입니다. 인생이 무척 긴 듯 싶지만, 실상은 도서관이라는 작은 공간 속에 있는 것조차 모두 체험하지 못하고 갈 수 밖에 없는, 그래서 비애감이 느껴진다는 역설적 표현이다.

도서관이라는 장소를, 책이라는 매체를 적극적으로 이용하는 사람만이 누릴 수 있는 특권이다. 그런 특권을 베풀어 줄 수 있는 열쇠 가운데 하나를 학교도서관이 쥐고 있다.

(독서활동 1)

◆ 북스닥 지수 표시하기 ◆

북스닥지수

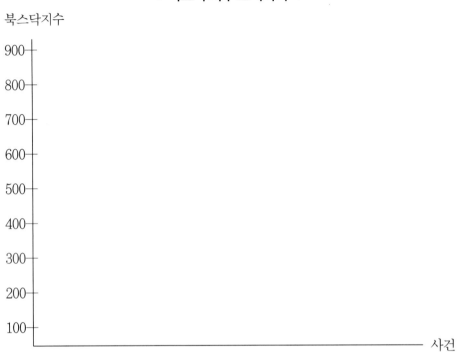

◆ 소재 경매하기 ◆

이야기의 흐름에 영향을 미치는 여러 소재들을 찾아보고, 그 소재들을 경매에 부친다고 했을 때 사건에 미친 중요도를 정한다. 어느 정도 가격이면 적절할지 적당한 가격을 매겨 보세요. 이유도 생각해 보세요.

☐	➡	☐ 원
☐	➡	☐ 원
☐	➡	☐ 원
☐	➡	☐ 원
☐	➡	☐ 원
☐	➡	☐ 원

◆ 다른 사람 설득하기 ◆

만약 로미오와 줄리엣의 만남을 부모님이 아셨다면 분명 반대하셨을 거예요. 여러분들이 로미오와 줄리엣 중 한 사람이 되어 부모님이 두 사람을 만날 수 있게 허락하도록 설득해 보세요. 신문이나 잡지에서 등장인물에 어울리는 사람을 찾아 붙이고 과연 여러분이 어떻게 말하면 허락해 주실지 말 주머니에 적당한 말을 넣어 보세요.

"난 _____가 되어 로미오와 줄리엣의 부모님을 설득해 볼 거야!"

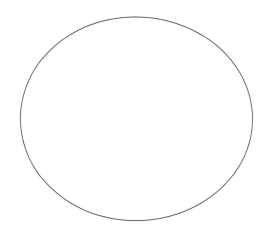

(독서활동 4)

◆ 내가 작가가 되어 ◆

내가 작가가 되어 이야기를 바꾸고 싶은 부분을 찾아 써 봅시다.(이야기를 바꿀 때는 때와 장소를 바꾸는 방법, 인물의 성격을 바꾸는 방법, 중요한 사건을 바꾸는 방법, 새로운 등장인물을 등장시키는 방법 등이 있어요)

◆ 이야기를 바꾸고 싶은 부분

◆ 이야기를 바꾸는 방법 (인물, 사건, 때와 곳)

◆ 이야기의 일부분을 여러분의 생각과 느낌을 반영하여 새롭게 바꾸어 봅시다.

(독서활동 5)

◆ 시로 독서 내용을 써보자 ◆

◆ 1.

◆ 2.

◆ 3.

◆ 4. 동시로 써 보자

※ 시를 읽고 산문이나 역할극으로 표현해 보자

(독서활동 7)

※ 우리 동네 책방 가는 길을 간단한 약도로 그려보자

8절 독서자료

1. 다치바나의 독서법

다치바나의 지론은 "책은 만인의 대학"이라는 것이다. 하지만 어떤 책을 골라 어떻게 봐야할지는 누구도 가르쳐주지 않는다. 다치바나 역시 그런 왕도는 없다고 단언한다. 하지만 효과적인 독서법은 있다. 〈아사히 저널〉에 기고했던 다치바나의 독서법이 유용한 정보가 될 것 같다.(필자는 개인적으로 1, 7, 13번, 그리고 마지막 14번이 가슴에 와 닿았다.)

〈 '실전'에 필요한 14가지 독서법〉(pp.81~83)

1. 책을 사는 데 돈을 아끼지 말라.
2. 같은 테마의 책을 여러 권 찾아 읽어라.
3. 책 선택에 대한 실패를 두려워하지 말라.
4. 자신의 수준에 맞지 않는 책은 무리해서 읽지 말라.
5. 읽다가 그만둔 책이라도 일단 끝까지 넘겨보라.
6. 속독법을 몸에 익혀라.
7. 책을 읽는 도중에 메모하지 말라.
8. 가이드북에 현혹되지 말라.
9. 주석을 빠뜨리지 말고 읽어라.

10. 책을 읽을 때는 끊임없이 의심하라.

11. 새로운 정보는 꼼꼼히 체크하라.

12. 의문이 생기면 원본자료와 대조하라.

13. 난해한 번역서는 오역을 의심하라.

14. 대학에서 얻은 지식은 대단한 것이 아니다. 여하튼 젊을 때 많이 읽어라.

1. 책을 사는데 돈을 아끼지 말라. 책이 많이 비싸졌다고 하지만 기본적으로 책값은 싼 편이다. 책 한 권에 들어있는 정보를 다른 방법을 통해 입수하려고 한다면 그 몇 십 배, 몇 백 배의 대가를 지불해야 할 것이다.

2. 하나의 테마에 대해 책 한 권으로 다 알려고 하지 말고, 반드시 비슷한 관련서를 몇 권이든 찾아 읽어라. 관련서 들을 읽고 나야 비로소 그 책의 장점을 확실하게 알 수 있다. 또한 이 과정을 통해 그 테마와 관련된 탄탄한 밑그림을 그릴 수 있을 것이다.

3. 책 선택에 대한 실패를 두려워하지 말라. 실패 없이는 선택 능력을 익힐 수 없다. 선택의 실패도 선택 능력을 키우기 위한 수업료로 생각한다면 결코 비싼 것이 아니다.

4. 자신의 수준에 맞지 않는 책은 무리해서 읽지 말라. 수준이 너무 낮은 책이든, 너무 높은 책이든 그것을 읽는 것은 시간 낭비이다. 시간은 금이라고 생각하고 아무리 비싸게 주고 산 책이라도 자신의 수준에 맞지 않으면 읽다가 중단하는 것이 좋다.

5. 읽다가 중단하기로 결심한 책이라도 일단 마지막 쪽까지 한 장 한 장 넘겨보라. 의외의 발견을 할지도 모른다.

6. 속독법을 몸에 익혀라. 가능한 한 짧은 시간 안에 가능한 한 많은 자료를 섭렵하기 위해서는 속독법밖에 없다.

7. 책을 읽는 도중에 메모하지 말라. 꼭 메모를 하고 싶다면 책을 다 읽고 나서 메모

를 위해 다시 한 번 읽는 편이 시간상 훨씬 경제적이다. 메모를 하면서 책 한 권을 읽는 사이에 다섯 권의 관련 서적을 읽을 수가 있다. 대개 후자의 방법이 시간을 보다 유용하게 쓰는 방법이다.

8. 남의 의견이나 북 가이드 같은 것에 현혹되지 말라. 최근 북 가이드가 유행하고 있는데, 대부분 그 내용이 너무 부실하다.

9. 주석을 빠뜨리지 말고 읽어라. 주석에는 때때로 본문 이상의 정보가 실려 있다.

10. 책을 읽을 때는 끊임없이 의심하라. 활자로 된 것은 모두 그럴듯하게 보이는 경우가 많다. 좋은 평가를 받은 책이라도 거짓이나 엉터리가 얼마든지 있다.

11. '아니, 어떻게?'라고 생각되는 부분(좋은 의미에서든 나쁜 의미에서든)을 발견하게 되면 저자가 어떻게 그런 정보를 얻었는지, 또 저자의 판단 근거는 어디에 있는지 숙고해 보라. 이런 내용이 정확하지 않을 경우, 그 정보는 엉터리일 확률이 아주 높다.

12. 왠지 의심이 들면 언제나 원본 자료 혹은 사실로 확인될 때까지 의심을 풀지 말라.

13. 번역서는 오역이나 나쁜 번역이 생각 이상으로 많다. 번역서를 읽다가 이해가 잘 되지 않는 부분이 있으면 머리가 나쁘다고 자책하지 말고, 우선 오역이 아닌지 의심해 보라.

14. 대학에서 얻은 지식은 대단한 것이 아니다. 사회인이 되어서 축적한 지식의 양과 질, 특히 20, 30대의 지식은 앞으로의 인생을 살아가는 데 결정적인 역할을 하는 중요한 것이다. 젊은 시절에 다른 것은 몰라도 책 읽을 시간만은 꼭 만들어라.

〈윤정훈기자〉digana@donga.com

2. 독서지도 수업 실제

독서 교수-학습 지도안 〈1〉

<table>
<tr><td colspan="7" align="center">독서 교수―학습 지도안</td></tr>
<tr><td>지도일시</td><td colspan="2">2005. 6. 17</td><td>대상</td><td>중학교 2학년</td><td>지도교사</td><td>김현자</td></tr>
<tr><td>도서명</td><td colspan="2">아낌없이 주는 나무</td><td>지은이</td><td>쉘 실버스타인</td><td>출판사</td><td>청목</td></tr>
<tr><td>학습주제</td><td colspan="6">진정한 친구</td></tr>
<tr><td>학습목표</td><td colspan="6">1. 진정한 친구는 자신을 필요로 할 때 도움을 주는 친구임을 알 수 있다.
2. 아낌없이 주는 사랑과 헌신에 대해 깨달을 수 있다.</td></tr>
<tr><td>단계</td><td>과정</td><td colspan="3">교수―학습활동</td><td>시간</td><td>자료 및 유의점</td></tr>
<tr>
<td>내용</td>
<td>도입</td>
<td colspan="3">인사및 출석체크
〈마음열기〉• 동물원의 '행복한 나무' 노래를 들려준다.
〈자기가 방황할 때 나무처럼 벗이 되어주었던 사람이 있는지 질문하고 듣는다.〉
• 학습목표 확인.
•『아낌없이 주는 나무』 책소개
➡『아낌없이 주는 나무』 읽고 떠오르는 생각 '생각그물로 정리하기.</td>
<td>1'

4'</td>
<td>수업에 집중할 수 있는 분위기를 조성하고 학생들의 학습동기를 유발한다.

· 인터넷으로 '행복한 나무' 노래 다운 받아놓는다.</td>
</tr>
<tr>
<td>내용</td>
<td>전개</td>
<td colspan="3">〈1〉아낌없이 주는 나무 플래쉬 동영상을 보여준다.
〈2〉그림을 통해 나무가 소년에게 준 것들을 차례대로 보여준다.
〈발문하기〉: · 소년에 대한 나무의 사랑을 보며 무엇을 느꼈나요?
· 우리 주변에 서 나무처럼 자기 자신에게 아낌없이 사랑을 베풀어 주는 친구가 있나요? 있으면 한 번 말해 볼까요?
〈3〉아낌없이 주는 나무에게 편지 써보고 발표 해 보기.</td>
<td>7'

8'</td>
<td>교사는 그림을 통해 이해를 돕는다.

주제와 연관시켜 이해시킨다.

극화학습</td>
</tr>
</table>

내용	마무리	'기도하는 손' 그림을 보여주며 예화를 들려준다. 〈아낌없이 주는 나무와 비교해서 설명〉 ➜ 아낌없이 주는 나무처럼 앨버트 들러가 성공하기까지 헌신적으로 자기를 위해 봉사하고 사랑한 앨버트 뒤러에 대해 얘기해준다. · 자기 자신이 24시간 내에 친구에게 해줄 수 있는 것 한 가지씩 적어 발표시킨다.	8	수업내용을 정리해 준다.
차시예고		· 책제목:『지선아 사랑해』 · 저자: 이지선 · 출판사: 이레 —장애 극복방법및 장애우의 편견 버릴 수 있는 책.		
참고문헌		· 책제목:『나의 라임 오렌지 나무』 · 출판사: 동녘		

- 부록 -

• **도입 부분**—동물원의 '행복한 나무' 노래 들려준다.

〈가사〉

나무가 서있네. 그는 나의 벗이요

그렇다고 그가 나와 같은 생각을 하는지

아직 나는 모르지만, 떠도는 내가 초라해

어디까지 왔을까, 또한 어디로 가야할지

방황할 때 거기 있어 벗이 되는

그런 나무가 있네. 정말 행복한 나무

내가 방황할 때에 그는 나의 벗이요.

나무가 서있네. 그는 나의 벗이요.

처음 나는 그가 너무 불행하게 살아가는

존재로만 생각했지.

떠돌던 내가 어느날 지나치던 나무를 보니

땅 속 깊이 뿌리내리고 우뚝 서서 살아가는 네 모습이 부러웠지.

• **전개부분**—아낌없이 주는 나무에게 편지 써보기.

〈예시〉

〈독서지도 수업안〉 편지 글	편지의 형식
아낌없이 주는 나무에게	〈받는 사람〉
아낌없이 주는 나무야 안녕?	
요즘 이곳은 100년 만에 무더위가 찾아와서 많이 더워! 이렇게 더운 여름날에 아낌없이 주는 나무인 너는 많은 사람들의 그늘이 되어주겠지? 내가 널 처음본건 중학교 2학년 때야. 넌 모르겠지만 널 보는 사람들은 아주 많단다.	

난 네게 많은 것을 배웠어.

네가 사랑하는 그 소년을 위해 너의 모든 것을 내줄 때 난 내가 한심스럽기만 했어.

난 거의 아무것도 다른 사람들에게 해준 것이 없거든.

아니 있었더라도 안 해 줬을 거야.

내가 있는 이곳은 이기심으로 가득 차버렸어.

나 역시 그 이기심에 물들어 버린 것 같아.

그래서 네가 하는 행동으로나마 위안을 삼는 건지도 몰라.

실제로 네가 사랑하는 사람이 그 꼬마가 아니었더라면 난 정말 좋았을지도 모르겠다.

이런 이기심에 물들기 전에 너의 사랑을 알았더라면 너처럼 아낌없이 남들을 위해 무언가 할 수 있는 사람이 되어 있을 지도 몰라.

아 이런 어줍짢은 내 얘길 할려고 편지를 쓰는 게 아냐.

내가 너에게 편지를 쓰는 이유는 고맙다는 말을 전하려고 였어.

너로 인해 사람들 마음이 조금이나마 변할 수 있게 되는게 고마워서 말야. 나 역시 나에 대한 이기심이 잘못 된 거라고 생각하게 해줬잖아?

앞으로도 많은 사람들이 너를 보고 많은 걸 느꼈으면 해.

나에게 작은 부탁이 있는데 들어줄래?

난 너와 좋은 친구가 되고 싶어.

너는 나에게 아낌없이 주는 법을 가르쳐 주고 나는 너에게 심심하지 않게 늘 함께 놀아주는 그런 친구사이 돼 줄 수 있겠니?

너에게서 좋은 소식이 든 답장이 왔으면 좋겠구나.

그럼 네 답장을 기다리며 이만 줄일게.

아낌없이 주는 나무야 잘 지내. 그럼 안녕.	
2005년 6월 16 일	
현자 보냄	〈보내는 사람〉

• 마무리— 기도하는 손 그림을 보여주며 예화를 들려준다.

http://cafe.daum.net/musicandpoems-물의자장가

〈예화〉

독일 뉴른 박물관에 가면 '기도하는 손'이라는 유명한 그림이 있다. 이 그림에는 단지 모아쥔 두 손 그림이 그려져 있을 뿐이다. 앨버트 뒤러라는 유명한 화가가 있었다.

앨버트 뒤러는 '기도하는 손'이라는 작품을 그린 화가로 유명하다. 그가 세계적 명성을 떨친 데에는 친구의 헌신적인 봉사가 있었기 때문이다. 뒤러는 어렸을 때부터 그림을 좋아하였다. 이 화가는 어린 시절에 무척 가난했기 때문에 미술공부를 열심히 하고 싶어도 학비를 마련하지 못했다. 그는 친구와 함께 도시로 나가 공부하기로 결심하였다. 그러나 막상 도시로 나와 보니 그림공부는 커녕 살기조차 막막하였다.

이때 친구가 뒤러에게 이렇게 제안했다. "뒤러, 이래서는 아무 일도 할 수 없네. 우선 살아야 하지 않겠어. 그러니 공부는 교대로 하기로 하세. 나보다 자네가 재능이 뛰어나니까 자네가 먼저 공부를 하게. 나는 일을 해서 돈을 벌어 도와줄 테니까 말야. 나는 자네가 먼저 공부를 끝낸 다음에 공부를 시작하도록 하겠네."

그리하여 친구는 곧바로 식당에 취직하였다. 그리고 번 돈으로 먹고 살며 뒤러의 뒷바라지를 해주었다. 덕분에 뒤러는 미술학교에 들어가 열심히 공부할 수 있었다.

수년이 지난 후 뒤러는 개인전을 열게 되었고 미술계에서 인정도 받았다. 학교를 졸업할 즈음에는 그의 그림도 서너 편씩 팔려 나가기 시작했다.

유명한 화가가 된 뒤러는 돈을 가지고 기뻐하면서 식당에서 일하는 친구를 찾아갔다. 식당 문을 열고 들어갔을 때 친구는 무릎을 꿇고 기도하고 있었다. 친구는 뒤러가 성공한 것을 벌써 알고 "오, 하느님! 감사합니다. 친구 뒤러를 성공할 수 있게 해주셔서 진심으로 감사합니다. 그러나 하느님 저는 그동안 심한 노동으로 손이 기칠이지고 굳어져서 이제는 그림을 그릴 수 없습니다." "내가 할 몫을 뒤러가 할 수 있도록 도와주시고, 주의 영광을 위해 참 아름다운 그림을 그릴 수 있게 하소서!"라며 기도하고 있었다. 뒤러는 자신의 성공을 위하여 희생된 거룩한 손, 기도하는 손을 유심히 바라보고 있었다. 이때 뒤러의 입에서는 참을 수 없는 오열이 터져 나왔다.

친구는 기도하다가 깜짝 놀라 뒤러의 손을 잡았다. 친구의 손은 딱딱하고, 못이 박히고, 몹시 거칠어졌으나 뒤러에게 있어서는 그처럼 거룩한 손이 이 세상에는 다시없었다.

뒤러는 그 자리에서 친구의 기도하는 손을 그렸다.

이 그림이 바로 그 유명한 '기도하는 손'이다.

• 독서 교수─학습 지도안 〈2〉

〈독서〉 교수─학습 지도안					
지도일시	2005. 6. 17	대상	중학교2학년	지도교사	김현자
도서명	지선아 사랑해	지은이	이지선	출판사	이레
학습주제	절망적인 상황에서 고난을 극복해나가는 용기				
학습목표	1. 어떠한 역경과 시련이 있어도 희망을 가질수 있는 용기를 배운다. 2. 장애가 있다고 해서 불행 할 것이라는 편견을 버릴 수 있다.				

단계	과정	교수─학습활동	시간	자료 및 유의점
내용	도입	**인사 및 출석체크** · 학습 분위기 조성하기 　➡읽은 책에서 감동적이거나 기억에 남는 장면 말하기 · 학습목표 제시 · 〈마음열기〉 　'지선아 사랑해'〈수화배워보기〉 　—지선이에게 예전의 모습으로 사고 나기 전 그 자리로 되돌려 준다면 어떻게 하겠냐고 했을 때 지금 이 모습도 행복하고 기쁘니 되돌아 가고 싶지 않다고 말 한 인터뷰 내용 소개하면서 수화로 '지선아 사랑해'를 배운다. 　—장애는 불편할 뿐이지 결코 불행하지 않다는 말	4'	학습분위기를 조성하며, 학습 동기를 유발시킨다.
내용	전개	· 「TV동화 행복한 세상」 방영되었던 애니메이션 '지선아 사랑해' 보여주기 · 지선이의 사고 전, 사고 후 사진들을 보여주고 절망적이고 고통스러운 상황을 어떻게 극복해 나가는지 사진의 모습을 보여주며 설명한다. 〈발문하기〉 · 여러분은 자신에 대해 어떻게 생각합니까? · 주변사람들은 장애를 가진 주인공을 어떻게 바라보고 있습니까? · 주인공은 어떠한 노력을 보여 주었습니까?	7'	· 컴퓨터 사용 · '지선아 사랑해' 사진 스크랩

		· '지선아 사랑해'로 6행시 지어보는데, 그 속에 자신이 책을 보며 느꼈던 생각 함축시켜 보기.	6'	
		· 자신의 삶 속에서 어렵고 힘들었던 상황 극복한 사례 발표해 보기.	4'	
내용	마무리	· '지선아 사랑해' 4컷 만화 완성해 보기 · 정리해주기	6'	준비물:도화지
차시예고		· 책제목:『내 영혼이 따뜻했던 날들』 · 저자: 포리스터 카터 · 출판사: 아름드리미디어 —자연닮은 인디언식의 배려와 공존, 삶의 지혜		
참고문헌		· 책제목:『오체불만족』 · 저자 : 오토다케히로타다 · 출판사: 창해		

〈부록〉

저자: 이지선

〈도입부―인터뷰 부분〉

순간의 사고와 7개월간의 입원과 11차례의 수술. 3년여의 시간이 그렇게 흘러간 지금. 화상에 일그러진 얼굴을 거울에 비춰보며 그녀는 스스로에게 말한다. "지선아, 사랑해"라고. 어떤 고난은 사람을 죽이기도 하지만 한편으로는 다시 태어나게 하기도 한다. 그녀에게 삶은 죽음과 비교할 수 없을 정도로 힘든 것이었다. 그 '귀한 삶'의 소중함과 희망의 힘으로 그녀는 당당할 수 있었다.

"사는 것은, 살아남는 것은 죽는 것보다 훨씬 천 배 만 배는 힘들었습니다. 그 귀한 삶을 동정하지 마십시오. 넘겨짚지도 마시고 오해하지도 말아주십시오. 우리는 세상에 정말 중요하고 영원한 것이 무언인지 아는 사람들입니다. 생명이 얼마나 소중한 것인지, 사랑이 얼마나 따뜻한 것인지, 절망이 얼마나 사람을 죽이는 것인지, 희망은 얼마나 큰 힘이 있는 것인지, 행복은 얼마나 가까이에 있는지, 정말 세상에 부질없는 것들이 무엇인지, 기쁨과 감사는 얼마나 작은 것에서부터 시작되는지, 우리는 그것을 알고 있는 사람들입니다"라는 그녀의 말에 우리가 가졌던 편견들은 여지없이 부서진다. 그녀의 외모가 우리와 다른 것은 단지 '다름'일 뿐이다. 우리와 다르다고 그것이 측은함이나 동정의 대상이 될 수는 없다고 그녀는 이야기 한다. "아무리 힘들 때에도 '여기가 끝이 아니다' '네게 희망이 있다'는 그녀의 말에는 '믿음'이라는 것이 얼마나 대단한 힘을 갖고 있는지 또한 알 수 있다." "예전으로 돌아갈 수 있게 된다 해도, 지금이 더 좋기 때문에 나는 지금 행복합니다"라는 그녀의 말이 많은 것을 생각하게 한다.

"누군가 제게 물었습니다. 예전의 모습으로, 사고 나기 전 그 자리로 돌려준다면 어떻게 하겠냐고. 바보 같다고 할지 모르겠지만 제 대답은 '되돌아가고 싶지 않다'입니다. 또 누군가는 진짜냐고, 진심이냐고 묻겠지만, 저는 지금 이 모습이라도 행복하고 기쁩니다. 지금 이 모습의 저도 지선이고 예전의 지선이도 저니까요. 거울 속의 저를 향해 손을 흔들며 말을 건넵니다. '안녕, 이지선!' 거울 속의 새 지선이도 인사를 합니다. '지선아, 사랑해!' 라고."

저자: 오토다케히로타다

비록 팔다리가 없이 태어났지만 육체의 한계를 극복하고 삶의 참된 의미를 찾아 나서는 와세다 대학생의 치열한 삶을 담은 자전에세이이다. 생활에 지친 모든 이들에게 희망과 용기를 주는 감동의 인간승리 드라마이다. 오토다케히로타다, 그의 다 자란 팔다리는 고작 10센티미터에 불과하다. 그런데 그런 팔다리로 달리기, 야구, 농구, 수영 등 못하는 운동이 없다. 어렸을 때부터 보통사람과 똑같이 교육을 받은 그는 자신의 신체가 지닌 장애를 결코 불행한 쪽으로 바라보지 않는다. 지금까지 그가 살아 온 이야기와 생각을 솔직하게 담은 일반인들의 장애인에 대한 편견을 뛰어넘게 만든다. 이 책에는 그가 태어나면서 초, 중, 고등학교를 거쳐 대학에 다니고 있는 지금까지 일상의 단면들이 솔직하고 위트 있게 그려진다. 어떤 부분에 이르러서는 웃음이 터져 나오기도 하고, 또 어떤 부분에서는 눈시울을 붉히게 된다.

특히 자신의 장애와 관련하여 부모, 선생님, 친구, 이웃과 사회에 대한 생각들과 그들이 보여준 행동은 독자들로 하여금 장애에 대해 다시 한 번 생각하게 한다.

〈독서활동 예〉

지도강사		윤정숙, 전오환, 조현진, 이영란 (3조)		
대 상		중학교 1학년 (1차시 : 25분)	일 시	2005. 6. 2.(목)
제 목		아낌없이 주는 나무		
주 제		부모님의 사랑		
목 표		1. 부모님의 사랑을 깨달을 수 있다. 2. 자신의 삶에 적용시켜 감사의 마음을 표현할 수 있다.	준비물	사과모양카드, 사탕, 사과나무그림, 발문챠트
내용	도입	아끼는 것을 남에게 주었던 경험과 그때의 기분을 이야기해 본다.	3분	분위기가 산만하지 않도록 유의함
	전개	1. 내용파악을 위한 발문하기 (수업의 집중과 흥미를 위해서 정답자에게 사탕을 줌)	2분	교사는 그림을 이용하여 이해를 돕는다. 주제와 연관지어 이해시킨다.
		2. 소년이 나무에게서 받았던 것을 순서대로 연결시켜본다. (주제와 연결시켜 소년(자녀)이 받은 것과 나무(부모)가 주는 것을 비교해 본다.)	5분	
		3. 소년과 나무의 인생고개 (그래프를 이용하여 부모님의 사랑과 접목시킨다.)	10분	
	마무리	"아낌없이 주는 ○○○"로 자기 자신이 부모님에게 해주고 싶은 것과 이유 적기(내용은 대상에 맞게 실천 가능한 것으로 유도) 돌아가며 발표한 후 나무에 붙여준다.	5분	〈준비물:사과모양카드〉 조원은 거둬서 나무에 붙임
차시예고		『전쟁은 왜 일어날까?』(질 페로 글/세르주 블로크 그림, 다섯수레)를 읽어온다. (전쟁관련 사진자료, 신문자료 준비해오기)		
참고문헌		『가시고기』(조창인글 밝은세상펴냄), 『인류의 어머니 마더테레사』(김정희글, 이룸펴냄), 『예수님처럼』(맥스 루카도글, 복있는 사람펴냄)		

〈활동1〉

1. 내용파악을 위한 발문

1) '아낌없이 주는 나무'에서 나무는 무슨 나무일까요?
답〉 사과나무

2) 소년은 피곤해지면 어디에서 단잠을 자기도 했습니까?
답〉 나무그늘

3) 소년이 나무의 줄기를 베어서 배를 만들어 멀리 떠났을 때
〔나무는 행복했지만…… 정말 그런 것은 아니었습니다〕 왜 그랬을까요?
답〉 더 이상 줄 것이 없어서 찾아오지 않을 것 같아서

4) 오랜 세월이 지나 소년이 나무에게 다시 돌아 왔을 때 나무가 소년에게 "미안해"라고 말한 이유는 왜일까요?
답〉 더 이상 줄 것이 없었기 때문에

〈활동2〉 → (〈활동4〉 나무 그림을 부분별로 떼어 사실감 있게 표현함)

2. 소년이 나무에게서 받았던 것 순서대로 연결시키기

〈 소 년 〉	〈 나 무 〉
A. 난 물건을 사고 싶고, 신나게 놀고 싶 단 말야. 그래서 돈이 필요해	사과를 붙인다.
B. 아내도 있어야 하고, 자식도 있어야겠 고, 그래서 집이 필요하단 말야	나뭇가지를 붙인다.
C. 배 한 척이 있었으면 좋겠어. 멀리 떠나 고 싶거든. 내게 배 한 척 마련해 줄 수 없겠니?	줄기를 붙인다.
D. 그저 편안히 앉아서 쉴 곳이나 있었으 면 좋겠어. 난 몹시 피곤하거든.	나무 밑동그림을 붙인다.

<활동 3>

• 소년과 나무의 인생고개 •

소년의 성장과정에 따라 소년과 나무의 인생고개의 그래프가 있습니다.

대상	초등학교 5학년		지도강사	김진주
제목	아낌없이 주는 나무		일시	2005년 6월 17일(금)
주제	아낌없이 주는 나무를 읽고 독서토론 하기			

목표	『아낌없이주는 나무』를 읽고 독서토론을 할 수 있다.	시간 30분	자료 및 유의점

| 내용 | 도입 | ·『아낌없이 주는 나무』 중 재미있었던 부분 이야기하기
—각자 발표하기
· 학습문제 알아보기
(토론 진행 방법에 따라 독서 토론을 해 보자)
· 어떤 순서로 공부할 것인지 학습순서를 생각 해보기
1) 토론 주제 정하기
2) 토론의 진행 방법 알아보기
3) 모둠 편성하기(주제별,독후표현방법별 등)
4) 모둠별 토론하기(토론계획및 토론결과 발표 계획
  세우기)
5) 모둠별 토론결과를 다양한 형태로 발표하기
6) 잘된 점과 의문사항 질문하고 답하기
7) 마무리하기 | 5분 | · 삽화와 동화 책의 내용을 연관 시키도록 한 다.
삽화, 캠코더, TV
· 실물화상기 |
| | 전개 | (모둠 '1' 예시).
· 사회자: 지금부터 독서토론회를 시작하겠습니다. 오늘의 토론 주제는 '나무에게서 모든 걸 다 빼앗아 간 청년의 행동을 옳다고 생각하는지'라는 문제를 가지고 토론해 보겠습니다. 여러분의 생각을 자유롭게 발표해 주시되 2분을 초과하지 않도록 해 주시기 바랍니다.
S1:저는 청년처럼 받기만 하겠습니다. 왜냐하면 나무기 때문에 주지 않아도 된다고 생각하기 때문입니다.
S2: 저는 청년이 욕심쟁이라고 생각합니다. 저라면 나무에게도 살아갈 수 있는 힘을 남겨 두었을 것입니다.
S1:나무는 항상 베풀기만 하고도 행복했기 때문에 그걸로 만족하다고 생각합니다.
—중간 줄임—
· 사회자: 이제 우리 모둠의 토론을 이상으로 모두 마치겠습니다.
· T : 각 모둠별로 토론결과를 어떻게 표현할 것인지 의견을 나누어 보고 표현활동을 하여봅시다. | 20분 | · 토론순서에 의하여 진행 되 도록한다.
· 모래시계
· 모둠별 독후 표현 도구 |

		· 각 모둠별 표현활동을 한다. · T : 지금까지 모둠별로 토론한 결과를 다양한 형태로 발표를 하여봅시다 · 모둠별로 토론결과 발표하기 　─인형극으로 발표하기 　─방송극으로 발표하기 　─편지글로 발표하기 　─인터뷰형식으로 발표하기 　─노래로 발표하기 　─그림이나 만화로 발표하기 · 잘 된 점과 의문사항 질문하고 답변하기		
	마무리	· 오늘 토론 발표를 가장 잘한 모둠 선정하기 　─우수 모둠에게 보상하기 · 토론 결과를 정리 및 요약해주기 · 토론 후 느낀점 말하기 　─오늘 토론을 한 후 나무처럼 항상 베푸는 사람이 되어야겠다고 생각했습니다. 　─저는 나무가 베푸는 것은 좋지만 그러나 결과적으로 자기의 잇속만 챙기는 이기적인 사람은 되지 않아야겠다고 생각하였습니다.	5분	
차시예고		· 다음 시간에 독서 토론할 책을 읽고 독서 과제와 토론 주제를 정해오기		
참고문헌		『화성인이 오고 있다』, 홍희진 지음, 아이세움 펴냄 이 책을 선택한 이유는 내용면에서 비슷하다. 둘 다 헌신적인 사랑에 대한 내용이기 때문이다. (학생들에게 읽을 것을 권유)		

오리 사진(도입부분사용)

새끼오리사진(전개1번의 3번)

백조사진(전개1번의 4번)

오리가족사진(전개2번사용)

구박받는 오리그림(전개2번사용)

왕따 당하는 오리그림(전개2번사용)

독서지도 계획안

대상	초등학교 6학년		지도강사	신범수
제목	미운오리새끼(지은이: 안데르센)		지도일시	2005년 5월 31일
주제	친구의 소중함을 알자			
목표	1. 겉모습으로 사람을 판단하지 말자. 2. 우정의 소중함을 알자.			

			시간	준비물
내용	도입	1. 오리의 특징 말해보기. 2. 오리 그려보기. 3. 오리의 종류 말해보기. 4. 오리를 그린 뒤 학생들에게 오리 사진을 보여준다.		노트 연필 오리사진
	전개	1. 미운오리새끼의 내용을 파악하기 위한 퀴즈게임 (선물) 　① 미운오래새끼는 어디에서 태어났나요? 　② 다른 동물들은 왜 미운오리새끼를 괴롭혔을까요? 　③ 미운오리새끼는 나중에 어떠한 모습으로 변하나요? 　　오리새끼 사진을 보여준다. 　④ 백조의 사진을 보여준다.	3분	1.선물(연필) 2.미리 준비한 오리 그림을 칠판에 붙인다. 3. 발표한 아이들에 겐 사탕을 선물로 준다.
		2. 겉모습 때문에 친구를 놀리거나 괴롭혔던 일들을 쪽지에 쓰게 한다. 쪽지들을 오리그림에 붙이고, 몇몇 사례를 발표한다. (발표 후 사람을 겉모습으로 판단해선 안 된다는 점을 얘기 한다. 오리가족의 사진을 보여준 뒤, 구박받는 새끼오리 그림과 왕따 당하는 새끼오리그림을 보여준다.)	5분	
		3. 친구의 도움으로 해결했던 일들을 서로 발표 한다. (나 혼자가 아닌 친구와 함께 하면 어려운 일도 해결할 수 있다는 점을 얘기 한다.)	5분	
	마무리	1. 내가 괴롭힌 친구들에게 사과하는 편지를 쓴다. 2. 우정에 관한 명언들을 읽어준다.	5분 2분	

차시 예고	숙제로 친구들과 같이 재미있었던 일들을 10개 이상 써온다. 숙제 한 것을 바탕으로 친구의 소중함과 왕따에 대해 토의한다.
참고 문헌	『왕따없는 교실』(김문주, 전미영 지음, 문학사상사) 『우정의 거미줄』(E · B · 화이트 지음, 창작과비평사)

대상	초등학교 2학년		담당강사	조천기

제목	미운 오리 새끼

주제	힘든 상황을 참고 이겨내면 행복을 가져온다.

목표	1. 친구를 괴롭히는 것이 나쁜 일이라는 것을 알게 한다. 2. 버림받고 소외된 미운 오리새끼와의 동일시 감정을 통하여 자신의 입장을 포기하지 않고 극복해 가는 강인한 의지 형성을 하게 한다.

내용	도입	**발문하기** 1. 줄거리 게임을 한다. (간단한 줄거리 본문을 나누어 준 후 반 아이들이 돌아가면서 문장을 나누어 읽게 한다. 특정 문장 읽게 된 사람들은 장기자랑 하나씩 하게 한다.) 2. 인물 관계도 (미운오리를 중심에 놓고 주인공과 관련된 여러 인물들을 알맞은 위치에 배치시키게 한다.) **참여 유도하기** 3. 오리 울음소리 내어보기. (오리와 백조의 차이점 설명. 예를들어 백조는 어떻게 울고 어떻게 생겼는지, 오리는 또 어떠한지 설명해본다.)	소요시간 1. 2분 2. 3분 3. 2분 주의사항 선생님의 적당한 시간조절 요함.	참가인원 약 20명
	전개	1. 삽화를 이용하여 내용 설명하기.(미운오리 새끼 스틸 컷 그림을 놓고 그곳에 틀린 내용 삽입, 알맞게 고치게 하고 그 내용들을 순서에 맞게 정렬하여라.) 2. 미운오리 혹은 오리 주변의 인물이 되어 등장인물 혹은 다른 등장인물들에게 편지 써봄으로서 힘든 친구를 걱정하는 마음 갖게 하고 그것을 극복했던 방법들을 살펴본다. 3. 앞에서 이용했던 그림 중 특정 부분 보여주고 알맞은 대화내용을 적어보라고 한다. (4. 만약 미운오리 새끼가 오리들 틈에 있지 않고 백조들 사이에 있었다면 어떠했을지 적어보라고 한다.〈5분〉) ※ 창의활동을 할 때는 음악(백조의 호수)을 틀어준다.	소요시간 1. 5분 2. 5분 3. 5분 주의사항 흥미를 끌되 내용에 대한 확실한 이해를 갖게 한다. 또 창의적인 활동을 할 수 있도록 계속적인 관심을 보이도록 하자.	준비물 연습장, 필기도구
	정리	1. 미운오리 새끼가 되어 자신이 백조라는 것을 알게 되었을 때 기분을 적어보라고 한다. 2. 누군가를 소외시키는 것이 나쁜 일임을 알게 하고 친구들과 사이좋게 지냄을 교육한다.(간단한 이야기와 함께!!—손유회)	소요시간 1. 5분 2. 3분 주의사항 소외된 친구에게 친근하게 다가서는 방법을 몇가지 알려준	준비물 메모장 필기도구

차시예고	방과 후 집에 가서 단짝 친구에게 편지 써오기. 다음 시간에 『문제아』를 읽어오라고 한다.

참고문헌	『문제아』 (선생님이 봐야 할 참고문헌:『미운오리 새끼의 출근』)

<h1>〈 도입 〉</h1>

1. 미운오리 새끼 줄거리 : 줄거리 게임을 한다.

(간단한 줄거리 본문을 나누어준 후, 반 아이들이 돌아가면서 문장을 나누어 읽게 한다. 특정 문장 읽게 된 사람들은 장기자랑 하나씩 하게 한다.)

유난히 크고 보기 싫게 태어난 오리새끼 한 마리가 다른 오리들에게 구박을 받고 키워주던 농가를 뛰쳐나오는데, 숲속의 작은 새들도 상대해 주지 않는다. 어떤 할머니네 집에 들어가 살게 되지만 그 집에서도 고양이와 닭이 못살게 구는 바람에 거리를 방황한다. 얼음으로 뒤덮인 고생스러운 겨울도 지나고 봄이 왔을 때 오리새끼는 저도 모르는 사이에 공중을 날 수 있게 된다. 오리새끼는 사실은 훌륭한 백조의 새끼였다. <u>또 자신이 처한 괴롭고 슬픈 시절을 꿋꿋하게 견뎌내어 되찾은 행복을 결코 자만하지 않고 겸손하게 누리게 된다.</u>

진한 글귀를 읽게 된 아이가 나와서 장기자랑을 하는 등 문장이 아니더라도 특정 단어를 선정하여 그것을 읽게하고 읽게 된 학생은 노래를 부르게 한다. 오리에 관련된 노래(ex: 체리필터 '오리 날다' 등) —문장을 나눠 읽는 습관을 갖게 한다.

2. 인물관계도

다른 오리들, 엄마 오리, 작은 새들, 고양이, 닭, 백조 등의 그림을 그려놓고 아이들로 하여금 인물관계도를 표현하게끔 한다. 시간상 문제가 있으니 무작위 2명 정도 선정하여 지도해본다. 잘한 아이들에게는 칭찬을 해주고 친구들 앞에서 박수를 받게 한다.

3. 오리 울음소리 흉내내기 : 오리 울음소리 내어보기.

(오리와 백조의 차이점 설명. 예를 들어 백조는 어떻게 울고 어떻게 생겼는지, 오리는 또 어떠한지 설명해본다.)

오리 울음소리를 들려주고 오리 울음소리를 흉내 내게 해본다. 자칫 소란스러워질 수도 있으니 짧고 굵게 수업에 집중할 수 있도록 한다.

〈전개〉

1. 삽화를 이용하여 내용 설명하기

(미운오리 새끼 스틸 컷 그림을 놓고 그곳에 틀린 내용 삽입, 알맞게 고치게 하고 그 내용들을 순서에 맞게 정렬하게 한다.)

유난히 크고 보기 싫게 태어난 미운 오리 새끼는 다른 오리들에게 괴롭힘을 당하며 살았습니다.

한 할머니의 집에서 살게 되지만 고양이와 닭이 못 살게 구는 바람에 거리를 방황하게 된답니다.

얼음이 뒤덮이는 추운 겨울날 미운 오리 새끼는 밤하늘을 보며 가족들을 그리워합니다. 그리고 힘들어 하면서 눈물을 흘립니다.

이와 같이 여러 가지 삽화를 준비하여 거기에 맞는 대화 내용을 넣고 순서대로 정렬시켜 보는 등 내용인식에 대한 개념을 확립하도록 한다.

2. 미운오리 혹은 오리 주변의 인물이 되어 등장인물 혹은 다른 등장인물들에게 편지 써봄으로서 힘든 친구를 걱정하는 마음을 갖게 하고 그것을 극복했던 방법들을 살펴본다.

   ex)

안녕 동생(미운 오리).

  나는 너와 몇 년간 함께했던 첫째 오리야. 형으로서 네가 힘들고 어려울 때 도와주지 못하고 오히려 놀려댔던 점 미안해. 사실 나의 마음은 그런 게 아니었는데 주변에서 너의 편을 들면 나까지 왕따가 될까봐 많이 두려웠단다. 하지만 네가 떠난 후에야 난 알았어. 너의 존재가 얼마나 소중했는지를 말이야. 네가 얼마나 변했을지도 궁금하단다. 하지만 무엇보다도 앞으로 너와 만들어갈 추억들을 생각하니까 매우 흥분되고 기대되는구나.

  어서 돌아오렴. 가족들이 널 기다리고 있단다. 모두가 너에게 미안한 마음 가지고 있고 진심으로 뉘우쳤단다. 어서 돌아오렴.

첫째 오리 형이.

3. 앞에서 이용했던 그림 중 특정 부분 보여주고 알맞은 대화내용을 적어보라고 한다.(아이들에게 그림을 나누어주고 알맞은 대화 내용을 적으라고 한 후 무작위〈이름 호명해서 발표〉선정 후 발표하게 한다. 잘하든 못했든 아이에게 칭찬을 해주고 잘못된 점 바르게 잡아준다.)

4. 만약 미운오리 새끼가 오리들 틈에 있지 않고 백조들 사이에 있었다면 어떠했을지 적어보라고 한다.

  힘든 상황을 극복하지 않고 그저 편안하게 살았다면 그토록 자신이 소중한 존재라는 것을 알 수 있었을지 힘들고 어려웠던 일이 미운 오리에게 어떤 도움을 주었는지 깨닫게 한다.

〈정 리〉

1. 미운오리 새끼가 되어 자신이 백조라는 것을 알게 되었을 때 기분을 적어보라고
한다.

2. 누군가를 소외시키는 것이 나쁜 일임을 알게 하고 친구들과 사이좋게 지냄을 교
육한다. (간단한 이야기와 함께!! ―손유희)

• 책 소개

안데르센동화―05. 미운 오리 새끼
한스 크리스티앙 안데르센 저
김종순 편역 / 심만기, 이종철 그림
| 문이재 | 2002년 10

원작 : 안데르센

1805년 덴마크 오덴세에서 태어났으며, 열다섯에 배우가 되려고 코펜하겐으로 갔
으나 꿈을 이루지는 못하고 왕립극장 단장인 요나스 콜린을 만나 코펜하겐 대학에서
공부할 수 있는 기회를 얻게 되었다. 대학생 때부터 시를 쓰기 시작해서 자전적 소설
인『즉흥시인』으로 유럽 여러 나라에 이름이 알려지기 시작했다. 첫 동화집『어린이
를 위한 동화집』을 시작으로 하여 몇 해 걸러 꾸준히 새로운 동화집을 출간해서 모두
161편의 동화를 썼다. 안데르센의 동화는 입말투를 쓰면서도 시적인 품격을 잃지 않
는 문체로, 당시의 딱딱한 문어체 중심의 문학에 충격을 주었고 오늘날에도 옛이야기
재화 작가들에게 크게 영향을 끼치고 있다. 1875년에 세상을 떠났지만 지금도 안데
르센의 동화는 해마다 수많은 예술가들이 연극, 영화, 무용, 그림책의 형태로 새로이
부활시켜 내고 있다.

중학년 독서지도 수업안

지도강사: 송자은, 신범수, 김선영, 김소정, 이소희			
대 상	중학교 2학년	일 시	2005
제 목	인어공주		
주 제	나를 보여주는 용기		
목 표	1. 자신의 마음을 전달하는 용기를 심어준다. 2. 진실한 인간관계가 이루어지도록 한다.		〈준비물〉 차트, 인어그림판, 한지종이, 선물
내 용	〈도입〉 차트의 6가지 문제를 맞히며 인어공주의 내용을 재확인 시켜 준다. 〈전개〉 발문1. 인어공주는 왜 사람이 될 수 없었을까요? 　　　—사람이 아니었으므로. *인어공주의 본모습을 강조. 발문2. 그런데 왜 인어공주는 사람이 되려고 했죠? 　　　—왕자를 사랑하지만, 인어인 자신을 왕자가 좋아해주지 않을 　　　까봐. *진실을 보여주지 못한 인어공주 강조. 발문3. 인어공주는 왜 물거품이 되어 녹아 버렸나요? 　　　—고백을 하지 못한 인어공주는 결혼을 한 왕자를 죽이지 못 　　　했기 때문에. *사랑하는 마음을 고백하지 못한 용기 없는 인어공주 강조. *발문하기는 지도강사가 임의대로 하도록 함. 용기를 내어 자신의 마음을 표현해야 하는 중요성을 각인시켜 준다.(활 동수업에 들어가기 전에 먼저 주제를 한 번 더 명시.) 아이들에게 종이를 나눠주고, 그 안에 마음을 전하고 싶은 사람에게 20자 내외로 하고 싶은 말을 적게 한다. 아이들이 쓴 종이를 모두 거두어 인어그림판 꼬리부분에 붙인다. 그 중 3~5명 학생의 내용을 임의로 발표하게 한다.(6하 원칙에 입각해 물어본다.) 디즈니 만화영화 '인어공주'의 마지막장면을 파워포인트로 보여주며 만 화 속 인어공주가 용기를 내서 고백한 후, 해피엔딩으로 끝났듯 우리도 용기를 내서 자신을 보여준다면 진실한 인간관계가 이루어질 수 있을 것이라는 메시지를 주고 정리한다. 〈마무리〉 오늘 마음을 고백한 사람에게 24시간 안에 진심을 담아 편지를 쓰게 한다.		〈주의사항〉 종이를 나눠주고 거둘 때 조원들이 신속히 움직여서 시간이 지연되지 않도록 주의한다. 아이들이 발표할 때 너무 길지 않도 록 지도강사가 알 맞게 조절한다. 임의로 발표를 시 킨 아이들에게 자 신의 마음을 숨김 없이 보여줘서 선 물을 주는 것이라 고 지도 강사가 명 시해 줘야 한다.
차시 예고	『문제아』, 『빨간 머리 앤』		
참고 문헌	'아기돼지 삼형제'에 대해 읽어 오세요. '아기돼지 삼형제'가 지은 세 가지의 집을 직접 그려와 보세요. 다음 시간에는 준비하는 사람에 대한 주제로 만나요.		

※ 수업 전반적인 흐름

◎ 선생님 등장한다.

◎ 반장(범수)이 인사를 한다.

◎ 오늘 인어공주 동화를 가지고 할 내용들을 제시

　—오늘 이 시간에 할 독후활동은 첫 번째, 인어공주의 모든 것을 알아봅시다.

　　두 번째, 인어공주의 인물 관계도를 통하여 전반적인 내용을 확인해 봅시다.

　　세 번째. 독후활동으로서 인어공주 꼬리그림을 통해 용기를 표현하는 시간을 가져봅시다.

　　네 번째, 마지막으로 인어공주 만화영화를 통해 교훈과 오늘 배울 주제를 다시 한 번 되새겨 봅시다.

◎ 본격적인 수업 시작

　—인어공주 동화 여러분들 다 읽어 오셨죠?

　　그럼 오늘 인어공주 동화를 통해 얼마나 잘 읽어 왔는지 확인하는 시간을 갖도록 합시다.

（차트 도우미: 소희）

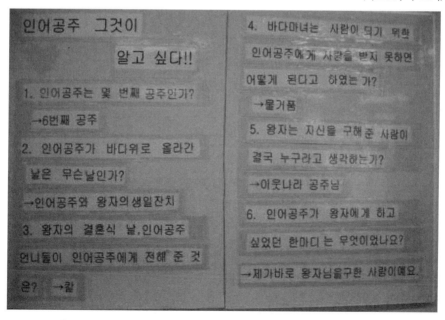

여러분들 이 차트를 통해서 인어공주의 모든 것을 알아보는 시간을 가져봅시다.
그럼 먼저 1번 문제를 풀어 볼까요?

▶ 1번 문제 나갑니다.

1번. 인어공주는 몇 번째 공주일까요? → 정답은 6번째 공주

누가 한번 이 문제를 풀어볼까요?

질문에 대답한 학생 중에 틀린 답이 있을 경우에는 자연스럽게 근접하게 다가올 수 있도록 유도한 뒤에 정확한 답을 얻어낸다.

만약 바로 정답을 맞게 대답할 경우에는 다시 한 번 질문을 읽고 답을 제시해준다.

▶ 다음 2번 문제 나갑니다.

2번. 인어공주가 바다위로 올라간 날은 무슨 날일까요?

→ 정답은 인어공주와 왕자의 생일잔치

1번 문제와 동일하게 답에 접근할 수 있도록 유도한다.

▶ 다음 3번 문제 나갑니다.

3번. 왕자의 결혼식 날 인어공주 언니들이 인어공주에게 전해준 것은 무엇이었을까요? → 정답은 칼

3번 역시 1번문제와 동일하게 답에 접근할 수 있도록 유도한다.

▶ 다음 4번 문제 나갑니다.

4번. 바다마녀는 사람이 되기 위한 인어공주에게 사랑받지 못하면 어떻게 된다고 하였을까요? → 정답은 물거품

4번 역시 1번 문제와 동일하게 답에 접근할 수 있도록 유도한다.

▶ 다음 5번 문제 나갑니다.

5번. 왕자는 자신을 구해 준 사람이 결국 누구라고 생각했을까요?

→ 정답은 이웃나라 공주님

5번 역시 1번 문제와 동일하게 답에 접근할 수 있도록 유도한다.

▶ **마지막 6번 문제 나갑니다.**

6번, 인어공주가 왕자에게 하고 싶었던 한마디는 무엇이었을까요?

→ 정답은 '제가 바로 왕자님을 구한 사람이에요.'

6번 역시 1번문제와 동일하게 답에 접근할 수 있도록 유도한다.

그리고 여기에서 다시 주제를 강조하여 이렇게 말한다.

―여러분들 오늘 배울 주제인 나를 보여주는 용기처럼 역시 인어공주 또한 용기를 내어 왕자에게 '왕자님을 구한 사람이 저예요' 라고 말하고 싶었을 거예요!

그리고 또 다른 친구들이 말한 '사랑한다'는 말과 '내꺼야' 라는 말 등 여러분들이 발표한 내용들도 모두 용기 있는 표현이 될 수 있겠죠?

◎ 인어공주 내용을 다시 한 번 정확하게 제시해 주기 위해서 인물 관계도를 보여준다.

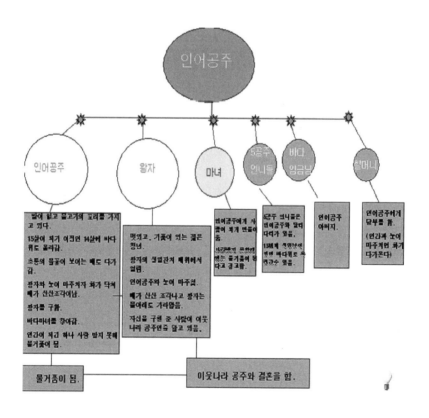

—그럼 이 분위기를 계속 이어가 독후 활동을 하도록 하겠습니다.

여러분들 지금 칠판에 붙여진 인어공주 그림 보이시지요? 여러분들이 지금 할 독후 활동을 이 그림 속에 있는 인어공주의 꼬리부분에 그동안 자기 자신이 표현하지 못했던 용기들로 가득 채워보는 시간을 가져보도록 하겠습니다.

먼저, 선생님들이 여러분에게 종이를 나누어 줄 거예요!

(종이 분배 도우미: 자은, 소영, 소희)

여러분들이 그동안 용기 있게 표현하지 못했던 일들을 20자 내외로 적어 보는 시간 입니다. 혹시 무얼 적을까? 라는 생각을 하는 사람이 있을 테니깐 선생님이 예를 들어 설명해 줄게요.

선생님 같은 경우에는 초등학교 시절에 친구가 크게 다툰 적이 있었어요.

그런데 선생님이 자존심이 강해서 먼저 선뜻 '미안해!' 라는 말을 전하지 못해서 사이가 멀어진 적이 있었어요. 만약 그때 선생님이 먼저 "미안해"라고 말했다면 지금까지 연락 하면서 좋은 친구사이로 지내고 있을 거예요.

이처럼 여러분들도 그동안 용기 있게 하지 못했던 이야기들을 금방 나누어준 종이에 적어 가면 되요.

그럼 한번 2분 내에 20자 내외로 자신의 마음을 표현해 봅시다.

◎ 확인 작업
– 다들 적었나요? (종이 수거 도우미 : 자은, 소영, 소희)

◎ 나누어준 종이를 칠판에 있는 인어공주 꼬리 그림에 붙일 동안에 왜 인어공주의 얼굴, 머리, 상체를 제외한 꼬리부분에 붙이는지 설명해 준다.

여러분들 왜 선생님이 인어공주의 얼굴, 머리, 상체를 제외한 꼬리부분에 붙였는지 아세요? 왜냐하면 인어공주가 용기 있게 왕자님에게 고백하지 못하고, 자신의 외형적인 모습에 왕자님이 거절하거나, 놀랄까봐서 용기 있게 표현하지 못했어요. 그래서 선생님은 여러분들이 독후 활동 시간을 통해서 용기 있는 표현을 통해서 인어공주 꼬리 부분에 용기를 가득 실어 주기 위해서예요.

◎ 인어공주 꼬리에 학생들이 적은 메모지가 다 붙은 걸 확인하고, 꼬리에 붙여진 메모들 중 몇몇 아이들을 시킨다.

2명 또는 3명 ▶ 시간을 확인해 보고 시간이 여유가 있으면 발표를 원하는 친구들 몇몇을 추가로 더 시킨다.

◎ 발표가 끝나면
자~금방 발표한 친구들의 용기 있는 표현에 다시 한번 박수를 쳐줍시다.
그리고 선생님이 오늘 발표한 친구들의 용기 있는 표현에 대해서 정말 용기 있다고 생각해요. 그 용기에 감동 받아 선생님 이 초콜릿을 줄게요.
꼭 용기 있게 가서 말하세요!
그리고 발표를 하지 못한 친구들 또한 용기 있게 표현한 것에 대해 박수 한번 쳐줍시다.

나의 1년 수업안

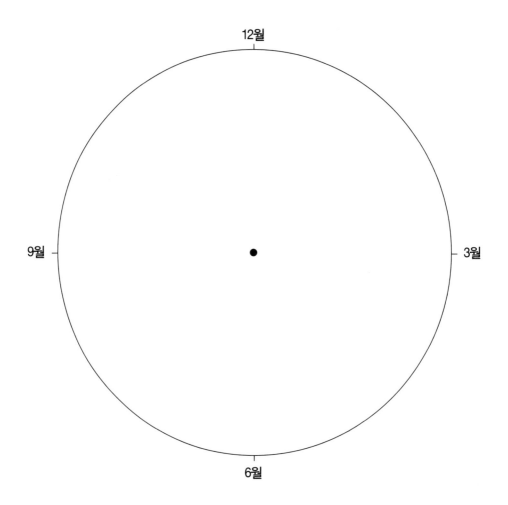

12월

9월

3월

6월

책 읽고 서른 고개

1. 이 책은 올해 읽은 ( )번째 책입니다.			
2. 책 제목은? 너도 하늘 말라리야		3. 출판사는?	4. 누가 썼나요?
5. 모두 몇 쪽이야? 쪽		6. 얼마 동안 읽었니?	월 일~ 월 일
7. 이 책을 몇 번째 읽었어?( )번째		8. 책을 샀니? (서점) 빌렸니? (에게)	
9. 책의 장르는?			
① 동화 ② 위인(인물) ③ 과학 ④ 시집 ⑤ 사회 및 역사 ⑥ 명작 ⑦ 경제 ⑧ 수필			
10. 이 책을 왜 읽게 됐지?			
11. 책 표지의 느낌은 어땠어?			
12. 이 책의 중심인물(내용)은 누구야(무엇이야)?			
13. 가장 중요한 사건은 무엇이었니?			
14. 인물들의 성격은 어떤 거 같니?			
15. 이 책에서 가장 기억에 남는 표현에는 어떤 것이 있을까?			

16. 이 책에서 가장 마음에 드는 부분은?	
17. 나의 경험과 비슷한 점은?	
18. 이 책과 비슷한 내용이라고 느낀 책은?	
19. 이 책을 읽고 24시간 안에 실천할 수 있는 일에는 뭐가 있을까?	
20. 주인공에게 하고 싶은 말은 뭐야?	
21. 책을 읽고 궁금한 점은 없었어?	
22. 이 책을 쓴 사람에게 하고 싶은 말이 있으면 해봐.	
23. 만약 제목을 바꿔 본다면 뭐가 좋을까?	
24. 책을 읽으면서 가장 이해할 수 없었던 부분은 어디야?	
25. 이 책을 읽고나서 읽고 싶어진 책은 없었니?	

26. 이 책을 읽으면서 참고한 자료를 무엇이 있었어?	
27. 이 책을 소개해주고 싶은 사람이 있니? 어떤 사람이 읽으면 좋을까?	

28. 이 책을 읽으면서 새로 알게된 낱말을 조사해 보자.

29. 아무도 못 맞출 깜짝 퀴즈를 내보자. 정말 꼼꼼하게 읽지 않으면 맞출 수 없게 말이야.	

30. 수고했어. 마지막 질문이야. 이 책을 읽고 어떤 독후활동을 해보면 좋을까?

지도강사: 신선환			
대상	초등학교 4학년	**일시**	2005. 6. 11(토)
제목	아낌없이 주는 나무 / 쉘 실버스타인		
주제	베푸는 것의 의미		
목표	1. 나도 아낌없이 주는 나무가 되자. 2. 받는 사랑보다 주는 사랑의 아름다움을 알자.		
내용	**도입**	*발문하기: 1.나무가 소년에게 베풀었던 것을 순서대로 말하기 　　　　　　2.소년과 같은 경험을 한 적이 있었는가?	5분
		*기자재를 이용해 아낌없이 주는 나무 플래시를 함께 본다.	2분
		*줄거리 5줄 이내로 요약해서 발표해보기(줄거리를 정확히 파악하는 데에 도움이 된다)	6분
	전개	*역할극—두 명씩 짝을 지어 한명은 나무가되어 한 명은 소년이 되어 상대방의 입장에서 대화해보자.(한없이 주기만 했던 나무. 그리고 한없이 받기만 했던 소년. 두 입장을 정확히 알 수 있도록)	6분
		*내가 소년이 되어 나무에게 편지 써보기—(사과열매와 나무 가지에 편지를 써서 나무 몸통에 하나하나 다시 붙여준다.)	6분
	정리	*내가 도움을 줄 수 있는 사람을 생각해보자. (24시간 안에 그 사람에게 해줄 수 있는 일이 무엇인지 적어보자. 그리고 활동에 옮겨보자. 실행했던 일 다음 수업 시간에 이야기 해 보자.)	5분
차시 예고	『파인애플 스토리』(나침반),『백설공주를 사랑한 난장이』(여름솔)		
참고 문헌	다음 시간에는 과학에 관한 독서토론을 합니다. 평소 즐겨 읽던 과학에 관한 책을 가져와서 친구들에게 줄거리를 소개해 주세요. 그 다음 주 수업할 책은『별똥별아줌마가 들려주는 우주이야기』입니다. (미리 준비해 두세요!^^)		

지도강사	언어문화학부(한국언어문학)200311001강미희		
대상	초등학교 6학년		
제목	나의 라임 오렌지 나무		
주제	책을 읽고 나의 의견을 정리하여 다른 사람과 토론하기		
학습목표	토론 주제에 대한 나의 의견을 정리하여 다른 사람과 자유롭게 토론할수 있다.	시간	준비물 및 유의점
내 용	도입	1. '나의 라임 오렌지 나무' 삽화를 보여준다. 2. 책 내용에 대한 퀴즈 문제 풀이를 하여보자.	5분	OHP1 OHP2 OHP3
	전개	1.책을 읽은 내용을 발표해 보자. 2.토론할 내용을 정하여 토의하여 보자. 3.토론한 내용을 발표해 보자. (1.내가 제제라면 2.내가 나무라면 3.내가 뽀르뚜까 아저씨라면)	20분	토론할 내용을 중심으로줄거리 발표 유도 독서토론 학습지 준비
	마무리	1.친구들의 발표를 듣고 나의 의견을 말하여 보자. 2.주인공 '제제'에게 해주고 싶은 말을 하여 보자.(내가 지은이라넌 바꾸고 싶은 내용 은?)	5분	교사가 결론을 내리지 않는다.
차시예고	『갈매기의 꿈』 읽어오기		
참고문헌	『어린왕자』(생텍쥐베리), 『갈매기의 꿈』(리처드 바크)		

♡ 음식을 골고루 먹어야 몸이 건강하듯이, 책도 골고루 읽어야 맘과 생각이 튼튼해진단다. 나는 어떤 류의 책을 많이 읽는지 한 번 조사해 보자.

	동화	위인(인물)	과학	사회·역사	명작	경제	수필	만화
19								
18								
17								
16								
15								
14								
13								
12								
11								
10								
9								
8								
7								
6								
5								
4								
3								
2								
1								

☆ 난 한 달에 책을 몇 권씩 읽고 있을까?

계												
20												
19												
18												
17												
16												
15												
14												
13												
12												
11												
10												
9												
8												
7												
6												
5												
4												
3												
2												
1												
	1월	2월	3월	4월	5월	6월	7월	8월	9월	10월	11월	12월

지도강사	김 선영		
대상	(여)고등학교 2학년	일시	6월 16일

제목	인어공주

주제	성에 대한 고정관념을 깨트리자.

목표	1. 동화를 통해 과거의 여성상을 알아본다. 2. 21세기에 지향해야 할 바람직한 여성상을 확립시킨다.

내용	〔도입〕 1. 퍼즐 판을 통하여 인어공주의 내용을 재확인시킨다. 〔전개〕 1. 발문을 통하여 인어공주 속의 여성상에 대해 알아보게 한다. 2. 인어공주가 되어서 자신을 표현하게 한다. 〔정리〕 1. 21세기의 여성관을 통하여 인어공주를 각색하도록 한다.	〈준비물〉 퍼즐 판, 선물 〈준비물〉 선물, 의자 〈주의사항〉 ·주제에 어긋나지 않도록 적절히 유도한다. 〈준비물〉 펜, 메모지

참고문헌	『백설공주』, 『신데렐라』 등.

차시예고	『오즈의 마법사』를 읽은 후 A4용지에 독후감을 써오도록 한다.

퍼즐 판]

1)절			2)인	식		3)결
10)반	4)인	반	어		11)미	혼
	간		공			식
			12)주	5)인	공	
6)왕		7)환		정		8)목
13)자	기	회	9)생			소
			명		14)다	리

가로 문제]

2) 우리가 인어공주를 공부하는 이유는 성에 대한 OO의 변화를 위해서다.
   사물을 이해하고 판별하는 마음의 작용을 의미해요.

10) 인어공주처럼 반은 사람이고 반은 물고기를 뭐라고 하죠?

11) 결혼하기 전의 왕자는 OO남이죠? 여러분은 OO녀예요.

12) 중심인물. "세상의 OOO은 바로 나."

13) 남을 위하여 자신의 목숨을 아끼지 않는 것은?
   왕자를 위하여 자신의 목숨을 버린 인어공주에게서 볼 수 있죠.

14) 마녀에게 이것을 얻게 되죠?

세로문제]

1) 인어공주의 OO은 꼬리이죠? 하나의 반을 의미하기도 합니다.

2) 오늘 우리가 공부하는 동화는 무얼까요?

3) 왕자의 OOO에서 인어공주는 거품이 되고 말았어요.

4) OO이 되고 싶었던 인어공주.

5) 마녀에게 OO이 있었더라면 인어공주는 거품이 되지 않았겠죠? 남을 도와주는
   따듯한 마음을 일컬어요.

6) 처음 올라간 육지에서 인어공주는 누굴 보나요?

7) 육지로 올라온 인어공주. 분명 OO에 빠졌겠죠? 크게 즐거워하고 기뻐한다는 의
   미의 두 글자.

8) 마녀에게 건네준 것은 무엇인가요?

9) 사랑 때문에 인어공주는 OO을 포기했어요.

살아있기 위한 힘의 바탕이 되는 거예요.

발문하기]

1) 인어공주의 내용 중에 어느 부분이 제일 중요하다고 생각하는가? 왜?

2) 바닷가에서 왕자를 구했을 때 자신을 드러냈다면 어떻게 되었을까?

3) 인어공주가 왕자를 죽였다면 그 결과는 어떠할까?

4) 인어공주가 이외의 다른 결정을 내릴 수는 없었을까?

5) 만일 네가 이 이야기의 주인공이라면
   왕자를 죽이고 다시 인어가 될 것인가? 아니면 똑같이 거품이 될 것인가?

6) 인어공주를 읽고 특별히 생각나는 일이나 사람은 없는가? 누구인가?
   어떤 점에서 그러한가?

수업시간

· 이야기 할 동화의 제목을 이야기할 때 도서를 직접 가져와 보여준다.
· 처음에 주제를 정확히 제시해준다.
· 또한 수업을 하면서 가끔씩 주제를 언급하여 주제에서 벗어나지 않도록 한다.
· 아이들에게 목표를 읽히게 하면서 우리가 배울 것이 무엇인지를 확인시킨다.
· 퍼즐 판은 칠판에 그리는 것보다는 스티커형식으로 제작하여, 아이들의 호기심
  을 유발하고 동시에 학습효과를 높이도록 한다.
· 퍼즐을 끝낸 후, 맞힌 사람에게는 조그만 선물을 주도록 한다.(사탕이나 초콜릿 등)
· 산만할 수 있는 선물주기를 발문을 통하여 자연스럽게 수업으로 유도한다.
· 발문은 상황에 따라 변경, 첨가, 탈락 될 수 있다.
· 발문이 끝이 난 후 희망자를 선정하여 교단 옆의 의자에 앉힌다.
· 바닷가에서 왕자를 구하는 상황, 마녀의 집에 찾아간 상황, 왕자를 만난 상황, 왕
  자의 침실에서 칼을 들고 서 있는 상황 등의 인어공주를 설정하여 자유롭게 문답

하도록 한다.

· 문답한 학생 모두에게 선물을 주며 제자리에 앉히도록 한다.

· 자신만의 생각으로 인어공주를 각색하도록 하며, 시간이 없을 경우 과제로 내도록 한다.

· 참고문헌 『백설공주』와 『신데렐라』에서 여성성이 어떻게 제시되고 있는지 생각하게 한다.

· 차시예고 『오즈의 마법사』는 화폐제도를 풍자하는 동화이다. 이를 간략히 설명한다.

· 독후감은 리포트 형식이 아닌 순수하게 느낀 점만을 써오도록 지적해준다.

독서지도 계획표

지도강사				
대 상	고등학교 1학년	일 시	2005. 6. .	
제 목	콩쥐·팥쥐(신데렐라 계열 모티프 접근)			
주 제	여성들이 남성에게 의존하려는 심리에서 탈피하자.			
목표	1. 콩쥐·팥쥐(신데렐라 계열)류의 이야기 특성을 비교할 수 있다. 2. 자신의 능력을 찾아 자립의지를 키울 수 있다.	준비물	〈나의 꿈〉 활동지, 필기도구	

내용	도입	10년 후, 자신의 모습이 어떻게 될 것 같은지 말해본다. (10년후 자신의 모습 상상하여 말해보기를 통해 내면 속의 신데렐라콤플렉스를 알아본다.)	5분	분위기가 산만하지 않도록 유의함
	전개	1.콩쥐·팥쥐에서 콩쥐의 의존적 모습을 말해본다. (교사는 신데렐라콤플렉스 부분으로 접근할 것)	5분	학생들이 자유롭게 생각을 말하게 한다.
		2.각 나라의 고전에서 신데렐라콤플렉스가 어떻게 나타나는지 공통점을 찾아본다.	10분	교사는〈전개2〉를 통해 학생들이 알고 있는 고전내용을 다시 확인 함
		3.현대판 신데렐라콤플렉스가 나타나는 현상을 영화매채를 통해 이야기해 본다.(영화의 내용을 간략히 설명해주고, 학생들이 본 영화도 이야기할 수 있도록 한다.)	10분	교사는〈전개3〉을 통해 주제와 연관지어 이해시킨다.
	마무리	자신의 특기를 살려 장래의 꿈을 A4용지 1장 분량으로 적어보기(돌아가며 발표한다.)	10분	구체적이고, 적극적인 꿈을 발표한 학생을 격려한다.

차시예고	이윤기의『그리스로마신화』1편 / 이윤기 저, 웅진닷컴 펴냄 (책을 읽고, 1편에 등장하는 신 이름을 적어온다.)
참고문헌	1.『신데렐라 천년의 여행』/ 주경철 저, 산처럼 펴냄 2.『바보온달』(온달 컴플렉스 계열류) / 이현주, 김호민 저, 우리교육 펴냄

〈전개2〉

• 신데렐라콤플렉스가 나타나는 각 나라 고전 알아보기

나　라—고전문학	간단한 내용	공통점
한　국—콩쥐 · 팥쥐		· 등장인물 및 상황은 조금씩 달라도 고생 고생하던 심성 고운 여성이 귀인의 도움을 얻어 돈과 권력을 갖춘 남성과 우여곡절 끝에 결혼, 행복하게 살게 된다는 이야기. · 각국의 내용으로 공통적으로 전해오는 대표적인 민담. · 여성의 신분상승의 대명사
중　국—섭한		
프랑스—신데렐라 　　　—잠자는 숲 속의 공주		
독　일—아셴푸텔, 엄지공주 　　　—백설공주, 라푼첼		
러시아—부레누슈카		
필리핀—마리아		
베트남—할로		

* 신데렐라 계열의 이야기는 전 세계에 1,000여점이 넘는 고전으로 전해져 내려오고 있으며, 상황은 달라도 구조적으로는 비슷한 공통점을 가지고 있다.

〈전개 3〉

• 현대판 신데렐라콤플렉스가 나타나는 유형 알아보기

영화	간단한 내용	공통점
프리티우먼 (18세관람), 1990, 미국	매력적인 독신남 에드워드(리차드 기어)는 중대한 회사면담에 데리고 갈 여자 비비안(줄리아 로버츠)을 일주일동안 파트너로 고용한다. 그의 파트너가 된 비비안과 사회적 신분을 뛰어넘어 맺어지게 된다.	
내 남자친구는 왕자님(12세관 람), 2004	의사의 꿈을 이루기 위해 공부만 전념하는 평범한 여대생 페이지. 바로 같은 과에 왕자병 증세가 심한 에드워드가 있다. 무엇 하나 빠지지 않는 그에게 항상 파파라치가 따라붙고, 나중에 알고 봤더니 그는 바로 진짜 왕자님.	
신데렐라 스토리 (15세관람), 2004, 미국, 캐나다	고교졸업을 앞둔 여고생 샘 마틴은 아빠가 돌아가신 후 자기를 가족보다는 하인처럼 생각하는 못된 계모와 그녀의 딸들과 함께 한집에서 살아간다. 프린스톤 대학에 진학하는 것이 희망인 그녀의 고된 하루 중 가장 달콤한 시간은 우연히 알게 된 익명의 '프린스 챠밍'과 인터넷과 핸드폰 채팅이었는데…….	·현대화, 대중화한 신데렐라 스토리로써 여성이 결혼(교제)을 통해 이룬 신분의 수직상승 등 세속적 성공이 주된 관심사인 내용.
에버 애프터 (12세관람), 1999	16세기 프랑스 어느 시골마을. 어머니를 여의고 자상한 아버지의 사랑속에 자라던 다니엘. 어느날 새엄마와 두 딸이 들어온다. 그 후, 아버지는 심장마비로 세상을 떠나고 다니엘은 궂은 일만 하게 된다. 그러던 중 다니엘은 계모가 팔아버린 시종을 찾으러 궁전으로 찾아 나서고 우연히 왕자의 눈에 띄게 된다.	
늑대의 유혹 (12세관람), 2004, 한국	시골에서 갓 상경한 느낌을 풍기는 한경(女). 서울에서 엄마와 함께 살기 위해 서울의 고등학교로 전학을 온다. 그 학교에는 소문난 킹카가 항상 여자들을 구름처럼 몰고 다닌다. 또 하나의 남학생은 바로 옆 학교에서 인기짱인 남자아이. 두 남자의 관심을 한 몸에 받게 되는 보통녀의 이야기.	
사브리나 (15세관람), 1954, 미국	샤뮤엘 테일러의 희곡을 테일러 자신과 감독인 빌리 와일더가 영화화. 부잣집의 운전수 딸로 처음에는 촌닭 같았다가 주인집의 배려로 파리에서 교육을 받고 멋진 아가씨로 탈바꿈을 한다. 그녀를 사랑하는 세 명의 서로 다른 형제들의 이야기.	
러브 인 맨하탄 (12세관람), 2002	매니저 승진을 꿈꾸는 호텔 직원 마리사는 우연히 생긴 오해로 유력한 상원의원 후보이자 뉴욕 최고의 인기남인 크리스토퍼 마샬의 데이트 신청을 받게 된다. 한순간이지만 마치 다른 세상에 온 것 같은 달콤한 경험을 하게 된 마리사. 하지만 12시가 되기 전에 집으로 돌아가야 하는 신데렐라처럼 마샬과의 만남이 계속될수록 난처한 입장에 처하게 되는데…….	

• 마무리 활동

—신데렐라 이야기의 기원이 어린이들에게 자라면서 마주하게 될 성과 폭력의 문제를 미리 대비하고, 조화롭게 해결할 수 있도록 이끌기 위한 시작으로 보는 교육적 관점이 있음을 주지시킨다.

—자신의 특기를 적어보고, 장래 희망과 연결시켜 작성한다.

• 나의 꿈 적어보기

〈비고〉 구체적이고, 적극적으로 꿈을 표현할 것.

〈4조 독서지도계획안〉

대상	초등학교 6학년	담당강사	조천기 선생님(여철수, 신선환, 최성희 선생님)		
제목	콩쥐·팥쥐				
주제	착한 마음씨는 행복을 가져온다.				
목표	1. 착한 마음을 가지고 바르게 살자 2. 친구들에게 도움을 줄 수 있는 사람이 되자				
내용	도입	발문하기 1. 줄거리(간단히 축약한 내용)를 설명. 이때 특정단어 나올때 박수 치기(ex: 콩쥐라는 단어 나올 때마다 박수 치기) 2. 인물 관계도(인물에 대한 설명을 표에 써놓고 학생들에게 설명에 알맞은 등장인물과 연결시켜보라고 한다.) 참여 유도하기 3. 율동(강사는 시범을 보이고 학생들은 앉아서 손 유희 수준으로 따라 해본다.)	소요시간 1. 2분 2. 3분 3. 2분	참가인원 약 20명	
			주의사항 선생님의 적당한 시간 조절 요함.		
	전개	1. 퀴즈를 통한 콩쥐·팥쥐 내용 파악하기. 2. 콩쥐·팥쥐 이야기 신문기사로 만들어봄으로서 착한 마음을 가지고 바르게 사는 것의 중요성을 알게 한다. 3. 콩쥐·팥쥐 뒷이야기를 다양하게 창작해 보고 1~2명 정도 발표 한 후에 선생님이 실제 뒷이야기를 이야기 해준다. (4. 콩쥐에게 저지른 일들이 과연 팥쥐·배씨만의 잘못인지 토론해본다. 갑작스러운 상황이 일어날 경우 대처수업〈5분〉)	소요시간 1. 5분 2. 5분 3. 5분	준비물 연습장, 필기도구	
			주의사항 흥미를 끌되 지나친 경쟁 분위기 만들지 말자. 창의성 위주로 하되 올바른 개념확립 확인하자.		
	정리	1. 팥쥐(계모 배씨)가 되어 콩쥐에게 편지 써보기.(꽃신에 담고 무작위로 뽑아 발표하게 한다) 2. 누군가에게 상처주면 얼마나 가슴 아프고 나쁜 일인지 알게 하며 친구들에게 도움을 주는 사람이 되게 하도록 교육한다.(간단한 이야기와 함께!!)	소요시간 1. 5분 2. 3분	준비물 메모장 필기도구	
			주의사항 모든 계모가 나쁘다는 고정관념 갖지 않게 교육시 주의.		
차시예고	방과 후 집에 가서 신데렐라(전 시간에 배운 내용)와 콩쥐·팥쥐 비슷한 점 찾아 오기. 『장화·홍련』을 읽어오기.				
참고문헌	신데렐라				

〈도입〉

1. 콩쥐·팥쥐 줄거리

조선 중엽 전라도 전주 부근에 사는 퇴리(退吏) 최만춘은 아내 조씨와 혼인한 지 10여 년 만에 콩쥐라는 딸을 두었다. 그러나 콩쥐가 태어난 지 100여일 만에 조씨가 세상을 떠나자 최만춘은 과부 배씨를 후처로 맞아들였다.

계모는 자기 소생인 팥쥐만을 감싸고 전처소생인 콩쥐를 몹시 학대하였다. 산비탈의 돌밭매기, 밑 빠진 독에 물 붓기, 베 짜고 곡식 찧기, 등의 어려운 일을 시켰다. 그때마다 검은 소, 두꺼비, 직녀선녀, 새떼 등이 나타나 콩쥐를 도와주었다. 뿐만 아니라 직녀선녀가 준 꽃신 덕분에 원님과 혼인하게 되었다.

2. 등장인물〈인물 관계도〉

▶ 최만춘: 콩쥐의 아버지로서 배씨의 꾀임에 넘어가 콩쥐를 구박함.

▶ 아내 조씨: 콩쥐를 낳고 100일만에 세상을 떠남.

▶ 콩쥐: 최만춘과 아내 조씨 사이에서 나온 아이. 마음이 곱고 얼굴도 곱고 일도 잘한다. 직녀별이 준 꽃신을 잃어버린다.

▶ 팥쥐: 배씨의 딸로 얼굴도 못생기고 욕심이 많으며 콩쥐를 괴롭힌다. 꽃신을 억지로 신으려다 망신만 당한다.

▶ 배씨: 콩쥐의 계모로 친딸인 팥쥐만 예뻐하고 콩쥐를 못살게 괴롭힌다. 콩쥐에게 궂은 일들을 시킨다.

▶ 원님: 콩쥐가 잃어버린 꽃신을 주워 주인을 찾으러 다님. 꽃신의 주인인 콩쥐를 만나 혼인을 하자고 한다.

▶ 직녀별: 베를 짜주고, 비단옷과 댕기, 꽃신을 주었다.

▶ 검은소: 쇠호미와 먹음직스러운 과일들을 주었다.

▶ 두꺼비: 구멍 난 독을 등으로 막아주었다.

▶ 참새 떼: 벼 석 섬을 쪼아서 껍질을 벗겨주었다.

3. 율동(노래를 함께 해야 한다.)

콩쥐는 어려서 엄마를 잃고요.
계모와 팥쥐에게서 구박을 당했더래요.
콩쥐 콩쥐 힘을 내라 얼마나 힘들었을까?
콩쥐 콩쥐 힘을 내라 <u>4조</u>가 있잖아.

율동 + 노래를 함께 해야 한다.
밑줄에 자신의 이름이나 콩쥐에게 도움을 줬던 것들을 넣어서 부르도록 유도.

〈전개〉

4. 퀴즈

---

1. 다음을 알맞게 짝지으시오.

① 검은 소 ② 두꺼비 ③ 직녀별 ④ 참새 떼

㉠ 베를 짜 주고, 비단옷과 댕기, 신발을 주었다.
㉡ 벼 석 섬을 쪼아서 껍질을 벗겨 주었다.
㉢ 뚫려 있는 독의 구멍을 등으로 막아 주었다.
㉣ 쇠호미와 먹음직스러운 과일들을 주었다.

---

2. 콩쥐와 팥쥐의 장·단점을 이야기 해보고 글로 써보세요.

	좋은 점	나쁜 점
콩쥐	마음이 너그럽다. 효성이 지극하다. 부지런하다.	

팥쥐		남을 위할 줄 모른다. 욕심이 많다. 심술궂다.

조별로 토론을 해보고 가장 알맞은 해답을 빈칸에 채우고 발표하는 형식

3. 다음의 그림을 보고 여러분들이 새어머니와 팥쥐라면 무슨 말을 할 것인지 써보세요. 대화체 형식으로 써주세요.

새어머니 :

팥쥐 :

가능하면 창의적인 대답을 요함.

5. 신문기사
콩쥐, 무사히 잔치에 참석
새어머니의 방해에도 불구하고,
직녀별의 도움을 받아 외가 잔치에 갈 수 있었다고…….

지난 일요일에 있었던 외가 잔치에 콩쥐가 무사히 참석했다. 뿐만 아니라 날아갈 듯한 비단옷을 차려 입은 콩쥐의 모습은 잔치에 참석한 모든 사람들의 감탄을 자아내게 했다. 콩쥐가 잔치에 참석하지 못할까봐 걱정하던 콩쥐의 외삼촌은 "그동안 새어머니가 구박한다는 소문을 듣고 얼마나 마음이 아팠는지 모릅니다. 그런데 오늘 건강하고 예쁜 콩쥐의 모습을 보니 마음이 놓입니다"라며 기뻐했다. 하지만 동네 사람들은 "콩쥐가 무사히 잔치에 참석한 것은 기쁘지만, 이것은 분명 새어머니가 허락한 것

은 아닐 것입니다. 제가 잔치에 가자고 콩쥐에게 갔을 때 콩쥐는 할 일이 산더미 같다며 울고 있더라고요"라고 누군가가 콩쥐를 도와주었을 것이라고 추측했다.

그러나 새어머니인 배씨는 주변 사람들의 이와 같은 추측에 억울하다는 반응을 보였다. "제가 왜 콩쥐를 구박합니까? 콩쥐가 지금 입고 있는 옷도 제가 해 준 겁니다. 그거 해 주느라고 얼마나 돈을 많이 썼는지 아세요? 물론 잔치에 참석하기 전에 사소한 일을 몇 가지시키긴 했습니다. 하지만 그렇게 많은 양은 아니었습니다. 보세요, 저렇게 무사히 잔치에 참석하지 않았습니까?"

이에 대해 콩쥐의 설명은 또 다르다. "저는 정말 잔치에 오고 싶었어요. 외삼촌, 외숙모도 뵙고 싶었고요. 하지만 새어머니께서 베를 짜놓고, 벼 석 섬을 찧어 놓은 뒤에 잔치에 참석하라고 하셨지요. 그런데 그 많은 일을 다 한 후에는 잔치가 끝날 것 같았습니다. 저는 너무 슬퍼서 울었지요. 그런데 그 때 아름다운 부인이 나타나 순식간에 베를 다 짜 주었습니다. 이 옷도 그 부인이 준 것인데, 그 부인은 직녀별이라고 했습니다. 정말 고마운 분이지요. 그리고 참새들이 마당에 널려 있던 벼를 부리로 다 찧어주었답니다."

이처럼 새어머니와 콩쥐의 말이 엇갈리고 있어 누가 진실을 말하는지를 판단하기는 어려울 것 같다.

6. 콩쥐팥쥐 뒷이야기를 마음껏 상상해 보세요.

콩쥐팥쥐, 뒷이야기

우리나라 고전 가운데 하나인 '콩쥐팥쥐'는 여러 가지 이본들이 전해져 오고 있는데, 정확한 원본이 무엇인지는 밝혀지지 않았다. 각 이본들마다 조금씩 차이는 있지만 줄거리는 거의 같은데, 여기에서는 그 이본들 중에 콩쥐의 결혼 후 사건을 다룬 이야기를 살펴보겠다.

콩쥐가 원님과 결혼한 후, 이를 배 아프게 생각한 새어머니 배씨와 팥쥐는 계략을 꾸며 콩쥐를 연못에 빠뜨려 죽인다. 그리고 팥쥐는 콩쥐의 옷을 입고 콩쥐 행세를 한다. 전혀 눈치를 채지 못하던 원님은, 콩쥐가 연못에 빠져 죽은 후 그 자리에 핀 연꽃이 너무 아름다워 꺾어서 화분에 꽂아 둔다. 그러나 연꽃에 나오는 이상한 기운을 눈치 챈 팥쥐가 연꽃을 불에 태워버린다.

때마침 불씨를 얻으러 이웃집 할머니가 원님 댁에 찾아온다. 그리고 할머니는 아궁이 속에서 말하는 구슬을 발견하여 집으로 가져간다. 구슬은 콩쥐의 화신으로, 콩쥐는 할머니에게 자신의 억울한 사연을 이야기하고 원님을 초대해 달라고 한다. 그리고 원님이 할머니의 집에 초대를 받아왔을 때, 병풍 뒤에 숨어있던 콩쥐가 나와 그 동안의 일들을 이야기한다.

이야기를 들은 원님은 집으로 돌아와 연못에서 콩쥐의 시체를 꺼낸다. 죽은 줄 알았던 콩쥐는 곧 깨어나고, 원님은 배씨와 팥쥐를 옥에 가두고 벌하려고 한다. 그러나 마음씨 고운 콩쥐의 부탁으로 새어머니와 팥쥐는 풀려나고, 그제야 자신들의 잘못을 크게 뉘우치며 콩쥐에게 용서를 빈다. 그 후로는 모두들 행복하게 오래오래 산다는 것으로 끝을 맺고 있다.

〈정리〉

1. 팥쥐(계모 배씨)가 되어 콩쥐에게 편지 써보기.(꽃신에 담고 무작위로 뽑아 발표하게 한다)

2. 누군가에게 상처주면 얼마나 가슴 아프고 나쁜 일인지 알게 하며 친구들에게 도움을 주는 사람이 되게 하도록 교육한다.(간단한 이야기와 함께!)

▶ 차시예고

1. 방과 후 집에 가서 신데렐라(전 시간에 배운 내용)와 콩쥐·팥쥐 비슷한 점 찾아오기.

2. 장화·홍련을 읽어오기.

▶ 참고문헌

『신데렐라』

일 시	2005년 06월 10일 (금요일) 야간반	도 서	제 목	프린들 주세요
주요활동	글자 만들기 및 편지 쓰기 활동		출판사	사계절
			지은이	엔드류 클레멘츠

수 업 자	김수연	대상학년	4~5학년	소요시간	30분

학습목표	등장인물의 행동을 통해 재미있는 말 만들기를 상상하여 표현해 보고, 닉의 마음과 생각이 잘 드러나게 닉이 나에게 보내는 편지를 쓸 수 있다.

학습자료	단어카드, 사탕, 퍼즐판, 학습지(1장), 영어사전, 국어사전

학습 단계	학습 요소	교 수·학 습 활 동	분	준비물(☆) 유의점(◆)
도입	동기 유발	▶ 동기유발 · 나는 무엇일까요? 　—우리말과 외국말 중 아이들이 잘 모르는 단어를 선정하 　　여 무엇을 나타내는 단어일까 상상해 보도록 한다. 　— '프린들 주세요'라는 제목은 무엇을 뜻할까요? 　—영어 사전에서 '프린들(Flindle)' 찾아보기	5	☆ 단어카드, 영어사전
전개	활동	▶ 책 내용 살펴보기 · ○× 퀴즈와 단답형 문제 풀이를 통해 책의 내용을 살펴 본다. 　—○× 퀴즈는 손으로 표시를 하며 활동한다. 　—칠판에 '도전, 프린들 주세요.'라는 글자가 적힌 문제 퍼 　　즐판을 만들어 문제를 풀어 나간다. ▶ 말 만들기 　—어느 날, 갑자기 말이란 것이 사라졌다고 생각하고 전하고 　　싶은 말들을 어떻게 전하면 좋을지 상상하여 표현해보기 ▶ 편지쓰기 · 그레인져 선생님께 하고 싶은 말은? · 주인공 닉이 나에게 편지를 보냈어요. 　—닉의 행동과 생각들이 잘 드러나게 편지 쓰기 　—닉이 나에게 어떤 말을 해주었을지 자신이 궁금한 사항 　　을 상상하기	20	☆ 보상용 사 탕, 퍼즐판, 학습지
정리	활동 정리 차시 예고	▶ 낭독하기 　—자신이 쓴 편지를 닉이 된 것처럼 느끼며 낭독하기 　—친구들에게 질문받기 ▶ 다음시간에 학습할 책 내용 안내하기	5	◆ 편지를 낭 독한 친구 는 닉이 되 어 질문을 받는다.

지도시 유의점	도서의 줄거리 분석에 너무 집중하지 않도록 하며 말 만들 기 활동을 할 때 다양하고 풍부한 표현이 나올 수 있도록 개방적이고 긍정적인 분위기를 형성한다.		

[○, × 문제]

1. 닉은 3학년 때 남태평양 여행놀이를 위해 희고 고운 모래 스물컵을 교실바닥에 쫙 뿌렸다. → ×

2. 프린들 사건을 처음으로 취재한 기자는 앨리스이다. → ×

3. '퀴즈'라는 말은 1791년 더불린의 극장 지배인인 '달리'라는 사람이 만들었다. → ○

[단답형]

4. 닉이 다니는 초등학교의 이름은? → 링컨초등학교

5. 닉이 다니는 학교의 5학년은 150명쯤이고, 선생님은 몇분인가? → 7명

6. 닉의 국어선생님의 이름은? → 그레인저

7. 닉의 국어선생님은 일주일동안 외울 낱말을 몇 개 내어주시는가? → 35개

8. 닉이 유치원에 들어가기전까지 음악을 무엇이라고 불렀나? → 과갈라

9. 10년이 지난후 '프린들'이라는 말은 사전의 몇페이지에 실렸나요? → 541쪽

[어느 날, 갑자기 우리말이 없어졌어요. 다음의 말을 친구들에게 어떻게 전하면 좋을까요?]

1. 고마워 :

2. 사랑해 :

3. 미안해 :

4. 공부하자 :

〈참고문헌〉

가네, 이용남·박분희 외 역, 『인지심리와 교수—학습』, 교육과학사, 1993.

강미화, 「독서지도 프로그램 적용을 통한 독서 능력 신장 방안 연구」, 진주교육대학교교육대학원, 2000.

경북교육청, 『읽기 자료』, 2006.

교육부, 『고등학교 교육과정(Ⅰ)』, 1997.

교육인적자원부, 『학교도서관 활성화 및 독서교육우수사례집』

구인환 외, 『문학독서교육』, 푸른 사상, 2005.

고승연 외, 『신문 살아있는 교과서 활용 사례집1』, 중앙 M&B, 1996.

권경숙 외, 『신문 살아있는 교과서 활용 사례집2』, 중앙 M&B, 1996.

강혜원 외, 『교실 밖 국어여행』, 사계절, 1997.

강영지, 「신문읽기를 통한 상보적 읽기 전략 교수가 초등 읽기장애 아동의 읽기 이해력과 읽기 태도에 미치는 영향」, 석사학위논문, 이화여자대학교, 2001.

김갑이, 「이야기 구성력 신장을 위한 이야기 읽기·쓰기 통합(CIRC) 프로그램 적용 연구」, 석사학위논문, 한국교원대학교, 2004.

김경일, 『독서교육론』, 일조각, 1998.

김경희 외, 「국민독서실태 조사」, 한국출판연구소, 1994.

_____, 『발달심리학』, 학문사, 1999.

김대행, 『문학이란무엇인가』, 문학사상, 1992.

_____, 『국어교과학의 지평』, 서울대학교 출판부, 1996.

_____, 「국어과 교육의 목표와 영역」, 선청어문(25집), 1997.

김도남, 「배경 지식 활성화를 통한 작문 지도 방안」, 『쓰기 수업 방법』, 초등교육학회, 박이정, 1998.

김명순, 「활동 중심 읽기 교육의 내용 연구」, 박사학위논문, 한국교원대학교, 2003.

김봉순, 「쓰기 영역 교육과정 평가의 체계」, 『쓰기 수업 방법』, 초등교육학회, 박이정, 1998.

김봉순, 「읽기지도의 내용과 탐색」, 『선청어문(20집)』, 1992.

김병원 편저, 「독서론」, 배영사, 1978.

김상태 외, 『고등학교 독서』, 두산동아, 1998.

김승환·김효정·송영숙·한복희, 『독서교육의 이론과 실제』, 한국도서관 협의회, 1999.

김이종, 『학생 독서지도 어떻게 할 것인가』, 교육과학사, 2003.

김의숙, 『도서치료』, 학지사, 2001.

김영채, 「독서방법론」, 배영사, 1998.

김영채, 「독서교육의 반성과 활성화 방안」, 『학교경영(제11권 제6,7,8호)』, 1998.

김영훈, 「독서 토의 학습이 아동의 논리적 사고력 형성에 미치는 영향」, 석사학위논문, 한국 교원
　　　　대 대학원, 1996.

김용철 외 공저, 『학교도서관과 독서교육』, 태일사, 2002.

김용원, 「컴퓨터를 활용한 읽기와 쓰기의 통합지도 방안 연구」, 석사학위논문, 한국교원대 대학
　　　　원, 2002.

김자연, 「독서지도」, 『아동문학의 이해와 창작의 실제』, 청동거울, 2003.

_____, 『한국동화문학 연구』, 서문당, 2000.

_____, 「전자매체가 어린이 독서에 미치는 영향」, 아시아 아동문학 세미나 자료, 대북시립도서
　　　　관(중국), 1999.

김정숙, 「문자언어 기능신장을 위한 읽기와 쓰기 통합지도 방안 연구」, 석사학위논문, 한국교원
　　　　대 대학원, 1996.

김정자, 「글쓰기의 관습과 창의성」, 『문학교육학(3집)』, 1999. 여름.

김지도, 『초등학교 독서교육』, 교학사, 1997.

김효정 외, 『읽기교육의 이론과 실제』, 한국도서관협회, 1999.

김화영, 『소설이란 무엇인가』, 문학사상사, 1986.

김현희, 『독서치료 실제』, 학지사, 2003.

남미영, 『엄마가 어떻게 독서지도를 할까』, 대교출판, 1997.

노명완 외, 『고등학교 독서』, 한샘출판, 1997.

노명완, 『국어교육론』, 한샘, 1994.

노명완, 「이해, 학습, 기억: 독해과정에 관한 인지심리학적 연구분석」, 『한국교육(14-2)』, 한국교
　　　　육개발원, 1987.

대전 중등 독서지도 연구회, 『독서지도 이렇게 시작하면 어떨까요』, 대전: 홍문상사, 2002.

류치곤, 「인터넷을 활용한 독서의 현황과 개선방향」, 석사학위논문, 아주대학교 교육대학원,
　　　　1998.

박갑수 · 한철우, 『고등학교 독서』, 지학사, 1997.

박수자, 『독해와 읽기 지도』, 국학자료원, 1994.

박수자, 「독해전략의 유형과 지도에 관한 연구」, 『국어교육(89집)』, 1995.

박승권, 「초등학교 독서 지도 프로그램 연구」, 부산교육대학교 교육대학원, 2001.

박주영, 「읽기와 쓰기의 통합 지도 방법 연구」, 석사학위논문, 한국교원대 대학원, 1993.

박영목, 「독서 능력 신장 방안 연구」, 『국어교육』 89집, 1995.

박영목, 「작문능력 평가 방법과 절차」, 『국어교육』 99집, 1999.

박영목 외, 『언어와 교육』, 한국방송대학교 출판부, 2001.

박영미, 「독서지도의 이론과 실제」, 대구광역시립공공도서관 도서관보(제7호), 1998. 3.

박은아, 「독서 지도와 독서 현장, 그리고 독서잡지」, 『교육 한글(제6호)』, 1993.

박인기, 『문학교육과정의 구조와 이론』, 서울대출판부, 1996.

_____, 『생각을 주물러야 논술을 정복한다』, 교학사, 1997.

_____, 『문학을 토한 교육』, 삼지원, 2005.

변창진·송명자 편저, 「교육심리—인지발달론적 접근」, 교육과학사, 1996.

변홍규, 『질문제시의 기법』, 교육과학사, 1996.

박철희, 『문학개론』, 형설출판사(개정판), 1996.

소강춘 외, 『정보화시대의 속해 학습법』, 태학사, 2004.

서전성, 「상보적 교수가 저학년 읽기장애 아동의 읽기 이해력과 읽기 전략 사용 능력에 미치는 효과」, 석사학위 논문, 이화여자대학교, 1997.

서정수, 『작문이론 방법』, 새문사, 1985.

_____, 『글쓰기 기본 이론과 서사문, 기술문 쓰기』, 정음문화사, 1995.

_____, 『논리적인 글쓰기』, 정음문화사, 1995.

_____, 『문장력 향상의 길잡이』, 동광출판사, 1999.

손석춘, 『신문 읽기의 혁명—편집을 읽어야 기사가 보인다』, 개마고원, 1997.

손석춘, 『신문 편집의 철학』, 풀빛, 1994.

손정표, 『신도서지도방법론』, 태일사, 1999.

송명자, 『발달심리학』, 학지사, 1999.

신명희 외, 『교육 심리학의 이해』, 학지사, 2001.

신 문, 「살아있는 교과서—입문편」, 『중앙일보 NIE자료집1』, 중앙일보사, 1995. 6.

신문과 교육, 일본신문협회, 한국신문협회, 1995. 4.

신용수, 「학생 주도적 독서활동」 외 2편, 『교육경남(제126호)』, 1996.

신헌재 외, 『독서교육의 이론과 방법』, 박이정, 1996.

양재한 외, 『독서치료와 어린이글쓰기지도론』, 태일사 2003.

이경식, 『새로운 독서지도』, 집문당, 1976.

이경화, 「초등학교 저학년에서의 독서교육과 독서평가」, 독서연구 4, 한국독서학회, 1999.

_____, 『읽기교육의 원리와 방법』, 박이정, 2003.

_____, 「초인지 능력과 초인지 독해전략의 상보적 교수활동이 5,6세 유아의 독해에 미치는 영향」, 교육심리학회, 2001, 15권 제2호.

우한용, 『문학교육과정론』, 삼지원, 1997.

_____, 『현대소설의 이해』, 새문사, 1999.

_____, 『인터넷 시대의 글쓰기와 표현교육』, 서울대출판부, 2006.

이남호, 『교과서에 실린 문학작품 어떻게 가르칠 것인가』, 현대문학, 2001.

이도영, 「언어 사용 영역의 내용 체계에 대한 연구」, 박사학위 논문, 서울대학교, 1998.

이대구 외, 『국어과 교육 잘하기』, 대교출판사, 1998.

이대구, 「다양한 독서지도와 인성교육」, 『충남교육(제118호)』, 1996.

이병기, 「정보화 사회에 대응한 독서교육 방안」, 『교육병론(통권77호)』, 1999.

이부영, 『분석 심리학』, 일조각, 1977.

이상태, 「책읽기와 글읽기 지도」 외 7편, 『대구교육(제29호)』, 1998.

이삼형 외, 『국어교육학』, 소명출판, 2000.

임승호, 「효율적인 독서 지도 방안」, 『교육경북(제116호)』, 1997.

이응백, 『속 국어교육사 연구』, 신구문화사, 1989.

이성은·오은순·성기옥, 『초, 중등 교실을 위한 새 교수법』, 교육과학사, 2002.

이신동, 「상보적 교수활동이 학습부진아의 독해전략과 자기조절 학습 전략의 활용에 미치는 효과」, 교육심리학회, 15권 제3호.

이재승, 천경록, 『읽기교육의 이해』, 우리교육, 1998.

이재승, 『국어교육의 원리와 방법』, 박이정, 1997.

한국출판연구소, 「99년 국민독서실태조사」, 1999.

이재승, 『독서와 글쓰기 교육』(아이들과 함께하는), 박이정, 2004.

이정균, 『신문으로 공부하는 399가지 방법』, 도서출판 민, 1995.

이정균 엮음, 『신문으로 공부하자』, 도서출판 민, 1994.

임채호 외, 『신문 살아있는 교과서 활용 사례집3』(중고등학교용), 중앙 M&B, 1997.

오세영·김영철, 『고등학교 독서』, 천재교육, 1995.

오영일, 『NIE수업이 가능성』, 우리교육, 1998.

윤미령,「읽기 수업에서 상보적 교수법과 직접 교수법의 효과 비교 연구」, 석사학위논문, 카톨릭 대학교, 2003.

윤정옥,「읽기와 쓰기의 통합에 의한 설명적 글 지도 방법 연구」, 석사학위논문, 한국교원대 대학원, 1997.

윤홍로·김제철,『고등학교 독서』, 대정인쇄, 1997.

양재한 외,『독서치료와 어린이글쓰기지도』, 태일사, 2005.

전북교육청, 읽기 자료, 2006.

조남현 외,『고등학교 독서』, 한샘출판(주), 1999.

조선미,「비고츠키의 '근접발달 영역' 이론에 따른 교수―학습 방법 탐색」, 석사학위논문, 인천 교육대학교, 2001.

조영식,『창조적 독서 교육』, 인간과 자연사, 1999.

　　　　『중등 우리교육』, 1998. 10월호.

　　　　『중등 우리교육』, 1999. 2월호.

조영희,「독서지도계획의 효과적 수립방안」,『새국어 교육(제46호)』, 1990.

정광수,「다양한 독서 프로그램을 활용한 독서능력 신장」,『교육경북 제128호』, 2001.

정기철,『읽기교육의 이론과 실제』, 역락, 2000.

　　　,『논술교육과 토론』, 역락, 2003.

정석범,「학습자 중심의 국어교육 방법 연구―언어 기능 영역의 통합을 중심으로」, 석사학위논 문, 인천대 교육대학원, 2001.

정옥년,「읽기 지도에서 수준별 텍스트 활용」,『독서연구(제9호)』, 2003.

정옥분,『아동발달의 이해』, 학지사, 2005.

조남현 외,『고등학교 독서』, 한샘출판(주), 1999.

정한숙,『공간의 기호학』, 민음사, 2000.

차봉희 편저,『독자반응비평』, 고려원, 1993.

천경록,「기능, 전략, 능력의 개념 비교」,『청람어문학(제13집)』, 청람어문학회, 1995.

천경록·이재승,『읽기교육의 이해』, 우리교육, 1998.

한철우 외,「독서 클럽 활동을 통한 인성교육 지도 방안」, 한국교원대학교 교과교육공동연구.

충남교육과학 연구원,『새로운 패러다임을 여는 학교 독서교육』, 2000. 3월.

초등국어학회,『국어수업방법』, 박이정, 1998.

P. E. Blosser, 송용의 역,『효율적인 교사의 발문 기법』, 교육신서, 2000.

최현섭 외,『국어교육학개론』, 삼지사, 1996.

천경록 · 이재승,『읽기교육의 이해』, 우리교육, 1998.

충청남도 교육청 편저,『사고력을 기르는 국어과 교육』, 대한교과서, 1995.

한국독서학회,『21세기 사회와 독서지도』, 박이정, 2003.

허남술,「읽기와 쓰기의 통합 교육에 의한 창의적 사고력 신장 연구」, 석사학위논문, 울산대 교육
　　　대학원, 1999.

허재영,『국어과 교육의 탐색』, 박이정, 2003.

허병두,『신문활용교육이란 무엇인가』, 극동문화사, 1998.

한우리독서문화운동본부,『독서교육론, 독서논술지도론』, 위즈덤북, 2005.

홍성철,「전 연령층에 걸쳐 독서량 턱없이 부족」, 문화일보, 2000. 5. 23.

홍용희 역,『어린이들의 학습에 비계설정』, 교육과학사, 1995.

한용환,『소설학 사전』, 문예출판사. 1993.

「99년 국민독서실태조사」, 한국출판연구소

황백현,「독서국부론」, 배움터, 1984.

구　소, 1992. 한국해석학회 편,『해석학의 역사와 전망』. 철학과 현실사, 1999.

마가릿 보든, 피아제(Jean Piaget), 시공사, 1999.

모티머J. 애들러(외), 민병덕 역,『독서의 기술』, 범우사, 1987.

모티머 애들러 · 찰스 반 도렌, 독고 앤 역,『생각을 넓혀주는 독서법』, 멘토, 2001.

미셸투르니에,『상상력을 자극하는 110가지 개념』, 한뜻, 1996.

온스타인 · 헌킨스, 김인식 역,『교육과정: 원리, 과제, 전망』, 교육과학사, 1992.

Irwin 저, 천경록 · 이경화 역,『독서지도론』, 박이정, 1993.

Irwin, Baker 저, 한철우 · 천경록 역,『독서지도 방법』, 교학사, 1999.

Bal, M, 한용환 역,『서사란 무엇인가』, 문예출판사, 1993.(원서 1980년 발행)

Powell, M. A. 이종록 역,『서사비평이란 무엇인가?』, 대한예수교장로회총회교육부, 1993.(원서
　　　1990년 발행)

Prince, G, 이기우 · 김용재 역,『서사론사전』, 민지사, 1994.

G. cofessore 부처, 정지웅 · 김지자 역,『자기 주도적 학습의 길잡이』, 교육과학사, 1996.

Maslow, A.H(1970), Motivation and Personality. N.Y.:Harper and Row

Sutherland, Z.& Arbuthnot, M.H(1991), Children and Books. Harper Collins Publishers

McMahon, S. I. & Raphael, T. E, The book club connection: literacy learning and classroom talk, DE: Teachers College, Columbia University, 1997.

Walmsley, S. A. & Walp, T. P, Teaching literature in elementary school(Report Series 1.3). Albany: State University of New York, Center for the Learning and Teaching of Literature, 1989.

Harris, T. L & Hodges, R. B.(Eds.). Dictionary of Reading, Newark, Del: International Reading Association, 1981.

Jacobson, Jeanne M, Content area reading-Integration with the language arts, Delmar Publisher, 1998.

Sheridan, D. Blau, The Literature Workshop, Heineman, 2003.

Graves, M., Juel, C. & Graves, B. B, Teaching reading in the 21st century. Allyn and Bacon,1998.

Harris, T. L. & Hodges, R. E, A dictionary of reading. IRA,1989

Maxim, D. & Five, C. L, The teaching of reading strategies. In C. Weaver, Practing what we know. NCTE, 1997.

Neilsen, L. Playing for real: performative texts and adolescent identities. In D. E. Alvermann et al.(Eds.). Reconceptualizing the literacies in adolescents' lives. NJ: Lawrence Erlbaum Associates Publishers. 1998, pp.2-26.

Schoenbach, R., Greenleaf, C., Cziko, D. & Hurwitz. L, Reading for understanding. Jossey-Bass,1999.

Palincsar, A. S. & Brown A. L. (1984). Reciprocal Teaching of Comprehension – Fostering and Comprehension – Monitoring Activities. Cognition and Instructional.

Carolyn, J. C. & Diane F. F. (2001). Reciprocal Teaching: the application of a reading improvement strategy.

Lori D. O. (2003). Reciprocal Teaching Strategies at work: improving Reading Comprehension, Grades 2-6.

Palincsar http://www-personal.umich.edu

Brown http://www.berkeley.edu

Pressley http://www.nd.edu

http://cafe.naver.com/jdksos